DEUTSCHLANDS NEUE AUSSENPOLITIK
BAND 2: HERAUSFORDERUNGEN

SCHRIFTEN DES FORSCHUNGSINSTITUTS
DER DEUTSCHEN GESELLSCHAFT
FÜR AUSWÄRTIGE POLITIK E.V., BONN

Reihe: Internationale Politik und Wirtschaft
Band 61

Diese Studie wurde gefördert
durch die
Otto Wolff von Amerongen-Stiftung

Deutschlands neue Außenpolitik
Band 2: Herausforderungen

Herausgegeben von

Karl Kaiser und Hanns W. Maull

unter Mitarbeit von
Gabriele Brenke

Autoren
Steffen Angenendt, Klaus Becher, Gabriele Brenke,
Roland Freudenstein, Gudrun Krämer, Rüdiger Machetzki,
Hanns W. Maull, Harald Müller, Alexander Rahr,
Reinhard Rode, Hans Joachim Schellnhuber, Detlef F. Sprinz,
Bassam Tibi, Hans-Georg Wieck

R. OLDENBOURG VERLAG MÜNCHEN 1995

Die Deutsche Gesellschaft für Auswärtige Politik hat nach ihrer Satzung die Aufgabe, die Probleme der internationalen, besonders der europäischen Politik, Sicherheit und Wirtschaft zu erörtern und ihre wissenschaftliche Untersuchung zu fördern, die Dokumentation über diese Forschungsfragen zu sammeln und das Verständnis für internationale Fragen durch Vorträge, Studiengruppen und Veröffentlichungen anzuregen und zu vertiefen. Sie unterhält zu diesem Zweck ein Forschungsinstitut, eine Bibliothek und Dokumentationsstelle sowie die Zeitschrift »Internationale Politik«. Die Deutsche Gesellschaft für Auswärtige Politik bezieht als solche auf Grund ihrer Satzung keine eigene Stellung zu internationalen Problemen. Die in den Veröffentlichungen der Gesellschaft geäußerten Meinungen sind die der Autoren.

ISBN 3-486-56113-8
Gesamtherstellung: Richarz Publikations-Service, Sankt Augustin

Die Deutsche Bibliothek – CIP-Einheitsaufnahme
Deutschlands neue Außenpolitik / hrsg. von Karl Kaiser und Hanns W. Maull unter Mitarb. von Gabriele Brenke. – München : Oldenbourg
NE: Kaiser, Karl [Hrsg.]

Bd. 2 Herausforderungen / Autoren Steffen Angenendt ... – 1995
(Schriften des Forschungsinstituts der Deutschen Gesellschaft für Auswärtige Politik e.V., Bonn : Reihe: Internationale Politik und Wirtschaft ; Bd. 61)
ISBN 3-486-56113-8
NE: Angenendt, Steffen; Deutsche Gesellschaft für Auswärtige Politik / Forschungsinstitut: Schriften des Forschungsinstituts der Deutschen Gesellschaft für Auswärtige Politik e.V., Bonn / Reihe: Internationale Politik und Wirtschaft

IN MEMORIAM

Dr. GABRIELE BRENKE

1951-1995

Wissenschaftliche Mitarbeiterin im Forschungsinstitut der Deutschen Gesellschaft für Auswärtige Politik 1992-1995

INHALT

REGIONALE HERAUSFORDERUNGEN

ABKÜRZUNGSVERZEICHNIS

AB	–	Atomare und Biologische Waffen
ABC	–	Atomare, Biologische und Chemische Waffen
AFTA	–	ASEAN Free Trade Area (Freihandelszone der ASEAN-Staaten)
ARF	–	ASEAN Regional Forum (Konsultationsforum der ASEAN-Staaten)
APA	–	Asien-Pazifik-Ausschuß (der Deutschen Wirtschaft)
APEC	–	Asia-Pacific Economic Cooperation Conference (Organisation für Asiatisch-Pazifische Wirtschaftskooperation)
ASEAN	–	Association of South-East Asian Nations (Verband Südostasiatischer Nationen)
AW	–	Atomwaffen
AWACS	–	Airborne Warning and Control System (Luftgestütztes Frühwarn- und Überwachungssystem)
BIP	–	Bruttoinlandsprodukt
BW	–	Biologische Waffen
BWC	–	Biological Weapons Convention (Konvention über Biologische Waffen)
CEFTA	–	Central European Free Trade Association (Zentraleuropäische Freihandelszone)
CIA	–	Central Intelligence Agency (Geheimdienst der USA)
CoCom	–	Coordinating Committee on Multilateral Export Controls (Koordinations-Ausschuß für Ost-West-Handelspolitik)
CO_2	–	Kohlendioxyd
CW	–	Chemische Waffen
CWC	–	Chemical Weapons Convention (Konvention über Chemische Waffen)
DFLP	–	Democratic Front for the Liberation of Palestine (Nationale Befreiungsbewegung Palästinas)
EC	–	European Community
EFTA	–	European Free Trade Association (Europäische Freihandelszone)
EIB	–	Europäische Investitionsbank
EU	–	Europäische Union
EURATOM	–	Europäische Atomgemeinschaft
EUROPOL	–	Europäische Polizeiorganisation
FCKW	–	Fluorchlorkohlenwasserstoff
FAO	–	Food and Agriculture Organization (Ernährungs- und Landwirtschaftsorganisation der Vereinten Nationen)
FIS	–	Front Islamique du Salut, Algerie (Islamische Heilsfront, Algerien)
FLN	–	Front de Libération Nationale d'Algérie (Nationale Befreiungsfront Algeriens)
FPR	–	Front Patriotique Rwandais (Ruandische Patriotische Front)
FTAA	–	Free Trade Area of the Americas (Panamerikanische Freihandelszone)
GASP	–	Gemeinsame Außen- und Sicherheitspolitik
GATT	–	General Agreement on Tariffs and Trade (Allgemeines Zoll- und Handelsabkommen)
GAU	–	Größter Anzunehmender Unfall
GCC	–	Gulf Cooperation Council (Kooperationsrat der Golf-Staaten)
GFK	–	Genfer Flüchtlingskonvention
GUS	–	Gemeinschaft Unabhängiger Staaten
G–7	–	Gruppe der sieben größten Industrienationen
G–24	–	Gruppe von 24 Staaten zur Abstimmung in Währungsfragen
HSFK	–	Hessische Stiftung Friedens- und Konfliktforschung, Frankfurt a.M.

IAEA – International Atomic Energy Agency (Internationale Atomenergiebehörde)
IAEO – International Atomic Energy Organization (Internationale Atomenergie-Organisation)
ICCB – Islam Cemiyetleri ve Cemaatleri Birligi (Verband der Islamischen Vereine und Gemeinden)
IISS – International Institute for Strategic Studies, London
ILO – International Labour Organization (Internationale Arbeitsorganisation)
INTERPOL – Internationale Polizeiorganisation
IOM – International Organization for Migration (Internationale Organisation für Wanderungsbewegungen)
IWF – Internationaler Währungsfonds
KP – Kommunistische Partei
KSE – Konventionelle Streitkräfte in Europa
KSZE – Konferenz über Sicherheit und Zusammenarbeit in Europa
LTTE – Liberation Tigers of Tamil Eelam, Sri Lanka (Tamilische Befreiungstiger)
Mercosur – Mercado Común del Sur (Südamerikanischer Gemeinsamer Markt)
MOE-Staaten – Staaten Mittel- und Osteuropas
MTCR – Missile Technology Control Regime (Raketentechnologie-Kontrollregime)
MVW – Massenvernichtungswaffen
NAFTA – North American Free Trade Agreement (Nordamerikanisches Freihandelsabkommen)
NAKR – Nordatlantischer Kooperationsrat
NATO – North Atlantic Treaty Organization (Nordatlantikpakt)
NGO – Non-Governmental Organization (Nichtregierungs-Organisation)
NSDAP – Nationalsozialistische Deutsche Arbeiterpartei
NV – Nichtverbreitung
NVV – Nichtverbreitungsvertrag
OAU – Organization of African Unity (Organisation für Afrikanische Einheit)
OECD – Organization for Economic Cooperation and Development (Organisation für Wirtschaftliche Zusammenarbeit und Entwicklung)
OPCW – Organization for the Prohibition of Chemical Weapons (Organisation zum Verbot Chemischer Waffen)
OPEC – Organization of the Petroleum Exporting Countries (Organisation der erdölexportierenden Länder)
OPCW – Organization for the Prohibition of Chemical Weapons
OSZE – Organisation für Sicherheit und Zusammenarbeit in Europa
P–5-Staaten – Gruppe der fünf ständigen Mitglieder des Sicherheitsrats der Vereinten Nationen
PFLP – Popular Front for the Liberation of Palestine (Volksfront für die Befreiung Palästinas)
PHARE – Pologne, Hongrie – Assistance à la Reconstruction Economique (Soforthilfeprogramm der Europäischen Union für die Staaten Mittel- und Osteuropas)
PIJ – Palestinian Islamic Jihad (Heiliger palästinensisch-islamischer Krieg)
PKE – Pro-Kopf-Einkommen
PKK – Partiya karkeren Kurdistan (Arbeiterpartei Kurdistans)
PKS – Polizeiliche Kriminalstatistik
PLO – Palestine Liberation Organization (Palästinensische Befreiungsorganisation)
PPNN – Programme for Promoting Nuclear Non-Proliferation
PRIF – Peace Research Institute Frankfurt
RGW – Rat für Gegenseitige Wirtschaftshilfe
RAF – Rote-Armee-Fraktion
RICO – Racketeer Influenced and Corrupt Organizations Statute (Gesetz gegen organisierte Kriminalität)

SIPRI	–	Stockholm International Peace Research Institute
SIS	–	Schengener Informationssystem
SOPEMI	–	Système d'Observation Permanente des Migrations
TEN	–	Transeuropäische Netze
TNK	–	Transnationale Konzerne
TPK/M-L	–	Türkische Kommunistische Partei/Marxisten-Leninisten
TREVI	–	Terrorism, Radicalism, Extremism, Violence, International (EG-Arbeitsprogramm zur Verbesserung der Zusammenarbeit in der inneren Sicherheit)
UdSSR	–	Union der Sozialistischen Sowjetrepubliken
UN	–	United Nations (Vereinte Nationen)
UNCED	–	United Nations Conference on Environmental Issues and Development (UN-Konferenz über Umwelt und Entwicklung)
UNCTAD	–	United Nations Conference on Trade and Development (UN-Konferenz für Handel und Entwicklung)
UNFPA	–	United Nations Fund for Population Activities (Bevölkerungsfonds der Vereinten Nationen)
UNICEF	–	United Nations International Children's Fund (Kinderhilfswerk der Vereinten Nationen)
UNHCR	–	United Nations High Commissioner for Refugees (Hoher Flüchtlingskommissar der Vereinten Nationen)
UNO	–	United Nations Organization
UNSCOM	–	United Nations Special Commission on Iraq (Sonderkommission der Vereinten Nationen für den Irak)
US	–	United States
USA	–	United States of America
V–4-Gruppe	–	Gruppe der vier Visegrád-Staaten (Polen, Ungarn, Tschechische Republik, Slowakei)
VEREX	–	Verifikations-Experten-Gruppe
WEU	–	Westeuropäische Union
WHO	–	World Health Organization (Weltgesundheitsorganisation)
WTO	–	World Trade Organization (Welthandelsorganisation)
ZBJI	–	Zusammenarbeit in den Bereichen Justiz und Inneres

VORWORT

Karl Kaiser und Hanns W. Maull

Ist Politik die Kunst der Navigation von Staaten und Gesellschaften durch die rauhe See der Geschichte, dann hat sie gegenwärtig ihre Orientierung verloren. Der bequeme Kompaß der Nachkriegsära mit seinen beiden Polen »Ost« und »West« taugt nicht mehr: Die alten Fixpunkte sind mit der Implosion der Sowjetmacht und der Krise der amerikanischen Führungsrolle in den internationalen Beziehungen zerfallen; neue Krisen und Problemfelder schieben sich in den Vordergrund; hinter den Trümmern der Kulisse des Kalten Krieges werden erst schemenhaft neue, schwer einzuordnende Konturen sichtbar.

Die vorliegende Studie ist der zweite Band in einem größeren Forschungsprojekt, das – dank der Hilfe der Otto Wolff von Amerongen-Stiftung – die Grundlagen der neuen deutschen Außenpolitik nach der Vereinigung und die zentralen außenpolitischen Herausforderungen für Deutschlands Außenpolitik in der gewandelten internationalen Umwelt untersuchen will und auf dieser analytischen Grundlage außenpolitische Handlungsstrategien und -optionen zur Diskussion stellen möchte.

In diesem Band wird der Versuch unternommen, die neuen Konturen der internationalen Beziehungen zu verdeutlichen, Entwicklungstendenzen herauszuarbeiten und die Herausforderungen aufzuzeigen, vor die sich die internationale Politik in ihrer Gesamtheit und die deutsche Außenpolitik im besonderen gestellt sieht. Auch die Arbeit an dieser Studie hat uns erneut vor Augen geführt, mit welch weitreichenden und schwer auslotbaren Veränderungen die internationale Politik seit dem Ende des Ost-West-Gegensatzes zu kämpfen hat. Es häufen sich Symptome des staatlichen Zerfalls und der Anarchie – am bedrohlichsten wohl in Rußland, wo sich die Autoritätskrise des Staates durch die Intervention in Tschetschenien weiter verschärft hat, und im ehemaligen Jugoslawien, wo die internationale Staatengemeinschaft mit all ihren Bemühungen zur Befriedung des Konflikts bislang kläglich gescheitert ist. Immer deutlicher wird zugleich auch, daß die vielfältigen Prozesse der internationalen Verflechtung und Globalisierung neue, transnationale Risiken für unsere Gesellschaften nach sich ziehen, deren Bekämpfung internationale Zusammenarbeit in bisher unbekanntem Umfang erforderlich macht.

Diese Herausforderungen sollen in den folgenden Beiträgen gewissermaßen vermessen werden, um neue Orientierungen für die deutsche Außenpolitik zu liefern. Die hier vorgelegte Studie knüpft an den vorangegangenen 1994 erschienenen Band 1 »Grundlagen« an, der in einem allgemeinen Überblick einige der längerfristigen Veränderungstendenzen im Umfeld der deutschen Außenpolitik nach dem Ende des Kalten Krieges analysiert. Mit beiden Bänden will das Forschungsinstitut der DGAP zugleich die Grundlagen für zwei weitere Bände liefern, von denen der erste schon in Arbeit ist. Hierin geht es um Strategien und Interessen Deutschlands, also um die Frage nach der notwendigen Politik in den einzelnen Problemfeldern.

Band 4 soll abschließend die Problematik der Institutionen und Ressourcen deutscher Außenpolitik in einer sich verändernden Welt untersuchen und prüfen, inwieweit sie den neuen Anforderungen angepaßt werden müssen.

Unser Dank gebührt der Otto Wolff von Amerongen-Stiftung, ohne deren großzügige Unterstützung dieses Projekt nicht hätte realisiert werden können. Vor allem jedoch möchten wir an dieser Stelle Frau Dr. Gabriele Brenke danken, die diesen Band und das Projekt insgesamt mit unermüdlichem Einsatz, viel Sachkunde und großem Einfühlungsvermögen betreut hat. Sie hat das Erscheinen dieses zweiten Bandes nicht mehr erleben können. Ihr viel zu früher Tod war nicht nur ein großer Verlust für alle, die sie kannten, sondern auch für dieses Projekt. Gabriele Brenke – und der Erinnerung an sie – ist deshalb dieser Band gewidmet.

Karl Kaiser Hanns W. Maull

INTERNATIONALE POLITIK ZWISCHEN INTEGRATION UND ZERFALL

Hanns W. Maull

Die internationale Politik befindet sich in einer Phase des Umbruchs und des Übergangs, in einer Situation, in der mehrere Epochen mit unterschiedlichen Zeithorizonten gleichzeitig ausklingen: Die Ära des Ost-West-Gegensatzes, dessen Ursprünge in der Oktober-Revolution 1917 liegen und der die Weltpolitik seit 1945 bestimmte; der Zerfallsprozeß der Friedensordnung von Versailles und der alten europäischen Großreiche, der im 19. Jahrhundert begann; schließlich die Ära der nationalstaatlichen Weltpolitik, die seit Mitte des 17. Jahrhunderts die internationalen Beziehungen dominierte.

Das Ausklingen dieser Epochen markiert nicht das »Ende der Geschichte« und auch nicht das »Ende der Demokratie«,[1] aber es bedeutet doch eine tiefe Krise der internationalen Politik, deren Kern eine Krise des Nationalstaats als dem zentralen Akteur in dieser Politik darstellt. Die Ursachen dieser Krise liegen nur höchst vordergründig in der Implosion der Sowjetmacht und dem Ende des Ost-West-Konflikts; diese dramatischen Verwerfungen sind ja ihrerseits erklärungsbedürftig. Die eigentlichen Wurzeln liegen tiefer: Auf der einen Seite gerät der Nationalstaat (und damit das auf ihn zugeschnittene System der internationalen Staatenwelt) durch geschichtsmächtige Kräfte unter Druck, die über nationale Grenzen hinweg wirksam werden und die für den Nationalstaat konstitutiven Prinzipien der Territorialität und Souveränität untergraben. Ihren sichtbarsten Ausdruck finden diese Kräfte in der Globalisierung der Wirtschaftsbeziehungen. Auf der anderen Seite gerät der Nationalstaat in den Sog von ebenso mächtigen Tendenzen der Fragmentierung und der Abgrenzung. Bei diesem Spagat leidet die Handlungsfähigkeit des Nationalstaats und seine Fähigkeit, gesellschaftliche Anforderungen und Probleme erfolgreich zu bearbeiten.

Hier wird mit John Lewis *Gaddis*[2] die These vertreten, daß diese Tendenzen von Integration und Zerfall eng aufeinander bezogen sind und gemeinsame Ursachen aufweisen, daß sie gewissermaßen zwei Seiten einer Medaille darstellen. Ihr Mit- und Gegeneinander, das durchaus als Dialektik verstanden werden kann, erscheint gegenwärtig als die wichtigste Triebfeder weltpolitischer Dynamik. Im folgenden soll versucht werden, die Ursachen dieser Entwicklung auszuleuchten und ihre Auswirkungen in drei ausgewählten Bereichen zu untersuchen – in den internationalen Wirtschaftsbeziehungen, in gesellschaftlich-kulturellen Prozessen und in der internationalen Sicherheitspolitik. Aus diesen Beobachtungen werden Schlußfolgerungen für die Zukunft der internationalen Politik und die Rolle nationalstaatlicher Außenpolitik

1 Vgl. Jean-Marie *Guéhenno*, Das Ende der Demokratie, München 1994.
2 Vgl. John Lewis *Gaddis*, International Relations Theory and the End of the Cold War, in: *International Security*, Nr. 3, Winter 1992/93, S. 5-58.

gezogen. Das paradoxe Ergebnis wird sein, daß aus dem Blickwinkel dieser Überlegungen der Nationalstaat vor einer Reihe von Herausforderungen steht, die seine Leistungsfähigkeit bis an die Grenzen der Belastbarkeit strapazieren, daß jedoch keine andere Instanz in Sicht ist, die seine Aufgaben übernehmen könnte. Die Zukunft des Nationalstaats besteht in der Chance, zwischenstaatliche Zusammenarbeit so zu organisieren, daß durch die Bündelung nationaler Ressourcen Gestaltungsmacht entsteht, die den Herausforderungen gewachsen ist.

Ehe diese Argumente im einzelnen entfaltet werden, sind jedoch zunächst »Integration« und »Zerfall« zu definieren. Integrieren bedeutet, aus Teilen ein Ganzes zu fügen: In Integrationszusammenhängen ist das Ganze mehr als die Summe der Teile.[3] Erfolgreiche politische Integration beruht auf drei wesentlichen Voraussetzungen. Die erste besteht in einer hohen Transaktionsdichte: Die Akteure eines Integrationssystems – seien es nun Staaten (wie im Integrationszusammenhang der Europäischen Union, EU), Unternehmen (wie die Töchter eines weltweit aktiven, integrierten transnationalen Unternehmens) oder soziale Gruppen und Individuen (wie im Kontext einer Gesellschaft) – stehen in intensiven Austauschbeziehungen, die ein mehr oder weniger hohes Maß an gegenseitiger Abhängigkeit und Verwundbarkeit implizieren.

Die zweite Voraussetzung für Integration besteht darin, daß die beteiligten Akteure ihre Interessen in hohem Maße als wechselseitig kompatibel und positiv miteinander verknüpft ansehen. Auf dieser Grundlage lassen sich Interessen gemeinsam und damit wirksamer verfolgen und unter Umständen auch in Kontexten durchsetzen, wo ein Akteur allein gar nicht in der Lage wäre, seine Interessen zu realisieren. Die dritte Voraussetzung von politischer Integration ist die Bereitschaft der Akteure, Interessenkonflikte innerhalb des Integrationssystems grundsätzlich gewaltfrei zu verarbeiten und gemeinsame Problemlösungsstrategien zu entwickeln.

Integrationsprozesse zielen also auf kooperative Problemlösungen, auf die Erweiterung der sozialen Aktionsspielräume, auf gemeinsames Wachstum und absolute Wohlstandsgewinne. Doch sie haben auch Schattenseiten. Sie heißen Verlust an Autonomie, Abhängigkeit, Verwundbarkeit, Beeinträchtigung von Identität.

Abgrenzungs- und Zerfallsprozesse definieren sich gewissermaßen im Umkehrschluß. Austauschprozesse zwischen Akteuren verringern sich, wechselseitige Abhängigkeiten werden abgebaut. Interessen gelten tendenziell als inkompatibel und negativ verknüpft: Was dem einen Akteur nützt, schadet dem (oder den) anderen. Nicht absolute Gewinne stehen im Mittelpunkt, sondern die Verteilung von Gewinnen und Verlusten zwischen einzelnen und Gruppen. Oberste Ziele sind nicht Wohlstand und Wachstum, sondern Sicherheit und Autonomie. Gefährdet werden diese Ziele objektiv

---

3 Karl *Deutsch* hat darauf hingewiesen, daß das Phänomen der »Integration« in vieler Hinsicht Parallelen zum Phänomen der »Macht« aufweist: Wie Macht läßt sich auch Integration in unterschiedlichen Bereichen (Wirtschaft, Gesellschaft, Politik) feststellen; wie Macht verfügt auch Integration über Sanktionsspannen von Vor- und Nachteilen, die für die Beteiligten aus der Integration erwachsen. Vgl. Karl W. *Deutsch*, Analyse internationaler Beziehungen. Konzeptionen und Probleme der Friedensforschung, Frankfurt a.M. 1968, S. 224 ff.

durch Prozesse des Wandels, subjektiv durch »das andere« oder »den anderen«, gegen die es sich abzugrenzen gilt. Zur Verfolgung der Ziele kann Gewaltanwendung grundsätzlich in Kauf genommen werden – sie ist ja nicht im selben Maße dysfunktional wie in einem durch wechselseitige Verflechtung und Abhängigkeit gekennzeichneten Kontext.

Bei all ihrem destruktiven Potential beinhalten Abgrenzung und Fragmentierung doch auch positive Aspekte. In ihnen manifestiert sich das Streben nach Selbstbestimmung, Integrität und Würde des einzelnen und sozialer Gruppen, das ohne Grenzziehungen (im konkreten, aber auch im übertragenen Sinne des Wortes) nicht zu befriedigen wäre.

Technologische Dynamik und sozialer Wandel

Wie erklärt sich die Gleichzeitigkeit von Integrations- und Zerfallsprozessen? Die gemeinsame Ursache dieser Prozesse liegt in den gewaltigen Kräften des sozialen Wandels der Moderne, die sich aus historischer Perspektive in einer Reihe von exponentiellen Wachstumskurven manifestieren. Ursache dieser Prozesse des sozialen Wandels ist die Dynamik der technologischen Entwicklung als Ergebnis der systematischen Verschmelzung von Wissenschaft und Technik mit sozialer Organisation. »Technologie« hat in diesem Zusammenhang zwei Aspekte: den der wissenschaftlichen Durchdringung der Welt und den ihrer systematischen Veränderung mit Hilfe der Technik zur Bewältigung gesellschaftlicher Probleme und Anforderungen. Ihre Bedeutung für die Moderne gewinnt Technologie aufgrund von vier Annahmen, die sich historisch seit dem 16. Jahrhundert zuerst in Europa und dann weltweit durchsetzten:

1. Die Wissenschaft eröffnet ein unbegrenztes Reservoir technischer Problemlösungen.
2. Technologischer Wandel ist zentral für den gesellschaftlichen Fortschritt.
3. Die Möglichkeiten der materiellen Verbesserung sind grundsätzlich unbegrenzt.
4. Regierungen haben die Pflicht, sozialen Fortschritt durch wirtschaftliches Wachstum zu fördern.[4]

Die Konsequenz der Entwicklung moderner Technologie war eine Explosion sozialer Machtpotentiale: Die Einwirkungsmöglichkeiten des Menschen auf seine Umwelt und auf andere Menschen erhöhten sich hinsichtlich Reichweite, betroffener Lebensbereiche, Sanktionsspannen und der Geschwindigkeit der Einwirkung exponentiell. Zentrale Bereiche der technologischen Revolution der Gegenwart sind Transport- und Informationstechnologien. Technologische Innovationen im Bereich des Transports von Personen und Gütern ließen die Kontinente durch Welthandel und Tourismus

4 Vgl. William R. *Kintner*/Harvey *Sichermann*, Technology and International Politics. The Crisis of Wishing, Lexington 1975, S. 2.

immer näher aneinanderrücken.[5] Die gesteigerten Möglichkeiten der Kommunikation, Informationssammlung und -verarbeitung leiteten eine »zweite industrielle Revolution« ein, in deren Verlauf die Produktivität menschlicher Arbeit drastisch gesteigert werden konnte. Bessere Ausbildung und größeres Wissen versetzten Individuen und soziale Akteure in die Lage, die Möglichkeiten der wissenschaftlich-technischen Revolution immer besser zu nutzen.

Die Folge dieser Entwicklungen war eine Explosion transnationaler Prozesse – vom individuellen Reiseverkehr bis hin zu den grenzüberschreitenden Aktivitäten multinationaler Unternehmen und anderer nichtstaatlicher Organisationen. Nach Schätzungen aus der ersten Hälfte der siebziger Jahre entfielen bereits damals rund ein Drittel aller internationalen Aktivitäten auf Interaktionsprozesse ausschließlich zwischen nichtstaatlichen Akteuren und rund die Hälfte auf solche zwischen staatlichen und nichtstaatlichen Akteuren.[6] Seither breiteten sich die »zivilisatorischen Ketten«[7] der Arbeitsteilung und funktionalen Spezialisierung in immer dichteren Netzen über nationale Grenzen hinweg aus. (Allerdings waren diese Netze keineswegs lückenlos: Weite Regionen der Erde wurden von ihnen nur am Rande oder gar nicht erfaßt).

Die durch diese Anstöße ausgelösten Prozesse des Wandels in allen Bereichen sozialer Aktivität sind ihrer Natur nach zutiefst ambivalent. Auf der einen Seite offerieren Modernisierungsprozesse vermittels des Einsatzes neuer Technologien drastisch gesteigerte Möglichkeiten der sozialen Problemlösung. Dies gilt natürlich vor allem für die Chance, sich in weltwirtschaftliche Prozesse der Arbeitsteilung in globalen Märkten einzuklinken – und alles deutet darauf hin, daß unter den gegenwärtigen und zukünftigen Voraussetzungen *nur* dieses Sicheinklinken in globale Märkte wirtschaftliche Wachstumschancen eröffnet.

Auf der anderen Seite ziehen die neuen Möglichkeiten sozialer Problembewältigung in ihrem Kielwasser eine Revolution steigender Erwartungen nach sich, die leicht in Enttäuschung und Frustration umschlagen können. Der beispiellose Erfolg des Projekts der Moderne seit 1945 beruhte unter anderem wohl auch auf der Tatsache, daß die Erwartungshorizonte der Bevölkerungen in den OECD-Staaten in der Nachkriegsära durch die Erfahrungen der Zwischenkriegszeit und der Kriegsjahre geprägt

5 Beispielhaft hierfür war die Steigerung der Leistungsfähigkeit von Kommunikationssystemen wie dem transkontinentalen Telefon: Mit der Installation von Glasfaserkabeln konnte die Kapazität des traditionellen Kupfertelefonkabels vervierfacht und der Preis pro Gespräch halbiert werden. Wurden 1986 weltweit etwa 18 Mrd. Minuten internationale Telefongespräche geführt, so waren es 1992, nur sechs Jahre später, bereits weit mehr als das Doppelte, nämlich 42,5 Mrd. Minuten; für 1995 erwarten Experten einen Gesamtumfang von 60 Mrd. Minuten. Vgl. GATT, International Trade 1989-1990, Band I, Genf 1990, S. 37 f. John *Naisbitt*/Patricia *Aburdene*, Megatrends 2000. The New Directions for the 1990s, New York 1990, S. 5 f. Survey International Telecommunications, in: *Financial Times*, 18.10.1993, S. 1.

6 Vgl. Richard W. *Mansbach*/Yale H. *Ferguson*/Donald E. *Lambert*, The Web of World Politics. Nonstate Actors in the Global System, Englewood Cliffs, N.J. 1976, zit. in: John C. *Garnett*, States, State-Centric Perspectives, and Interdependence Theory, in: John *Baylis*/N. J. *Rengger* (Hrsg.), Dilemmas of World Politics. International Issues in a Changing World, Oxford 1992, S. 61-84; hier S. 72.

7 Vgl. Norbert *Elias*, Entwurf zu einer Theorie der Zivilisation, in: *ders.*, Über den Prozeß der Zivilisation, Soziogenetische und psychogenetische Untersuchungen, Band II, Frankfurt a.M. 1976, S. 312-454.

waren. Die tatsächliche Entwicklung übertraf die eher bescheidenen Erwartungshorizonte bei weitem – ein Umstand, der zur innen- und außenpolitischen Stabilität nicht unbeträchtlich beigetragen haben dürfte. Demgegenüber werden Erwartungshorizonte heute durch die Erfahrungen und die Lebens- und Konsumstandards der westlichen Industrienationen bestimmt, die sich in den letzten Jahren herausgebildet haben und über globale Massenkommunikationsnetze weltweit verbreitet werden. Hinter diesen Erwartungshorizonten müssen die realen Möglichkeiten der Bedürfnisbefriedigung wohl zwangsläufig zurückbleiben. Zu den Auswirkungen dieser Gegebenheiten sind nicht zuletzt die großen Wanderungsbewegungen zu rechnen, die eine der wichtigen weltpolitischen Herausforderungen für die Zukunft darstellen (vgl. hierzu den Beitrag von Steffen *Angenendt*).

Auf der Lichtseite einer Gesellschaft dokumentiert sich sozialer Wandel in gesteigerter Lebensqualität und größerem materiellen Wohlstand. Auf der Schattenseite stehen diejenigen, die der Wandel beiseite geschoben und marginalisiert hat. Wohlstandsgewinne implizieren Verteilungskonflikte – national, wie auch im Weltmaßstab. Gelingt es nicht, diese konstruktiv zu bewältigen, drohen gesellschaftliche Krisen und politische Instabilität (vgl. hierzu insbesondere den Beitrag von Gabriele *Brenke*).

Modernisierungsprozesse zerstören bestehende soziale und kulturelle Werte und beeinträchtigen soziale Solidarität; »Gesellschaft« verdrängt »Gemeinschaft«.[8] Mit der Abschwächung traditioneller sozialer und kultureller Bindungen und der stärkeren Betonung des Individuums wird auch eine Neudefinition individueller und sozialer Rollen und Identität erforderlich. Dies sind schmerzliche und mühevolle Prozesse. Dem Ja zu den Chancen, die der Wandel verspricht, steht deshalb oft der Wunsch nach Bewahrung des Überkommenen und nach sozialer Sicherheit gegenüber.

Angelegt in den Prozessen des sozialen Wandels ist auf der einen Seite die Fortführung des Projekts der Moderne, die Entwicklung immer neuer Problemlösungspotentiale mit Hilfe von Wissenschaft und Technik. Andererseits beschwören die materiellen, sozialen und kulturellen Zerstörungen im Gefolge dieser Prozesse bei der Suche nach alternativen Bauelementen für eine andere Zukunft den fundamentalistischen Rückgriff auf die Vormoderne geradezu herauf.

Der Entideologisierung der modernen, wissenschaftlich-technischen Welt mit ihrer Rationalitätsorientierung und ihrer Betonung der Organisationsform der »Gesellschaft« steht die Reideologisierung, die Ablehnung der inhärenten Werteprämissen der säkularen Moderne und die Betonung von »Gemeinschaft« gegenüber. Das »Ende der Geschichte« im Sinne der Auseinandersetzung wirkungsmächtiger Ideologien[9] ist deshalb eine Chimäre: Der moderne, demokratisch verfaßte Kapitalismus produziert mit den Prozessen der Anpassung und Zerstörung, die sein Wesen ausmachen, immer

---

8 Diese Unterscheidung beruht auf der berühmten Gegenüberstellung bei Ferdinand *Tönnies*. Vgl. sein erstmals 1887 erschienenes Werk: *ders.*, Gemeinschaft und Gesellschaft. Abhandlung des Communismus und des Socialismus als empirische Culturformen, Leipzig 1887.

9 Vgl. Francis *Fukuyama*, The End of History?, in: *The National Interest*, Sommer 1989, S. 3-18, sowie *ders.*, Das Ende der Geschichte. Wo stehen wir?, München 1992.

wieder auch autoritäre ideologische Antithesen (vgl. hierzu den Beitrag von Bassam *Tibi*).

Ausprägungen der Dialektik von Integration und Zerfall

Im folgenden soll die oben skizzierte Dialektik integrativer und desintegrativer Tendenzen beispielhaft anhand dreier Bereiche skizziert werden: in den internationalen Wirtschaftsbeziehungen, im Bereich von Gesellschaft und Kultur sowie in der internationalen Sicherheitspolitik.[10]

Wirtschaft

Die günstige Weltwirtschaftsentwicklung der vergangenen Dekaden im OECD-Raum beruhte vor allem auf der Ausweitung des internationalen Warenaustausches. Für die Zeit seit 1950 gilt, daß die Zuwachsraten des Welthandels (und insbesondere des Welthandels mit Industriegütern) durchgängig über den Zuwachsraten der gesamtwirtschaftlichen Aktivitäten lagen. Dies deutet darauf hin, daß Teile der Weltwirtschaft im Verlauf der Nachkriegsepoche immer stärker miteinander verflochten wurden. Dies galt zunächst vor allem für den OECD-Raum, in den letzten beiden Jahrzehnten zunehmend auch für Ostasien (vgl. hierzu die Beiträge von Reinhard *Rode* und Rüdiger *Machetzki*).

Diese allgemeinen Aussagen über die Entwicklung des Welthandels müssen allerdings in einer Reihe von Punkten präzisiert und qualifiziert werden:

1. Die Verdichtung der Interdependenzen im Handelsbereich verlief sowohl geographisch wie sektoral ausgeprägt asymmetrisch. Für den Zeitraum 1980-1990 wuchs der Welthandel insgesamt um 5,5 Prozent jährlich. Weit überdurchschnittliche Wachstumsraten wiesen im Vergleich dazu der westeuropäische und nordamerikanische Binnenhandel (mit jeweils 8 Prozent) und der intraasiatische Handel (mit 10,5 Prozent) auf. Im zwischenregionalen Handel verdichteten sich die Interdependenzen zwischen Asien und Westeuropa (11 Prozent), Asien und Nordamerika (10,5 Prozent), aber auch zwischen Nordamerika und Westeuropa (7 Prozent Durchschnittswachstum in den achtziger Jahren) überdurchschnittlich rasch. Die Handelsbeziehungen Lateinamerikas, Schwarzafrikas und des Nahen und Mittleren Ostens blieben hinter den Durchschnittswerten des Welthandels mehr oder weniger ausgeprägt zurück. Insbesondere Schwarzafrika und der Nahe und Mittlere Osten wurden im Verlauf der achtziger Jahre an den Rand der Welthandelsdynamik gedrängt und marginalisiert.[11]

10 Dies heißt nicht, daß nicht noch andere Bereiche – etwa der der internationalen Umweltzusammenhänge – in eine derartige Analyse einzubeziehen wären, soll sie vollständig sein.

11 Vgl. GATT, International Trade, 1990-1991, Band I, Genf 1992, S. 6.

2. Sektoral erwies sich der Handel mit Industriegütern als die dynamischste Komponente des Welthandels, während landwirtschaftliche Produkte (bei allerdings starken Schwankungen) in der längerfristigen Betrachtung die geringsten Zuwachsraten aufwiesen.

3. Von einer Globalisierung der Weltwirtschaft im eigentlichen Sinne kann erst seit Beginn der achtziger Jahre gesprochen werden. Die entscheidenden Voraussetzungen hierfür schufen der Abbau der nationalen Kapitalkontrollen in den großen Industriestaaten und die Informations- und Kommunikationsrevolution, die seit Beginn der achtziger Jahre durch den Personalcomputer und das Faxgerät ermöglicht wurde. Der Prozeß der Globalisierung der internationalen Wirtschaftsaktivitäten steht also erst am Anfang.

4. Wesentlich bei diesen Globalisierungsprozessen ist – trotz fortgesetzter Vertiefung der Interdependenzen im Waren-, insbesondere im Industriegüterbereich – die Ausweitung der Wachstumsdynamik in neue Segmente der Weltwirtschaft. Hierzu zählt der internationale Handel in Dienstleistungen,[12] vor allem jedoch der internationale Kapitalverkehr[13] einschließlich ausländischer Direktinvestitionen.[14]

5. Ausländische Direktinvestitionen bilden eines der beiden zentralen Strategieelemente, mit deren Hilfe transnationale Unternehmen die Weiterentwicklung ihrer Produktionsstrukturen vorantreiben; das zweite wichtige Element sind strategische Allianzen und andere Formen der Kooperation zwischen Unternehmen ohne Kapitalbeteiligung.[15]

---

12 Zu den dynamischsten Komponenten des Welthandels zählte in den achtziger Jahren der Handel mit kommerziellen Dienstleistungen: Er erzielte 1989 weltweit Zuwachsraten von 10 %, 1990 sogar von 17 % (gegenüber Zuwachsraten bei Industriegütern von 7,5 und 13,5 %). Vgl. ebd., Band I, S. 5.

13 Der Kapital-Portfolioexport der westlichen Industriestaaten (also die grenzüberschreitenden Wertpapier-Investitionen) stiegen von durchschnittlich 15 Mrd. US-Dollar in der zweiten Hälfte der siebziger Jahre auf den bisherigen Spitzenwert von 274 Mrd. US-Dollar im Jahr 1991. Bei den Portfolio-Kapitalimporten betrugen die entsprechenden Zahlen für die Industriestaaten 31,9 Mrd. US-Dollar (1976-1980) und 374,6 Mrd. US-Dollar (1991). Dies bedeutete, daß für alle großen Industriestaaten im Verlauf der achtziger Jahre die internationalen Portfolio-Transaktionen den Wert des Außenhandels zu übersteigen begannen – und zwar oft erheblich. Vgl. Bank für Internationalen Zahlungsausgleich, 63. Jahresbericht, 1. April 1992 bis 31. März 1993, Basel 1993, S. 101 ff.

14 Die weltweiten grenzüberschreitenden Direktinvestitionen beliefen sich für die zweite Hälfte der siebziger Jahre auf durchschnittlich 31,8 Mrd. US-Dollar pro Jahr (Zuflüsse) und verdreifachten sich auf 145,6 Mrd. US-Dollar (1986-1990) und erreichten 1990 einen Spitzenwert von 186 Mrd. US-Dollar. Dies entsprach etwa der Hälfte des Gesamtwerts der amerikanischen Exporte im selben Jahr. Von der dynamischen Ausweitung der ausländischen Direktinvestitionen profitierten vor allem Nordamerika, Westeuropa und die Entwicklungs- und Schwellenländer Ost- und Südostasiens. Vgl. hierzu ebd., S. 100, und (für weitere Einzelheiten) UNCTAD, Programme on Transnational Corporations. World Investment Report 1993: Transnational Corporations and Integrated International Production, Genf 1993; hier Kap. I und II.

15 In einer Untersuchung des National Research Council der USA über die Halbleiter-Industrie wird seit Mitte der achtziger Jahre eine »Explosion« von Allianzen und zugleich eine starke Veränderung und Diversifizierung ihrer Charakteristika beobachtet. Die in der Studie ermittelte Zahl von bis zu 120 neuen Allianzen pro Jahr erfaßt nicht die Dunkelziffer, die noch höher liegt als die der statistisch erfaßten Allianzen. Vgl. National Research Council, U.S.-Japan Strategic Alliances in the Semiconductor Industry, Technology Transfer, Competition, and Public Policy, Washington, D.C. 1992, S. 14 ff.

Das Ergebnis dieser skizzierten integrierenden Kräftevektoren im Bereich von Handel, Kapitalverflechtungen und technologischen Formen transnationaler Kooperation ist die Entstehung und Entfaltung integrierter internationaler Produktionsstrukturen. Gegenwärtig bilden transnationale Unternehmen ihre dominierende Komponente. Diese Unternehmen kontrollieren derzeit insgesamt rund ein Drittel der Weltproduktion. Die Entwicklung international integrierter Produktionsformen wird für diese Unternehmen aufgrund neuer Kommunikations- und Transporttechnologien sowie durch den Abbau von Handels-, Kapital- und Investitionsbarrieren und die tendenzielle Globalisierung der Nachfrage möglich und machbar. Vor dem Hintergrund eines sich verschärfenden internationalen Wettbewerbs werden diese Formen der Integration von Produktion zugleich unumgänglich, will sich ein Unternehmen behaupten. Dies bedeutet, daß transnationale Unternehmen verstärkt von simplen zu vertieften Formen der Integration übergehen, in denen potentiell jede Aktivität innerhalb der Unternehmensstruktur in einen hochkomplexen Prozeß der funktionalen Spezialisierung und Arbeitsteilung so eingebunden ist, daß sie dem gesamten Unternehmen zugute kommt. Die Steuerung dieser komplexen Organisationsstrukturen erfolgt über eine Vernetzung zwischen den einzelnen Elementen des Gesamtunternehmens, über einen Abbau von Hierarchien und die Dezentralisierung von Entscheidungskompetenzen unter gleichzeitiger Zentralisierung bestimmter Steuerungsfunktionen für den gesamten Unternehmensbereich.

Formen der integrierten internationalen Produktion dürften sich in Zukunft weiter durchsetzen, weil sie zunehmend eine wesentliche Voraussetzung für wirtschaftliches Wachstum darstellen. Die Vernetzung nationaler Volkswirtschaften wird dadurch vorangetrieben und vertieft. Außerhalb der internationalen Arbeitsteilung gibt es also kaum noch wirtschaftliche Wachstumsperspektiven; innerhalb dieser Netze dominiert jedoch die gegenseitige Abhängigkeit, ja Verwundbarkeit, und der Zwang zu ständigem Lernen und steter Anpassung und damit auch zur Infragestellung und Modifikation festgefügter Rollen und Identitäten.

Bereits heute hat der Verflechtungsgrad zwischen den Volkswirtschaften der Triade ein Ausmaß erreicht, das Ökonomen vom wirtschaftlichen Gegenstück zum nuklearen »Gleichgewicht des Schreckens« sprechen läßt: Die wechselseitigen wirtschaftlichen Verwundbarkeiten sind so massiv und direkt, daß keiner der Beteiligten es riskieren kann, sie zu kappen. Sie werden sich insbesondere zwischen den Industriestaaten Nordamerikas, Europas und Ostasiens voraussichtlich auch weiterhin vertiefen; damit gewinnt auch das Risiko massiver absoluter Wohlstandseinbrüche für alle Beteiligten im Gefolge von Verteilungskonflikten noch an Bedeutung. Dies bedeutet freilich nicht, daß Verteilungskonflikte in Zukunft abklingen werden – sie dürften im Gegenteil auch innerhalb der Kernbereiche des Systems der globalen Verflechtungen an Häufigkeit und Intensität zunehmen.

Die Gefahr einer nachhaltigen Fragmentierung der internationalen Wirtschaftsbeziehungen geht aber wohl vor allem von Konfliktpotentialen aus, die man als »Verweigerungskonflikte« bezeichnen könnte. In dieser Art von wirtschaftlichen Konflikten suchen Akteure Wandel abzublocken, Anpassungszwänge zu verlangsamen bzw.

abzubiegen oder einseitige Vorteile unter Verletzung der »Spielregeln« einzuheimsen. Diese Art wirtschaftlichen Agierens, die sich in merkantilistischen Praktiken manifestiert, ist letztlich Ausdruck von Sicherheits- und Abgrenzungsbestrebungen. Es geht dabei konkret etwa um den Schutz von Arbeitsplätzen oder um die Verteidigung sozialer Errungenschaften, aber auch um die strategische Beherrschung bestimmter Industrien. Obwohl ihr Aktionsfeld die Wirtschaft ist, handelt es sich bei diesen Bemühungen im Grunde um politische Verhaltensmuster, bei denen es nicht um die Schaffung, sondern um die Verteilung von Werten geht.[16]

Hier rundet sich nun das Bild der Dialektik von Integration und Abgrenzung im Feld der internationalen Wirtschaftsbeziehungen. Integration – im Sinne einer Eingliederung in arbeitsteilige Formen transnationaler Wirtschaftsaktivitäten – eröffnet die Chance von Wohlstand und Wachstum. Sie basiert auf den Problemlösungspotentialen der technologischen Innovation und erfordert »gekonnten« sozialen Wandel, Bereitschaft zur Anpassung und Umorientierung, also zur Preisgabe von Sicherheit und (alter) Identität. Ihre Aktionsräume sind globale Märkte; ihr Ergebnis heißt: grenzüberschreitende, tendenziell globale wirtschaftliche Verflechtung und wechselseitige Abhängigkeit. Wirtschaftsaktivitäten aller Art streifen damit ihre nationalstaatlichen Verankerungen immer stärker ab; sie entfalten sich in geographischen Zusammenhängen, in denen politische Grenzen nur noch eine untergeordnete Rolle spielen.

Soziale Sicherheit beruht zwar auf Wirtschaftswachstum und Wohlstand, sie wird durch die Anforderungen des sozialen Wandels jedoch auch bedroht. Zur Abwehr dieser Gefährdungen (oder zur Sicherung relativer Gewinne) bedienen sich die Betroffenen der Politik: Sie verlangen die politische Korrektur der prospektiven Ergebnisse von Marktprozessen. Merkantilistische und protektionistische Forderungen richten sich dabei vor allem an Regierungen.[17] Deren Dilemma besteht dabei darin, daß die Voraussetzungen für Wohlstand und Wachstum in eben jenen internationalen Wirtschaftsverflechtungen zu finden sind, gegen die sich die interventionistischen Forderungen richten.

Gesellschaft und Kultur

In dem Maße, in dem das soziale Ziel »Wohlstand durch Wandel«, das im Bereich des Wirtschaftens dominiert, durch die Motive »Sicherheit« und »Identitätswahrung« qualifiziert, ja in den Hintergrund gedrängt wird, wächst auch die Bedeutung der

16 In allen dynamischen Volkswirtschaften Ostasiens der ersten und zweiten Generation – von Japan über Südkorea und Taiwan bis nach Hongkong und Singapur – lieferte das Motiv der äußeren Bedrohung einen wichtigen Impuls für die Formulierung exportorientierter Wachstumsstrategien. Diese Wachstumsstrategien waren für all diese Staaten daher auch und nicht zuletzt Sicherheitspolitik. Vgl. Francois *Godement*, La Renaissance de l'Asie, Paris 1993, S. 263 ff.

17 Aber keineswegs ausschließlich an sie. So läßt sich die in den siebziger Jahren ausgetragene Auseinandersetzung um eine »Neue Weltwirtschaftsordnung« auch als ein Versuch der »Dritten Welt« verstehen, internationale Organisationen, insbesondere die UN, im Sinne ihrer Forderungen nach einer Korrektur von Marktprozessen zu instrumentalisieren. Vgl. hierzu Stephen *Krasner*, Structural Conflict: The Third World Against Global Liberalism, Berkeley 1984.

Politik gegenüber der von Marktprozessen, weil diese sozialen Zielsetzungen nur über politische Steuerungen bzw. Eingriffe in Verflechtungszusammenhänge zu realisieren sind. Dennoch spielen auch in der gesellschaftlichen Sphäre grenzüberschreitende integrative Impulse in Richtung auf eine »Weltgesellschaft«[18] eine wichtige Rolle. Es handelt sich dabei in erster Linie um die sozialen Konsequenzen jener wissenschaftlich-wirtschaftlichen Innovationsprozesse, die insgesamt die skizzierte technologische Dynamik der Gegenwart ausmachen. Diese prägt individuelle und gesellschaftliche Verhaltensweisen, Einstellungen und Werte. Zu den von Modernisierungsprozessen transportierten Wertvorstellungen gehören jene, die in die wissenschaftlich-technologische Natur der Moderne eingebettet sind: Vertrauen auf Rationalität, auf Transparenz und Formbarkeit der Wirklichkeit im Sinne der Verbesserung der Lebensbedingungen durch Wissenschaft und Technologie.

Es gibt also zweifellos auch eine Kultur, eine Zivilisation der Moderne mit universaler Geltung; sie findet eine (allerdings eher oberflächliche) Ausprägung in der Konvergenz der Lebensstile in dem, was man irreführend als »American way of life« bezeichnet (besser wäre: »modern way of life«). Jenseits dieser Oberflächenerscheinungen der Moderne ist der bemerkenswerte Schub von weltweiten Demokratisierungsprozessen,[19] von marktwirtschaftlichen Wirtschaftsreformen und der – trotz aller Proteste von autoritären Regimen gegen einen angeblichen »Kulturimperialismus« des Westens – breiten Zustimmung zu universalen Menschenrechten Ausdruck dieser Entwicklungen. Konstitutiv für die Kultur der Moderne sind schließlich auch zwei in der Anerkennung universaler Menschenrechte inhärente Elemente: Die Ächtung der gewaltsamen Regelung von Konflikten und die Idee der internationalen Gerechtigkeit.[20]

Diese integrativen Kräfte beruhen auf den beiden bereits erwähnten Transmissionsriemen sozialen Wandels: Kommunikation und Mobilität. Diese Transmissionsriemen wirken zugleich jedoch auch fragmentierend. Informationsvernetzung und Mobilität eröffnen die Chance, an Wachstum und Wohlstand der Weltwirtschaft zu partizipieren; zugleich bedrohen sie jedoch historisch gewachsene Identitäten und schaffen Verunsicherung. Soziale und kulturelle Entwurzelung wiederum begünstigt Verhaltensweisen und Ideologien des Partikularismus (also der Abgrenzung gegen den anderen) und Gewaltbereitschaft. Diese Ideologien und Verhaltensweisen zielen darauf ab, Wandel zu verlangsamen oder abzublocken, Sicherheit zu vergrößern und Identität zu bewahren bzw. zu stiften. Ausprägungen derartiger partikularistischer Ideologien bilden fundamentalistische, nationalistische und ethno-nationalistische Bewegungen, wie sie vor allem (aber keineswegs ausschließlich) in der islamischen Welt bzw. in Ost- und Südosteuropa zu beobachten sind (vgl. hierzu die Beiträge von Bassam *Tibi*, Gudrun *Krämer*, Alexander *Rahr* und Klaus *Becher*).

18 Vgl. hierzu Ernst-Otto *Czempiel*, Weltpolitik im Umbruch. Das internationale System nach dem Ende des Ost-West-Konflikts, München 1991, S. 86 ff.

19 Vgl. hierzu Samuel *Huntington*, The Third Wave, Democratization in the Late Twentieth Century, Norman, Oklahoma 1991.

20 Vgl. Evan *Luard*, International Society, London 1990, S. 261 ff.

Aus dieser Perspektive sind weder die politischen Kräfte des Nationalismus und Ethno-Nationalismus noch diejenigen des Fundamentalismus primär als Relikte der Vergangenheit, als die »Wiederkehr der Geschichte« (Michael *Stürmer*) zu begreifen. Sie erscheinen vielmehr als Reaktion auf Ambivalenzen und Anomien von Modernisierungsprozessen, als in diesem Sinne höchst »moderne« Einstellungs- und Verhaltensweisen. Allerdings stehen partikularistische Ideologien vor einer erheblichen Schwierigkeit: Sie sind zwar plausibel im Sinne der Konstruktion von sozialer Sicherheit und Identität, die ja von internationaler Verflechtung und Integration eher gefährdet als befördert werden. Und sie vermögen dort, wo Modernisierungsprozesse entgleisten – also etwa in den realsozialistischen Systemen Mittelosteuropas – politisch scheinbar glaubhaftere Alternativen anzubieten. Aber sie sind wenig geeignet, Wachstums- und Wohlstandsperspektiven zu eröffnen, und daher letztlich zum Scheitern verurteilt, wenn sie sich nicht für Prozesse der Integration in größere Zusammenhänge öffnen lernen.

Treffen diese Überlegungen zu, so sind die oft gezogenen Parallelen zwischen dem Nationalismus des 19. Jahrhunderts und seinen gegenwärtigen Ausprägungen irreführend. Die virulenten modernen Formen des Nationalismus in Mittelosteuropa und der sogenannten »Dritten Welt« haben – ebenso wie der Ethno-Nationalismus – keine tragfähige wirtschaftliche Basis und konkurrieren sozial mit der stets präsenten Alternative der Kultur der Moderne. Partikularistische Ideologien verfügen also unter den gegenwärtigen Voraussetzungen über wenig oder gar keine Gestaltungsfähigkeit im Sinne der Wohlstandsmehrung. Dies bedeutet, daß sie in der Regel kaum in der Lage sein dürften, stabile politische Strukturen auszubilden. (Eine partielle Ausnahme bildet das fundamentalistische System in Iran, das durch seine reichen Erdölvorkommen über eine gewisse wirtschaftliche Basis verfügt).

Obgleich es partikularistischen, antimodernen Ideologien also sehr schwer fallen dürfte, tragfähige wirtschaftliche und soziale Strukturen aufzubauen, ohne gegen ihre grundlegenden Überzeugungen der Abgrenzung zu agieren, so spricht doch vieles dafür, daß Zerfallsprozesse im Gefolge gescheiterter, entgleister oder unausgewogener Modernisierung lange dauern können. In der ehemaligen Sowjetunion und in Ex-Jugoslawien mehren sich die Anzeichen für gewaltsame Auseinandersetzungen zwischen Banden- und Milizenführern auch innerhalb der jeweiligen Volksgruppen (vgl. hierzu die Beiträge von Alexander *Rahr* und Klaus *Becher*). »Sicherheit« und »soziale Identität« reichen also als Legitimationsgrundlage der politischen Gebilde aus der Alchimistenküche von Nationalisten und Ethnizisten auf die Dauer wohl kaum aus – zumal angesichts der heillosen Gemengelagen von Nationalitäten und Ethnien in vielen Teilen der Welt diese Art der Identitätsstiftung höchst explosiv ist und damit auch die soziale und individuelle Sicherheit ihrer Anhänger gefährdet.[21]

Unbestritten allerdings liefern partikularistische Ideologien mindestens kurz- und mittelfristig über Feindbilder und Bedrohungsphantasien mächtige Hebel der sozialen

21 Vgl. hierzu auch die Überlegungen von Pierre *Hassner*, Beyond Nationalism and Internationalism: Ethnicity and World Order, in: *Survival*, Sommer 1993, S. 49-65.

Mobilisierung. Hinzu kommt, daß organisierte Gewaltanwendung rasch eskalieren und wie ein Flächenbrand um sich greifen kann, wenn dieser Weg erst einmal beschritten wird. Die politische Macht in solchen Gesellschaften gerät dabei in die Hände von Kriegsgewinnlern, Warlords, Bandenführern und Milizkommandanten, die an der gewaltsamen Austragung der Konflikte materiell interessiert sind. Andererseits bereitet die Eindämmung dieser Art von Gewaltanwendung »zivilisierten« Gesellschaften, Staaten und internationalen Organisationen offensichtlich erhebliche Schwierigkeiten, weil sie sich der Problematik militärischer Macht und ihrer eigenen Verwundbarkeiten im Gefolge verflochtener Politik bewußt sind: Zivilisierung bedeutet eben nicht nur Einhegung, sondern auch Entwöhnung von organisierter sozialer Gewaltanwendung (vgl. den Beitrag von Harald *Müller*).

Insgesamt ergibt das Spannungsverhältnis zwischen Integration und Abgrenzung in der Weltgesellschaft also ein höchst komplexes und widersprüchliches Bild. Einerseits hinterlassen die weltweiten Prozesse der Modernisierung tiefe Spuren im Sinne wachsender Gemeinsamkeiten, anerkannter universaler Wertvorstellungen und Verhaltensweisen und trugen damit bei zur Prägung »moderner« Identitäten. Doch diese finden sich Seite an Seite und oft in scharfem Widerspruch zu Prozessen der kulturellen und ideologischen Differenzierung.

Aus dieser sich öffnenden Schere zwischen gesellschaftlichen Integrations- und Abgrenzungsprozessen ergeben sich für die internationale Politik zwei wichtige Schlußfolgerungen. Erstens finden sich eingebettet in die immer engeren und vielfältigen Verflechtungen zwischen Gesellschaften im Weltmaßstab Transmissionsriemen, über die scheinbar entlegene Risiken und Bedrohungen auf im einzelnen kaum vorhersehbare Weise auf entfernte Länder einwirken können. Und zweitens führen die durch sozialen Wandel ausgelösten Belastungen immer häufiger zur Auflösung politischer Strukturen, insbesondere zum Zerfall von Staaten (vgl. hierzu insbesondere die Beiträge von Gabriele *Brenke* und Alexander *Rahr*).

Internationale Ordnung, Stabilität und Sicherheit

Fragmentierungstendenzen gehen in der internationalen Politik traditionell vom sogenannten »Sicherheitsdilemma« aus: Unter den Voraussetzungen einer fehlenden Zentralautorität in den zwischenstaatlichen Beziehungen müssen Staaten militärische Vorkehrungen treffen, um ihre Souveränität zu bewahren und zu schützen. Dabei entsteht das Problem, wie die entsprechenden Vorkehrungen benachbarter Staaten zu bewerten und angemessen zu beantworten sind. Ungewißheit und Mißtrauen können Aktions-Reaktionsabläufe auslösen, die im Ergebnis die Sicherheit aller beteiligten Staaten verringern und obendrein hohe Kosten verursachen.[22]

---

22 Vgl. die klassische Formulierung des Sicherheitsdilemmas bei John *Herz*, Idealist Internationalism and the Security Dilemma, in: *World Politics*, Nr. 2, 1950, S. 157-180. Für eine umfassende Diskussion der Thematik vgl. Nicholas L. *Wheeler*/Ken *Booth*, The Security Dilemma, in: *Baylis/Rengger*, a.a.O. (Anm. 6), S. 29-60.

Dieses Sicherheitsdilemma beinhaltet zugleich jedoch auch insofern integrative Impulse, als seine Auflösung – also eine effektive Verringerung des Kriegsrisikos – letztlich nur auf dem Wege internationaler Sicherheitspolitik, also einer Überwölbung nationalstaatlicher Sicherheitsbestrebungen durch internationale Vereinbarungen und Institutionen erreicht werden kann.[23] Militärtechnologische Innovationen haben das klassische Sicherheitsdilemma zugespitzt, weil heute Sicherheit vor militärischen Zerstörungen angesichts der Vernichtungskraft moderner Waffensysteme (konventioneller wie Massenvernichtungswaffen) und den Möglichkeiten ihrer Miniaturisierung (»Rucksack-Bombe«) national grundsätzlich nicht mehr realisierbar ist.

Diese Zuspitzung des Sicherheitsdilemmas durch die Entwicklung der Militärtechnologie hatte die internationale Sicherheitspolitik im Rahmen des Ost-West-Konflikts einigermaßen erfolgreich eingehegt. Die entsprechenden Bemühungen fanden ihren Niederschlag in internationalen Vereinbarungen und Regimen der kooperativen Rüstungssteuerung, der Abrüstung und der Nichtverbreitung von Massenvernichtungswaffen und Trägersystemen sowie in der Herausbildung stillschweigender Spielregeln des kooperativen Krisenmanagements zwischen den beiden Supermächten USA und Sowjetunion. Innerhalb des westlichen Bündnissystems gelang ein noch weitergehender Schritt, nämlich die Herausbildung einer »Sicherheitsgemeinschaft«, also eines Sicherheitsregimes neuer Qualität.

Diese integrativen Momente wirken auch nach dem Ende des Kalten Krieges weiter: Nationale Sicherheit läßt sich auch weiterhin in aller Regel einseitig nicht mehr gewährleisten, sondern sie muß ergänzt und überwölbt werden durch kooperative Bemühungen um internationale Sicherheit.

Aber auch die fragmentierenden Wirkungen einer anarchischen internationalen Staatenwelt blieben nach dem Ende des Kalten Krieges bestehen, ja sie gewannen an Bedeutung, weil das disziplinierende Element der globalen Bipolarität der Ost-West-Konfrontation zerbrach. Auf das Konto dieser Wirkungen gehen etwa die wachsenden Schwierigkeiten bei der Organisation internationaler Zusammenarbeit – sei es nun im Rahmen des westlichen Bündnissystems oder internationaler Organisationen wie der KSZE/OSZE oder der UN – oder die machtpolitischen Rivalitäten zwischen regionalen Mächten etwa in Ostasien (vgl. hierzu den Beitrag von Rüdiger *Machetzki*).

Faßt man vor diesem Hintergrund die ordnungs- und sicherheitspolitischen Herausforderungen zusammen, denen sich die internationale Politik heute gegenübersieht, so ergeben sich vier grundlegend unterschiedliche Kategorien:

1. Das *Management zwischenstaatlicher Konflikte traditioneller Art*, die ihre Wurzeln in der Konkurrenz zwischen intakten, leistungsfähigen politischen Gebilden haben. Diese Konkurrenz kann sich in den friedlichen Bahnen wirtschaftlich-technologischen Wettbewerbs bewegen, sie kann jedoch auch in ideologische, macht- und sicherheitspolitische Rivalitäten umschlagen und dann in Auseinandersetzungen um Hegemonie münden, wie sie aus der europäischen Geschichte der letzten Jahrhunderte

23 Vgl. hierzu Barry *Buzan*, People, States, and Fear: The National Security Problem in International Relations, Brighton 1983.

sattsam bekannt sind. Vorstellbar sind derartige Konflikte in Zukunft grundsätzlich innerhalb der westlichen Welt (etwa zwischen Amerika, Europa und Japan), zwischen der westlichen Welt und Ostasien (vgl. hierzu den Beitrag von Rüdiger *Machetzki*), vor allem zwischen der westlichen Welt einerseits und Ostasien oder zwischen geschichtsmächtigen neuen politischen Formationen in der islamischen Welt bzw. der ehemaligen Sowjetunion andererseits. Nicht völlig auszuschließen, wenngleich eher unwahrscheinlich, sind auch Macht- und Hegemonialkonflikte innerhalb der westlichen Welt, also etwa zwischen Amerika und Japan. Diese Konflikte dürften allerdings kaum in offene militärische Auseinandersetzungen einmünden. Die Zerfallsprozesse in diesen Regionen mögen lange dauern, doch irgendwann in der Zukunft werden sie sich umkehren und – möglicherweise unter dem Einfluß partikularistischer Ideologien wie Fundamentalismus oder Ethno-Nationalismus – in soziale und politische Rekonstruktion münden. Daraus könnten militante politische Regime entstehen, die eine Bedrohung der Sicherheit ihrer Nachbarstaaten im traditionellen Sinne darstellen. Alles in allem dürfte diese Form der Herausforderung in den kommenden Jahren jedoch eher untergeordnete Bedeutung haben.

2. *Risiken in Zusammenhang mit Zerfallsprozessen von Staatlichkeit.* Gefahrenpotentiale in diesem Zusammenhang bestehen in Massenmigrationsbewegungen (vgl. hierzu den Beitrag von Steffen *Angenendt*), in globalen Umweltbelastungen und grenzüberschreitenden Umweltkatastrophen à la Tschernobyl (vgl. den Beitrag von Hans Joachim *Schellnhuber*/Detlev *Sprinz*), in organisierter Kriminalität, internationalem Terrorismus und Drogenhandel (vgl. den Beitrag von Hans-Georg *Wieck*) und – last but not least – in der Kombination gewaltiger Vernichtungspotentiale in Form von konventionellen und Massenvernichtungswaffen und der Erosion sozialer Stabilität und damit wirksamer Kontrolle über diese Potentiale (vgl. hierzu den Beitrag von Harald *Müller*). Bislang haben nationale Sicherheitspolitik wie internationale Ordnungspolitik die Existenz stabiler Staaten weitgehend vorausgesetzt. In Zukunft müssen sie sich um die umfassende politische Befriedung von Räumen bemühen, in denen Bürgerkriege und zwischenstaatliche Kriege fließend ineinander übergehen und die zentrale Herausforderung in sich ausbreitender sozialer und politischer Anarchie besteht (vgl. den Beitrag von Gabriele *Brenke*). Diese Risiken lassen sich nur durch integrative Strukturen und politische Prozesse neuer Qualität verringern, in denen Bemühungen um die Eindämmung zwischenstaatlicher Gewaltpotentiale Hand in Hand gehen mit Schritten zu einer Zivilisierung der Innenpolitik, also der Entwicklung effektiver binnenstaatlicher Gewaltmonopole auf der Grundlage von Rechtsstaatlichkeit, demokratischer Partizipation und sozialer Ausgewogenheit.

3. *Interdependenzrisiken.* Die rasch zunehmenden internationalen wirtschaftlichen und sozialen Verflechtungen erhöhen Verwundbarkeiten gegenüber externen Effekten solcher Verflechtungen und Steuerungsdefiziten: Aus autonomen und eigendynamischen (Markt-)Prozessen können materielle und sogar existentielle Bedrohungen entstehen, die niemand mehr wirklich beeinflussen kann (vgl. hierzu den Beitrag von Reinhard *Rode*). Beispiele hierfür liefern etwa die Ölpreiskrisen der siebziger Jahre oder die Währungs- und Finanzturbulenzen der achtziger Jahre, aber auch globale

Umwelt- und Gesundheitsprobleme (vgl. die Beiträge von Gabriele *Brenke* und Hans Joachim *Schellnhuber*/Detlef *Sprinz*). Voraussetzung für die erfolgreiche Bewältigung dieser Herausforderung ist vermutlich:

4. Die *Entwicklung tragfähiger internationaler Kooperationsstrukturen zur weltweiten Friedenssicherung*. Es geht dabei um den Aufbau neuer und die Vertiefung und Erweiterung bestehender internationaler Organisationen und Regime. Die Diskussion um die Osterweiterung der Europäischen Union ist in diesem Sinne durchaus exemplarisch (vgl. hierzu den Beitrag von Roland *Freudenstein*). Es geht dabei jedoch um mehr als um institutionelle Architekturen. Uwe *Nerlich* hat die Problematik im Zusammenhang mit der zukünftigen Gestaltung der europäischen Sicherheit einmal als die Herausforderung bezeichnet, eine »europäische Sicherheitskultur« zu entwickeln, in der Solidarität, Verantwortung und Empathie zu wirksamer Strukturbildung auf der gesamteuropäischen Ebene führen.[24] Ansätze in Richtung institutioneller Fortentwicklung im Sinne von Erweiterung und Vertiefung sind weltpolitisch im Rahmen der UN, in Europa in der Entwicklung und Institutionalisierung der KSZE/OSZE und im Rahmen der NATO (NATO-Kooperationsrat, Partnerschaft für den Frieden) durchaus erkennbar. Wie das Beispiel des Bürgerkriegs in Jugoslawien abschreckend belegte, setzen erfolgreiche internationale Bemühungen dieser Art jedoch die Bereitschaft westlicher Regierungen und Gesellschaften voraus, im Rahmen gesamteuropäischer Solidarität materielle und personelle Ressourcen aufzuwenden und Risiken einzugehen, die derzeit politisch völlig unrealistisch erscheinen.[25]

Die Herausforderungen der letzten drei Kategorien scheinen für die kommenden Jahre von entscheidender Bedeutung. Dabei stößt die internationale Politik in Neuland vor – in eine unübersichtliche Landschaft, geprägt von eben jener komplexen Dialektik von Integration und Zerfall, die sich im Sinne der von James *Rosenau* entworfenen theoretischen Figur auch als »Turbulenz« fassen ließe.[26] Diese Dialektik ist offen: Ein Zerfall der bestehenden Integrationserfolge in der westlichen Welt bis hin zur Wiederkehr militärisch-machtpolitisch bestimmter Formen der zwischenstaatlichen Beziehungen ist ebenso vorstellbar wie eine erfolgreiche Entfaltung der latenten Integrationspotentiale in den gegenwärtigen Krisenregionen der Welt. Vorstellbar sind jedoch auch Zwischenzustände, wie wir sie gegenwärtig beobachten: Ein Nebeneinander integrativer und desintegrativer Prozesse ohne klare Richtung, ein Zickzackkurs der Geschichte unter der Perspektive des »Durchwurstelns«. Unter diesen Voraussetzungen ist jedoch mit einem raschen Anwachsen des Problemstaus zu rechnen, der von der Dynamik der Bevölkerungsentwicklung über die des Wohlstandsgefälles und der internationalen Umweltschädigungen bis hin zur Proliferation von Massenvernichtungspotentialen reicht. Auf die Dauer wird dies eindeutige Politiken erzwingen.

24 Vgl. Uwe *Nerlich*, Europäische Sicherheitskultur: Das Ziel und der Weg, in: Albrecht *Zunker* (Hrsg.), Weltordnung oder Chaos?, Baden-Baden 1993, S. 21-36.

25 Hier liegen auch die größten Schwächen der Überlegungen von Egon *Bahr*, Ohne Frieden ist alles nichts, in: *DIE ZEIT*, 14.10.1993, S. 15.

26 Vgl. James N. *Rosenau*, Turbulence in World Politics. A Theory of Change and Continuity, New York 1990.

Die Dialektik von Integration und Abgrenzung als Herausforderung der Politik

Die für die Zukunft der internationalen Beziehungen zentrale Frage ist dieser Diagnose zufolge die Frage nach der Verarbeitung der hier anhand dreier Bereiche beispielhaft skizzierten Dialektik von Integration und Abgrenzung. »Verarbeitung« bedeutet dabei den Versuch, soziale Interessen- und Zielkonflikte zwischen Wohlstand und Sicherheit, zwischen sozialem Wandel und Kontinuität auszutarieren. Gelingt dies nicht, kommt es also zu einem Überwiegen integrativer oder desintegrativer Impulse, bestehen schwerwiegende Risiken der Instabilität: Die integrativen Anforderungen zu vernachlässigen, riskiert eruptive Zerstörungen durch wachsenden Problemstau; die identitätsstiftenden Aufgaben zu ignorieren, bedeutet umgekehrt die Gefahr einer Aushöhlung der legitimatorischen und politischen Grundlagen der Integration und sozialer Revolten der Benachteiligten.

Grundsätzlich läßt sich die Dialektik von Integration und Abgrenzung auf drei unterschiedlichen Wegen verarbeiten: durch Marktprozesse, durch freiwillige Assoziation sozialer Akteure und schließlich durch Politik. Um definierte Ziele der materiellen sozialen Problemlösung zu erreichen, sind Marktmechanismen aufgrund ihrer überlegenen Effizienz besonders leistungsfähig – vorausgesetzt, sie können sich in einem einigermaßen sicheren und stabilen politischen Umfeld entfalten. Marktmechanismen beinhalten jenseits des Wohlstandsziels und des Effizienzkriteriums jedoch keine sozialen Werte; sie können andere soziale Ziele (etwa: soziale Ausgewogenheit, Umweltschutz), ja, ihre eigenen Grundlagen (nämlich einen funktionierenden Wettbewerb) nicht aus sich selbst heraus gewährleisten.

Die für sozial leistungsfähige Marktprozesse notwendigen Rahmenbedingungen können entweder auf dem Wege der freiwilligen Assoziation sozialer Akteure oder über politische Prozesse geschaffen werden. Ersteres sollte dabei als Alternative zur Politik angesichts der Machtverschiebungen weg von der Politik und hin zu sozialen Akteuren (Unternehmen, Interessengruppen) und Individuen[27] ernstgenommen werden: Eine Reihe von empirischen Befunden deutet darauf hin, daß gesellschaftliche Akteure durchaus in der Lage sind, bestimmte Aufgaben der Sicherung des Gemeinwohls (wie etwa den ökologischen Schutz gefährdeter Arten, deren Nutzung zugleich die Lebensgrundlagen der jeweiligen Gesellschaft bildet) erfolgreich zu organisieren.[28] Es erscheint durchaus wahrscheinlich, daß Regelungen durch freiwillige Assoziation in Zukunft in den internationalen Beziehungen eine größere Rolle spielen werden.

27 Vgl. zu diesen Machtverschiebungen vor allem ebd., passim.

28 Vgl. Michael *Zürn*, Jenseits der Staatlichkeit: Über die Folgen der ungleichzeitigen Denationalisierung, in: *Politische Vierteljahresschrift*, Nr. 3, 1992, S. 490-513; hier S. 498 ff. Grundsätzlich gilt das auch grenzüberschreitend, also für die Weltgesellschaft – man denke nur an die drastische Zunahme der Zahl nichtgouvernementaler Organisationen, die etwa im ehemaligen Jugoslawien oder Somalia humanitäre Hilfe leisten oder die faszinierende Vereinbarung zwischen den amerikanischen und europäischen Textilindustrieverbänden, die einen wesentlichen Aspekt der gegenwärtigen GATT-Runde, nämlich den Welt-Textilhandel, gewissermaßen im Vorgriff auf die verhandelnden Regierungen, autonom zu regeln versuchte. Vgl. *International Herald Tribune*, 16.9.1993.

Dies wird vor allem dann gelten, wenn diese Regelungsaufgaben durch die Politik nicht übernommen werden und damit einerseits Handlungsbedarf, andererseits Gestaltungsfreiräume entstehen.

Die Austarierung sozialer Ziel- und Interessenkonflikte auf diesem Wege, also etwa durch nichtgouvernementale Organisationen (NGOs), hat aber dort Grenzen, wo Sanktionsmöglichkeiten erforderlich sind, um Vereinbarungen durchzusetzen. Die Herausforderungen an die Politik mögen durch erweiterte Möglichkeiten sozialer Selbstorganisation im transnationalen Bereich zu verringern sein – völlig entlasten können sie die Politik nicht. In der sich öffnenden Schere zwischen der Dynamik der Integration und der Verweigerung sozialer Anpassungszwänge zur Selbstbehauptung und Wahrung der eigenen Identität steht die Politik aber, wie skizziert, in einem schwierigen Spagat, dessen Ergebnis erkennbar eine Überlastungskrise der Politik ist.

Diese Krise der Politik wird in den internationalen Beziehungen in der Regel als »Krise des Nationalstaats«[29] wahrgenommen. Diese Wahrnehmung ist in mancher Hinsicht irreführend. Den Realitäten angemessener erscheint eine Betrachtungsweise, in der die Politik als Kontinuum mit mindestens drei schwerpunktmäßigen Aktionsebenen aufgefaßt wird – nämlich der binnenstaatlichen, der nationalstaatlichen und der supranationalen Ebene. Innen- und Außenpolitik unterscheiden sich aus dieser Sicht qualitativ nicht. (Sie können es im übrigen schon deshalb nicht mehr, weil sich angesichts des Zerfalls von Staaten die Grenzen zwischen beiden Bereichen ohnehin in etlichen Fällen auflösen.)

Dies bedeutet jedoch auch, daß die Krise der Politik im Spagat zwischen Integration und Abgrenzung keineswegs auf den Nationalstaat beschränkt bleibt – sie läßt sich ebenso auf der Ebene supranationaler Politikprozesse und internationaler Institutionen nachweisen wie auf der Ebene der Innenpolitik. Erinnert sei hier einerseits an den Zerfall von Warschauer Pakt und Rat für Gegenseitige Wirtschaftshilfe (RGW) sowie an die Krisensymptome der europäischen Integration, der Vereinten Nationen, der NATO und des GATT, andererseits an den Autoritätsverfall der Regierungen wie auch der führenden Oppositionsparteien und allgemein an die Krise der Parteien in den meisten westlichen Industriestaaten. Auffallend und im Sinne der Kontinuumsbetrachtung durchaus plausibel ist die Beobachtung, daß sich Krisen- und Überlastungssymptome in der Politik gerade dort zusammenzuballen scheinen, wo die entscheidenden politischen Leistungen der Austarierung von Integration und Abgrenzung zu erbringen sind: Innenpolitisch sind dies die Parteien, in der internationalen Politik der Nationalstaat. Für beide kennzeichnend ist auch die eigentümliche Mischung aus stetiger Ausweitung der Kompetenzen und des Mitwirkungsanspruchs einerseits und zunehmender Gestaltungsschwäche andererseits.[30]

Die Krisensymptome der internationalen Politik sind also zwar keineswegs auf den Nationalstaat beschränkt, aber eben doch auch wesentlich ein Phänomen des Nationalstaats. Die Überlastung des Nationalstaats bei den Versuchen, gesellschaftliche

---

29 Vgl. etwa *Zürn*, a.a.O. (Anm. 28).

30 Vgl. Peter *Haungs*, Alte und neue Parteienkritik, in: *Politische Studien*, Die Parteien im politischen System der Bundesrepublik Deutschland, Sonderheft Nr. 4, 1993, S. 20-34.

Anforderungen in den internationalen Beziehungen zu realisieren, hat dabei mehrere Ursachen:

1. Die erste Ursache liegt in den gestiegenen Anforderungen an den Staat von innen. Im Gefolge der wachsenden Verflechtung zwischen Staat und Gesellschaft und der Herausbildung des modernen Sozialstaats sieht sich die Politik heute mit gesellschaftlichen Erwartungen in einem sehr viel breiteren Spektrum sozialer Aktivitäten konfrontiert als vor hundert oder auch nur vor dreißig Jahren.

2. Die Realisierung gesellschaftlicher Anforderungen angesichts wachsender Verflechtungen zwischen Gesellschaften ist in aller Regel aber nur noch auf dem Wege über transnationale oder internationale Arrangements möglich: Wachstum und Wohlstand hängen heute für alle Gesellschaften (wenn auch in recht unterschiedlichem Maße) von der Entwicklung weltwirtschaftlicher Prozesse ab, Sicherheit von der Leistungsfähigkeit nicht nur (und nicht einmal mehr in erster Linie!) der nationalen, sondern auch der internationalen Sicherheitspolitik, eine stabile soziale Identität von der Möglichkeit, Anpassungszwänge erfolgreich durch internationale Steuerungsprozesse abzubiegen oder zu verlangsamen bzw. im eigenen Sinne zu verändern. All dies setzt jedoch die Kooperation mehrerer (und oft vieler) Staaten und Gesellschaften voraus. Wo sie nicht auf dem Wege von Marktprozessen oder freiwilliger Assoziation erarbeitet werden kann, muß diese Kooperation mit den Betroffenen auf dem Wege von Verhandlungen und des Ausgleichs von Interessen erreicht oder unter Einsatz von Machtmitteln erzwungen werden.

3. Staaten und Regierungen werden ständig mit Anpassungsforderungen von außen konfrontiert, die sie – soweit sie nicht auf den erwähnten alternativen Wegen verarbeitet werden können – entweder abbiegen oder innenpolitisch durchsetzen müssen. Diese Anpassungsforderungen ergeben sich zum einen aus der Externalisierung gesellschaftlicher Anforderungen durch andere Regierungen. Wenn etwa die amerikanische Regierung sich die Forderungen der amerikanischen Landwirtschaft nach Exportmöglichkeiten im Rahmen der GATT-Verhandlungen zu eigen macht und deshalb auf einer Anpassung der europäischen Agrarpolitik besteht, muß die bundesdeutsche Regierung diese Forderung entweder abblocken (und dabei erhebliche Risiken für die eigene Exportwirtschaft eingehen) oder innerhalb der EU und des GATT tragfähige Kompromisse herbeiführen und entsprechende Anpassungen mittragen, die dann die Situation der deutschen Landwirtschaft beeinflussen. Die Diskussion in der Bundesrepublik um den »Standort Deutschland« zeigt, daß diese Anforderungen von außen keineswegs nur aus dem politischen Bereich kommen: Veränderungen in wichtigen weltwirtschaftlichen Parametern wie etwa dem internationalen Ölpreis oder der technologischen Leistungs- und Konkurrenzfähigkeit zugunsten der USA bzw. Ostasiens führen ebenfalls zu Anpassungsanforderungen, die verarbeitet werden müssen. Auch hierbei ist die Politik gefordert, wenn alternative Wege nicht wirksam oder gesellschaftlich nicht akzeptabel sind.

4. Ein weiterer Typus von Anforderungen an den Staat von außen ergibt sich aus der bereits skizzierten Beobachtung, daß eine Reihe von drängenden Problemen überhaupt nur noch auf dem Wege internationaler Zusammenarbeit erfolgversprechend

einzudämmen und zu regeln ist. Innerhalb der Europäischen Union hat die Dichte der transnationalen Verflechtungen inzwischen ein solches Ausmaß erreicht, daß praktisch alle Politikbereiche einbezogen sind. Aber auch im Verhältnis zu anderen Regionen und im Weltmaßstab bestehen Herausforderungen, die einigermaßen aussichtsreich nur noch durch wirksame Zusammenfassung nationalstaatlicher Ressourcen im Rahmen internationaler Kooperation angegangen werden können. Voraussetzung hierfür ist jedoch die Mobilisierung dieser Ressourcen und die Organisation gesellschaftlicher Anpassungsleistungen durch Regierungen. Die Eindämmung des Treibhauseffekts etwa ist nur vorstellbar über international vereinbarte, aber national durchgesetzte Reduzierungen des CO_2-Ausstoßes (was volkswirtschaftliche Anpassungsprozesse in den betroffenen Gesellschaften impliziert) sowie internationale Forschungsanstrengungen und Transferleistungen, um die notwendigen Anpassungen »sozialverträglich« in dem Sinne zu gestalten, daß der Wachstums- und Wohlstandsbedarf der ärmeren Regionen des Südens angemessen berücksichtigt wird.[31] Eine ähnliche Logik gilt für die Bekämpfung organisierter Kriminalität oder Pandemien wie AIDS. Diese und andere Beispiele illustrieren einerseits die Bedeutung multilateraler Kooperationsprozesse im Rahmen internationaler Organisationen und Regime für die Realisierung sozialer Ziele und Interessen; andererseits zeigen sie jedoch auch, daß diese Vereinbarungen nur dann effektiv sein können, wenn sie durch nationale Anpassungsleistungen umgesetzt werden.

5. Der letzte Typus von Anforderungen schließlich betrifft (und dies ist die fünfte Ursache für die Überlastungskrise der Politik) die Gewährleistung stabiler ordnungs- und sicherheitspolitischer Rahmenbedingungen in den internationalen Beziehungen. Das Spektrum der Aufgaben reicht dabei von der Absicherung von Marktprozessen gegen schwerwiegende Instabilitäten (wie etwa die Krise der Weltwirtschaft in den dreißiger Jahren oder die internationalen Ölkrisen der siebziger Jahre) über die Durchsetzung bestimmter allgemeiner Wertvorstellungen (z. B. die Unzulässigkeit von Völkermord) bis hin zur Gewährleistung eines Mindestmaßes an internationaler Stabilität und Sicherheit. Auch diese Aufgaben lassen sich wesentlich nur noch über multilaterale Steuerungs- und Koordinierungsmechanismen wahrnehmen, die auf der Zusammenführung nationaler Ressourcen und nationaler Anpassungsleistungen beruhen. Eine wirksame Bekämpfung der Ausbreitung von Kernwaffen etwa erscheint nur vorstellbar, wenn durch internationale Vereinbarungen ein abgewogenes Paket aus nationalen Selbstbeschränkungen und glaubwürdigen internationalen Leistungen (Verzicht auf Nukleartests, Abrüstung, Sicherheitsgarantien gegen nukleare Bedrohungen, angemessene Energieversorgung) geschnürt werden kann.[32] Das heißt also, daß ein einigermaßen überzeugender Schutz vor den Gefahren der Proliferation

31 Vgl. hierzu etwa Benedict *Kingsbury*/Andrew *Hurrell* (Hrsg.), The International Politics of the Environment, Actors, Interests, and Institutions, Oxford 1992; Frances *Cairncross*, Costing the Earth, London 1991; Caroline *Thomas*, The Environment in International Relations, London 1992.

32 Vgl. zur Proliferationsproblematik neben dem Beitrag von Harald *Müller* in diesem Band auch Lewis A. *Dunn*, Containing Nuclear Proliferation (Adelphi Paper Nr. 263), Oxford 1991.

von Massenvernichtungswaffen nur um den Preis erheblicher nationaler Souveränitätseinschränkungen in zwei Richtungen zu erreichen sein dürfte: Einerseits durch die Unterstellung nationaler energiewirtschaftlicher Programme unter internationale Aufsicht und womöglich sogar Kontrolle, andererseits dadurch, daß glaubwürdig die Bereitschaft signalisiert wird, Verstöße gegen diese Ordnung notfalls auch mit militärischen Maßnahmen zu ahnden. Faktisch bedeutete dies die Entwicklung eines funktionsfähigen Systems der kollektiven Sicherheit – eine Aufgabe, deren Schwierigkeiten bekannt sind[33] (vgl. hierzu den Beitrag von Harald *Müller*).

Bricht der Nationalstaat also unter der Bürde dieser komplexen Anforderungen zusammen? Ist er am Ende? Diese Schlußfolgerung wäre nur dann stichhaltig, wenn Alternativen zum Nationalstaat erkennbar wären. Für diese Rolle gibt es zwar gegenwärtig durchaus einige Kandidaten – bei näherem Hinsehen entpuppt sich jedoch keiner dieser Kandidaten als überzeugend.

1. Die Ethnie bzw. *ethno-nationale Gruppen*. Der Ethno-Nationalismus erlebte im Zusammenhang mit der Implosion der Sowjetmacht, grundlegend jedoch aus den skizzierten Verwerfungen der Moderne heraus einen ebenso bemerkenswerten wie traurigen Aufschwung (vgl. insbesondere den Beitrag von Klaus *Becher*). Der Ethno-Nationalismus kann Loyalitäten binden und soziale Energien mobilisieren; er verfügt damit über enormes Zerstörungspotential. Dagegen steht bislang der Nachweis völlig aus, daß der ethno-nationale Staat besser als der Nationalstaat in der Lage wäre, die Probleme des sozialen Wandels und nachhaltiger Entwicklung angemessen zu bearbeiten. Die Organisation wirtschaftlicher Aktivitäten etwa ist sinnvoll auf der Grundlage ethno-nationaler Territorien kaum vorstellbar. Zudem wäre die Strukturierung der internationalen Politik entlang ethno-nationalistischer Kategorien angesichts der ethnischen Komplexität vieler bestehender Staaten und ethnischer Gemengelagen in ihnen ein Rezept für zahlreiche weitere (und womöglich noch schlimmere) Jugoslawiens.[34]

2. Der *regionale Wirtschaftsblock* (vgl. hierzu den Beitrag von Reinhard *Rode*). Bieten regionale Zusammenschlüsse eine Alternative zum Nationalstaat? Diese Vorstellung wird in letzter Zeit immer wieder beschworen,[35] und sie hat eine gewisse Attraktivität insbesondere für diejenigen, die nationalstaatliche Lösungen zwar vorziehen würden, sie jedoch als wirtschaftlich impraktikabel erkannt haben. Diese Logik findet sich bei Befürwortern einer »Festung Europa«, aber auch eines »ostasiatischen Blocks« als Antwort auf protektionistische Tendenzen in der Weltwirtschaft. In

33 Vgl. etwa Joseph *Joffe*, Collective Security and the Future of Europe, in: *Survival*, Frühjahr 1992, S. 36-50. Die Gegenposition findet sich etwa bei James E. *Goodby*, Collective Security in Europe after the Cold War, in: *Journal of International Affairs*, Winter 1993, S. 299-321.

34 Eine Studie identifizierte Ende der achtziger Jahre etwa 1 300 Ethno-Nationalitäten. Genauere Daten lagen über 547 vor, von denen 143 in zwei oder mehr Staaten lebten. In nur 27 Prozent aller Nationalstaaten stellte eine Nationalität 95 % oder mehr der Bevölkerung. Vgl. *Rosenau*, a.a.O. (Anm. 26), S. 406.

35 Vgl. etwa Lester *Thurow*, Head to Head. The Coming Economic Battle Among Japan, Europe, and America, New York 1992; Jeffrey E. *Garten*, A Cold Peace. America, Japan, Germany, and the Struggle for Supremacy, New York 1992.

den derzeit verfolgten Vorhaben regionaler Handels- und Wirtschaftsintegration sind Blockbildungstendenzen allerdings kaum zu erkennen; es handelt sich – bei allen Mängeln der Gestaltung im einzelnen – insgesamt doch überall um offene Formen regionaler Integration, die grundsätzlich auch in ein liberales Weltwirtschaftssystem einbezogen werden können. Mit der möglichen Ausnahme des *East Asian Economic Caucus*, der von seinem wichtigsten Befürworter, dem malaysischen Ministerpräsidenten Dato Seri *Mahathir Mohammed*, als defensive »Antwort« auf Blockbildungstendenzen in Europa und Amerika gesehen wird, stehen hinter den jüngsten, weltweit zu beobachtenden Bemühungen um regionale Wirtschaftskooperation ja auch primär integrations- und nicht identitätsgeleitete Motive. Sie entsprechen damit auch den integrativen Gegebenheiten der internationalen Wirtschaftsbeziehungen. Die Herausbildung »harter« wirtschaftlicher Blöcke mit Festungscharakter erscheint daher derzeit insgesamt eher unwahrscheinlich, zumal dagegen auch politische Erwägungen sprechen. (Kann Ostasien, kann China wirklich Interesse daran haben, sich zusammen mit Japan in einer Festung zu verschanzen?[36] Wollen sich die anderen amerikanischen Staaten tatsächlich alleine mit den USA zusammenschließen?) Unvorstellbar ist eine Entwicklung in diese Richtung dennoch nicht – vor allem dann, wenn Bemühungen um eine offene Weltwirtschaftsordnung schwerwiegende Rückschläge erleben sollten. Auch in diesem Szenario, das ja in gewisser Hinsicht ein regional organisiertes Gegenstück zur nationalstaatlichen Macht- und Gleichgewichtspolitik implizieren würde, wäre wohl eine Remerkantilisierung und Remilitarisierung der internationalen Beziehungen zu erwarten: Die Rivalitäten zwischen den Blöcken wären dann vermutlich wieder stärker territorial orientiert.

3. *»Kulturen»*. Diese Variante hat der amerikanische Politikwissenschaftler Samuel *Huntington* in die Diskussion gebracht. In einem vielbeachteten Aufsatz in *Foreign Affairs* stellte er die These auf, die zukünftigen weltpolitischen Auseinandersetzungen würden nicht zwischen Staaten oder Regionen, sondern zwischen Kulturen (civilizations) ausgetragen.[37] Auch gegen dieses Szenario sprechen jedoch gewichtige Gründe. Es verkennt zunächst einmal, daß kulturelle Identitäten sehr wohl mehrschichtig sein können und in vielen Staaten mit ethnisch-kulturell pluralen Gesellschaften oft auch tatsächlich sind: Jüdische Amerikaner sind eben sowohl »Juden« als auch »Amerikaner«. Aber selbst wenn dies anders wäre, würde der »Kampf der Kulturen« immer noch nicht in erster Linie zwischen Staaten und Regionen, sondern in Form von Bürgerkriegen innerhalb der vielen ethnisch-kulturell pluralen Staaten und Gesellschaften ausgetragen. Zweitens verkennt *Huntington*, wie ihm von seinen Kritikern zurecht vorgehalten wurde,[38] sowohl die bleibende Bedeutung des Nationalstaats als Identitätsträger wie auch die Tatsache, daß auch die moderne, westlich geprägte Industriegesellschaft eine »Kultur« der Moderne hervorgebracht hat, die grundsätzlich universalen Charakter hat. Der Erfolg der ostasiatischen Länder beruht

36 Vgl. hierzu Eugene *Brown*, The Debate of Japan's Strategic Future. Bilateralism vs. Regionalism, in: *Asian Survey*, Juni 1993, S. 543-559.

37 Samuel P. *Huntington*, The Clash of Civilizations?, in: *Foreign Affairs*, Sommer 1993, S. 22-49.

38 Zur Diskussion der Thesen *Huntingtons* vgl. *Foreign Affairs*, September/Oktober 1993, S. 2-26.

ja nicht zuletzt auf einer gelungenen Synthese zwischen dieser universalen Kultur der Moderne und ihren eigenen Kulturen; erst diese erfolgreiche Synthese hat sie in die Lage versetzt, der europäischen Kultur ein ebenso leistungsfähiges Gegenmodell entgegenzustellen und damit die Grundlagen für wirksame Konkurrenz zu schaffen.

So sehr der Nationalstaat also unter den veränderten Rahmenbedingungen der internationalen Beziehungen nach dem Ende des Kalten Krieges unter Druck geraten ist – eine Alternative zu ihm ist nicht in Sicht. Nur der Nationalstaat erscheint auf längere Sicht mit Aussicht auf Erfolg in der Lage, Loyalität auf sich zu ziehen und damit auch die Autorität auszuüben, die zur Mobilisierung sozialer Ressourcen benötigt wird.

Dies also ist das paradoxe Ergebnis unserer Überlegungen: Die Zukunft des Nationalstaats ist alles andere als gesichert – doch eine bessere Alternative ist nicht in Sicht. Die Chance, die Herausforderungen der neuen internationalen Politik zu meistern, bekommt der Nationalstaat wohl freilich nur dann, wenn es ihm gelingt, tragfähige Formen zwischenstaatlicher und supranationaler Zusammenarbeit und Integration aufzubauen. Erst in der selbstverantworteten Aufhebung seiner traditionellen Grundlagen Souveränität und Territorialität in zwischenstaatlicher und supranationaler Politikverflechtung hat der Nationalstaat die Möglichkeit, seine eigene Zukunft zu sichern. Denn nur so kann ihm der Spagat zwischen den Kräften von Integration und Zerfall einigermaßen gelingen.

WELTWIRTSCHAFT IM UMBRUCH

Reinhard Rode

Die Weltwirtschaftsbeziehungen sind nach dem Ende des Ost-West-Konflikts wichtiger geworden. Die Fachdebatte hat dem Rechnung getragen und die Vorgänge in der Weltwirtschaft zur zentralen Frage der neunziger Jahre erklärt. Von einem Primat der Wirtschaft,[1] einer Ablösung der Geostrategie durch die Geoökonomie[2] und von einer zunehmenden Ökonomisierung der Weltpolitik sowie einer eigenständigen Wirtschaftswelt[3] war die Rede. Es ist deshalb anzunehmen, daß einschneidende Verschiebungen von Macht und Einfluß in der Welt wichtiger geworden sind.

Fragen nach der Hierarchie in der Weltwirtschaft, also die Rangfolge nach Macht und Wohlstand, und nach dem Einfluß in weltwirtschaftlichen Institutionen sowie nach der Wettbewerbsfähigkeit, sind damit in den Vordergrund gerückt. Hauptsächlich geht es dabei immer noch um die OECD-Welt der 24 entwickelten Industriestaaten und darin besonders um das Verhältnis in der Triade, zwischen den USA, Westeuropa und Japan. An Aufmerksamkeit gewonnen haben die asiatischen Schwellenländer, voran die sogenannten kleinen Tiger: Taiwan, Südkorea, Hongkong und Singapur. Offen ist die wirtschaftliche Bedeutung der postkommunistischen östlichen Reformländer. Teile Lateinamerikas und erst recht Afrikas gelten im internationalen Wettbewerb als weitgehend abgeschlagen.

Die Standardannahme geht von einer dynamischen Weltwirtschaft aus, in der es Gewinner und Verlierer gibt. Es ist Mode geworden, dies spieltheoretisch auszudrücken: die wirtschaftliche Interaktion als Nullsummen- oder Nicht-Nullsummenspiel. Neomerkantilistische oder marxistische Sichtweisen halten am Bild einer Nullsummen-Weltwirtschaft fest. Für sie ist der Gewinn des einen gleichbedeutend mit dem Verlust des anderen. Danach wären Positionen und Rangfolgen deshalb zentral, weil sie unmittelbare Machtfragen wären.

Das liberale Gegenmodell geht von einer Nicht-Nullsummenwelt aus, in der alle gewinnen, aber der Gewinn durchaus unterschiedlich verteilt ist. Von disproportionalen Gewinn- und Nutzenverteilungen (relative gains)[4] erwarten wirtschaftsnationalistische Realisten Einbrüche bei der Kooperation, liberale Institutionalisten eher

1 Vgl. Fred *Bergsten*, The Primacy of Economics, in: *Foreign Policy*, Nr. 87, 1992, S. 3-24.

2 Vgl. Theo *Sommer* zit. in: Jeffrey E. *Garten*, Der kalte Frieden. Amerika, Japan und Deutschland im Wettstreit um die Hegemonie, Frankfurt 1992, S. 2; Clyde V. *Prestowitz* u. a. (Hrsg.), Powernomics, Economics and Strategy after the Cold War (Economic Strategy Institute), Washington, D.C. 1991.

3 Vgl. Ernst-Otto *Czempiel*, Weltpolitik im Umbruch. Das internationale System nach dem Ende des Ost-West-Konflikts, München 1991, S. 111-133.

4 Zu dieser aktuellen Debatte vgl. Joseph M. *Grieco*, Understanding the Problem of International Cooperation: The Limits of Neoliberal Institutionalism and the Future of Realist Theory, in: David A. *Baldwin* (Hrsg.), Neorealism and Neoliberalism. The Contemporary Debate, New York 1993, S. 301-338; sowie Joseph M. *Grieco*, Cooperation Among Nations. Europe, America and Non-Tariff Barriers to Trade, Ithaca, New York 1990; als empirischer Test für Kooperationsmöglichkeiten trotz Bedenken wegen relativer Gewinne vgl. Motoshi *Suzuki*, Economic Interdependence. Relative Gains, and International Cooperation: The Case of Monetary Policy Coordination, in: *International Studies Quarterly*, Nr. 3, 1994, S. 475-498.

die Fortsetzung staatlicher Zusammenarbeit, zumindest aber keine Kooperationshindernisse.

Die liberale Sichtweise einer kooperativen Welt unter Bedingungen von Konkurrenz zwischen wirtschaftlichen Akteuren, Staaten und Regionen kann, da sie die reale Wirtschaftswelt der neunziger Jahre widerspiegelt, mehr Plausibilität beanspruchen als das antiquierte simple Konkurrenz-Konfliktmodell der Wirtschaftsnationalisten.[5] Letztere können die unübersehbare Kooperation in der Weltwirtschaft eigentlich nicht erklären. Aus diesem Blickwinkel müßten permanent Beziehungen abgebrochen werden, was nachweislich nicht der Fall ist. Es gibt kaum Akteure, die nicht im Spiel bleiben wollen. Alle suchen aber auch, ihre Positionen zu verbessern. Die Wirtschaftswelt befindet sich in einem evolutionären Umbruch, d. h. die weltwirtschaftliche Dynamik führt – so wird hier angenommen – weniger zu abrupten Brüchen als zu sukzessivem Wandel.

Aus deutscher Sicht ist die eigene Position innerhalb der Triade von höchstem Interesse. Jeffrey *Garten* ging so weit, die USA mit Japan und Deutschland im Wettstreit um die Hegemonie zu sehen.[6] Damit aber wird die weltwirtschaftliche Rolle Deutschlands stark überzeichnet. Betrachtet man die Präsenz auf dem Weltmarkt und das Gewicht seiner Währung, dann relativiert sich das Bild Deutschlands als Weltwirtschaftsmacht.[7] Die außenwirtschaftlichen Verflechtungen weisen Deutschland sehr viel stärker als die USA und Japan als regionalen Akteur aus. Ohne Europa, vornehmlich die Europäische Union (EU), läßt sich die weltwirtschaftliche Position Deutschlands weder bestimmen noch verstehen. Die Bundesrepublik war und ist die dominante Wirtschaftsmacht in der EU, sie vermag aber ohne das europäische Umfeld keine tragfähige weltwirtschaftliche Rolle auf dem Niveau der USA und Japans zu spielen. Diejenigen, die eine solche suggeriert haben, waren nicht von den Fakten, sondern von potentiellen Größenvisionen im Zuge der aufgeregten Debatte um den Machtzuwachs Deutschlands durch die Vereinigung inspiriert.

Strukturwandel in der Weltwirtschaft

Die traditionellen zentralen Felder wirtschaftlicher Interaktion in der Welt sind der Handel, die Finanzen und der Kapitalverkehr. Hinzu kommt, daß eine offener gewordene Welt größere Wanderungsbewegungen des an sich eher immobilen Faktors Arbeit zu konstatieren hat, was nicht ohne wirtschaftliche und soziale Folgen bleiben kann. Aus der Sicht der alten Industriestaaten spielt auch das Problem einer zunehmenden Überalterung ihrer Wohnbevölkerung eine wichtige Rolle. Neue Technologien erzeugen in der Weltwirtschaft eine verstärkte Dynamik, was dazu geführt hat,

5 Vgl. Edward N. *Luttwak*, Export als Waffe – Aus Partnern werden Gegner, Reinbek 1994.
6 Vgl. *Garten*, a.a.O. (Anm. 2).
7 Vgl. Norbert *Kloten*, Die Bundesrepublik als Weltwirtschaftsmacht, in: Karl *Kaiser*/Hanns W. *Maull* (Hrsg.), Deutschlands neue Außenpolitik, Band 1, Grundlagen, 2. Auflage, München 1995, S. 63-80.

daß Technologien mittlerweile vielfach als eigenständiger neuer Produktionsfaktor neben den klassischen Faktoren Kapital, Arbeit und Boden betrachtet werden. Sieht man auf die immer kürzer werdenden Produktzyklen, dann erscheint diese Erweiterung plausibel. Auf jeden Fall aber müssen neue oder sogenannte Zukunftstechnologien als einer der Motoren für Strukturwandel angesehen werden.

Wachstum und Größe

Den allgemeinsten Indikator für globalen Strukturwandel bilden die Unterschiede in den Wachstumsraten der Bruttoinlandsprodukte (BIP). Die alten Industriestaaten wiesen zwischen 1974 und 1993 durchschnittliche jährliche Wachstumsraten von 2,9 Prozent auf. Für die nächsten zehn Jahre (1994 – 2003) hat die Weltbank dieser Staatengruppe 2,7 Prozent Wachstum vorausgesagt. Im gleichen Zeitraum sind die Wirtschaften in Ostasien um 7,5 Prozent gewachsen, für das kommende Jahrzehnt wird dieser Region ein Wachstum von 7,6 Prozent prognostiziert.[8]

Beim Größenvergleich der Staaten wurde traditionell mit dem BIP zu Marktpreisen in US-Dollar gerechnet. Dabei werden die Wechselkurse der Entwicklungsländer gewöhnlich unterbewertet. Folglich kamen die Industriestaaten auf 73 Prozent Anteile an der Weltwirtschaft. 1993 änderte der Internationale Währungsfonds (IWF) diese Berechnungsgrundlage und berechnete statt dessen das BIP nach Kaufkraftparitäten (purchasing power parities, PPP). Aufgrund dieser neuen, wenngleich umstrittenen Berechnungsgrundlage sanken die Anteile der Industriestaaten von 73 auf 56 Prozent, während die der Entwicklungsländer von 18 auf 33 Prozent anstiegen.[9]

Betrachtet man die sechs größten Volkswirtschaften der Welt im Jahr 1992, berechnet nach dem BIP in Kaufkraftparitäten, so lagen die USA indexiert mit 100 an der Spitze, gefolgt von Japan mit knapp über 40, ungefähr gleich mit der Volksrepublik (VR) China, dann Deutschland mit ca. 30 und Frankreich wie Indien mit ca. 20. Nach der Weltbankprognose soll die VR China im Jahr 2020 die USA (Index 100) mit 140 überrundet haben. Auf dem dritten Platz soll Japan mit über 40 folgen, auf den folgenden Rängen Indien und Indonesien mit über 30, erst dahinter Deutschland mit über 20, dicht gefolgt von Südkorea.[10]

Nimmt man nur diesen allgemeinen Indikator, dann würden sich in der Tat binnen 25 Jahren einschneidende Veränderungen abzeichnen. Doch die Größe einer Volkwirtschaft bedeutet nicht zugleich Reichtum, quantitatives Wachstum oder einen qualitativen Sprung, auch nicht Erfolg in der dynamischen, wettbewerbsintensiven High-Tech-Wirtschaftswelt. Damit wird dieses Bild des Wandels einerseits weniger spektakulär, andererseits wird aber deutlich, vor welchen Herausforderungen die alten Industriestaaten stehen.

8 Vgl. War of the Worlds. A Survey of the Global Economy, in: *The Economist,* 1.10.1994, S. 3.
9 Vgl. ebd., S. 7.
10 Vgl. ebd., S. 4.

Handel

Das Novum der neunziger Jahre ist die exorbitante Zunahme der Welthandelsanteile der asiatischen Schwellenländer. Noch in den achtziger Jahren konzentrierten sich die Analysen ausschließlich auf die Verschiebung der Welthandelsanteile innerhalb der Triade zwischen den USA, Japan und Deutschland bzw. den Europäischen Gemeinschaften (EG). Die Trendanalysen verzeichneten seit den fünfziger Jahren einen stetigen Rückgang der amerikanischen Welthandelsanteile von über 16 auf wenig mehr als 10 Prozent. Parallel dazu steigerten sich die japanischen und die deutschen Anteile von unter 4 Prozent auf Werte um die 10 Prozent und erreichten damit bis Ende der achtziger Jahre quasi einen Gleichstand mit den USA. Der Welthandel war demnach hauptsächlich Handel zwischen den alten Industrieländern in der OECD-Welt oder, noch stärker zugespitzt, Handel in der Triade.[11]

Dieser Trend ist gebrochen. Die dynamischen Aufsteiger im Weltexport sind die asiatischen Schwellenländer, die Welthandelsanteile der alten Industriestaaten stagnieren hingegen. Aus amerikanischer Sicht ist zu den Herausforderern Japan und Deutschland die Gruppe der kleinen Tiger hinzugekommen. Andere Ländergruppen wie die postkommunistischen Länder und die Entwicklungsländer sind dabei, sich zu diversifizieren. Spannend wird dabei sein, welche Länder es schaffen, zu der dynamischen Wachstumsgruppe aufzuschließen, und welche eher stagnieren oder abfallen. Dies dürfte sich in der zweiten Hälfte der neunziger Jahre entscheiden, deutliche Trends sind noch nicht auszumachen.

Gleichzeitig wuchs in den achtziger Jahren der intraregionale Handel deutlich schneller als der Welthandel. In der EG stieg sein Anteil von 1980 bis 1990 von 56 auf 61 Prozent, in Asien von 37 auf 41 Prozent und in Nordamerika von 27 auf 35 Prozent.[12] Dieser Indikator deutet auf einen Regionalisierungsprozeß im Welthandel hin.

Betrachtet man die Handelsbilanzen der Hauptakteure, dann bestätigt sich das von den Veränderungen der Anteile am Weltexport abgeleitete Bild. Die Führungsmacht der Nachkriegsordnung, die USA, hatte in den achtziger Jahren wachsende Handelsbilanzdefizite zu verzeichnen. Davon blieb Anfang der neunziger Jahre ein verfestigtes strukturelles Handelsbilanzdefizit übrig. Dabei handelt es sich um ein Asiendefizit, zu dem vornehmlich Japan, die kleinen Tiger und auch die VR China beitragen. Im Handel mit Europa hatten die USA nur sehr kurzfristig Mitte der achtziger Jahre ein Defizit zu verzeichnen, seit Ende des Jahrzehnts erzielten sie hier wieder positive Salden.

Alarmierend fanden viele Amerikaner, daß auch im traditionellen Feld amerikanischer Überlegenheit, dem High-Tech-Sektor, 1986 vorübergehend eine negative Bilanz erzielt wurde. Dies provozierte eine Gegenoffensive; Mitte der neunziger Jahre

11 Vgl. Reinhard *Rode*, Strukturen und Entwicklungstendenzen der Weltwirtschaft, in: Manfred *Knapp*/Gert *Krell* (Hrsg.), Einführung in die Internationale Politik, München 1990, S. 324-349; hier S. 332.
12 Vgl. *IMF Survey,* 20.7.1992, S. 229.

hatten die USA auf dem Feld des High-Tech-Handels wieder Boden gutgemacht. Probleme im Asienhandel waren jedoch nicht auf die USA beschränkt; auch die Europäische Union hat mit dieser Ländergruppe wachsende Defizite zu verzeichnen. Im Wettbewerb mit den asiatischen Staaten erodieren gewohnte Positionen.

Dies gilt auch für den erfolgsgewohnten deutschen Export. In der zweiten Hälfte der achtziger Jahre lösten sich die USA und die Bundesrepublik als Export-Weltmeister ab. 1986, 1987, 1988 und 1990 befand sich der deutsche Export an der Spitze; ab 1991 lagen die USA klar vorn; 1993 sogar mit 473,4 Milliarden US-Dollar vor 364,8 Milliarden aus Deutschland. Im gleichen Jahr konnte Japan mit einem Exportwert von 362,7 Milliarden US-Dollar die Bundesrepublik praktisch einholen. Wechselkurseffekte sowie die rezessive Entwicklung in Europa und der Exportboom auf den pazifischen Märkten kamen dabei ebenso zum Tragen,[13] wie sich die Orientierung des deutschen Exports am undynamischen Europa (1992: EU ca. 52 Prozent, mit EFTA ca. 67 Prozent) auswirkte.

Währung

Im internationalen Währungssystem der Nachkriegszeit hatte der US-Dollar die beherrschende Stellung mit seiner Rolle als Reservewährung eingenommen. Seit den siebziger Jahren haben die USA zwar die Kontrolle über das Währungssystem, das sie selbst 1944 in Bretton Woods[14] geschaffen hatten, verloren; der Dollar blieb aber die dominante Währung. Im IWF sanken die Stimmrechte der USA von anfangs 33 Prozent im Jahr 1946 auf nur noch 17,84 Prozent im Jahr 1994.[15]

Der Dollarkurs selbst entwickelte sich im Vergleich zu den beiden anderen Hauptwährungen, der Deutschen Mark und dem japanischen Yen, nach unten. Nimmt man den Dollarkurs vom März 1961 (1 US-Dollar gleich 4 D-Mark) als Ausgangspunkt, dann zeigt der Stand Ende 1994 mit noch leicht über 1,50 D-Mark – im März 1995 sank der Dollarwert auf unter 1,40 D-Mark – das Ausmaß der Verschiebungen in den Währungsparitäten an.

Auch die Verschiebung der Reservehaltung in der Welt zeigt den Bedeutungsverlust des US-Dollar. 1975 wurden noch 78,2 Prozent der Welt-Devisenreserven in Dollar gehalten. Im gleichen Jahr entfielen auf die D-Mark 8,8 Prozent und auf den japanischen Yen nur 1,8 Prozent. Im Jahr 1990 war der US-Anteil auf 56,7 Prozent der Welt-Devisenreserven gesunken, der D-Mark-Anteil war auf 20,2 Prozent gestiegen, der Yen-Anteil auf 9,4 Prozent.[16] Die genannten Indikatoren zeigen die abgeschwächte Position der USA und die Zunahme an monetärer Interdependenz an.

---

13 Vgl. *Informationsdienst des Instituts der deutschen Wirtschaft (iwd)*, Nr. 12, 24.3.1994, S. 1.

14 Dieses sah Weltwährungsbeziehungen auf der Grundlage einer festen Parität zwischen Dollar und Gold vor.

15 Vgl. *IMF Survey*, Supplement on the IMF, August 1994, S. 4.

16 Vgl. *Kloten*, a.a.O. (Anm. 7), S. 69.

Die Rolle der D-Mark weist wie der deutsche Außenhandel einen eindeutigen Europaschwerpunkt auf. Hier ist die Deutsche Bundesbank die dominierende Zentralbank und die D-Mark im Europäischen Währungssystem die Ankerwährung. Damit geht eine überregionale Funktion in der Welt einher, jedoch allein im Verbund mit Dollar und Yen und in der Gruppe der sieben führenden Industrienationen, USA, Deutschand, Japan, Frankreich, Kanada, Großbritannien und Italien (G-7). Die für das Ende der neunziger Jahre anvisierte europäische Währung dürfte die deutsche Rolle als Garant der regionalen Währungsstabilität schwächen und neue Anforderungen an deutsche Teamarbeit innerhalb einer europäischen Zentralbank stellen.

Investitionen und Transnationale Konzerne

Stärker als die Handelsverflechtung wächst mittlerweile die Kapitalverflechtung über Direktinvestitionen. Zwischen 1985 und 1990 wuchsen die weltweiten Direktinvestitionen doppelt so schnell wie die Inlandsinvestitionen; die Direktinvestitionen im Ausland auch schneller als der Handel und technologische Verflechtungen. Da rund 25 Prozent des Welthandels mittlerweile Intra-Konzern-Handel zwischen den verschiedenen Niederlassungen von Transnationalen Konzernen (TNK) sind, wird die Bedeutung dieser wirtschaftlichen Akteure exemplarisch deutlich.[17]

Auch die internationalen Direktinvestitionen spielen sich bislang hauptsächlich innerhalb der Triade ab. Die stärkste Direktinvestitionsverflechtung besteht zwischen Nordamerika und dem Europäischen Wirtschaftsraum (EWR). 1989 strömten 269,7 Milliarden US-Dollar aus Europa nach Nordamerika, von dort strömten 186,4 Milliarden US-Dollar zurück. Die zweitgrößte Verflechtung besteht zwischen Nordamerika und Japan. 1989 flossen 71,4 Milliarden US-Dollar aus Japan nach Nordamerika, in die Gegenrichtung immerhin noch 18,8 Milliarden US-Dollar. Hier bestehen also stark asymmetrische Interaktionen. Das gleiche gilt auch für die Direktinvestitionen zwischen Japan und dem EWR: Von Japan flossen 16,7 Milliarden US-Dollar als Direktinvestitionen nach Westeuropa, umgekehrt waren es nur 7 Milliarden US-Dollar.[18] Wichtigste Empfängerregion ist demnach eindeutig Nordamerika; die stärkste Investorregion ist Europa, das sich allerdings auf die USA konzentriert hat und Japan im Verhältnis dazu relativ vernachlässigt. Japan seinerseits investiert, um US-Protektion zu unterlaufen, hauptsächlich in Nordamerika.

Der Trend der Europalastigkeit etwa der Aktivitäten amerikanischer Transnationaler Konzerne (TNK) wird über einen längeren Zeitraum betrachtet noch deutlicher. 1957 gingen 18,7 Prozent der Anlagen amerikanischer TNK nach Europa, im gleichen Jahr entfielen auf Lateinamerika noch 35 Prozent und 33,1 Prozent auf Kanada. 1994 hatte sich der Trend nach Europa verfestigt (49,7 Prozent), die Direktinvestitionsströme amerikanischer TNK nach Kanada waren auf 13,6 Prozent, die nach Lateinamerika

---

17 Vgl. *United Nations*, World Investment Report 1992, zitiert nach *IMF Survey*, 20.7.1992, S. 229.
18 Vgl. ebd.

auf 10,8 Prozent gefallen. Asien und die pazifische Region hingegen nahmen 20,5 Prozent auf.[19]

Die TNK, voran die amerikanischen, waren und sind die wichtigsten wirtschaftlichen Träger internationaler Kapitalverflechtungen und damit von Interdependenzen. Sie zeigen nach wie vor einen starken Trend zur Globalisierung hauptsächlich innerhalb der Triade an. Dieser Befund steht dem Trend zur Regionalisierung beim Handel eindeutig entgegen. Die Bewertung der Rolle der TNK hat sich mittlerweile vom negativen Mythos der siebziger Jahre als modernste Form der Weltbeherrschung durch US-Kapital und skrupellose Ausbeuter der sogenannten Dritten Welt gelöst. Sie gelten derzeit eher als nützliche Vorreiter von Globalisierung und Modernisierung.

Die Zahl der TNK hat sich nach Angaben der United Nations Conference on Trade and Development (UNCTAD) in den letzten 25 Jahren mehr als verdreifacht (legt man die Zahlen aus den 14 reichsten Ländern zugrunde: von ca. 7 000 im Jahre 1969 auf ca. 24 000). Insgesamt agierten 1994 ca. 37 000 TNK auf der Welt.

Bei den Herkunftsländern stehen die USA an der Spitze. 3 000 US-Konzerne verfügen über 14 900 Tochtergesellschaften im Ausland. An zweiter Stelle steht Deutschland mit 6 984 Konzernen und 11 821 Ablegern. 3 529 japanische Konzerne weisen lediglich 3 150 Töchter auf. Das sind weniger als in Frankreich, wo 2 056 Firmen 6 870 Auslandsfilialen unterhalten.[20]

Wie intensiv sich die TNK über ihre Direktinvestitionen Zugang zu neuesten Technologien verschaffen, ist statistisch nicht eindeutig belegt. Insbesondere japanischen Unternehmen ist bei ihren Direktinvestitionen in den USA ein strategischer Aufkauf von amerikanischen Zukunftstechnologien unterstellt worden. Dies soll, so nimmt eine Interpretationsrichtung an, die technologische Wettbewerbsfähigkeit der USA unterhöhlen. Die Gegenposition lautet, daß der Einfluß von Direktinvestitionen in den USA vornehmlich neue Technologien mit sich brächte, was sich für die amerikanische Wirtschaft im großen und ganzen positiv auswirke. Für beide Wirkungen gibt es Beispiele, eine generelle Trendaussage ist derzeit nicht möglich.[21] Technologische Zusammenarbeit zwischen TNK findet aber genauso über sogenannte strategische Allianzen und verschiedene Formen von Beteiligungen statt. Die Bedeutung bleibt unklar, da die Stabilität von strategischen Allianzen überschätzt wurde.

Neben den Direktinvestitionen kommt Portfolios in den nächsten Jahren wahrscheinlich wachsende Bedeutung zu. Besonders die amerikanischen und britischen Pensionsfonds suchen lukrative Anlagen. Bislang gingen davon nur 0,7 Prozent aus den USA und 2 Prozent aus Großbritannien in Schwellenländer. Das könnte sich ändern. Die Alterung der Bevölkerung in den Industrieländern setzt die Staatsbudgets so unter Druck, daß private Alterssicherung parallel zum amerikanischen Modell auch auf dem europäischen Kontinent an Attraktivität gewinnen könnte.

---

19 Vgl. *Survey of Current Business*, September 1994, S. 66.

20 Vgl. *The Economist*, 30.6.1994, S. 59 f.

21 Vgl. *U.S. Department of Commerce*, Foreign Direct Investment in the United States: An Update, Washington, D.C. 1993, S. 62-76.

Besonders Deutschland hat hier im Vergleich zu den beiden angelsächsischen Nationen Nachholbedarf. Die Anlagen in privaten Pensionsfonds entsprechen in den USA und England ca. 60 Prozent des Bruttoinlandsprodukts, in Deutschland nur 6 Prozent. Nach Schätzungen könnten die privaten Pensionsfonds in den westlichen Industriestaaten sich im Jahr 2000 schon auf über 12 Trillionen US-Dollar belaufen. Dafür würden dann auch die Schwellenländer als Anlageregion an Bedeutung gewinnen. Für deutsche Anleger gälte das aber nur, wenn die Grenze von 6 Prozent für Auslandsanlagen bei privater Alterssicherung durch Lebensversicherungen wegfiele. Für den Kapitalfluß in die Schwellenländer könnte dies einen enormen Schub bedeuten, für die privaten Anleger auf höhere Renditen, aber auch auf ein größeres Risiko hinauslaufen.[22]

Ob dies den befürchteten Kapitalmangel in der Weltwirtschaft der nächsten Jahre besonders in den Entwicklungs- und Schwellenländern mindern könnte, ist umstritten. Die ersten Befürchtungen einer weltweiten Kapitalknappheit kamen 1990 auf, als der immense Modernisierungsbedarf in den neuen Bundesländern und in Osteuropa langsam sichtbar wurde. Hinzu kommt, daß die Schwellenländer dringend Kapital benötigen. Die Haushalte der Industriestaaten weisen aber Anfang der neunziger Jahre durchschnittliche Defizite von 4 Prozent des BIP auf.

Gleichzeitig leiden viele Entwicklungs- und Schwellenländer noch an der Verschuldung aus den siebziger Jahren im Gefolge der Ölkrisen. Die Verschuldungsproblematik wurde Anfang 1995 am Beispiel Mexikos erneut offenkundig, als anläßlich einer Krise des Peso ein internationaler Stabilisierungsfonds über 53 Milliarden US-Dollar zusammenbringen mußte.[23] Da in der sogenannten Dritten Welt die Ersparnisse stark zugenommen haben, nämlich von 15 Prozent der Weltersparnisse Anfang der siebziger Jahre auf 25 Prozent im Jahr 1992, dürfte der Großteil ihrer Investitionen aus Ersparnissen im Inland kommen.[24]

Finanzen

Die täglichen Geldströme in der Welt haben mittlerweile einen Umfang, der mehrere Monate, vielleicht ein ganzes Jahr, die reale Wirtschaft des Handels und der Investitionen finanzieren könnte. Allein der tägliche Devisenhandel übertrifft die Transaktionen der Realwirtschaft um ein Vielfaches. Es soll sich nach einer Studie der Bank für Internationalen Zahlungsausgleich vom Frühjahr 1992 um die exorbitante Tagessumme von 1 130 Milliarden US-Dollar handeln. Bei einer angenommenen Wachstumsrate von 20 Prozent im Jahr wird 1995 mit einem täglichen Handelsvolumen von 2 Billionen US-Dollar gerechnet.[25] Darin drückt sich – positiv bewertet – globale Integration aus. Andererseits destabilisieren und konterkarieren

22 Vgl. *The Economist*, a.a.O. (Anm. 8), S. 33 f., und ebd., 22.4.1995, S. 15 und 81-87.
23 Vgl. *Business Week*, 16.1.1995, S. 14-19; sowie 20.3.1995, S. 14 u. 20 f.
24 Vgl. *The Economist*, a.a.O. (Anm. 8), S. 32 f.; sowie *The Economist*, 5.11.1994, S. 92.
25 Vgl. Hot Money, in: *Business Week*, 20.3.1995, S. 16, und *Wirtschaftswoche*, 20.4.1995, S. 16.

die von erwarteten Spekulationsgewinnen angetriebenen Geldbewegungen nationale und regionale Wirtschaftspolitik.[26]

Die Widersprüche zwischen Globalisierungstendenzen und Steuerungsfähigkeit wirtschaftlicher Vorgänge durch Regierungen lassen sich dadurch auf den Punkt bringen. Banken haben sich bei ihren internationalen Geldgeschäften von staatlicher Regulierung so weit emanzipiert, daß hier in einem Teilbereich eine globale Ökonomie vorweggenommen worden ist. Für Staaten und internationale Regime stellt dies eine enorme Herausforderung dar. Nach dem Zerfall des Geldregimes von Bretton Woods ist die G-7 neben dem IWF in die Rolle einer neuen Quasiinstitution zur Krisensteuerung hineingewachsen, die allerdings gegen die weitgehend selbständigen Finanzmärkte nur beschränkt Einfluß nehmen konnte.

Bei Währungskrisen vom Ausmaß derjenigen im März 1995 mit Spekulation gegen den US-Dollar wegen der amerikanischen Bundesverschuldung und der Stützung des mexikanischen Peso neigte der Markt zur Überreaktion (overshooting), ohne sich von den beruhigenden Statements der Notenbankpräsidenten in Bonn und Washington besänftigen zu lassen. Zwar vermochte die G-7 den US-Dollar, wie schon 1987 vorexerziert, wiederum zu stützen, solange die USA aber selbst ein Verschuldungsproblem haben, wird der Markt die USA disziplinieren, wenn dies dort nicht freiwillig geschieht.

High-Tech

Die High-Tech-Zentren der Welt sind nach wie vor die Länder bzw. Regionen der Triade. Hier findet der Wettlauf um neue Technologien und Weltmarkterfolge statt. Der damit einhergehende Fortschritt wird gewöhnlich als Informationsrevolution bezeichnet und mit der industriellen Revolution verglichen. Hauptunterschied ist der Zeitrahmen, da kurze Produktzyklen immer schnellere Anpassung erfordern.

Japan gab Anfang der neunziger Jahre 3,1 Prozent seines Bruttoinlandsprodukts für Forschung und Entwicklung (FuE) aus, die USA und Deutschland kamen auf 2,8 Prozent. Im Vergleich dazu lagen die FuE-Ausgaben am BIP in Mittel- und Osteuropa bei 1,7 Prozent, bei den kleinen Tigern bei 1,6 Prozent. Die Vergleichswerte für Entwicklungsländer in Asien und im Mittleren und Nahen Osten sowie in Afrika liegen unter einem, im letzten Fall sogar unter einem halben Prozent. Betrachtet man die Entwicklung der FuE-Ausgaben der letzten 20 Jahre, so fällt auf, daß die asiatischen Entwicklungsländer die deutlichste Steigerung von ca. 1 Prozent im Jahr 1970 auf nunmehr fast 2 Prozent Anfang der neunziger Jahre aufzuweisen haben. Hier wird offensichtlich die technologische Lücke zur Triade sukzessive geschlossen.

In der Triade selbst sind die USA immer noch die Nummer eins. Auch wenn bei vielen Indikatoren die Pro-Kopf-Ausgaben in Japan höher liegen, sind die USA aufgrund ihres riesigen Potentials vorn. Größe allein wirkt hier für sich. Zieht man das wissenschaftliche Personal als Indikator heran, dann hält Japan mit 47

26 Vgl. Peter F. *Drucker*, Trade Lessons from the World Economy, in: *Foreign Affairs*, Nr. 1, 1994, S. 99 f.

Wissenschaftlern von 10 000 Einwohnern die Spitzenposition, gefolgt von den USA mit 38 und Westdeutschland mit 28 Forschern. Über vier Fünftel der weltweiten FuE-Arbeit werden nach wie vor in den 24 OECD-Staaten geleistet.[27]

Die Stellung der OECD-Staaten als High-Tech-Zentren läßt sich auch am Computer-Einsatz in der Welt ablesen. In den USA entfallen auf 1 000 Einwohner 265 Computer, in Deutschland 104, in Japan 84, in Südkorea 33, in Ungarn 24, in Indien und China aber nur einer. Dies zeigt den immensen Nachholbedarf einerseits und das globale Gefälle an Technik und Organisation andererseits.[28]

Nimmt man die High-Tech-Exportanteile aus der verarbeitenden Industrie als Vergleichsindikator, wird die technologische Führungsposition der USA bestätigt. Dort machte der High-Tech-Exportanteil im Jahr 1992 38 Prozent aus, in Japan 36 Prozent. Der High-Tech-Exportanteil in der deutschen verarbeitenden Industrie lag 1992 lediglich bei 21 Prozent und rangierte damit hinter Großbritannien mit 31 Prozent und Frankreich mit 24 Prozent.[29] Hier zeigt sich eine zukünftige Gefahr für den deutschen Export an, dessen Stärken in eher traditionellen Sektoren liegen.

Herausforderungen für die Wirtschaftspolitik

Die Dynamik der Regionalisierung und Globalisierung der Märkte, weg von den Möglichkeiten nationalstaatlicher Steuerung, hat die internationalen Institutionen und Regime zur Regelung der Weltwirtschaftsbeziehungen erheblich aufgewertet. Deren Erhaltung und der Ausbau ihrer Leistungsfähigkeit ist eine der großen Herausforderungen der neunziger Jahre. Nach der Standardannahme des politischen Realismus, die eine mehr oder weniger direkte Umsetzung von wirtschaftlicher Kraft in politische Macht erwartet, wären solche Institutionen unter posthegemonialen Bedingungen eigentlich zum Scheitern verurteilt. Dies ist höchstwahrscheinlich falsch. Deshalb ist die deutsche Politik, besonders auf diesem Feld, gefordert, nicht nur zu kooperieren, sondern auch bei der Anpassung und Erneuerung von Regimen innovativ tätig zu werden, also mitzugestalten.

Internationale Institutionen

Die derzeit wichtigen internationalen Wirtschaftsorganisationen und Regime wie der Internationale Währungsfonds, die Weltbank, das Allgemeine Zoll- und Handelsabkommen (GATT) usw., die auf Initiativen der USA schon während des Zweiten Weltkriegs zurückzuführen sind, machten nach dem Rückgang der amerikanischen Führungsfähigkeit Funktionskrisen durch. Zu Beginn der neunziger Jahre läßt sich feststellen, daß, entgegen den Vermutungen der Theorie hegemonialer Stabilität, »das

---

27 Vgl. *Informationsdienst des Instituts der deutschen Wirtschaft (iwd)*, Nr. 30, 28.7.1994, S. 8.
28 Vgl. ebd., Nr. 2, 13.1.1994, S. 1.
29 Vgl. *The Economist*, a.a.O. (Anm. 8), S. 46.

Wunder der Kooperation« auch unter Abwesenheit der Führungsmacht USA seine Fortsetzung fand. Das gab der institutionalistischen Betrachtungsweise Auftrieb, die deshalb derzeit zu Recht auch die attraktivere ist, weil sie mehr Plausibilität besitzt.

Als solideste, wenngleich oft von links und rechts gescholtene, Weltwirtschaftsorganisation gilt der Internationale Währungsfonds mit 179 Mitgliedern.[30] Nach dem Zusammenbruch des Systems von Bretton Woods gewann der IWF unter den Bedingungen flexibler Wechselkurse weiter an Bedeutung. Er hat den Bedeutungsverlust der USA und den wachsenden Einfluß der Währungsaufsteiger Deutschland und Japan verkraftet. Daher spricht viel dafür, daß er auch die nächste Macht- und Einflußverlagerung hin zu den asiatischen Schwellenländern verkraften und steuern kann. Die globale Reichweite des IWF bei gleichzeitiger Sicherstellung des Einflusses der führenden Wirtschaftsmächte durch ein gewichtetes Stimmrecht machen diese internationale Institution zum robustesten Glied innerhalb der Kette der Weltwirtschaftsorganisationen.

Der IWF besaß die Anpassungsfähigkeit, den Machtverlust der alten Führungsgruppe und den Einflußgewinn der Aufsteiger zu regeln. Selbst die ärmeren Entwicklungsländer haben ihre Opposition zum IWF mittlerweile weitgehend aufgegeben, weil sie seine Nützlichkeit verstanden haben. Darüber können auch innenpolitisch motivierte Attacken nicht hinwegtäuschen. Der IWF hat zusätzliches Profil durch seinen wenig politisierten Status gewonnen, dessen Lagebeurteilung für die einzelnen Länder zu einem allseits anerkannten Gütesiegel geworden ist, dem private Kapitalströme gewöhnlich folgen. Unterhalb der institutionalisierten Ebene war der IWF flexibel genug, lockere Führungsgruppen wie etwa die G-7 zu tolerieren, was die Effizienz des Währungsmanagements erhöht hat. Hier sind allerdings mittlerweile kompliziertere Steuerungsaufgaben entstanden, bei denen sich der IWF neu zu bewähren hat. Auch die gewachsene politisierte Kreditvergabe wie im Fall Mexikos oder Rußlands stellt den IWF vor neue Probleme.[31]

Im Vergleich zum IWF fallen die anderen internationalen Wirtschaftsinstitutionen wie die Weltbank und das GATT ab. Da die Weltbank mittlerweile hauptsächlich zu einer globalen Entwicklungsbank geworden ist, kann sie hier als Sonderfall weitgehend ausgeblendet bleiben. Die Anerkennung ihrer Leistung als Finanzierungsagentur für Entwicklung hat in den letzten Jahren erheblich zugenommen. Sie hat sich mit den Anforderungen gewandelt und neben der Armut auch der Umwelt zugewandt. Weiterer Anpassungsbedarf besteht dahingehend, daß die Weltbank neben dem alten Schwerpunkt staatlicher Projekte auch stärker den Privatsektor einbezieht.[32]

Ein Beispiel für geglückte Regimeerneuerung ist das GATT, welches 1993/94 als Forum für den Welthandel wieder erheblich an Profil gewonnen hat. Die langwierige Uruguay-Runde hatte viele Auguren zu früh dazu angeregt, ein baldiges Ende des

30 Vgl. Margret *De Vries*, The International Monetary Fund, 1972-1978. Cooperation on Trial, 3. Band, Washington, D.C. 1985.

31 Vgl. *The Economist*, 11.2.1995, S. 17 f. und 91; sowie 11.3.1995, S. 30.

32 Vgl. Henry *Owen*, The World Bank: Is 50 Years Enough?, in: *Foreign Affairs*, Nr. 5, Band 73, 1994, S. 97-108.

GATT vorauszusagen. Doch es ging auch ohne den Druck und die Weisheit der wohlwollenden Führung der USA. Letztlich wollten alle Beteiligten der Uruguay-Runde, besonders auch die Aufsteiger im Welthandel, kein Dahinsterben des Welthandelsregimes. Es wurde eine neue weiterführende Welthandelsorganisation (WTO) ausgehandelt, die im Januar 1995 mit 85 Gründungsmitgliedern ihre Arbeit aufnahm. Weitere 40 Staaten werden den WTO-Vertrag im Laufe des Jahres 1995 ratifizieren. Von zentraler Bedeutung für die neue WTO ist zweifellos die institutionelle Stärkung, also die Fortentwicklung des alten GATT-Regimes. Die Rolle der eigenständigen WTO-Bürokratie wurde gestärkt, die Streitbeilegungsverfahren effektiviert und damit ein Mangel des alten GATT, die geringe handelspolitische Disziplin der Mitgliedstaaten, ansatzweise abgestellt.

Die Einbeziehung weiterer Felder des wirtschaftlichen Austausches wie des Agrarhandels, des Handels mit Dienstleistungen und des Schutzes geistigen Eigentums machen die WTO in Zukunft für ca. 90 Prozent des Welthandels zuständig. Neben der institutionellen Stärkung wird auch ein weiterer Wachstumsschub für den Welthandel erwartet.[33] Ein Selbstläufer ist die WTO allerdings nicht. Sie braucht die aktive, liberale Führung durch die großen Handelsstaaten, zu denen Deutschland zählt.

Regionalisierung

Neben der Zunahme der Rolle internationaler Wirtschaftsinstitutionen als Ausdruck des Globalisierungstrends in der Weltwirtschaft existiert aber auch unübersehbar ein Prozeß der Regionalisierung. Nach dem Beispiel der Europäischen Union sind 1990 33 neue regionale Freihandelszonen entstanden oder vereinbart worden. Am weitesten gediehen ist dabei die Nordamerikanische Freihandelszone (NAFTA) zwischen den USA, Kanada und Mexiko. Erheblich über diese Größenordnung hinaus reicht die noch im Frühstadium befindliche asiatisch-pazifische Freihandelszone (APEC). Außer den USA sollen dazu alle wichtigen Handelsstaaten der pazifischen Wachstumsregion gehören.

Neu auf Kiel gelegt haben die USA 1994 eine panamerikanische Freihandelszone (Free Trade Area of the Americas, FTAA), die bis zum Jahr 2005 endgültig ausgehandelt sein soll. Eine kleinere, regionale lateinamerikanische Freihandelszone haben Brasilien, Argentinien, Uruguay und Paraguay vereinbart (Mercosur). Diese noch unvollkommene Zollunion gilt seit Januar 1995 für diese vier Länder mit zusammen ca. 200 Millionen Einwohnern und einem BIP von 711 Milliarden Dollar. Mercosur umfaßt damit 45 Prozent der Einwohner und 60 Prozent des Territoriums von Lateinamerika.[34]

Der Regionalisierungstrend hin zu Freihandelszonen oder, wie im Fall der Europäischen Union, sogar zu Integrationsräumen ist unübersehbar. Idealtypisch betrachtet, kann dies zumindest zweierlei bedeuten. Erstens könnte die Regionalisierung auf eine

33 Vgl. Bernhard *May*, Die Uruguay-Runde (Arbeitspapiere zur Internationalen Politik, Nr. 86), Bonn 1994.
34 Vgl. *Frankfurter Allgemeine Zeitung*, 19.12.1994, S. 13; sowie 2.1.1995, S. 9.

wirkliche Blockbildung hinauslaufen, die Abschottungstendenzen bewirkt, also Neomerkantilismus auf höherer Ebene, früher nationalstaatlich, jetzt regional. Zweitens könnte regionale Liberalisierung angesichts der Heterogenität in der Wirtschaftswelt eine Vorstufe für eine wirklich globale Liberalisierung mit Integrationsfolgen sein. Die Freihandelswelt der wirtschaftswissenschaftlichen Lehrbücher würde nach dieser Logik einfach noch Zeit brauchen, bis sie Realität werden kann und deshalb zunächst ihre regionalen Vorläufer ausbilden.

Drittens könnten aber auch beide Prozesse nebeneinander herlaufen. Einige Regionen könnten auch die Verflechtung zwischeneinander fortentwickeln, andere sich womöglich stärker voneinander abschotten. Die Verflechtungsvariante paßt besser zum zukünftigen Verhältnis zwischen EU und NAFTA, weil zwischen beiden Regionen die höchste Verflechtung auf der Welt für die Sektoren Handel, Kapitalverkehr und Finanzen besteht.

Zwischen der Europäischen Union und einem asiatischen Verflechtungsraum hingegen, wenn er überhaupt in absehbarer Zeit entsteht, wären stärkere Blockabschottungstendenzen durchaus möglich. Die asiatischen Schwellenländer und Japan öffnen sich nur zögerlich. Sie verhalten sich noch überwiegend traditionell neomerkantilistisch, um einen exportgeleiteten Entwicklungsweg möglich zu machen. Ein in seiner Wettbewerbsfähigkeit geschwächtes Europa könnte sich im Gegenzug gegen die dynamischere asiatische Region abzuschotten versuchen.[35]

Wettbewerb von Gesellschaftsmodellen

Eine allein geoökonomische Betrachtungsweise nach Blöcken führt hier nicht weiter, weil offensichtlich nicht einfach Wirtschaftsräume, sondern auch gesellschaftliche Modelle miteinander konkurrieren. Nach dem Ende des Ost-West-Konflikts als antagonistischem Systemkonflikt zwischen einem staatswirtschaftlichen und marktwirtschaftlichen Modell treten die Unterschiede zwischen den Marktwirtschaften wieder stärker in den Vordergrund. Nach dem Sieg des Kapitalismus über den Sozialismus ist nun wieder Kapitalismus nicht mehr gleich Kapitalismus.

Dies ist plakativ und vereinfachend, weil die Hauptunterschiede nicht unterschiedliche Kapitalismen als Marktformen betreffen, sondern jeweils unterschiedliche Mischungsformen zwischen Markt, Staat und Gesellschaft. Unterschiedliche Akzentuierungen führen zu unterschiedlichen Stärken und Schwächen. Traditionell wird dem kontinentaleuropäischen, wohlfahrtsstaatlichen Modell ein amerikanisches, lupenreineres Marktmodell gegenübergestellt.

Der französische Autor Michel *Albert* hat das kontinentaleuropäische Modell mit seinem Zentrum in Deutschland als optimal gepriesen und »rheinisches Modell« genannt.[36] Er rückt allerdings das deutsche Modell zu stark in die Nähe des japanischen. Die gemeinsame Exportorientierung und korporatistische Züge überlagern

35 Vgl. Reinhard *Rode*, High-Tech-Wettstreit 2000, Frankfurt a. M. 1993, S. 162 f.
36 Vgl. Michel *Albert*, Kapitalismus kontra Kapitalismus, Frankfurt a. M. 1992, S. 25.

die fundamentalen Unterschiede in der Ausprägung des Wohlfahrtsstaates. Während das schwedische Modell schon lange und das deutsche spätestens seit der Vereinigung enormen Reformbedarf im Sinne von Kosteneinsparungsdruck haben entstehen lassen, hat sich in Japan nie ein vergleichbarer Wohlfahrtsstaat ausgebildet. Das Dauerbeschäftigungsprivileg in großen Konzernen war immer nur eine Seite der Medaille. Die andere Seite besteht aus quasiamerikanischen Praktiken bei Kleinunternehmen. Staatliche Absicherungen spielen längst nicht die Rolle wie in Kontinentaleuropa.

Es muß also zumindest von drei Modellen, einem amerikanischen, einem kontinentaleuropäischen und einem asiatischen Modell ausgegangen werden.[37] Auch hier handelt es sich um Idealtypen, denen allerdings erheblicher heuristischer Wert zukommt. Derzeit muß das asiatische Modell als überlegen gelten. Es hat offensichtlich die beste Mischung zwischen Markt, Staat und Gesellschaft zustande gebracht. Konkurrenzverhältnisse im Inneren lassen Modernisierung und Anpassung zu, die gesellschaftlichen Strukturen stützen hohe Produktivitätsleistungen, und staatliche Agenturen haben Gewinner für den Weltmarkt kreieren helfen.

Japans Vorbild hat die asiatischen Schwellenländer dabei inspiriert. Zwar ist gegenwärtig die Faszination des japanischen Modells ins Gerede gekommen, weil auch Japan Anpassungskrisen durchmacht, ihm wird aber die Fähigkeit, Anpassungskrisen und Wandel besser zu bewältigen als Europa, durchaus mit Berechtigung zugesprochen.[38]

Im Unterschied dazu gilt das europäische Modell als unter sehr viel stärkerem Anpassungsdruck. Es weist die geringste Wachstumsdynamik auf, liegt im technologischen Wettlauf in der Triade auf Platz drei und steht unter dem besonderen Druck, auch noch die Integration der postkommunistischen Reformländer in Osteuropa zu verkraften. Zur alten Diagnose der Eurosklerose, zu viele Rigiditäten durch Überregulierung und Schutzmauern für alle möglichen Verlierer, könnte daher eine neue Ostsklerose hinzukommen.

Während Anfang der neunziger Jahre die Osterweiterung der EU als große Chance begriffen wurde, hat sich mittlerweile Ernüchterung breit gemacht. Im Vordergrund der Diskussion stehen Risiken und Lasten. Das Beispiel der deutschen Vereinigung als immense wirtschaftliche Last hat, übertragen auf Osteuropa, Brüsseler Entscheidungsträger zur Vorsicht gemahnt. Die Europäische Union sieht sich also selbst in einem unfreiwilligen Spagat zwischen Vertiefung und Erweiterung und sucht verzweifelt nach Erfolgsrezepten. Besonders für Deutschland ist eine erfolgreiche Osterweiterung der EU im Sinne einer Lastenteilung von erheblichem Interesse.

Da das deutsche Vereinigungsmodell für die Osterweiterung nicht in Frage kommt – die europäischen Steuerzahler und Wähler würden einfach nicht mitspielen –,

---

37 Vgl. Jeffrey A. *Hart*, Rival Capitalists. International Competitiveness in the United States, Japan, and Western Europe, Ithaca, New York 1992.

38 Vgl. Werner *Pascha*, Japans Wirtschaft: Krise und Wandel, in: *Aus Politik und Zeitgeschichte*, Nr. B, 50/94, 16.12.1994, S. 11-18.

bleibt der EU kaum eine andere Wahl, als die Marktkräfte stärker einzubeziehen. Das läuft darauf hinaus, Anpassungskosten nicht generell abzufedern, sondern an die Betroffenen weiterzugeben.

Das waren West- und Osteuropa lange nicht mehr gewöhnt. Die politischen Folgen enttäuschter Erwartungshaltung drücken sich in Mittel- und Osteuropa in den Wahlerfolgen postkommunistischer Reformsozialisten zu Lasten der marktwirtschaftlich orientierten Parteien aus. Wenn sich dieser Trend, diejenigen politischen Kräfte abzuwählen, die Einsparungen in den Sozial- und Subventionsetats vornehmen wollen, in Gesamteuropa fortsetzt, dann dürfte Europa, wie auch immer die Einstellung der politischen und wirtschaftlichen Eliten sein mögen, auf den Weg zu mehr Protektionismus gedrängt werden. Bekanntermaßen hilft Protektionismus nicht, er erzeugt allenfalls kurzfristige Illusionen und erspart die politische Auseinandersetzung mit fest etablierten Verteilungskoalitionen. Die Anpassungskosten aber werden an die nächste Generation weitergegeben.

Der Anpassungsdruck geht eindeutig von den erfolgreichsten Mitspielern in der Weltwirtschaft aus, den asiatischen Schwellenländern und Japan. Sie bieten weder für die Europäische Union noch für die USA ein kopierfähiges Modell, erzwingen aber funktional äquivalente Anpassungsleistungen, wenn ein Zurückfallen vermieden werden soll. Der dynamischste Akteur setzt die weltwirtschaftlichen Standards, so wie es früher Europa und nach dem Zweiten Weltkrieg die USA vorexerziert haben.

Der Anpassungsdruck in den USA wurde unter der Clinton-Administration nicht zuletzt dadurch angenommen, daß die USA den Boom für regionale Freihandelszonen kreiert haben. Sie wollen nicht nur ihre unmittelbaren Nachbarn über NAFTA und Lateinamerika über FTAA, sondern gerade auch die pazifische Wachstumsregion über APEC einbinden. Dieses traditionelle amerikanische Konzept, im Vertrauen auf die eigene wirtschaftliche Leistungsfähigkeit freien Wirtschaftsverkehr anzuregen, soll den Partnern und letztlich vor allem den USA zugute kommen. Dahinter steht die amerikanische Überzeugung, daß eine wirtschaftliche Öffnungsinitiative der asiatischen Märkte die Absatzchancen für amerikanische Produkte dort erheblich verbessern wird.

Die USA sehen für sich keine andere Wahl, weil sie selbst eine intensivere staatliche Regulierung nicht als wünschenswerte Alternative ansehen. Das alte und neue amerikanische Konzept mag längerfristig aufgehen, kurz- und mittelfristig ist die Resonanz in Asien eher gedämpft. Japan hat seine eigenen regionalen Ambitionen und möchte nicht in der APEC als Juniorpartner der USA auftreten. Die asiatischen Schwellenländer spielen mit, weil sie vom Zugang zum amerikanischen Markt stark abhängig sind und deshalb die USA nicht verprellen können. Zu einer wirklichen Freihandelszone sind sie aber noch lange nicht bereit. Die amerikanische APEC-Strategie bringt also erst einmal Partner in ein Boot, die in unterschiedliche Richtungen rudern.[39]

---

39 Vgl. Robert A. *Manning*/Paula *Stern*, The Myth of the Pacific Community, in: *Foreign Affairs*, Nr. 6, 1994, S. 79-93.

Arbeitsmärkte

Auf diesem Feld bringt der technologiebedingte Strukturwandel enorme Herausforderungen. Eine Welt ohne Jobs[40] wird es nicht geben, aber eine mit häufigem Jobwechsel und zu wenig Jobs. Einen Globalisierungstrend bei den Arbeitsmärkten gibt es allenfalls in Ansätzen. Arbeitsmärkte sind im wesentlichen noch national, in vielen Fällen mittlerweile auch regional geprägt. Der Vergleich in der Triade läßt den Arbeitsmarkt Europa eindeutig auf der Schattenseite erscheinen. Erschwerend kommt hinzu, daß hier der Trend seit Ende der achtziger Jahre für die Europäische Union negativ ist. Die niedrigsten Arbeitslosenquoten weist Japan in den letzten zwanzig Jahren mit Werten unter 3 Prozent auf. Seit 1992 ist allerdings eine leicht steigende Tendenz zu erkennen.

Die USA begannen Mitte der siebziger Jahre im Vergleich zu Westeuropa mit Arbeitslosenquoten über 8 Prozent, die europäischen Vergleichswerte lagen bei ca. 4 Prozent. Zu Anfang der achtziger Jahre lagen die USA und die EG mit ca. 6 Prozent ungefähr gleichauf und wiesen bis 1982 gemeinsam steigende Arbeitslosenquoten bis zu 9 Prozent auf. Ab da fielen die amerikanischen Werte wieder auf unter 6 Prozent bis 1989, während die europäischen durchweg mindestens 1 bis 2 Prozent höher lagen. 1993 wies die EU eine Arbeitslosenquote von über 10 Prozent auf, Tendenz steigend. Die amerikanische Vergleichszahl tendierte fallend nach 6 Prozent hin.[41]

Europas Mangel an Dynamik drückt sich darin exemplarisch aus. Das Bild in den einzelnen Mitgliedsländern der Europäischen Union variiert aber erheblich. Neben Hochlohnländern wie Deutschland, Spitzenreiter bei den Arbeitskosten mit 25 US-Dollar pro Stunde im Jahr 1993, stehen Länder wie Italien (15 US-Dollar), Spanien (13 US-Dollar) und Großbritannien (14 US-Dollar), die günstigere Arbeitskosten als etwa Japan (18 US-Dollar) und die Vereinigten Staaten (17 US-Dollar) aufweisen. Die Vergleichskosten in der verarbeitenden Industrie pro Arbeitsstunde liegen z.B. in Taiwan bei 7 US-Dollar, in Südkorea bei 6 US-Dollar, in Mexiko, Ungarn und Polen unter 5 US-Dollar.[42]

Die Gründe für Europas mangelnde Dynamik auf dem Arbeitsmarkt sind umstritten. Als typische europäische Starrheiten werden gewöhnlich das sehr hohe Lohnniveau und die große Belastung durch Lohnnebenkosten als Preis für den Wohlfahrtsstaat genannt. Andere sehen eine wichtige Ursache in der »technologiebedingten Arbeitslosigkeit«; der technische Fortschritt setzt immer mehr Arbeitskräfte frei, ohne geeigneten Ersatz am gleichen Ort und zur gleichen Zeit zu schaffen. Die Folge wäre eine sehr verwundbare Generation von Arbeitnehmern, denen es konkret zuerst einmal wenig nützt, daß jede neue Technik längerfristig mehr Arbeit schafft, als sie vernichtet.[43] Der Meinungsstreit folgt gewöhnlich verteilungspolitischen Frontstellungen. Unübersehbar ist aber der hohe Sockel struktureller Arbeitslosigkeit. Neben

---

40 Vgl. »A world without jobs?«, fragte *The Economist*, 11.2.1995, S. 21-24.
41 Vgl. *The Economist*, 11.12.1993, S. 27.
42 Vgl. *The Economist*, a.a.O. (Anm. 8), S. 16.
43 Vgl. *The Economist*, 11.2.1995, S. 24.

dem hohen Lohnniveau, das zur Abwanderung von lohnkostenintensiven Branchen führt, steht ein stark zurückgegangener Bedarf an niedrigqualifizierten Arbeitskräften. Hier wird der Zusammenhang mit Wanderungsbewegungen deutlich.

Alle wirtschaftlichen Zentren wirken als Magnete für Zuwanderung. Da in allen großen Industriestaaten die Bevölkerungszahlen zumindest stagnieren, häufig sogar fallen und sich eine Überalterung der Bevölkerung abzeichnet, existiert ein realer Bedarf für Arbeitsmigration. Allerdings besteht eine Diskrepanz zwischen dem Bedarf der Industriestaaten für qualifizierte zuwandernde Arbeitskräfte und der realen Zuwanderung weitgehend niedrigqualifizierter Migranten. Erschwerend kommt hinzu, daß vielfach kulturbedingte Integrationsprobleme auftreten.[44] Qualifizierungsprogramme mögen hier teilweise Ausgleich schaffen, Druck auf das Hochlohnniveau dürfte auch im Erfolgsfall aber damit einhergehen. Westeuropa mit seinen geschützten und stark regulierten Arbeitsmärkten wird hier stärkerem Umstellungsdruck ausgesetzt sein als der offenere amerikanische Arbeitsmarkt.

Asymmetrien und die Folgen

Trotz aller erkennbaren Globalisierungstrends ist die Weltwirtschaft nach wie vor eine Wirtschaft der OECD mit der Triade an der Spitze, jetzt erweitert um die asiatischen Schwellenländer. Letztere haben die Dynamik des Systems offengelegt und alle Hypothesen einer versteinerten Weltarbeitsteilung zugunsten der »alten Industriestaaten« obsolet gemacht. Wenn das System Aufsteiger zuläßt, dann heißt das aber noch lange nicht, daß alle armen Länder realistische Aufstiegschancen haben. Im Gegenteil, das Ende der sogenannten Dritten Welt als einheitliche politische und wirtschaftliche Größe hat deren Zerfall in Entwicklungsstaaten und marginalisierte Quasiaussteiger aufgezeigt.

Die Aussteiger, vornehmlich in Afrika, haben nicht freiwillig für den Ausstieg optiert. Sie werden von Nachteilen praktisch eingeschnürt. Ihre gesellschaftliche Binnenstruktur verhindert die Modernisierung und wirkliche Demokratisierung wie auch marktwirtschaftliche Strukturen mit funktionierendem Ordnungsrahmen. Entwicklungshilfe[45] kann keinen Ausgleich schaffen, ihre Gewinne aus dem Handel sind zu gering, um exportorientiertes Wachstum nach asiatischem Vorbild als eine sinnvolle Strategie erscheinen zu lassen. Sie könnten sukzessive noch weiter aus der Weltarbeitsteilung herausfallen und allenfalls noch marginal in den Austausch einbezogen werden. Der Trend hin zu dauerhaften Elendsregionen könnte sich weiter verfestigen. Der erfolgreichere Rest der Welt mag dabei ein schlechtes Gewissen haben, das über gelegentliche Aktionen von Welthungerhilfe und Entwicklungshilfe

---

44 Vgl. Walter L. *Bühl*, Gesellschaftliche Grundlagen der deutschen Außenpolitik, in: *Kaiser/Maull*, a.a.O. (Anm. 7), S. 190 f.

45 Vgl. *The Economist*, 10.12.1994, S. 79.

als Weltsozialhilfe besänftigt wird, eine wirkliche Perspektive für die ärmsten Länder ergäbe sich daraus aber nicht.

Offen ist, wer außer dem afrikanischen Elendsgürtel zur Gruppe der definitiven Verlierer gehören wird. Womöglich werden es einige lateinamerikanische Staaten außer den dortigen Schwellenländern Brasilien, Argentinien, Chile und Mexiko sein. Höchstwahrscheinlich werden aber auch einige postkommunistische oder nochkommunistische Länder wie Kuba, Nordkorea, die Mongolei und die kaukasischen Kleinrepubliken aus der früheren Sowjetunion dazugehören.

Wichtig für die Welt wird ohne Zweifel der Erfolg oder Mißerfolg Rußlands und der VR China sein. Diese Staaten sind zu wichtig für den Rest der Welt, um einfach vernachlässigt zu werden. Zugleich sind beide aber auch unkalkulierbare Größen. Die China-Euphorie ist wieder abgeflaut, für die Chancen der Marktwirtschaft in Rußland war erst gar keine große Euphorie aufgekommen. Außer Rückständigkeit bieten diese beiden Staaten mit den Folgen ihrer sozialistischen Industrialisierung auch noch die größten ökologischen Desaster im Weltmaßstab. Die Kosten für Abhilfe sind weder kalkulierbar noch wären sie vom Rest der Welt bezahlbar. Eine erfolgreiche Modernisierung und Industrialisierung Rußlands und Chinas, verbunden etwa mit dem in den USA oder Westeuropa üblichen Energieverbrauch und dem dortigen Motorisierungsgrad, drohen nach gängiger Einschätzung die ökologische Balance der Welt aus dem Gleichgewicht zu bringen. Auch wenn vielfach mit medienwirksamen Horrorszenarien, etwa der Klimakatastrophe, kokettiert wird, dürfte mittlerweile konsensfähig sein, daß die Weltökologie ein fragiles, globales öffentliches Gut darstellt, das global gesteuert werden muß.[46]

Dafür gibt es bislang weder ein funktionsfähiges Regime nach dem Muster des IWF oder der neuen WTO, noch die Bereitschaft, wie der Verlauf der Umweltgipfel in Rio 1992 und in Berlin 1995 gezeigt hat, hier vorausschauend zu steuern. Wahrscheinlich wird das knappe Gut Umwelt noch wesentlich teurer werden, bevor es über die Problemerkennung hinaus zu einem wirklich ernstgenommenen Feld der Weltwirtschaftspolitik werden kann.

Harte Verteilungskämpfe werden nicht ausbleiben. Vorerst gilt, daß Umweltschutz einen hohen Preis hat, den nur reiche Gesellschaften aufzubringen in der Lage sind, kapitalarme Länder bedürfen hier der Subvention von außen. Ihre Binnensicht läßt vielfach Umweltschutz als ein zu vertagendes, nachrangiges Problem erscheinen. Die Länder, die über Lippenbekenntnisse hinaus vorausschauend marktverträglich regulieren, und die Unternehmen, die neue Umwelttechnologien entwickeln und zur Marktfähigkeit treiben, dürften jedenfalls zu den großen Gewinnern der nächsten Jahrzehnte zählen.

Am Beispiel Umwelt ist der Bedarf für globale, effiziente Institutionen aufgezeigt worden, die wirkliche Steuerungsleistungen erbringen können und mehr als nur Debattierforen sind. Das gilt besonders für den Ausbau der bestehenden Institutionen

46 Vgl. *Bühl*, a.a.O. (Anm. 44), S. 188 f., und den Beitrag von Hans Joachim *Schellnhuber* und Detlef *Sprinz*.

IWF, Weltbank und WTO. Für den Handelsstaat Deutschland, der eine funktionierende Weltwirtschaftsordnung braucht, ist dies eine Mitgestaltungsaufgabe, die das aufgeklärte Selbstinteresse gebietet.

Der latente Konfliktgehalt der vorhandenen und womöglich wachsenden Asymmetrien in der Weltwirtschaft dürfte unbestritten sein, seine tatsächliche Brisanz wird aber verkannt. Die alten Wirtschaftsmächte werden ihren vorerst noch relativen Niedergang nicht passiv hinnehmen. Sie werden einerseits wieder selbst durch Anpassung und Modernisierung neue Dynamik zu erzeugen versuchen, andererseits finden sie in den Aufsteigern neue Partner, die ihnen womöglich den Rang ablaufen, zugleich aber durch wirtschaftlichen Austausch auch neue Gewinnchancen für alle Beteiligten bereitstellen.

Blockabschottung ist demnach keineswegs vorprogrammiert, ebensowenig sind es Wirtschaftskriege, aber auch nicht das weltweite Kooperationsparadies. Für Deutschland besteht vor allem die Doppelanforderung als regionale Wirtschaftsmacht, Stabilität in einer vertieften und erweiterten EU zu garantieren und gleichzeitig die Weltwirtschaft durch die Mitarbeit in funktionsfähigen internationalen Institutionen möglichst offen für den Austausch zu halten und zukünftige überregionale Integrationsschritte zu ermöglichen. Diese beiden Anforderungen schließen sich nicht aus, sondern ergänzen sich. Die Reihenfolge, erst die Hausaufgaben in Europa, dann die globalen Aufgaben, ist aber nicht umkehrbar.

Die diskutierten Szenarien der Weltwirtschaft von morgen bewegen sich zwischen revolutionären Annahmen und überschaubarem Wandel. Revolutionäres wird von der Informationsgesellschaft erwartet, die Schockwellen für die uns vertrauten Formen auslösen würde, indem die Nationalstaaten verschwänden und ein Art Techno-Individualismus triumphierte.[47] Evolutionäre Annahmen erwarten auch 2020 noch Amerika, Europa und Japan als dominante Wirtschaftsmächte.[48] Ihre Probleme mögen wachsen, beherrschbar wären sie, vorausgesetzt die Gesellschaftsordnungen blieben stabil und die politischen Systeme regierbar. Die Revolutionsthese in den Büchern mag sich besser verkaufen, die Evolutionsthese besitzt dafür mehr Plausibilität.

47 Vgl. Alvin *Toffler*, Future Shock, Bantam 1991.

48 Vgl. Hamish *McRae*, The World in 2020. Power, Culture and Prosperity (Harvard Business School), Boston, Mass. 1995.

ENTWICKLUNG UND UNTERENTWICKLUNG. TRENDS UND HERAUSFORDERUNGEN

Gabriele Brenke

EINLEITUNG

Mit dem Ende der Ost-West-Konfrontation ist die Einteilung der Erde in drei Welten obsolet. Zur Auflösung des sozialistischen Lagers der »Zweiten Welt« kommt ein gravierender und weitreichender Wandlungs- und Differenzierungsprozeß in der sogenannten »Dritten Welt«.[1] Die Schwellenländer Südostasiens (Südkorea, Taiwan, Hongkong und Singapur) haben sich zu jungen Industrienationen entwickelt, die viele Merkmale der westlichen Industriestaaten aufweisen. Malaysia und Thailand dürften in den nächsten Jahren aufschließen. China, Indien und Indonesien werden 2020 unter den fünf führenden Industrienationen sein. Auch einige lateinamerikanische Staaten wie z.B. Argentinien und Brasilien verzeichnen seit Beginn der neunziger Jahre beachtliche Wachstumsraten. Die Größe dieser Volkswirtschaften kann in den nächsten zehn bis zwanzig Jahren zu dramatischen Veränderungen der globalen wirtschaftlichen Machtstrukturen führen.[2]

Gleichzeitig hat in vielen Entwicklungsländern die Verelendung zugenommen, auch in Staaten der ehemaligen »Zweiten Welt«. Zu den Armenhäusern gehören die Andenregion in Lateinamerika, Afrika südlich der Sahara, in Asien die Himalaya-Region, Zentralasien[3] (inklusive des russischen und chinesischen Teils), Teile Südasiens (z.B. Bangladesch) sowie im Nahen und Mittleren Osten der Jemen. Welche der Gesellschaften des ehemaligen Ostblocks künftig zu den Entwicklungsgebieten gezählt werden müssen, bleibt abzuwarten.

Hinzu kommt, daß die mit dem Begriff »Dritte Welt« verbundenen Fortschrittserwartungen mit dem Ziel neuer gesellschaftspolitischer Grundorientierungen, die in den sechziger und siebziger Jahren aus Teilen der politischen und wissenschaftlichen Eliten in den Industrieländern auf die unterentwickelten Staaten projiziert wurden, sich nicht erfüllt haben. Ohnehin gehörten die Diskussionen über alternative

1 Vgl. Ulrich *Menzel*, Das Ende der »Dritten Welt« und das Scheitern der großen Theorie. Zur Soziologie einer Disziplin in auch selbstkritischer Absicht, in: *Politische Vierteljahresschrift*, Nr. 1, 1991, S. 4-33.

2 Vgl. dazu The Global Economy, in: *The Economist*, 1.10.1994 (Beilage); sowie zu den Konsequenzen Karl *Kaiser*, Deutsche Außenpolitik in der Ära des Globalismus. Zwischen Interdependenz und Anarchie, in: *Internationale Politik (IP)*, Nr. 1, 1995, S. 27-36; hier S. 29.

3 Im Jahrbuch Dritte Welt 1994 wird der Kaukasus als unterentwickeltes Gebiet aufgenommen, in der Ausgabe 1995 fehlt die Region ebenso wie Zentralasien.

Gesellschaftsmodelle in der Regel zur Auseinandersetzung über Kapitalismus und Sozialismus,[4] Demokratie und Diktatur.

Die empirischen Befunde belegen, daß sich Unterentwicklung weder als bloße Folgewirkung von Kolonisierung und Neokolonialismus oder der strukturellen Abhängigkeit der Entwicklungsländer vom Weltmarkt erklärt, noch ausschließlich auf endogene Ursachen zurückführen läßt.[5] Vielmehr ist in den einzelnen Regionen eine Kombination durchaus unterschiedlicher Faktoren, die sich zum Teil wechselseitig verstärken, für Wachstum und Fortschritt bzw. Stagnation und Rückschritt verantwortlich.

Im folgenden sollen die wichtigsten Entwicklungstrends in den einzelnen Entwicklungsregionen unter wirtschaftlichen, politischen und kulturellen Aspekten, die Herausforderungen, die sich aus den Ursachen für Entwicklung bzw. Unterentwicklung für Deutschland und die westliche Staatengemeinschaft ergeben, sowie Folgerungen für die deutsche Politik untersucht werden. Dabei werden die Problemkreise »Fundamentalismus«, »Umweltbedrohungen«, »Migrationsbewegungen« und »Proliferation von Rüstungsgütern« sowie »Naher Osten und Nordafrika« nur kurz skizziert, da diese Themen in eigenen Beiträgen in diesem Band ausführlich analysiert werden.[6]

Bilanz der wichtigsten Entwicklungstrends

Das anhaltende Wirtschaftswachstum der Entwicklungsländer von insgesamt 4,5 Prozent im Gesamtdurchschnitt im Jahre 1993 (1992: 3,6 Prozent) basiert auf zunehmenden politischen Reformen, niedrigen internationalen Zinsen, die die gesunkenen Exportpreise für die Rohstoffexporteure teilweise kompensierten, sowie einer Zunahme privater Kapitalzuflüsse. Dabei unterstreichen die jüngsten wirtschaftlichen Wachstumsraten die unterschiedlichen Entwicklungsniveaus und bestätigen den globalen Trend: In Ostasien und im Pazifik liegt das Wachstum für 1993 mit 9,2 Prozent um mindestens 5 Prozent vor allen anderen Entwicklungsgebieten. Innerhalb dieser Region führt China 1992/93 mit durchschnittlich 13 Prozent vor Malaysia und Thailand. Die lateinamerikanischen Länder, in denen Reformen zu greifen begannen und die zusätzlich in den Genuß von hohen Zuschüssen ausländischen Privatkapitals kamen, verzeichnen ein Wachstum von 3,5 Prozent. Das Schlußlicht bilden die afrikanischen Länder südlich der Sahara (ohne Südafrika) mit 1,4 Prozent des Bruttoinlandsprodukts (BIP). Die Produktion der postkommunistischen Trans-

4 Vgl. Peter J. *Opitz*, Entwicklung und Sicherheit in der Dritten Welt, in: Lennart *Souchon* (Hrsg.), Weltwirtschaft und Sicherheit 1993, Berlin/Bonn/Herford 1994, S. 53-69; hier S. 55. Vgl. auch Lothar *Brock*, Die Dritte Welt in ihrem fünften Jahrzehnt, in: *Aus Politik und Zeitgeschichte (APZ)*, Nr. B 50/92, 4.12.1992, S. 13-23; hier S. 14 f.

5 Vgl. Dieter *Senghaas* (Hrsg.), Peripherer Kapitalismus. Analysen über Abhängigkeit und Unterentwicklung, Frankfurt a.M. 1974; sowie Hans-Ulrich *Wehler*, Modernisierungstheorie und Geschichte, Göttingen 1975.

6 Vgl. die Beiträge von Bassam *Tibi*, Hans Joachim *Schellnhuber*/Detlef *Sprinz*, Steffen *Angenendt*, Harald *Müller* und Gudrun *Krämer*.

formationsstaaten in Mittel- und Osteuropa und in Zentralasien ging 1993 im vierten Jahr in Folge schätzungsweise um 7,4 Prozent zurück.[7] Diese Rangfolge spiegelt sich bei den Direktinvestitionen ebenso wie beim vermuteten Einkommenseffekt der Liberalisierungsmaßnahmen der Uruguay-Runde wider.[8] Mehr als die Hälfte der vermuteten Wohlstandsgewinne entfällt auf China, gefolgt von den erfolgreicheren der asiatischen Staaten und – allerdings mit Abstand – Lateinamerika.

Asien zwischen Wirtschaftswunder, nachholender Entwicklung und großer Armut

Nach vorliegenden Schätzungen wird bis zum Jahr 2000 die Hälfte des Zuwachses der Weltproduktion auf Asien entfallen. Die rasante Entwicklung der »Schwellenländer« ist zurückzuführen auf ihre Fähigkeit, sich durch eine Kombination solider Rahmenbedingungen[9] und gezielter Regierungspolitik (Zinssenkungen, Förderung bestimmter Industriezweige)[10] Schritt für Schritt in den Weltmarkt einzufädeln. Neben dieser außenwirtschaftlichen Öffnung spielten die Steigerung des intraregionalen Handels, die Beschäftigung von legalen und illegalen Arbeitskräften aus den Nachbarstaaten[11] sowie bemerkenswerte Fortschritte bei der Reduzierung von Armut eine Rolle.[12] Hinzu kommt, daß Taiwan, Südkorea, Hongkong und Singapur ebenso wie Japan, aber auch China, Vietnam und Nordkorea zum konfuzianischen Kulturkreis gehören, dem eine wirtschaftsfreundliche Grundstimmung bescheinigt wird.[13] China, Nordkorea und Vietnam hinken hinterher, weil sie sich zu lange dem stalinistischen Zentralverwaltungsmodell verschrieben hatten.[14]

Dabei wird das westliche Demokratie- und Entwicklungsmodell von den autoritären Regierungen Asiens abgelehnt, Appelle des Westens, die Menschenrechte zu beachten, werden als Einmischung in die inneren Angelegenheiten zurückgewiesen. Singapurs Vertreter beispielsweise stellen solchen westlichen Forderungen das Argument des »good government«, einer effektiven, effizient arbeitenden und unbestechlichen Verwaltung, gegenüber, die ihren Bürgern Sicherheit, Grundversorgung und Chancen für eine Verbesserung des Lebensstandards garantiert. Diese Argumente

---

7 Vgl. Weltbank (Hrsg.), Jahresbericht 1994, Washington, D.C. 1994, S. 23 ff.

8 Vgl. stellvertretend Benno *Engels*, Das GATT und die Entwicklungsländer – Was brachte die Uruguay-Runde?, in: Joachim *Betz*/Stefan *Brüne* (Hrsg.), Jahrbuch Dritte Welt 1995, München 1994, S. 30-46; sowie Bernhard *May*, Die Uruguay-Runde (Arbeitspapiere zur Internationalen Politik, Nr. 86), Bonn 1994.

9 Zu den Rahmenbedingungen gehörten: eine Geld- und Finanzpolitik, die eine geringe Inflation und einen wettbewerbsfähigen Wechselkurs sicherstellte, eine Konzentration von Investitionen der öffentlichen Hand im Bildungswesen auf die Primär- und Sekundärschulen, die Qualifizierung von Arbeitskräften sowie die Förderung von Investitionen und Ersparnissen.

10 Vgl. World Bank (Hrsg.), The East Asian Miracle. Economic Growth and Public Policy, Oxford 1994.

11 Geldüberweisungen und Investitionen der Schwellenländer führten in den angrenzenden Niedriglohnländern wiederum zu deren schrittweisen Verankerung in die Weltwirtschaft. Vgl. Joachim *Betz*/Stefan *Brüne*, Die Dritte Welt im Überblick (1993/94), in: dies. (Hrsg.), a.a.O. (Anm. 8), S. 9-29; hier S. 14.

12 Vgl. dazu den Beitrag von Rüdiger *Machetzki*.

13 Vgl. Benno *Engels* (Hrsg.), Die soziokulturelle Dimension wirtschaftlicher Entwicklung in der Dritten Welt, Hamburg 1994.

14 Vgl. *Betz*/*Brüne*, a.a.O. (Anm. 11), S. 9-29.

sind zwar nicht ganz von der Hand zu weisen, treffen aber bei weitem nicht für die Mehrheit der asiatischen Staaten zu.[15]

Die Entwicklungserfolge in Südostasien bewirken nicht selten, daß übersehen wird, daß in der Region »Südasien« mit einem durchschnittlichen Pro-Kopf-Einkommen (PKE) von 310 US-Dollar die Hälfte der Armen der Welt lebt. Das Wirtschaftswachstum verlangsamte sich im Jahre 1993 auf 3,8 Prozent, lag aber deutlich über dem der afrikanischen Entwicklungsländer.

Wenn auch noch zögerlich, beginnt Südasien seine Investitions- und Handelspolitik zu reformieren. In Bangladesch, Indien, Pakistan und Sri Lanka wurden Reformen eingeleitet, um Hemmnisse für in- und ausländische Investitionen zu reduzieren, mengenmäßige Außenhandelsbeschränkungen abzubauen sowie Höhe und Komplexität der Zölle zu verringern. Dies führte zu Beginn der neunziger Jahre dazu, daß sich die Direktinvestitionen in Pakistan und Sri Lanka verdoppelten und in Indien um ca. 20 Prozent zunahmen.

Die Reformprogramme in Südasien sind dennoch von denen der ostasiatischen Staaten hinsichtlich Gesundheitsreformen, Infrastruktur, Bildung und der Finanzmärkte weit entfernt;[16] die Rolle von staatlichem und privatem Sektor ist noch nicht zufriedenstellend geklärt. Vor allem Pakistan, Bangladesch und Sri Lanka sind aufgrund einer hohen Verschuldung und einer relativ starken außenwirtschaftlichen Vernetzung von internationalen Entwicklungen auf den Weltmärkten bei agrarischen Rohstoffen, einfachen Verarbeitungsprodukten und bei den Erdölpreisen abhängig. Indien hat hier einen ungleich größeren Binnenmarkt sowie eine breitere Palette von Exportprodukten aufzuweisen.

Zu den Entwicklungsländern müssen auch die »zentralasiatischen Republiken« Kasachstan und Turkmenistan, Usbekistan, Kirgisien und Tadschikistan gezählt werden. Die Wirtschaftslage all dieser Staaten ist gekennzeichnet durch den Zusammenbruch des Handels- und Zahlungssystems und Probleme des Transformationsprozesses beim Übergang von der Plan- zur Marktwirtschaft, die zu kontinuierlichem Produktionsrückgang, wachsenden Arbeitslosenquoten, Inflationsanstieg und stark defizitären Staatshaushalten führten. Dies zog eine Verschlechterung der sozialen Lage der Bevölkerung und erhebliche Probleme im Bildungs- und Gesundheitswesen nach sich.[17] Trotz dieser Gemeinsamkeiten sind die Prognosen für die zukünftige Entwicklung durchaus unterschiedlich. Turkmenistan und Kasachstan verfügen über reiche Rohstoffvorkommen,[18] die aufgrund einer unterentwickelten Infrastruktur, fehlender

15 Vgl. Rolf *Hanisch*, Struktur- und Entwicklungsprobleme Südostasiens, in: Dieter *Nohlen*/Franz *Nuscheler* (Hrsg.), Handbuch der Dritten Welt, Band 7: Südasien und Südostasien, Bonn 1994, S. 54-113; hier S. 112.

16 Vgl. Ernest *Stern*, Entwicklungsländer in Asien: Das Entstehen eines neuen weltwirtschaftlichen Wachstumszentrums, in: *Finanzierung & Entwicklung*, Nr. 2, 1994, S. 18-20.

17 Vgl. Irina *Deutschland*, Die zentralasiatischen GUS-Republiken Kirgistan, Usbekistan, Turkmenistan, Tadschikistan. Ausgangssituation und Ansatzpunkte für die Entwicklungszusammenarbeit (Deutsches Institut für Entwicklungspolitik), Berlin 1993, S. 43.

18 Kasachstan: neben Erdöl- und Erdgas auch Eisenerz, Nickel, Chrom, Titan, Wismut, Blei, Kupfer, Wolfram, Zink, Uran, Gold und Silber. Turkmenistan: Erdgas, Erdöl, Gewinnung von Schwefel, Kochsalz, Glaubersalz.

moderner Technologien sowie einer starken außenwirtschaftlichen Abhängigkeit von Rußland gegenwärtig aber nur unzureichend ausgeschöpft werden. Langfristig hat Turkmenistan, das im Exportgeschäft eng mit Iran bzw. Türkei verbunden ist, die besten Entwicklungsaussichten. Es produziert jährlich zwischen 80 und 90 Milliarden Kubikmeter Erdgas. Auch Kasachstan kann auf eine Zukunft als Erdöl- und Erdgasproduzent rechnen.[19] Tadschikistan und Kirgisien haben dagegen einen hohen Importbedarf an Energie, verfügen allerdings über beträchtliche Wasserreserven. Usbekistans Erbschaft aus der Sowjetherrschaft ist eine ungünstige Wirtschaftsstruktur, da der Baumwollproduktion auf Kosten einheimischer Nahrungsmittelerzeugung der Vorrang eingeräumt wurde.

Reformen in Richtung Demokratie bleiben hinter den wirtschaftlichen Reformmaßnahmen zurück, überall sind Vertreter der alten Nomenklatura an der Macht. Mit Ausnahme von Tadschikistan, das aufgrund des Bürgerkriegs noch keine Verfassung hat, brachten die neuen Verfassungen politische Strukturen hervor, in deren Zentrum ein mit weitreichenden Machtbefugnissen ausgestatteter Präsident steht.

Transformation in Lateinamerika

Marktwirtschaftliche Öffnung und Demokratisierung sind die Kennzeichen Lateinamerikas in den neunziger Jahren. Transformationswille und -potential kommen zum Ausdruck in der Diskussion über die Reform der politischen Systeme, der Bereitschaft, die eigene Nation »im Kontext weltpolitischer Interdependenz und damit potentiell neuer Einbindungen«[20] zu sehen, in einer Aufwertung der Kräfte aus der zivilen Gesellschaft sowie in den Veränderungen der entwicklungspolitischen Zielsetzungen und ihrer Anpassung an internationale Gegebenheiten. Aus den Entwicklungen in den achtziger Jahren und den damit verbundenen regionalen Themen – Verschuldungskrise, nukleare Entspannung, Demokratisierung, wirtschaftliche Reformen – entstanden Impulse für eine verstärkte Kooperation auf regionaler Ebene. So ist zwischen 1991 und 1994 der intraregionale Handel zwischen den elf größten südamerikanischen Ländern um 50 Prozent auf 23,5 Milliarden US-Dollar gestiegen.[21] Eine Rückkehr zum traditionellen Entwicklungskonzept der industriellen Importsubstitution mit einer binnenmarktorientierten Industrialisierung scheint ausgeschlossen. Die wichtigsten Elemente der derzeit dominierenden Wirtschaftspolitik

---

19 Auf kasachischem Territorium befindet sich eines der größten noch unerschlossenen Erdölfelder der Welt, das Tengis-Feld, sowie 200 weitere bestätigte und vermutete Öl-Lagerstätten. Vgl. Friedemann *Müller*, Ökonomie und Ökologie in Zentralasien, in: *APZ*, Nr. B 38-39/93, 17.9.1993, S. 21-28; hier S. 23.

20 Manfred *Mols*, Nation, Staat und Gesellschaft: Politische Transformationsprozesse in Lateinamerika in den 90er Jahren, in: Josef *Thesing* (Hrsg.), Politische Kultur in Lateinamerika, Mainz 1994, S. 63-70; hier S. 67.

21 Vgl. Stefan *Schirm*, Regionalisierung der internationalen Politik? Neue Ansätze zu gemeinsamer Außen- und Sicherheitspolitik in Europa, Lateinamerika und Südostasien (Stiftung Wissenschaft und Politik), Ebenhausen 1994. Vgl. Moisés *Naím*, Lateinamerikas wachsende wirtschaftliche Attraktivität, in: *IP*, Nr. 2, 1995, S. 53-64; hier S. 57.

sind Stabilitätsorientierung, Privatisierung, Deregulierung, Abbau von Zöllen und nichttarifären Wirtschaftshemmnissen sowie Öffnung für ausländisches Kapital.

Das Wirtschaftswachstum lag 1993 in Argentinien, Chile und Kolumbien bei 5 Prozent, Brasiliens Wachstum von 4,9 Prozent lag mit fast einem Prozentpunkt unter dem von 1992. Hinzu kam eine drastisch erhöhte Inflationsrate. In Venezuela führten politische Ungewißheiten, niedrigere Ölpreise und politische Schwächen zu einer Rezession.

Massiv behindert wird die Entwicklung in Lateinamerika durch Armut und Ungleichheit.[22] In einigen Staaten stellen die Armen über ein Viertel der Gesamtbevölkerung und zum Teil (mit 51 Prozent in Ecuador, 71 Prozent in Guatemala und 76 Prozent in Haiti) die Bevölkerungsmehrheit.[23] Die äußerst ungleiche Einkommensverteilung, ein regressives Steuersystem, umfangreiche Steuerhinterziehungen sowie Kapitalflucht durch die Wohlhabenden begrenzen den finanziellen Dispositionsspielraum der Regierungen.[24] Ende der achtziger Jahre waren in Brasilien die ärmsten Haushalte (20 Prozent) lediglich mit einem Anteil von 2 Prozent am Gesamteinkommen beteiligt, während 10 Prozent der Haushalte einen Anteil von 53,2 Prozent am Gesamteinkommen verzeichneten.

Neben der Beseitigung der Armut bedeutet die Konsolidierung der lateinamerikanischen Demokratien, die moderne autoritäre Regime ablösten,[25] die größte Herausforderung für die kommenden Jahre. Dabei sind die Hindernisse für eine erfolgreiche demokratische Entwicklung insgesamt immer noch beachtlich.[26] Obwohl in den letzten Jahren Verfassungsreformen durchgeführt wurden, hinken die Verfassungsentwicklungen den demokratischen Notwendigkeiten hinterher. »Rechtsstaatlichkeit im Sinne einer Verwirklichung der Herrschaft des Rechts, der Transparenz und Nachvollziehbarkeit von Rechtsakten und der Gleichheit vor dem Recht«[27] existiert nur in Anfängen, einhergehend mit einer schlechten und ineffizienten Justiz und Verwaltung. Hinzu kommen eingeschränkte politische Partizipationsmöglichkeiten vor allem auch auf kommunaler Ebene, unzureichende »checks and balances«

22 Schon seit Beginn der achtziger Jahre waren die wirtschaftlichen Möglichkeiten gegeben, die absolute Armut in einem absehbaren Zeitrahmen zu beseitigen. Dazu Hartmut *Sangmeister*, Lateinamerikas soziale Schuld, in: *APZ*, Nr. B 4-5/94, 28.1.1994, S. 19-27.

23 Dies bedeutet mehr als 70 Millionen Analphabeten, fast 100 Millionen Menschen, die keinen »angemessenen Zugang zu unbedenklichem Trinkwasser« haben, mehr als 100 Millionen, die keine bzw. nur eingeschränkte Möglichkeiten haben, Gesundheitsdienste zu nutzen und wenigstens 5,8 Millionen Kleinkinder, die an Unterernährung leiden. Vgl. ebd., S. 22.

24 Hinzu kommt die Fehlallokation von Staatsausgaben z.B. im Rüstungsbereich. Vgl. Detlef *Nolte*, Liegt die Zukunft Lateinamerikas in Lima oder in Santiago: Politische und wirtschaftliche Perspektiven Lateinamerikas für die 90er Jahre, in: *Engels*, a.a.O. (Anm. 13), S. 220-231; hier S. 223.

25 Vgl. Ulrich *Fanger*, Demokratisierung und Systemstabilität in Lateinamerika, in: Heinrich *Oberreuter*/Heribert *Weiland* (Hrsg.), Demokratie und Partizipation in Entwicklungsländern. Politische Hintergrundanalysen zur Entwicklungszusammenarbeit, Paderborn 1994, S. 81-102. Vgl. hierzu Heinrich W. *Krumwiede*, Demokratisierung in Lateinamerika, in: Albrecht *Zunker* (Hrsg.), Weltordnung oder Chaos?, Baden-Baden 1993, S. 377-387. Vgl. Wilhelm *Hofmeister*, Die Entwicklung der Demokratie in Lateinamerika, in: *APZ*, Nr. B 4-5/94, 28.1.1994, S. 11-18.

26 Dabei erfreut sich die Demokratie in Meinungsumfragen durchgehend hoher Wertschätzung, während die politischen Akteure und Institutionen negativ bewertet werden. Vgl. *Nolte*, a.a.O. (Anm. 24), S. 222.

27 *Hofmeister*, a.a.O. (Anm. 25), S. 15.

zwischen Exekutive und Legislative und ein schwach entwickeltes und traditionell fragmentiertes Parteiensystem.

Eine wichtige Rolle spielt die Integration des Militärs, das sich nur allmählich mit den demokratischen Systemen und Spielregeln abzufinden scheint. Darüber hinaus ist Korruption und Gewalt in Lateinamerika weit verbreitet. Es gibt immer noch staatliche und parastaatliche Gewalt in Form von Todesschwadronen, die vor schwersten Menschenrechtsverletzungen nicht zurückschrecken. Gewalt, in Lateinamerika ein traditionelles Mittel der Politik und bisher vor allem als Herrschaftsinstrument des Staates beobachtet, dominiert heute in Form von Kriminalität in den Großstädten, oftmals in Zusammenhang mit dem Drogenhandel und dem politischen Terrorismus. Drogenkartelle und Guerillabewegungen existieren als Staaten im Staat.[28]

Ethnische Konflikte belasten die in der Regel ethnisch homogenen und traditionell ibero-katholischen Gesellschaften Lateinamerikas[29] nicht in dem Maße wie in weiten Teilen Afrikas. Die ibero-katholische Kultur weist jedoch Tendenzen zum Etatismus und zu korrupten Verwaltungspraktiken auf und ist mithin einer modernen pluralistischen und rechtsstaatlichen demokratischen Entwicklung nicht gerade förderlich.[30] Die langfristigen Aussichten der positiven Entwicklungsansätze in Lateinamerika werden daher gegenwärtig – u.a. vor dem Hintergrund der Auswirkungen der Krise des mexikanischen Peso – eher skeptisch beurteilt.

Afrika – der verlorene Kontinent?

Von allen Weltregionen verzeichnet der afrikanische Kontinent – mit 30 Staaten aus der Gruppe der *Least Developed Countries* – das geringste Wachstum sowie problematische politische und gesellschaftliche Bedingungen: 19 Bürgerkriege, Millionen von Toten, Flüchtlingselend in gravierendem Ausmaß und 20 Militärregime. Die Gründe liegen in objektiv ungünstigen Ausgangspositionen (Naturkatastrophen, Fehlen von Ressourcen) und entwicklungsfeindlichen internen und externen Rahmenbedingungen. Diese reichen von politischen Transformationsprozessen, einer – trotz Schuldenerlaß und Umschuldungen – hohen Schuldenlast, über eine Verschlechterung der *Terms of Trade* bis hin zu einem eklatanten Versagen der afrikanischen Eliten.

Entmutigend sind vor allem die politischen und wirtschaftlichen Verhältnisse im subsaharischen Afrika.[31] In den Staaten der westlichen Sahelzone und in Teilen Äthiopiens und Kenias war Wirtschaftswachstum aufgrund der anhaltenden Dürre kaum zu verzeichnen. In Nigeria beispielsweise führten politische Unsicherheiten und soziale Unruhen zu Haushaltsdefiziten von mehr als 10 Prozent des BIP, einer Inflationsrate

---

28 Vgl. Uwe *Kaestner*, Lateinamerika 1994: Realitäten und Herausforderungen, in: *Außenpolitik*, Nr. 4, 1994, S. 392-401.

29 Wo ethnische Heterogenität vorhanden ist wie z.B. in Bolivien, Guatemala, Peru und Ecuador wirkte sie wenig struktur- oder konfliktbildend. Vgl. *Krumwiede*, a.a.O. (Anm. 25), S. 378.

30 Vgl. Hugo Celsio Filipe *Mansilla*, Bleibende Aspekte der iberisch-katholischen Erbschaft im heutigen Lateinamerika, in: *Engels*, a.a.O. (Anm. 13), S. 173-197.

31 Zu Nordafrika siehe den Beitrag von Gudrun *Krämer*.

von 58 Prozent (1993), einem Absinken des Wirtschaftswachstums auf 1,9 Prozent und zur Abschaffung freier Geschäfte auf Devisen- und Kreditmärkten. Auch den frankophonen Entwicklungsländern gelang es nicht, eine wesentliche Steigerung ihrer Wettbewerbsfähigkeit zu erreichen, obwohl sie einige beachtliche Strukturreformen durchführten.[32]

Wachstumsraten von 6 bis 7 Prozent erzielten dagegen Gambia, Sierra Leone und Simbabwe, Äquatorialguinea und Sudan durch Ölexporte und/oder günstige Agrarbedingungen. Auch Malawi, Lesotho, Mosambik und Sambia erreichten höhere Zuwachsraten, nachdem sie sich von der Dürre 1991/92 erholt hatten, ebenso wie die Staaten, die die Forderungen von Weltbank und dem Internationalen Währungsfonds (IWF) nach nachhaltigen Reformmaßnahmen konsequent fortführten.[33] In Uganda führte das 1987 begonnene Anpassungsprogramm zu einem Absinken der Inflation auf etwa 4 Prozent 1994 (gegenüber 45 Prozent 1992 und 450 Prozent 1987), das Wachstum des realen BIP erreichte etwa 6 Prozent, das Pro-Kopf-Einkommen konnte um rund 2,5 Prozent steigen. Die Reduzierung der Verteidigungsausgaben setzte mehr Mittel für öffentliche Aufgaben wie die sozialen Dienste frei.[34] Die Aussichten auf eine Linderung der Armut in Afrika bleiben aber solange trübe, solange sich die Wachstumsraten insgesamt nicht bei einem Jahresdurchschnitt von 6 bis 7 Prozent bewegen.

Auch die Bilanz der Demokratisierung in Schwarzafrika ist dürftig. Der Demokratisierungsdruck aus Teilen der Bevölkerung traf auf den Widerstand von Autokraten, obwohl auch in antidemokratischen Regimen wie in Kamerun, Kenia, Gabun oder Zaire die Einsicht wächst, daß sie sich zumindest um die Wahrung demokratischer Gepflogenheiten bemühen müssen.[35] Zu den positiven Entwicklungen zählen die Beendigung der Bürgerkriege in Äthiopien und Mosambik, der Waffenstillstand Anfang 1995 in Angola sowie das Ende der Apartheidpolitik in Südafrika.

Die Entwicklungen in Schwarzafrika insgesamt werden behindert durch kulturelle Traditionen, eine starke Gemeinschaftsorientierung, Vetternwirtschaft, Loyalität zur Großfamilie und die zentrale Bedeutung von Ruf, Prestige und sozialer Gefolgschaft, die wichtiger sind als wirtschaftliche Gewinnmaximierung. Hinzu kommen die wirtschaftliche Fragmentierung, gering ausgebildete regionale Kooperation und Abhängigkeit von Auslandsinvestitionen.[36]

32 Anfang 1994 versuchten ihre Regierungschefs, die Wirtschaftskrise durch eine Abwertung des CFA-Franc um 50 %, die Umformung der Westafrikanischen Währungsunion in eine Wirtschaftsunion und gemeinsame Wirtschaftsreformen zu überwinden. Vgl. auch Stefan *Brüne*, Die französische Afrika-Politik: Ende einer Ära, in: *Europa-Archiv (EA)*, 20/1994, S. 587-594.

33 Vgl. ausführlich dazu: Weltbank (Hrsg.), Adjustment in Africa: Reforms, Results, and the Road Ahead, New York 1994.

34 Vgl. Nat J. *Colletta*/Nicole *Ball*, Der Übergang vom Krieg zum Frieden in Uganda, in: *Finanzierung & Entwicklung*, Nr. 2, 1993, S. 36-39.

35 Über die Hälfte der 48 subsaharischen Staaten hatte bis Mitte 1994 Mehrparteienwahlen angekündigt oder durchgeführt. Vgl. *Betz*/*Brüne*, a.a.O. (Anm. 11), S. 15.

36 Vgl. Erika *Dettmar*, Die Bedeutung kultureller und sozialer Faktoren in der wirtschaftlichen Zusammenarbeit mit Afrika, in: *Engels*, a.a.O. (Anm. 13), S. 147-153; hier S. 148.

Ursachen für Entwicklung und Unterentwicklung

Das Ende des Kalten Krieges bedeutet für die Entwicklungsländer, die Teil der Ost-West-Auseinandersetzung waren, auf den ersten Blick »weniger Bevormundung, weniger erzwungene oder erkaufte Loyalität, weniger Interventionismus und weniger Internationalisierung regionaler Konflikte sowie weniger weltpolitische Aufmerksamkeit für Ereignisse und Prozesse in den Entwicklungsländern.«[37] Einerseits erhielten sie mehr Autonomie, mehr Bewegungsfreiheit, andererseits schwanden ihre Spielräume, die jeweilige Bündnismacht für eigene Zwecke zu instrumentalisieren. Die Hoffnungen, daß sich mit dem Ende des Ost-West-Konflikts, den Demokratisierungstendenzen in Lateinamerika und den Liberalisierungsansätzen in vielen Staaten Subsahara-Afrikas die wirtschaftliche, soziale und politische Lage in den Entwicklungsländern entspannen würde, wurden zerstört: durch Bevölkerungswachstum und Armut, durch Bürgerkriege und staatliche Zerfallsprozesse, aber auch durch Verschuldungsprobleme.

Bevölkerungswachstum und Armut

Die Weltbevölkerung wird von 5,63 Milliarden Menschen Mitte der neunziger Jahre auf schätzungsweise 7,5 Milliarden Menschen bis zum Jahre 2015 ansteigen; 95 Prozent des Wachstums wird in den Entwicklungsländern stattfinden. Es wird alle wirtschaftlichen und sozialen Fortschritte zunichte machen und zu einer erheblichen Verschärfung der ökologischen sowie soziokulturellen Probleme beitragen. Überbevölkerung und Armut verstärken sich gegenseitig und bringen Umweltzerstörung, Urbanisierung, Seuchen und steigende Kriminalitätsraten mit sich.[38] Die Verelendung auf dem Lande, ausgelöst durch mangelnde Versorgung mit lebenswichtigen Gütern, oft aufgrund von Dürrekatastrophen oder fehlender natürlicher Ressourcen, und die damit verbundene Landflucht vor allem der Jüngeren verändern traditionelle soziale Lebens- und Verhaltensweisen.

Bis zum Jahr 2015 wird mehr als die Hälfte der asiatischen Gesamtbevölkerung, etwa 2 Milliarden Menschen, in Großstädten leben.[39] Neu-Delhi wächst im Jahr um durchschnittlich 600 000 Menschen; von den 10 Millionen Einwohnern im Jahre 1994 wohnten 6 Millionen in Elendsvierteln. Dies führt zwangsläufig zu einer Verschlechterung der Luft- und Wasserqualität, zu Sanitärproblemen, Mülldeponien, nicht eingesammeltem Müll und damit zu massiven gesundheitlichen Gefährdungen. In Indien sind nur 210 von 3 786 Städten wenigstens teilweise mit einer Abwasserentsorgung

---

37 Manfred *Wöhlcke*, Die Ursachen der anhaltenden Unterentwicklung, in: *APZ* Nr. B 46/91, 8.11.1991, S. 15-22; hier S. 22.

38 Vgl. u.a. Herwig *Birk*, Weltbevölkerungswachstum, Entwicklung und Umwelt. Dimensionen eines globalen Dilemmas, in: *APZ*, Nr. B 35-36/94, 2.9.1994, S. 21-35. Vgl. Hans-Jürgen *Harborth*, Armut und Umweltzerstörung in Entwicklungsländern, in: Christian *Uhlig*/Friederike *Walter* (Hrsg.), Armutsbekämpfung. Entwicklungsstrategie der 90er Jahre?, Bochum 1993, S. 39-56.

39 Vgl. dazu Mega-Städte und die Umwelt, in: *Finanzierung & Entwicklung*, a.a.O. (Anm. 16), S. 44-47.

ausgerüstet. Dies hat zur Folge, daß die bekannten Tropenkrankheiten sowie längst heilbar bzw. ausgerottet geglaubte Infektionskrankheiten zunehmen und Epidemien sich rasant ausbreiten. An Malaria z.B. sterben jährlich fast zwei Millionen Menschen, für 1995 wird mit 2,9 Millionen Tbc-Opfern gerechnet; 95 Prozent aller neuen Tbc-Erkrankungen finden in den Entwicklungsländern statt. Hier leben nach Schätzungen der Weltgesundheitsorganisation (WHO) auch 90 Prozent der 12 Millionen mit dem HIV-Virus infizierten Menschen. Zwar ist HIV weniger verbreitet als Malaria, aber die wirtschaftlichen Konsequenzen sind weitaus belastender und kostspieliger. Eine Simulationsrechnung der Weltbank geht (für die zehn afrikanischen Staaten südlich der Sahara, die am stärksten betroffen sind) von einer durchschnittlichen Verlangsamung der Wachstumsrate des PKE um 0,6 Prozentpunkte pro Jahr als Folge von AIDS aus.[40] Während sich das Virus lange Zeit in Afrika am schnellsten ausbreitete, ist gegenwärtig die Verbreitung in Asien am stärksten.

Die Kriminalitätsraten steigen vor allem in den Elendsvierteln der Großstädte, oft in Zusammenhang mit dem Drogenhandel, dramatisch. Die traditionellen Verbrauchermärkte des Drogenhandels liegen in den westlichen Industriestaaten. Er ist heute mit 250-300 Milliarden US-Dollar größer als der Ölexport oder der Schuldendienst aller Entwicklungsländer.[41] Der Nahe und Mittlere Osten, Südostastien, aber auch Zentralasien gehören zu den Hauptanbaugebieten von Schlafmohn, dem Ausgangsstoff für Heroin, welches im Rohzustand oder verarbeitet zumeist über die Balkan-Route (Türkei, Bulgarien, Rumänien, Ungarn und Tschechische Republik) nach Westeuropa gelangt. In Südamerika (Bolivien, Kolumbien, Peru) wird Kokain angebaut und weiterverarbeitet. Anbau- und Weiterverarbeitung unterliegen arbeitsteiligen Strukturen. In den letzten Jahren entwickelte sich Brasilien zu einem wichtigen Anbaugebiet, während in Peru und Bolivien die Weiterverarbeitung anstieg. Neben Indien und China wurden die Elfenbeinküste, Nigeria, Kenia, Kamerun und Somalia wichtige Transitländer. Transnational organisierte Banden operieren von den in der Regel armen bzw. finanziell ruinierten Staaten aus. So wurden 1992 aus Westafrika etwa 856 Millionen Dollar nach Europa transferiert, bei denen es sich vermutlich um gewaschene Drogengelder handelte.[42]

40 Vgl. dazu Bernhard H. *Liese*/Paramjit S. *Sachdeva*, Organisation der Bekämpfung von Tropenkrankheiten, in: *Finanzierung & Entwicklung*, Nr. 4, 1993, S. 44-46. Vgl. Seth *Berkley*/Peter *Piot*/Doris *Schopper*, AIDS: Heute investieren oder morgen zuzahlen, in: *Finanzierung & Entwicklung*, a.a.O. (Anm. 16), S. 40-43.

41 Vgl. Hartmut *Elsenhans*, Staat – Wirtschaft – Macht und die Zukunft des internationalen Systems, in: *WeltTrends*, Realer Post-Sozialismus. Wandel der Politischen Kultur, Nr. 3, Juni 1994, S. 105-119.

42 Vgl. Eduard *Lintner*, Drogenschmuggel. Internationale Zusammenarbeit auf dem Prüfstand, in: *IP*, Nr. 2, 1995, S. 35-40; hier S. 36; sowie Rasul *Shams*, Drogenwirtschaft und Drogenpolitik in Entwicklungsländern, in: *APZ*, Nr. B 50/92, 4.12.1992, S. 31-37; hier S. 31 f. Vgl. auch Robert D. *Kaplan*, The Coming Anarchy, in: *The Atlantic Monthly*, Februar 1994, S. 44-76.

Bürgerkriege und Zerfallsprozesse

Von 84 Kriegen in den letzten zehn Jahren fanden 79 in Afrika, Asien, Lateinamerika sowie im Vorderen und Mittleren Orient statt.[43] In einigen Staaten sind die zentrifugalen Kräfte so dominierend, daß mit Abspaltungen und der Gründung neuer Staaten gerechnet werden muß. Durch Bürgerkriege, teilweise überlagert und verstärkt durch religiös-kulturell geprägte Identitätskonflikte, wurden die Grundlagen für das Zusammenwachsen unterschiedlicher Ethnien zu einer Nation zunichte gemacht. Beispiele sind Somalia, Äthiopien und Sudan. Dort, wo entweder der Rechtsstaat preisgegeben oder durch Minderheiten bzw. Mehrheiten abgelehnt wird, wo durch Stammesfehden staatliche Souveränität nach innen nur noch sehr eingeschränkt ausgeübt werden kann, steht die Bildung tragfähiger Strukturen auf dem Spiel. Das Phänomen des Ethno-Nationalismus oder der »politisierten Ethnizität« als Herausforderung für den Territorialstaat wird im besonderen für Afrika auch in Zukunft seine Gültigkeit behalten. »Solange der Zentralstaat sein Gewaltmonopol und sein Rechtsstaatssystem nicht allen Gruppen gegenüber glaubhaft und effizient zur Geltung bringen kann, solange wird es auch aus der Sicht des staatlich unversorgten Individuums konkurrierende Sicherheitssysteme (familiär, regional, korporatistisch, staatlich) geben müssen.«[44] Wie relativ unbedeutend der Staat als Sicherungsinstanz der existentiellen Bedürfnisse für die überwiegende Mehrheit der Bevölkerung ist, zeigt die Tatsache, daß nur etwa 20 Prozent der afrikanischen Bevölkerung – wenn nicht weniger – von staatlichen Versorgungssystemen wie Alters-, Kranken- oder Rentenversorgungen profitieren. Wenn Staaten durch den Zerfall von Regierungen[45] (Somalia, Ruanda) kollabieren, ist damit der Aufstieg von Stammesführern und regionalen Herrschaftsgebieten verbunden. Die Hintergründe der Stammeskämpfe sind in der Regel komplex, verschiedene Konfliktursachen überlagern sich. Vor allem Ruanda zeigt, daß aufgrund knapper Ressourcen und hoher Bevölkerungsdichte Verteilungskämpfe ausgefochten werden.[46]

Brisanz liegt im ethno-territorialen Konfliktpotential Zentralasiens: Von den rund 50 Millionen Menschen sind 13 Millionen nichtmuslimischer Nationalität, darunter etwa 9,5 Millionen Russen. Aber auch hier werden vor allem die materiellen Bedingungen eine Rolle spielen: eine wachsende Konkurrenz um knapp gewordenen Boden und dramatisch zurückgehende Wasserressourcen,[47] ein bedenkenloser Umgang mit

---

43 Vgl. Klaus *Schlichte*, Krieg und kulturelle Konflikte, in: *Zeitschrift für Kulturaustausch*, Nr. 3, 1994, S. 335-339. Vgl. Rolf *Hofmeier*, Afrika 1993 – Das Jahr im Überblick, in: Institut für Afrika-Kunde/Rolf *Hofmeier* (Hrsg.), Afrika-Jahrbuch 1993, Opladen 1994, S. 1-12; hier S. 3.

44 Rainer *Tetzlaff*, Sicherheitspolitik in Afrika zwischen Bürgerkriegen, Staatszerfall und Demokratisierungsbemühungen, in: Christopher *Daase* et al. (Hrsg.), Regionalisierung der Sicherheitspolitik. Tendenzen in den internationalen Beziehungen nach dem Ost-West-Konflikt, Baden-Baden 1993, S. 127-149; hier S. 131 ff.

45 Vgl. hierzu Stefan *Mair*, Klientelismus als Demokratiehemmnis in Afrika, in: *EA* 8/1994, S. 231-238.

46 Vgl. Hildegard *Schürings*, Rwanda: Hintergründe der Katastrophe, in: *Vereinte Nationen*, Nr. 4, 1994, S. 125-133.

47 Eine Umwelttragödie mit weitreichenden Dimensionen ist durch den Schwund des Aralsees auf ein Drittel seiner ursprünglichen Größe zu verzeichnen. Vgl. Stefan *Klötzli*, The Water and Soil Crisis in Central Asia – A Source for Future Conflicts (Occasional Paper, Nr. 11), Bern 1994.

Pestiziden und Düngemitteln, Schadstoffemissionen und radioaktive Verseuchung durch Atomtests sowie Tests von B- und C-Waffen[48] und schließlich Ölproduktionen (Kasachstan) ohne hinreichende Vorsichtsmaßnahmen. Auch besteht die Gefahr, daß die zentralasiatischen Republiken durch gewalttätige innere Opposition destabilisiert werden; Bedrohungen durch eine Radikalisierung des politischen Islam werden dabei gegenwärtig allerdings als nicht wahrscheinlich angesehen.

Ein anderes Beispiel für zwischen- und innerstaatliche Kämpfe, Instabilität und Chaos ist der Kaukasus, ein Gebiet mit über 40 Ethnien mit jeweils eigenen Sprachen, deren Sippen- und Stammesstrukturen den Kommunismus überlebten. Hier hat nach dem Zerfall der Sowjetunion eine Rückbesinnung auf islamische, orthodox-christliche und national-ethnische Ursprünge stattgefunden. Die Suche nach der Identität, das Fehlen eines verbindenden Wertesystems führten zu Gebietsansprüchen und zu kriegerischen Auseinandersetzungen. Oft handelt es sich um Machtkämpfe lokaler Interessengruppen, die konfessionelle und/oder ethnische Begründungen aus Mangel an ideologischen Konzepten benutzen. Die Gefahr, daß sich die Entwicklungen auf dem Balkan mit allen Implikationen für den Westen wiederholen,[49] ist hier am größten. Im ethnisch und sprachlich zerstückelten Nordkaukasus befinden sich sieben Republiken der Russischen Föderation,[50] die Russen sind mit 1,3 Millionen Menschen in der Minderheit gegenüber vier Millionen Nichtrussen. Die Zwangsverstaatlichungen, willkürliche Territorialgrenzen, Deportationen, Unterdrückung ethnischer Minderheiten während der sowjetischen Herrschaft sowie die Machtkämpfe örtlicher Eliten legten die Grundsteine für existierende Konflikte und Feindschaften. Hinzu kommen unterschiedlich ausgeprägte wirtschaftliche Profile und Interessen. Dabei sind die Kräfteverhältnisse instabil und undurchsichtig. Auch die Lage im Transkaukasus[51] – ein Gebiet, in das russische, türkische und iranische Interessen hineinwirken – gilt als explosiv durch Spannungsverhältnisse zwischen Nationalisten und Kräften, die nach Souveränität streben.

Schuldenkrise

Neben Bevölkerungswachstum und Bürgerkriegen ist die Verschuldung der Entwicklungsländer ein zentrales Entwicklungshemmnis. Ihre Gesamtverschuldung stieg von ca. 800 Milliarden Dollar (1982) auf insgesamt 1 770 Milliarden US-Dollar für 1993 an. Dabei hat sich die Verschuldungslage seit den achtziger Jahren differenziert entwickelt. Die Aufnahme von Neuschulden konzentrierte sich auf die zahlungsfähigen asiatischen Länder. Anlaß zur Besorgnis gibt vor allem die Situation der schwarzafrikanischen Länder. Das Verhältnis von Schuldenstand zu Exporterlösen

48 *Müller*, a.a.O. (Anm. 19), S. 25.

49 Vgl. dazu Olga *Vasileva*, Der Kaukasus als Spiegel einer zweiten russischen Revolution, in: Klaus *Segbers* (Hrsg.), Rußlands Zukunft: Räume und Regionen, Baden-Baden 1994, S. 211-228.

50 Daghestan, Kabardino-Balkarien, Karatschai-Tscherkessien, Adyge, Tschetschenien, Inguschien und Nord- und Süd-Ossetien.

51 Georgien, Abchasien, Aserbaidschan und Armenien.

liegt hier bei etwa 235 Prozent.[52] Die Gesamtverschuldung Lateinamerikas und der Karibik stieg 1994 um 5,8 Prozent auf 534 Milliarden US-Dollar.[53] Brasilien konnte als letztes der großen Schuldnerländer im April 1994 ein Umschuldungsabkommen für einen guten Teil seiner Verbindlichkeiten erreichen. Die mexikanische Währungskrise Ende 1994 und Anfang 1995 hat weitreichende Auswirkungen auf die Kursentwicklung in ganz Lateinamerika. Es gerieten nicht nur die Währungen unter Druck, zugleich schnellten die Zinsen in die Höhe. So sind beispielsweise die Devisenreserven Argentiniens nach Ausbruch der Krise innerhalb von 3 Monaten um 5 Milliarden US-Dollar geschrumpft. Langfristig dürfte jedoch der Vertrauensverlust bei ausländischen Anlegern in das mühsam errungene Ansehen der Latino-Märkte schwerer wiegen.

Demokratisierung und Good Governance: eine Voraussetzung für Entwicklung?

Nach dem Ende des Ost-West-Konflikts führten die westlichen Industriestaaten Good Governance, Demokratieförderung und die Beachtung der Menschenrechte als Bedingung für die Vergabe von Entwicklungshilfe ein. Good Governance bedeutet Leitung des öffentlichen Sektors[54] mit dem Ziel der optimalen wirtschaftlichen und sozialen Entwicklung des Landes und seiner Bevölkerung.[55]

Die empirischen Befunde zeigen, daß Good Governance und Demokratie alleine nicht zwangsläufig zu Wirtschaftswachstum führen und umgekehrt die Demokratisierung in Lateinamerika und Afrika solange in Gefahr ist, solange die wirtschaftlichen und sozialen Grundlagen fehlen. Dabei haben demokratische Regime mit stabilen Parteiensystemen bessere Zukunftschancen als solche mit einem schwach ausgebildeten oder aber stark polarisierten Parteiensystem. Good Governance ist auch nicht denkbar, ohne daß Regierungen sich in demokratischen Wahlen zur Disposition stellen und legitimieren lassen,[56] im Gegensatz zu autoritären Regimen, die zwar klientelistische Netzwerke bedienen, aber in Wahlen keine Erfolge nachweisen müssen. Junge Demokratien, die die rigiden – von der Weltbank geforderten – Anpassungsmaßnahmen durchführen, sind nicht selten zum Scheitern verurteilt, wenn sie entwicklungspolitischen *und* wirtschaftlichen Erfolg in nur einer Wahlperiode

52 Vgl. Deutscher Bundestag, Antwort der Bundesregierung auf die Kleine Anfrage des Abgeordneten Konrad Weiß (Berlin) und der Gruppe BÜNDNIS 90/DIE GRÜNEN, 12. Wahlperiode, Drucksache 12/8580, 14.10.1994.

53 Vgl. Anziehende Auslandsnachfrage unterstützt das Wachstum, in: *Handelsblatt*, 9.2.1995.

54 Vgl. Peter *Nunnenkamp*, What Donors Mean by Good Governance, in: *Nord-Süd aktuell*, Nr. 3, 1994, S. 458-463.

55 Dazu gehören: rechtliche Rahmenbedingungen als Garantie für Investitionen, Rechenschaftspflicht, d.h. die staatliche Bereitstellung gesamtgesellschaftlicher Daten, Rechtssicherheit in Form einer unabhängigen und kompetenten Justiz sowie Transparenz auf allen Ebenen zur Abschaffung bzw. Reduzierung von Korruption und staatlichem Mißbrauch.

56 Vgl. Hans-Peter *Repnik*, »Good Governance«, Demokratie und Dritte Welt: Politische Konditionalität für Entwicklungshilfe? in: *Oberreuter/Weiland*, a.a.O. (Anm. 25), S. 135-144.

vorweisen müssen.[57] Daher wird mit einer Rückorientierung auf autoritäre Herrschaftsformen und Strukturanpassungsdiktaturen vor allem in Afrika gerechnet.[58]

Die weltwirtschaftlichen Erfolgsbeispiele von Japan über Südkorea bis hin zu Taiwan und Indonesien zeigen aber, daß die Wettbewerbsfähigkeit von Märkten eben auch von funktionsfähigen Regulierungen und einem leistungsfähigen Staat abhängen. Dazu gehören Ausbildungsstrategien und eine soziale Infrastruktur, um die Rahmenbedingungen der Unternehmen bestmöglich zu gestalten. Dies erfordert ein gutes Zusammenwirken von staatlichen Institutionen, Unternehmerverbänden sowie Gewerkschaften. Das Modell des omnipotenten Staates, der hierarchischen Steuerung von Staat und Gesellschaft, ist allerdings kein Modell für hochkomplexe moderne Gesellschaften.[59] Das Beispiel Südkorea etwa zeigt, daß das Modell des »guided capitalism« zwar zunächst Grundlage für Entwicklungserfolge war, der Staat aber mit fortschreitender Komplexität der Gesellschaft und der Ökonomie an Autonomie einbüßte und die Forderungen der gewachsenen Zahl von unterschiedlichen Akteuren und Institutionen nach Partizipation an Entscheidungsprozessen zunahmen. Je höher das sozioökonomische Entwicklungsniveau einer Gesellschaft, desto wahrscheinlicher sind Forderungen nach demokratischer Partizipation.

Bedrohungs- und Konfliktpotentiale

Weitreichende Konsequenzen wird die Frage der wirtschaftlichen Konkurrenz der aufstrebenden Schwellenstaaten sowie Chinas und Indiens für die »alten« Industrienationen haben.[60] Schon die Ölpreiskrise in den siebziger Jahren und die Verschuldungskrise in den achtziger Jahren haben gezeigt, daß die Industriestaaten durch die wachsende globale wirtschaftliche Interdependenz verwundbar geworden sind. Dennoch verfügten die OECD-Staaten bisher über hinreichende Möglichkeiten, sich veränderten Bedingungen anzupassen.[61]

Die neueren Prognosen, berechnet nach dem Bruttosozialprodukt auf der Basis von Kaufkraftparitäten, zeichnen ein anderes Bild:[62] Danach wird China innerhalb einer Generation die USA als größte Wirtschaftsnation ablösen; Indien wird den vierten

57 Vgl. *Tetzlaff*, a.a.O. (Anm. 44), S. 135.

58 Vgl. Rainer *Tetzlaff*, Probleme afrikanischer Politik nach dem Ende des Ost-West-Konflikts: Demokratisierung, Staatszerfall, Bürgerkriege, in: *Engels*, a.a.O. (Anm. 13), S. 154-170; hier S. 156.

59 Lateinamerika z.B. setzt auf neoliberale Wirtschaftspolitik, steht hier doch die allzu enge Kooperation von Staat, Unternehmen und Gewerkschaften für die Ineffizienz und Korruption sowie gesellschaftliche Blockierung des gescheiterten Entwicklungskonzepts. Vgl. Dirk *Messner*, Lateinamerika im Umbruch. Zu den Grenzen des Neoliberalismus und den falschen Hoffnungen auf den starken Entwicklungsstaat, in: *Engels*, a.a.O. (Anm. 13), S. 198-217. Vgl. auch Rüdiger *Machetzki*, Von Asien lernen? Relevanz entwicklungspolitischer Erfolgskonzepte Ostasiens für Lateinamerika, in: ebd., S. 218-219.

60 Vgl. hierzu den Beitrag von Reinhard *Rode*.

61 Vgl. *Brock*, a.a.O. (Anm. 4), S. 452.

62 Vgl. dazu The Global Economy (Beilage), a.a.O., (Anm. 2).

Platz in der Weltrangliste, Indonesien den siebten Platz, einnehmen. Solange sie Reformen durchführen und politischen Aufruhr vermeiden, wird den Entwicklungsländern ein Wirtschaftswachstum von durchschnittlich 5 Prozent/Jahr (OECD-Staaten 2,7 Prozent) in den nächsten zehn Jahren vorhergesagt, selbst für Schwarzafrika wird ein Wachstum von 3,9 Prozent prognostiziert. Asiens Anteil an der Weltproduktion wird von 7 auf 17 Prozent, der der Entwicklungsländer insgesamt von 18 auf 33 Prozent steigen, rechnet man Mittel- und Osteuropa und die Sowjetunion hinzu, gar auf 44 Prozent. Insgesamt werden bis zum Jahr 2020 neun der 15 wichtigsten Wirtschaftsnationen ehemalige Entwicklungsländer sein, deren Bedeutung für den Export westlicher Industriegüter zunehmen wird. Zwar sind diese Zahlen nicht unumstritten,[63] generell wird jedoch angenommen, daß sie der Wirklichkeit näher kommen als traditionelle Berechnungen. Große Probleme würde eine massive Verlagerung von Investitionen aus den westlichen Industriestaaten nach Südostasien verursachen; diese sind bisher jedoch hinter den Erwartungen zurückgeblieben. Gleichzeitig wird der wirtschaftliche Aufstieg der Entwicklungsländer – begleitet von einer Steigerung des Energiebedarfs, steigenden Emissionen und Erwärmung der Erdatmosphäre – vor allem die Frage der Umweltverschmutzung weiter verschärfen.[64]

Unkontrolliertes Bevölkerungswachstum, Staatszerfall, Hegemonialkonflikte, Territorial- oder Grenzstreitigkeiten, ethnonationalistische Rivalitäten um knapper werdende Ressourcen, aber auch um die Hegemonie in kulturell-religiös heterogenen Gesellschaften sowie Massenwanderungen dürften auch in Zukunft immer wieder zu gewaltsamen Auseinandersetzungen[65] eskalieren und den Ruf nach einem Eingreifen von friedensstiftenden Einsätzen der Weltgemeinschaft zum Schutz der Zivilbevölkerung stärker werden lassen. Im Zeitalter der Globalisierung wird gleichzeitig der Wunsch nach Inanspruchnahme kollektiver Selbstbestimmungsrechte und schließlich nach Sezession von großen Staaten geweckt;[66] die Reaktion darauf wird eine der großen Herausforderungen westlicher Politik sein.[67]

Unmittelbar sind Deutschland und seine Partner in der EU von grenzüberschreitender Kriminalität, vor allem vom Drogenhandel, betroffen. Die Übertragungsgefahren von Seuchen und Epidemien von Afrika auf Westeuropa scheinen gegenwärtig lokal eingrenzbar zu sein und keine direkte Bedrohung für die westlichen Staaten darzustellen. Dies könnte sich u.a. durch verstärkte, unkontrollierte Armuts- und/oder Umweltmigration ändern. Ein Gefahrenpotential besonderer Brisanz bilden

63 Vgl. Paul *Krugman*, The Myth of Asia's Miracle, in: *Foreign Affairs*, Nr. 6, 1994, S. 62-78.

64 Vgl. zu möglichen Konsequenzen den Beitrag von Hans Joachim *Schellnhuber*/Detlef *Sprinz*.

65 Die empirischen Befunde führten zu einer Flut von Bedrohungsszenarien von der Vorhersage über den Zusammenstoß von Zivilisationen über Prophezeiungen anarchischer Explosionen krimineller Gewalt in Westafrika bis hin zu Vermutungen, daß es auf dem afrikanischen Kontinent zu Aufruhr in großem Ausmaß kommen werde. Vgl. Samuel P. *Huntington*, The Clash of Civilizations?, in: *Foreign Affairs*, Nr. 3, 1993, S. 22-49; Reymer *Klüver*, Das Menschheitsrisiko. Szenarien des Nord-Süd-Konflikts, Weinheim/Berlin 1994; Volker *Matthies*, Neues Feindbild Dritte Welt: Verschärft sich der Nord-Süd-Konflikt?, in: *APZ*, Nr. B 25-26/91, 14.6.1991, S. 3-19. Vgl. *Kaplan*, a.a.O. (Anm. 42), S. 44-76.

66 Vgl. den Beitrag von Hanns W. *Maull*.

67 Vgl. *Tetzlaff*, a.a.O. (Anm. 44), S. 147.

die Existenz bedeutender Waffenarsenale in den Entwicklungsländern sowie das seit dem Ende des Ost-West-Konflikts größere und leichter zugängliche Angebot im internationalen Waffenhandel und damit die Versuchung, politischen Forderungen mit militärischen Mitteln Nachdruck zu verleihen.[68]

Folgerungen für die deutsche Politik

Der wirtschaftliche Konkurrenzdruck der südostasiatischen und eingeschränkt auch der lateinamerikanischen Staaten erfordert von Deutschland als vom Weltmarkt abhängige Exportnation Anpassungsstrategien in der Wirtschaftspolitik, die innenpolitische Belastungen bis in die Sozialpolitik hinein auslösen würden. Ein unbewegliches Festhalten an überalterten und nichtwettbewerbsfähigen Industrien wird Rückwirkungen in Form von Absatzschwierigkeiten haben und in der Folge Arbeitslosigkeit hervorrufen, die die Kosten kurzfristiger sozialpolitischer Maßnahmen für unmittelbar betroffene Teile der Bevölkerung übersteigen werden. Auch beim Umweltschutz sind die Industrienationen, die mit einem Viertel der Weltbevölkerung für 75 Prozent des Weltenergieverbrauchs, 75 Prozent der Emissionen von Treibhausgasen und für 90 Prozent der FCKW-Emissionen verantwortlich sind, gefordert, mit konkreten Maßnahmen, die die Entwicklungsländer einschließen, ein Beispiel zu setzen.

Wenn Deutschland seiner internationalen Verantwortung gerecht werden will, mithin deutsche Interessen als globale Interessen wahrgenommen werden, die sich nicht auf westeuropäische Integration und osteuropäische Konsolidierung beschränken, wird die Bundesrepublik als größte Demokratie und Volkswirtschaft der Europäischen Union ihren Beitrag »zur Einhegung und Zivilisierung des anarchischen Bereichs der Weltpolitik zu leisten haben«.[69] Im Vordergrund sollten präventives Krisenmanagement – bisher eher ein Lippenbekenntnis -, diplomatische Mittel und ökonomische Abfederung von Demokratisierungsprozessen stehen. Vorbeugung bzw. Abwehr von Krisen erfordert ein gemeinsames Handeln der Bundesrepublik mit den EU-Partnern bzw. den Partnern in der NATO. Nur so lassen sich beispielsweise Einsätze der Bundeswehr in ferne Regionen rechtfertigen, steht doch jede Bundesregierung auch hier vor erheblichen innenpolitischen Legitimationsproblemen. Dabei sollten die Vereinten Nationen *die* Institution sein, die über Zwangsmaßnahmen bei Verletzung von Menschen- oder Völkerrecht entscheidet. Dies jedoch setzt voraus, daß eine zügige Reform der Vereinten Nationen – über eine Reform des Sicherheitsrats hinaus – diese dazu in die Lage versetzt.

Konfliktvorbeugung wird um so wichtiger, als die steigenden Mittel, die für Katastrophenhilfe aufgewendet werden müssen, für eine sich selbst tragende Entwicklung in den Krisengebieten fehlen. Gleichzeitig müssen Entwicklungshilfeleistungen

68 Vgl. hierzu den Beitrag von Harald *Müller*.
69 *Kaiser*, a.a.O. (Anm. 2), S. 35.

erhöht, ihre Effizienz durch beschleunigte und vereinfachte Entscheidungsabläufe gesteigert sowie Nichtregierungsorganisationen mit ihrer Infrastruktur und ihrem Know-how in größerem Maße als bisher im Entwicklungsprozeß genutzt werden, nicht zuletzt um Armuts- und Flüchtlingsmigration zu verhindern.

Des weiteren sollte der wirtschaftliche Konsolidierungsprozeß der Entwicklungsländer nicht mit weitreichenden politischen Konditionen belastet werden, hat sich doch herausgestellt, daß sich politische Öffnung und wirtschaftliche Strukturanpassung in jungen Demokratien widersprechen können, zwischen Demokratisierung und marktfreundlicher Politik nicht unbedingt positive Synergieeffekte bestehen. Die Glaubwürdigkeit der Bundesrepublik steht zudem auf dem Spiel, wenn sie Menschenrechte und demokratische Reformen in »schwachen« Staaten mit geringer Verhandlungsmacht fordert, sie in anderen Staaten aber der Sicherung künftiger Exportmärkte unterordnet. Wird Demokratisierung jedoch vom Westen als Wert an sich betrachtet, muß sie durch Förderung der politischen Mitbestimmungsrechte der Bevölkerung, des Aufbaus von Rechtssystemen, politischer Institutionen und einer zivilen Kontrolle von Sicherheitskräften unterstützt werden.[70]

70 Vgl. Joachim *Betz*, Demokratisierung und wirtschaftliche Entwicklung, in: *E+Z, Entwicklung & Zusammenarbeit*, Nr. 2, 1995, S. 36-39; hier S. 39.

DIE REVOLTE GEGEN DEN WESTEN IN DER NEUEN INTERNATIONALEN UMWELT: DAS BEISPIEL DER ISLAMISCHEN ZIVILISATION

Bassam Tibi

Der religiöse Fundamentalismus ist gleichermaßen eine Ideologie und eine weltpolitische, zeitgeschichtliche Bewegung, was auf eine globale Krisenerscheinung hinweist. Ideologisch führt die gegenwärtige Politisierung des Sakralen auf weltpolitischer Ebene zum Konflikt zwischen den Zivilisationen.[1] In außereuropäischen Gesellschaften hängt diese Politisierung der Religion erheblich mit der Krise des dorthin verpflanzten modernen, säkularen Nationalstaats[2] zusammen. Wie das Beispiel Algeriens deutlich zeigt, ist der säkulare Nationalstaat daran gescheitert, die anstehenden Entwicklungsaufgaben zu bewältigen. In diesem Kontext resultiert die Entstehung des religiösen Fundamentalismus aus einer Entwicklungskrise. Das Feindbild dieses Fundamentalismus ist auf den Westen fixiert, der als Verursacher der Entwicklungskrise perzipiert wird. In diesem Zusammenhang werden weltanschaulich grundsätzliche – jeweils auf die religiös definierten betroffenen Zivilisationen bezogene – Differenzen politisch aktiviert. Nach dem Ende des Kalten Krieges nehmen internationale Konflikte auf diese Weise die Form von Zivilisationskonflikten an.[3]

Der religiöse Fundamentalismus hat eine doppelte Frontführung: Indem er sich gegen den säkularen Nationalstaat (ganz gleich, ob dieser Indien oder Algerien ist) richtet, entfacht er innenpolitische Konflikte; indem seine Ideologie die Entwicklungskrise auf einen äußeren Feind, den Westen, bezieht, kanalisiert er Aggressionspotentiale nach außen und wirkt als Zündstoff für internationale Konflikte. Im Fundamentalismus kommt das Verschwörungssyndrom der außenpolitischen Feindfixierung voll zum Ausdruck.[4]

Die Ideologie des religiösen Fundamentalismus ist außenpolitisch orientiert, aber nicht jede Spielart dieses Phänomens ist expansiv ausgerichtet. Der Hindu-Fundamentalismus hat z. B. keine expansive Ausrichtung, da sich seine Anhänger allein auf die Errichtung eines exklusiven Hindu-Staates in Indien konzentrieren. Dagegen verfügt

1 Die Ergebnisse eines überregionalen Projekts an der American Academy of Arts and Sciences fließen in diese Arbeit ein. Vgl. dazu Martin *Marty*/Scott *Appleby* (Hrsg.), The Fundamentalism Project, Chicago 1991, bes. Band 1: Fundamentalisms Observed. Diese Monographie enthält jeweils eine Studie zu jeder wichtigen Variante des religiösen Fundamentalismus. Vgl. auch *Tibi*, The Worldview of Sunni Arab Fundamentalism, in: ebd., Band 2: Fundamentalisms and Society, Chicago 1993, S. 73-102.

2 Vgl. Philip *Khoury*, Islamic Revival and the Crisis of the Secular State, in: Ibrahim A. *Ibrahim*, Arab Resources, Washington, D.C./London 1983, S. 213 ff.

3 Vgl. Samuel P. *Huntington*, The Clash of Civilizations?, in: *Foreign Affairs*, Nr. 3, 1993, S. 22-49; die Antwort auf seine Kritiker: If Not Civilizations, What?, in: *Foreign Affairs*, Nr. 5, 1993, S. 186-194; dazu *Tibi*, Gehäuse der Hörigkeit. *Huntingtons* Thesen über Zivilisationskonflikte, in: *Frankfurter Allgemeine Zeitung (FAZ)*, 10.11.1993.

4 Vgl. *Tibi*, Die Verschwörung. Das Trauma arabischer Politik, 2. Auflage, Hamburg 1994, S. 132-146.

der islamische Fundamentalismus über ein Weltordnungskonzept, das – als einzige Variante dieser neuen weltpolitischen Erscheinung – diese Tendenz zum Expansionismus aufweist, so sehr dies auch zunächst Ideologie und Rhetorik bleibt. Denn für die Umsetzung dieses Konzepts fehlen nicht nur die erforderlichen Voraussetzungen, vielmehr ist der islamische Fundamentalismus äußerst heterogen und seine Anhänger sind in den meisten islamischen Ländern – mit Ausnahme von Iran und Sudan – noch nicht an der Macht.

Dem islamischen Fundamentalismus ist unter allen Spielarten des angesprochenen Phänomens eine spezifisch globale Ideologie zu eigen, die den bestehenden internationalen Konsens über Normen und Spielregeln als Ausdruck westlicher Herrschaft ablehnt und statt dessen für den Islam eine weltpolitische Führungsrolle beansprucht.[5] Dieser Appell richtet sich an 1,3 Milliarden Muslime – immerhin mehr als ein Fünftel der Menschheit.

Das Phänomen des religiösen Fundamentalismus in der neuen internationalen Umwelt: Die Entwestlichung der Weltpolitik

In der sich rapide wandelnden internationalen Umwelt gehört die Erscheinung des religiösen Fundamentalismus zu den Herausforderungen des unkalkulierbar erscheinenden Zeitabschnitts im Übergang zum 21. Jahrhundert, deren Reichweite weit über den Nationalstaat hinausgeht.[6] In diesem Sinne scheint der zunächst sehr vieler Differenzierungen und Verfeinerungen bedürftige Ansatz Samuel P. *Huntingtons* vom »Clash of Civilizations« eher den veränderten Bedingungen zu entsprechen als bisherige Modelle, die den Staat als Akteur in den Mittelpunkt stellen.[7]

Für islamische Fundamentalisten ist der Bezugsrahmen ihres Denkens und Handelns das »Dar al-Islam« (Haus des Islam), ein Begriff, der von *Huntington* in die Formel »Islamische Zivilisation«[8] übersetzt wird. Diese Zivilisation mit ihren 46

---

5 Zum Anspruch auf eine islamische Weltordnung vgl. John *Kelsay*, Islam and War, Louisville, Kentucky 1993, S. 115-117. Zu der Kündigung des internationalen Konsenses durch den islamischen Fundamentalismus und deren Folgen vgl. *Tibi*, Die fundamentalistische Herausforderung, 2. Auflage, München 1993, S. 57-99.

6 Vgl. *Tibi*, The Simultaneity of the Unsimultaneous. Old Tribes and Imposed Nation-States in the Modern Middle East, in: Philip *Khoury*/Joseph *Kostiner* (Hrsg.), Tribes and State Formation in the Middle East, Berkeley 1990, S. 127-152. Vgl. auch Robert H. *Jackson*, Quasi-States: Sovereignty, International Relations and the Third World, Cambridge/New York 1990.

7 *Huntington*, The Clash of Civilizations, a.a.O. (Anm. 3). Zur abnehmenden Bedeutung des Nationalstaats in der internationalen Politik zugunsten informeller interner Akteure vgl. M. *Horsmann*/A. *Marshall*, After the Nation-State. Citizens, Tribalism and the New World Disorder, London 1994, sowie den breit diskutierten Artikel von Robert D. *Kaplan*, The Coming Anarchy, in: *The Atlantic Monthly*, Nr. 2, 1994.

8 Zur islamischen Zivilisation vgl. Marshall *Hodgson*, The Venture of Islam. Conscience and History in a World Civilization, 2. Auflage, 3 Bände, Chicago 1977. Zur Einordnung dieser Zivilisation in den welthistorischen Rahmen vgl. Will und Ariel *Durant*, The Story of Civilizations, New York 1963-1967; zusammenfassend Fernand *Braudel*, History of Civilizations, New York/London 1994.

Nationalstaaten hat nur zwei fundamentalistische Staaten: Iran[9] und Sudan[10]. Weil Iran die schiitische Variante des Islam vertritt – nur ca. 8 Prozent der Muslime (etwa 100 Millionen Menschen) sind Schiiten –, kann er in der mehrheitlich sunnitischen Welt des Islam keine Führungsrolle übernehmen. Sudan ist strukturell schwach und stellt ein Bilderbuchbeispiel eines »nominellen Nationalstaats«[11] dar, zudem verfügt er nur über ein geringes außenpolitisches Profil. Der islamische Fundamentalismus äußert sich heute im wesentlichen in Oppositionspolitik in der Tradition islamischer Sektenkämpfe, die im Untergrund operiert. Die internationalen Auswirkungen dieses lokal begrenzten Phänomens wird erst die Zukunft zeigen.

Dennoch reflektieren Ansichten und Politik-Präferenzen der Fundamentalisten die verbreiteten politischen Strömungen in den in der Regel autoritär beherrschten islamischen Staaten. Von der Ausbreitung des Fundamentalismus erfährt der Westen in der Regel nur durch »Umstürze«, wie einst in Iran oder durch Terrorakte wie in Algerien 1993/94 bzw. in den israelisch besetzten Gebieten, wo es Hamas-Fundamentalisten gelang, Sand in das Getriebe des nach dem 13. September 1993 einsetzenden Friedensprozesses zu streuen und erfolgreich die Verschiebung des Abzugs israelischer Truppen zum 13. Dezember 1993 zu erzwingen. Die westlichen Staaten – mit Ausnahme Frankreichs – scheinen die Gefahren des islamischen Fundamentalismus, der durch Migration für sie durchaus innenpolitische Dimensionen haben kann, weder zu beachten noch sich darauf vorzubereiten.[12]

Einige außenpolitische Entscheidungen Sudans und Irans deuten auf eine erheblich breitere fundamentalistische Außenpolitik der Zukunft hin. Einen Vorgeschmack darauf mag die im Rahmen einer gesamtislamischen Konferenz fundamentalistischer Kräfte Anfang Dezember 1993 in Khartoum durchgeführte iranisch-sudanesische Kundgebung gegen die palästinensisch-israelischen Friedensvereinbarungen (Gaza-Jericho) vom 13. September 1993 als angeblich »westliche Verschwörung« geben. Dort riefen die fundamentalistischen Staaten Sudan und Iran zur weltweiten islamischen Mobilisierung gegen den Friedensprozeß auf.[13]

Während der Golfkrise gab es drei vom Fundamentalismus stark betroffene arabische Staaten – Tunesien, Algerien und Jordanien –, deren nichtfundamentalistische Regierungen von ihren eigenen Bevölkerungen durch öffentliche Gewalttaten unter

---

9 Vgl. Cheryl *Benard*/Zalmay *Khalilzad*, The Government of God. Iran's Islamic Republic, New York 1984; Said Amir *Arjomand*, The Turban for the Crown. The Islamic Revolution in Iran, New York 1988. Zur Außenpolitik und internationalen Umwelt des iranischen Gottesstaats vgl. Rouhollah K. *Ramazani*, Revolutionary Iran. Challenge and Responses, Baltimore 1986; vgl. Shireen *Hunter* (Hrsg.), Iran and the World, Bloomington 1990; Graham *Fuller*, The Center of the Universe. The Geopolitics of Iran, Boulder, Colo. 1991. Vgl. auch *Tibi*, Verheimlichung der Außenpolitik. Iran im Nahen Osten und Zentralasien, in: *FAZ*, 14.10.1992.

10 Über den fundamentalistischen Staat im Sudan gibt es noch wenig Literatur. Vgl. M.W. *Daly*/Ahmad Alwad *Sikainga* (Hrsg.), Civil War in the Sudan, London 1993; *Tibi*, Die Verschwörung, a.a.O. (Anm. 4), S. 191-208.

11 Vgl. *Tibi*, The Simultaneity, a.a.O. (Anm. 6).

12 In diesem Sinne vgl. *Tibi*, Im Schatten Allahs. Der Islam und die Menschenrechte, München 1994, S. 303 ff.

13 Vgl. Wolfgang Günter *Lerch*, In Khartoum, in: *FAZ*, 6.12.1993; vgl. auch Islamic Gathering in Khartoum, in: *The Economist*, 11.12.1993, S. 48.

Druck gesetzt wurden, ihren Forderungen zu entsprechen. Daher erscheint die Unterscheidung zwischen politischen Optionen der Bevölkerungsmehrheit und staatlicher Politik, bezogen auf die nichtdemokratischen Gesellschaften, wie sie im Nahen Osten und anderen Teilen der Welt des Islam vorherrschen, legitim zu sein. Der islamische Fundamentalismus wird für die Muslime immer mehr zur wichtigsten Quelle ihrer politischen Optionen.

Auch ist der islamische Fundamentalismus in seiner Bedeutung für die Weltpolitik die am weitesten verbreitete Variante der »Revolte gegen den Westen« und daher eine Komponente der neuen internationalen Herausforderungen, die bei Muslimen höchste Priorität genießt.[14] Die Popularität dieser Revolte zeigte sich, als Saddam *Hussein*, der niemals ein wirklicher Fundamentalist war, mit seinem Aufruf zum »Djihad«, dem islamischen Heiligen Krieg, gegen die USA und ihre regionalen arabischen Verbündeten die ungeteilte Unterstützung aller fundamentalistischen Bewegungen im Nahen Osten und in anderen Teilen der Welt des Islam gewann. Auf Saddam *Husseins* Tagesordnung stand die unter Muslimen populäre Zurückweisung der vorherrschenden internationalen, durch den Westen geprägten Normen und Spielregeln. Zu Recht hat Charles *Krauthammer* 1990 darauf hingewiesen: »Das einzige, was 1973 und 1979 auf dem Spiel stand, war das Erdöl... Heute steht am Golf noch ein anderer Wert auf der Tagesordnung. Er ist noch bedeutender als Erdöl. Es ist die Weltordnung... Der Irak Saddam Husseins stellt eine Bedrohung dieser Ordnung dar.«[15] Dies heißt nicht, daß das Erdöl keine zentrale Rolle im Golfkrieg gespielt hätte, schließlich gehörte die Sicherung der nahöstlichen Erdölquellen zur westlichen Sicherheitspolitik.[16] Aber es ging hier im wesentlichen auch um ordnungspolitische Vorstellungen unterschiedlicher Zivilisationen.

Daß der Golfkrieg ohne schwere Folgen für die westliche Sicherheit verlief, ist der Heterogenität des fundamentalistischen Potentials im Islam und der fehlenden koordinierenden Zentrale zuzuschreiben.[17] Während der Golfkrieg im Westen bereits der Vergangenheit angehört, sind die Wunden, die er in den muslimisch-westlichen Beziehungen aufgerissen hat, noch offen; bedeutete er doch für die Muslime einen *erneuten Kreuzzug des Westens*,[18] eine Perzeption, die im Westen kaum zur Kenntnis genommen wird.

---

14 Hedley *Bull*, The Revolt Against the West, in: Hedley *Bull*/Adam *Watson*, The Expansion of International Society, 3. Auflage, Oxford 1988, S. 217-228; hier S. 223.

15 Charles *Krauthammer*, in: *International Herald Tribune*, 18./19.8.1990. Zur fortwährenden Bedeutung des Golfkriegs für islamische, weltpolitische Ordnungsvorstellungen vgl. *Kelsay*, a.a.O. (Anm. 5), S. 7-27.

16 Vgl. *Tibi*, Die Verschwörung, a.a.O. (Anm. 4), S. 284-294.

17 Vgl. James *Piscatori* (Hrsg.), Islamic Fundamentalisms and the Gulf Crisis, Chicago 1991; auch *Tibi*, Immer noch Wind in den Segeln. Der islamische Fundamentalismus nach dem Golfkrieg, in: *FAZ*, 6.2.1992.

18 Vgl. den arabischen Bestseller Sa'ddudin *al-Schadhli*, al-harab al-salibiyya al-thamina (Der achte Kreuzzug), hier die marokkanische Ausgabe, Casablanca 1991. In diesem weit verbreiteten Buch wird im Untertitel unterstellt, die westlichen Kreuzzügler hätten im Golfkrieg die mächtigste islamische Armee seit der islamischen Religionsstiftung zerstört. Zur Problematik Kreuzzug/Golfkrieg als populäres Topos islamischer Fundamentalisten vgl. *Tibi*, Die Verschwörung, a.a.O. (Anm. 4), S. 273-326. Zur historischen Bedeutung des »Use of History« in bezug auf die Rekonstruktion der Kreuzzüge vgl. Karen *Armstrong*, Holy War. The Crusades and Their Impact on Today's World, New York 1991.

In den folgenden Ausführungen, die sich nicht auf die Analyse von staatlichen Akteuren und ihren politischen Strategien beschränken, wird der Fundamentalismus als ein Zeichen für kulturelle Fragmentation in der internationalen Gemeinschaft interpretiert. Sollten fundamentalistische Sichtweisen in Form von politischen Optionen in Zukunft erfolgreich politisches Handeln beeinflussen, würden sie unter dem Banner der Entwestlichung der Welt zu einem besorgniserregenden Zerfall des internationalen Konsenses über Normen und Spielregeln führen. Dies könnte die Basis für eine friedliche Konfliktaustragung und -regulierung zwischen Staaten gefährden. *Huntington* würde in diesem Zusammenhang seinen Begriff von den »faultlines of conflict between civilizations« zur Beschreibung dieser weltpolitischen Lage heranziehen. Im Gegensatz zu *Huntington* werden hier jedoch islamischer Fundamentalismus und islamische Zivilisation als *nicht* identisch angesehen, so sehr darauf hingewiesen werden muß, daß in der Welt des Islam fundamentalistische Optionen die populärsten »public choices« sind und die öffentliche Meinung für sie stark empfänglich ist. Der Kulturdialog zwischen den Zivilisationen wird in absehbarer Zukunft zu den wichtigsten Instrumenten des Krisenmanagements in der Weltpolitik gehören, bietet er doch eine Alternative zur Eskalation des aus den »faultlines« erwachsenen Konfliktpotentials.

Die aussenpolitische Orientierung des islamischen Fundamentalismus: Der religiöse Radikalismus als eine antiwestliche Strategie

In bezug auf den scheinbar diffusen Begriff Fundamentalismus gibt es eine große definitorische Bandbreite. Ausgehend von einer weltpolitischen Perspektive wird hier Fundamentalismus interpretiert als ideologische Artikulation einer Realität, in der die kulturelle Fragmentation in der Weltgemeinschaft zum Ausdruck kommt. Eine kurze Ausarbeitung dieser These ist erforderlich, um das Ausmaß aufzuzeigen, in dem die ideologische Artikulation dieser Fragmentation im Gewand des Fundamentalismus effektive internationale Kommunikation zur Konfliktregulierung behindert, obwohl der Aufbau internationaler Institutionen zur Bewältigung des derzeitig stattfindenden weltpolitischen Wandels dringend internationale Kommunikationsmechanismen erfordert. Wo jedoch liegen die Ursachen des religiösen Radikalismus als antiwestlicher Strategie?

Es ist allgemein bekannt und unbestritten, daß die gegenwärtige Weltordnung ein Ergebnis europäischer Expansion ist.[19] Der europäische Kolonialismus[20] implizierte

19 Vgl. *Bull/Watson*, a.a.O. (Anm. 14); auch Adam *Watson*, The Evolution of International Society, London 1992.

20 Zur europäischen Expansion, die den globalhistorischen Hintergrund der Revolte gegen den Westen bildet und den Fundamentalismus als ihre jüngste globale Auswirkung vorzuweisen hat, vgl. die chronologisch-historische Darstellung von Wolfgang *Reinhardt*, Geschichte der europäischen Expansion, 4 Bände, Stuttgart 1983, 1985, 1988 und 1990.

nicht nur ökonomische und politische Durchdringung und Unterwerfung, sondern umfaßte ebenso Prozesse der Akkulturation.

Im Gegensatz zu den Dekolonisationsbewegungen früherer Jahrzehnte, die die westlichen Ideale Freiheit, Volkssouveränität und nationale Selbstbestimmung[21] zur Grundorientierung ihres Befreiungskampfes machten, orientiert sich die gegenwärtige Revolte gegen den Westen – das zeigt das islamische Beispiel deutlich – an den autochthonen Werten der lokalen Kulturen und die sie gruppierenden Zivilisationen, allerdings in modernem Gewand, um sie als Basis einer antiwestlichen Strategie zu instrumentalisieren.[22] Diese Entwicklung bedeutet nicht nur eine Herausforderung für die bestehende globale Rechtsordnung, sondern sie macht gleichzeitig deutlich, daß heute bei einer Reihe normativer Positionen eine tiefe Kluft zwischen den westlichen Mächten und den Staaten der Dritten Welt existiert.[23] Die in der Welt des Islam höchst populäre Verneinung der Souveränität Kuwaits durch Irak während der Golfkrise 1990/91 mit dem Argument, nationalstaatliche Souveränität sei dem Islam fremd, sowie die Abweisung und ständige Verletzung der individuellen Menschenrechte[24] gleichermaßen durch fundamentalistische Staaten (Iran und Sudan) und durch die fundamentalistische Opposition (u. a. Algerien, Ägypten und Türkei) mit ähnlichen Argumenten illustrieren diese Kluft.

Islamische Fundamentalisten bieten als Alternative zu den westlichen, universell anerkannten Werten die Führung durch den Islam auf der Basis seiner Prinzipien und Normen an.[25] Darüber hinaus stellen sie auf nationaler und regionaler Ebene den Nationalstaat als eine europäische, also nichtislamische Institution, die ihnen aufgezwungen worden ist, in Frage.[26] Auch werfen sie dem panarabischen Nationalismus, der zur Auflösung der islamischen Ordnung nach dem Ersten Weltkrieg führte, vor, als Instrument der westlichen Verschwörung gegen den Islam gedient zu haben.[27] Die von ihnen gepriesene Alternative ist die vage Formel eines »al-Nizam al-Islami«

---

21 Hierzu ausführlich und überregional *Tibi*, Politische Ideen in der Dritten Welt während der Dekolonisation, in: Iring *Fetscher*/Herfried *Münkler* (Hrsg.), Pipers Handbuch der politischen Ideen, München 1987, Band 5, S. 361-402; vgl. ebenso Terry *Nardin*, Law, Morality and the Relations of States, Princeton, N.J. 1983, S. 27 ff., 115 ff.

22 Vgl. *Bull*, a.a.O. (Anm. 14), S. 223.

23 Vgl. ebd., S. 227.

24 Vgl. *Tibi*, Im Schatten Allahs, a.a.O. (Anm. 12), bes. S. 119 ff.

25 So in aller Deutlichkeit Sayyid *Qutb*, al-Salam al-'alami wa al-Islam (Der Weltfriede und der Islam), 10. legale Ausgabe, Kairo 1992; über die »islamische Weltrevolution« auf der Basis islamischer Werte vgl. S. 172.

26 Vgl. *Tibi*, The Simultaneity, a.a.O. (Anm. 6).

27 Hierzu vgl. Munir Mouhammad *Nagib*, Al-harakat al-qaumiyya al-haditha fi mizan al-Islam (Die modernen Nationalismen auf der Waage des Islam), 2. Auflage, al-Zarqa'(Jordanien) 1983. Der geistige Vater des arabischen säkularen Nationalismus, Sati *al-Husri*, wird als »westlicher Missionar« denunziert. Vor dem Aufstieg des Fundamentalismus galt *al-Husri* jedoch als der angesehenste und einflußreichste arabische politische Denker des 20. Jahrhunderts. Vgl. dazu *Tibi*, Vom Gottesreich zum Nationalstaat. Islam und panarabischer Nationalismus, 3. Auflage, Frankfurt a.M. 1991, S. 130 ff.

(islamischen Systems) als Ausdruck der »Hakimiyyat Allah« (Gottesherrschaft),[28] für die sie eine universelle Geltung beanspruchen.

Im Gegensatz zu einigen westlichen Autoren, die der These anhängen, es gebe keine Spannungen zwischen dem Islam und dem auf dem Konzept des Nationalstaats basierenden internationalen System, vielmehr habe sich das internationale Verhalten von Muslimen immer in Übereinstimmung mit internationalen Realitäten befunden,[29] muß festgehalten werden, daß die islamische Doktrin Konformismus als Zustand der Schwäche nur temporär zuläßt und islamische Dominanz als einen Zustand der Stärke vorschreibt.

Andere Autoren wiederum verneinen den antiwestlichen Charakter der islamisch-fundamentalistischen Revolte und unterstellen, es handele sich lediglich um eine Islamisierung der Demokratie.[30] Davon kann jedoch keine Rede sein. Vielmehr muß der Begriff des Totalitarismus zur Umschreibung der fundamentalistischen Formel der »Hakimiyyat Allah« (Gottesherrschaft) herangezogen werden.[31] Es gilt festzuhalten: *Die fundamentalistischen, totalitären Begriffe »islamisches System« und »Gottesherrschaft« kommen weder im Koran noch in irgendeiner autoritativen klassischen islamischen Quelle vor; sie sind ein zeitgenössischer politischer Ausdruck des ebenso zeitgenössischen islamischen Fundamentalismus.*

Zu den Bausteinen der antiwestlichen Strategie islamischer Fundamentalisten zählt der Ruf nach einem islamischen Staat. Hierzu gehört der aus der religiösen Doktrin abgeleitete, von ihnen erhobene Anspruch auf die »al-taghallub« (Überlegenheit) des Islam über andere. In diesen Rahmen ist die Vision einer entwestlichten Welt einzuordnen. Der religiöse Fundamentalismus in seiner islamischen Gestalt ist insoweit ein Zeichen für die kulturelle Fragmentation in der Weltpolitik, als er die Etablierung neuer alternativer Normen und Spielregeln auf exklusiv islamischer Grundlage beabsichtigt. Einerseits plädiert er kurzfristig für die Abschottung der Muslime gegenüber der internationalen Gesellschaft (islamisches Weltghetto), andererseits strebt er langfristig vollkommen andere Muster an: eine islamische Ordnung auf nationaler und regionaler Basis. Beide Positionen werden von Fundamentalisten als eine Vorstufe der Islamisierung der gesamten Welt angesehen. Die fundamentalistisch dominierte islamische Liga »Rabitat al-'alam al-Islami« hat auf ihrer Tagung in Kairo Ende Juli 1993

28 Diese Formel geht zurück auf die geistigen Väter des islamischen Fundamentalismus, die heute Sati *al-Husri* (Anm. 27) im Hinblick auf den politischen Einfluß abgelöst haben. Vgl. dazu Sayyid *Qutb*, Ma'alim fi al-Tariq (Wegzeichen), 13. legale Auflage, Kairo 1989. Vgl. auch *Qutb*, a.a.O. (Anm. 25); die Interpretation von *Tibi*, Fundamentalismus und Totalitarismus, in: Richard *Saage* (Hrsg.), Festschrift für Walter Euchner, Berlin 1994, S. 301-314.

29 Vgl. z. B. James *Piscatori*, Islam in a World of Nation States, Cambridge 1986, S. 40 ff. und 76 ff. Zur Auseinandersetzung mit *Piscatori* vgl. *Tibi*, Arab Nationalism. A Critical Inquiry, 2. Auflage, London/New York 1990, S. 1-26.

30 Vgl. John *Exposito*, The Islamic Threat. Myth or Reality, New York 1992. Zur Kritik vgl. *Tibi*, Das Spiel mit dem Feuer, in: *FAZ*, 5.8.1993; vgl. ebenso *ders.*, Fundamentalism and Democracy, in: Martin *Lipset*/Samuel P. *Huntington* (Hrsg.), Encyclopedia of Democracy, Washington, D.C. 1994/95 (in Vorbereitung).

31 Vgl. Anm. 27. Im Gegensatz zu den islamischen Fundamentalisten haben frühe islamische Reformer versucht, Islam und Demokratie zu harmonisieren. Vgl. Hamid *Enayat*, Modern Islamic Political Thought, Austin 1982, S. 125 ff.

ein Arbeitspapier diskutiert, das den Gedanken einer globalen Islamisierungspolitik enthält, in die auch islamische Zentren in Europa einbezogen werden sollen. Die Liga fordert eine Stärkung der Zentren, um sie auf die zukünftige Rolle des Islam vorzubereiten. Nach dem zitierten Beschluß sollen diese Zentren einerseits die Befolgung der Schari'a durch die in Europa lebenden Muslime überwachen, andererseits die islamische »Da'wa«-Mission (Ruf zum Islam) unter den Nichtmuslimen betreiben.[32]

Der Ägypter Sayyid *Qutb* gilt als »spiritus rector« des islamischen Fundamentalismus. Er glaubte, daß »nur der Islam« in der Lage sein würde, den »kranken Westen« abzulösen und die Weltführung zu übernehmen.[33] Eine andere Autorität des islamischen Fundamentalismus, der Pakistani Abu al-A'la *al-Maududi*, behauptet, daß nur der Islam »zur Führung im modernen Zeitalter befähigt ist«.[34] Nach ihrem Wahlsieg in Algerien am 26. Dezember 1991 haben algerische Fundamentalisten ähnliche weltpolitische Parolen auf Flugblättern mit entsprechenden Landkarten verbreitet. Für sie war ihr nationaler Sieg nur eine Vorstufe einer internationalen Ausbreitung des Islam zunächst im Mittelmeerraum.

Die zitierten Programme der globalen Islamisierung deuten auf normative Positionsdifferenzen in der Weltpolitik hin, die nicht nur den internationalen Normenkonsens schwächen. Diese Differenzen gehen über traditionelle außenpolitische Konflikte hinaus und betreffen die Art und Weise, wie die bestehenden Konflikte auszutragen sein werden. Um die These *Huntingtons* vom Zivilisationskonflikt genauer zu fassen: Diese weltpolitischen, auf Ordnungsvorstellungen bezogenen Positionsdifferenzen machen den Inhalt des globalen Zusammenpralls zwischen den Zivilisationen aus.

Die Verbreitung der Kommunikationstechnologie bringt kulturell unterschiedliche Völker einander in einem zuvor nicht gekannten Ausmaß näher. Die gegenseitige Wahrnehmung und Interaktion bewirkt, daß radikal verschiedene Weltsichten aufeinanderprallen und sich zum Konfliktstoff entwickeln. Kommunikation ist nicht einfach eine Technik, sondern in erster Linie Diskurs. Wenn es keinen gemeinsamen Diskurs als Plattform gibt, können weder effektive interkulturelle Kommunikation noch Dialog zwischen den Zivilisationen zustandekommen. Man redet aneinander vorbei und versteht sich nicht. Unter diesen Bedingungen muß Konfliktbewältigung internationaler Institutionen erfolglos bleiben.

Ein Beispiel ist der jüngste »Dialog« zwischen Ländern der westlichen Welt sowie einigen demokratisierten östlichen Staaten und afroasiatischen Staaten aus Anlaß der Menschenrechtskonferenz der Vereinten Nationen in Wien im Juni 1993, wo tatsächlich ein Zusammenprall der Zivilisationen stattfand.[35] Westliche Repräsentanten thematisierten dort die zunehmende Verletzung individueller Menschenrechte in den meisten islamischen und anderen nichtwestlichen Ländern. Zur Abwehr des Vorwurfs

32 Das zitierte Arbeitspapier ist im arabischen Original vollständig abgedruckt in: *al-Scharq al-Ausat*, 28.7.1993. Vgl. *Tibi*, Der Islam in Europa nach der Wende, in: *Conturen* (Wien), Heft 4, 1993, S. 108-119.
33 *Qutb*, Ma'alim fi al-Tariq (Wegzeichen), a.a.O. (Anm. 28), S. 8-9.
34 Abu *al-A'la al-Maududi*, al-Islam al-Yaum (Der Islam heute), Dschidda 1985, S. 57.
35 Vgl. *Tibi*, Entwicklung statt Menschenrechte, in: *FAZ*, 25.6.1993; *ders.*, Im Schatten Allahs, a.a.O. (Anm. 12), bes. S. 99 ff.

beriefen sich nichtwestliche Außenminister in Wien auf jeweils lokale vormoderne Traditionen, die nur das Kollektiv kennen und keine individuellen Menschenrechte im Sinne von Berechtigungen gegenüber Staat und Gesellschaft zulassen. Die Idee der Universalität der Menschenrechte nahm in Wien großen Schaden, und die Zeichen der Entwestlichung der Welt waren dort bereits in Umrissen deutlich erkennbar.

Der weltpolitische Rahmen des islamischen Fundamentalismus und die Zweiteilung der Welt

Jenseits der realpolitischen Einordnung des Islam in die internationale Staatengemeinschaft politisieren islamische Fundamentalisten den islamischen Begriff der »Umma« (Gemeinschaft) und verleugnen die Zugehörigkeit ihrer Welt zu einer säkularen internationalen Gemeinschaft. Bekanntlich wird das Individuum im Islam als Teil eines Kollektivs, der universellen islamischen »Umma«, begriffen. Islamische Fundamentalisten können aber kein Konzept für ihre islamisch dominierte Weltordnung als Ersatz für die bestehende säkulare Ordnung der Nationalstaaten vorlegen, das über die Propagierung der »Umma« als idealer weltpolitischer Rahmen hinausgeht.

Islamische »Fiqh« (Jurisprudenz)-Gelehrte sind bisher nie über die klassische Lehre der dichotomischen Aufteilung der Welt in »Dar al-Islam« (Haus des Islam) und die Welt der anderen, die sie als »Dar al-Harb« (Welt der Ungläubigen, wörtlich: Haus des Krieges) bezeichnen, hinausgegangen. Mittelalterliche islamische Gelehrte haben den Begriff »Dar al-'Ahd« (Haus des – völkerrechtlichen – Vertrags) geprägt, um eine Zwischenlösung zwischen beiden – den Globus in zwei verfeindete Sphären unterteilenden – Extremen zu finden.[36] Unter »Dar al-'Ahd« verstehen sie einen temporären Frieden, der nur in Zeiten der Schwäche zulässig ist. Muslime dürfen daher, solange sie sich in einer schwachen Position befinden, mit Nichtmuslimen Verträge (wie z. B. das Abkommen von Camp David von 1979) abschließen. Islamische Fundamentalisten unserer Gegenwart stehen in dieser Tradition. Sie verwenden lediglich moderne Begriffe für alte Inhalte: »Al-'alam al-Islami« (Welt des Islam) dient ihnen zur Bezeichnung von »Dar al-Islam« und »al-Gharb« (der Westen) für das bisherige »Dar al-Harb«. Fundamentalistische Staaten wie Sudan und Iran unterhalten wirtschaftliche und politische Beziehungen mit dem Westen im Sinne von »Dar al-'Ahd« bzw. als »Mu'amalat«, d. h. als pragmatischen Verkehr zwischen Staaten im Rahmen der angeführten islamischen Tradition des Konformismus. Einen solchen Konformismus ohne eine Revision der Doktrin hat es in allen Epochen der islamischen Geschichte gegeben.[37] Dieser Pragmatismus hebt jedoch die zitierte Zweiteilung der Welt als zentrale islamische Weltsicht nicht auf.

---

36 Vgl. Nadjib *al-Armanazi*, al-Schar' al-duwali fi al-Islam (Völkerrecht im Islam), Neudruck, London 1990 (zuerst 1930), S. 226 ff.

37 Darauf hat *Piscatori*, wenngleich mit falschen Schlußfolgerungen in bezug auf unsere Gegenwart, hingewiesen. Vgl. *Piscatori*, a.a.O. (Anm. 29).

Islamische Fundamentalisten stellen keine kulturell pluralistisch angelegte, argumentative Sicht der Weltpolitik zur Diskussion. Vielmehr beanspruchen sie, im Besitz einer unwandelbaren, absoluten und göttlichen Botschaft zu sein, die sie der ganzen Menschheit verkünden müssen und mit der sie die gesamte Welt kompromißlos umgestalten wollen. Den Islam als Nichtmuslim anzuerkennen, heißt für Fundamentalisten, dem Islam beizutreten. Die Politik des fundamentalistischen Regimes des Sudan gegenüber der nichtislamischen Bevölkerung von Süd-Sudan bietet ein Beispiel hierfür. Der Inhalt ihrer Botschaft – so auch der islamische Fundamentalist Sabir *Tu'ayma* – ist das islamische Recht, die »Schari'a«, die als göttliche Verkündung an die Muslime und die gesamte Menschheit aufgefaßt wird: »Islamische Rechtsvorschriften sind dazu geschaffen, *alle* menschlichen Beziehungen in Friedenszeiten oder im Kriegszustand zu organisieren; denn islamische Regeln schaffen ein allgemein gültiges internationales Recht«.[38]

Diese islamische Weltsicht ist keiner Diskussion zugänglich, weil sie auf einer Skriptur (dem Koran als »sola scriptura«) beruht, die für Gottes Wort gehalten und daher im Rahmen von Schriftgläubigkeit als absolut und sakral jenseits jeder Skepsis betrachtet wird. Daher gibt es für fundamentalistische Muslime keine andere Plattform für internationale Interaktion und Kommunikation als ihren eigenen Glauben. Zur Illustration: Die Hamas-Fundamentalisten deuten Palästina als »Waqf-Islami« (göttliches Eigentum), das man nicht mit Nichtmuslimen im Rahmen einer friedlichen Lösung aufteilen kann. Somit wird die Gaza-Jericho-Lösung strikt abgelehnt.[39] Die Auswirkungen der von islamischen Fundamentalisten bevorzugten kollektiven Optionen für die friedliche Konfliktbewältigung in der Weltpolitik sind also folgenschwer, weil sie zu einer Schwächung des internationalen Normenkonsenses beitragen.

Die Wahlergebnisse in Algerien im Juni 1990 und im Dezember 1991 zeigen, daß zeitgenössische islamische Fundamentalisten zunehmend Mehrheiten für ihre Politik gewinnen können. Eines ihrer Ziele ist die Veränderung der bestehenden Weltordnung mit der Absicht der »Wiederherstellung der weltweiten Herrschaft des Islam«. Hier unterscheiden sie sich von den islamischen Modernisten des frühen 20. Jahrhunderts. Diese strebten eine Stärkung des Islam zur Abwehr des kolonialen Westens bei gleichzeitiger Modernisierung auf westliches Entwicklungsniveau an. Vom Standpunkt heutiger islamischer Fundamentalisten aber ist Modernisierung kein Entwicklungsziel, sondern vielmehr ein Instrument, um die bestehende Weltordnung zum Vorteil des Islam zu verändern. Der islamische Fundamentalist Hassan *al-Scharqawi* dazu: »Als Kemal *Atatürk* (die Muslime) dazu aufrief, dem Westen nachzueifern, dachte er an nichts anderes, als es dem Westen gleichzutun... *Dies ist nicht unsere Absicht*. Unser Ziel ist es zu lernen, *wie man moderne Waffen anwendet* und mehr

38 Vgl. Sabir *Tu'aima*, al-Schari'a al-Islamiyya fi -'asr al-'ilm (Die islamische Scharia im Zeitalter der Wissenschaft), Beirut 1979, S. 208.

39 Vgl. den Abschnitt über Hamas (mit Belegen) in: *Tibi*, Hindernisse für den Friedensprozeß im Nahen Osten, in: *Europa-Archiv* (*EA*), 12/1994, S. 357-364, hier S. 361 ff.

als das, wie man sie produziert und weiterentwickelt, *damit wir unsere Feinde schlagen können.*«[40]

Das Zitat verdeutlicht den Zusammenhang zwischen den Auswirkungen der Diffusion von Macht und der kulturellen Fragmentation und wirft gleichzeitig ein Licht auf die möglichen Folgen dieser Prozesse. Joseph *Nye*[41] diagnostiziert unter dem Stichwort Diffusion von Macht u. a. die Verbreitung von Technologie, die die instrumentellen Fähigkeiten nichtwestlicher Staaten stärkt. Dies zeigt sich etwa im Bereich der nuklearen Proliferation.[42] Die Politisierung der kulturellen Fragmentation trägt nicht nur zu einem weiteren Zerfall des internationalen Normenkonsenses bei, im Gefolge der Diffusion der Militärtechnologie wird sie insbesondere zu einer Bedrohung für die bestehende globale Ordnungsstruktur und den Weltfrieden.

Das Scheitern des westlich geprägten Entwicklungsmodells als Hintergrund religiös-politischer Optionen für eine Entsäkularisierung von Staats- und Weltordnung

Der moderne Nationalstaat, gegen den sich die islamischen Fundamentalisten erheben, ist in seiner Idealform ein säkularer, demokratischer, auf Volkssouveränität basierender Staat. Religiöse Fundamentalisten, gleich ob Muslime, Sikhs oder Hindus, wenden sich gegen die Trennung von Religion und Politik. Die Muslime unter ihnen argumentieren, daß nur Allah Souveränität ausüben könne, und daß die Anmaßung der Menschen – so Sayyid *Qutb* -, souveräne Rechte zu haben, ein Rückfall in die »Djahiliyya« (d. h. vorislamische Zeiten des Unglaubens und der Ignoranz) sei. Volkssouveränität bedeutet für sie »Ta'til« (Suspendierung der Souveränität Allahs) und ist daher Kufr/Häresie. Dagegen ist die angestrebte »Hakimiyyat Allah« (Gottesherrschaft)[43] für sie die wahre Rückkehr zum Islam. Der politische und sozioökonomische Hintergrund dieses überregionalen Rufes nach der Gottesherrschaft als Alternative zum säkularen Nationalstaat ist das Scheitern des im Ursprung europäischen Modells in einer anders beschaffenen Umwelt in Asien und Afrika. Der nominelle Nationalstaat hat in jenen Regionen weder wirtschaftliche Entwicklung noch demokratische Verhältnisse realisieren können.

---

40 Hasal *al-Scharqawi*, al-Muslimun Ulama' wa Hukama' (Muslime als Wissenschaftler und Weise), Kairo 1987, S. 12 (eigene Hervorhebung des Autors).

41 Vgl. Joseph *Nye* Jr., Bound to Lead. The Changing Nature of American Power, New York 1990, S. 115 ff., 173 ff.

42 Martin *van Creveld* hat die schwierigen Bedingungen der weltpolitischen Konflikte diskutiert, zu denen die Proliferation in Pakistan und in der arabischen Welt gehört. Zbigniew *Brzezinski* verwendet in einem ähnlichen Rahmen den Begriff »out of control« für die Weltpolitik im Übergang zum 21. Jahrhundert. Vgl. Martin *van Creveld*, Nuclear Proliferation and the Future of Conflict, New York 1993 (zu Pakistan s. S. 85 ff., zur arabischen Welt s. S. 107 ff.). Vgl. Zbigniew *Brzezinski*, Out of Control. Global Turmoil in the Eve of the Twenty-First Century, New York 1993.

43 *Qutb*, Ma'alim fi al-Tariq (Wegzeichen), a.a.O. (Anm. 28). Vgl. auch meine Deutung dieser Formel in *Tibi*, Fundamentalismus, a.a.O. (Anm. 28).

Mark *Juergensmeyer* stellt ähnliche Tendenzen der Entsäkularisierung der Politik und somit des Staates auch im Hinduismus, in der Sikh-Religion, im Judentum sowie im osteuropäischen orthodoxen Christentum fest.[44] Deutsche Außenpolitik muß sich in den neunziger Jahren auf diesen Trend des Zerfalls des Nationalstaats in Asien und Afrika einrichten und Konfliktlösungsmechanismen für die Bewältigung seiner Folgen entwickeln.

In unserem Zeitalter der Migration wird die Idee des Gottesstaats auch nach Europa hineingetragen und wird dort für die Innenpolitik in absehbarer Zeit Folgen haben. Die Mitglieder der deutschen Verfassungskommission ahnten wohl nicht, welchem Konfliktpotential sie mit ihrem Vorschlag Vorschub leisten könnten, einen neuen Grundgesetzartikel 20 b mit dem Wortlaut einzurichten: »Der Staat achtet die Identität der ethnischen, kulturellen und sprachlichen Minderheiten.«[45] Islamische Fundamentalisten deuten die Schari'a als Identität ihrer religiösen Kultur und könnten sich auf diese vorgeschlagene Verfassungsnorm der Kollektivrechte berufen, um die Geltung der Schari'a für islamische Migranten zu fordern. Die außenpolitische Auseinandersetzung mit dem Fundamentalismus in der Weltpolitik und spezifisch im Mittelmeerraum wird unter den dominierenden Bedingungen der Vernetzung unserer Welt, auch angesichts der massiv zunehmenden Migration und der parallel stets wachsenden – vor allem in Frankreich und Großbritannien fundamentalistisch infiltrierten – islamischen Gemeinde, eine innenpolitische Komponente haben.[46]

Wo liegen die historischen Wurzeln dieses Konflikts? Welche Faktoren bedingen den zunehmenden Einfluß des religiös-politischen Radikalismus?

An der Wende zum modernen Zeitalter markierte der Westfälische Frieden von 1648 politisch den Anfang vom Ende der alten, sich damals auflösenden sakralen Ordnung und die Geburt des modernen, westlich geprägten und säkularen internationalen Staatensystems. In den auf den Westfälischen Frieden folgenden 300 Jahren übertrugen die Europäer dieses Staatensystem, dessen Einheiten interne und externe Souveränität genießen, auf die gesamte übrige Welt.[47] Die Welt des Islam bildete keine Ausnahme. In ihr fand in gleicher Weise ein Übergang »vom Gottesreich zum Nationalstaat«[48] statt, der eine – wenn auch formelle, also ohne substantielle Säkularisierung vollzogene – Trennung von Religion und Politik zur Folge hatte.

Islamische Fundamentalisten sehen in diesem historischen Vorgang die Geburtsstunde der vom Westen dominierten Ordnung, die den Muslimen aufgezwungen

---

44 Mark *Juergensmeyer*, A New Cold War? Religious Nationalism Confronts the Secular State, Berkeley 1993.

45 Ungewißheiten über das Grundgesetz, in: *FAZ*, 1.12.1993; dazu *Tibi*, Im Banne des Multikulturalismus. Verfassungsmäßig verbriefte Rechte ethnischer Kollektive im Grundgesetz?, in: *FAZ*, 11.1.1994.

46 Zum Zusammenhang zwischen Islam, Migration und Fundamentalismus vgl. *Tibi*, Im Schatten Allahs, a.a.O. (Anm. 12), bes. Kap. 11 und 12.

47 Vgl. Charles *Tilly* (Hrsg.), The Formation of National States in Western Europe, Princeton, N.J. 1975, S. 45.

48 Hierzu im einzelnen *Tibi*, Von Gottesreich, a.a.O. (Anm. 27). Zur Globalisierung des Nationalstaats vgl. Anthony *Giddens*, The Nation State and Violence, Berkeley 1987, S. 255-293. Zur Souveränität als Grundlage eines solchen Staates, die der islamischen Zivilisation fremd ist, vgl. E.H. *Hinsley*, Sovereignty, Neuauflage, Cambridge 1986.

wurde. Es fehlt nicht an polemischen Vorwürfen wie dem der »Mu'amara Salibiyya« (der kreuzzüglerischen Verschwörung). Gegen diese Ordnung machen sie geltend, daß der Islam historisch als erster ein weltweites System von Normen und Spielregeln für internationale Interaktion geschaffen habe[49] und schlußfolgern, daß nur die westliche Dominanz im modernen Zeitalter den Islam zum Rückzug und zur Aufgabe seiner weltpolitischen Führungsrolle gezwungen habe. Daher streben sie an, die gegenwärtigen Verhältnisse durch eine Neubelebung des Islam umzukehren und den Ursprung wiederherzustellen.

Adam *Watson*[50] hingegen zeigt auf, daß die internationalen Systeme in der Vormoderne jeweils lediglich regional ausgerichtet waren. Eine Globalisierung blieb dem nach dem Westfälischen Frieden entstandenen internationalen System vorbehalten.[51] Unter den Kritikern dieses Systems erheben allein die islamischen, religiösen Radikalen den Anspruch, den Westen in seiner Führungsrolle ablösen zu wollen. *Huntington* spricht in seinen Beiträgen zum Zivilisationskonflikt – ohne die Originalquellen islamischer Fundamentalisten zu kennen – von einem Trend zu einer »Entwestlichung der Welt«. Genau dies ist der Anspruch der religiösen Fundamentalisten und ein zentraler Begriff in ihrem Denken, mit dem sie ihre islamische, offensive Revolte als einen Widerstand gegen den Westen ideologisch legitimieren. Es bleibt jedoch zu fragen, wie dieser Anspruch in praktische Politik umgesetzt wird. Kämen fundamentalistische Gruppen an die Macht, wären sie dann zur politischen Umsetzung ihres Anspruchs in der Lage?

Weil der Aufstieg des Westens auf der Überlegenheit seiner Kriegstechnologie beruhte,[52] erstreben islamische Fundamentalisten, die inhaltlich keine Traditionalisten sind, eine Übernahme und eine Islamisierung moderner Technologie.[53] Hierbei schwebt ihnen eine »Entwestlichung des Wissens« vor, um sich von dem – in ihren Worten – »erkenntnistheoretischen Imperialismus des Westens« zu befreien. Das bedeutet, daß sie parallel zur politisch-kulturellen Anfeindung der westlichen Zivilisation moderne westliche Technologie instrumentell erwerben wollen. Dies ist aber wohl mehr ein islamisch-fundamentalistischer Traum von der halben Moderne,[54] da er kaum durchführbar zu sein scheint.

Die auf die Verbreitung moderner Technologie bezogene Diffusion von Macht stellt ein zentrales, jedoch nicht konkretisiertes fundamentalistisches Anliegen dar. Westliche und somit deutsche Außenpolitik muß dies berücksichtigen und darf

---

49 Vgl. *Tu'aima*, al-Schari'a, a.a.O. (Anm. 38), S. 211 ff.

50 *Watson*, a.a.O. (Anm. 19), S. 112 ff.

51 Vgl. ebd., S. 135 ff.

52 Vgl. Geoffrey *Parker*, The Military Revolution. Military Innovation and the Rise of the West 1500-1800, 2. Auflage, Cambridge 1989.

53 Vgl. die Aussage des Fundamentalisten *al-Scharqawi*, a.a.O. (Anm. 40); das Kapitel »Aslamat al-teknologia« (Islamisierung der Technologie) in dem Buch des Fundamentalisten 'Imaduldin *al-Khalil*, »al-'Aql al-Muslim wa al-ru'ya al-hadariyya« (Die islamische Vernunft und die zivilisatorische Sicht), Kairo 1983, S. 43-53.

54 Vgl. *Tibi*, Islamischer Fundamentalismus, moderne Wissenschaft und Technologie, 2. Auflage, Frankfurt a.M., S. 12-27.

nicht wegen kurzfristiger wirtschaftlicher Vorteile aus Rüstungsgeschäften und aus regionalpolitischen Überlegungen heraus illusionär die Gefahren eines Technologietransfers für die Zukunft übersehen. Westliche Politiker sollten aus den Fehlern der Aufrüstung Iraks durch den Westen[55] vor dem Golfkrieg lernen.

Der Fundamentalismus als Programm gegen die Verpflanzung des westlichen Modells vom säkularen Nationalstaat in die Welt des Islam

Der Zusammenbruch des Osmanischen Reiches im Ersten Weltkrieg kennzeichnet in der Welt des Islam das Ende einer langen Epoche, in der sakrale Universalordnungen vorherrschten. Nach der Auflösung der islamischen Kalifatsordnung im Jahre 1924 übernahmen die Araber und andere Muslime für ihr politisches Handeln die westliche Idee der Nation und das mit ihr verbundene Entwicklungsmodell. Die Dekolonisationsprozesse im Nahen Osten brachten eine Fülle von neuen und oft nominellen Nationalstaaten hervor. Arabische Nationalisten wollten sich nicht auf diese beschränken, sondern strebten einen panarabischen, aber säkularen Staat an. Einerseits verdrängte die Idee von einem panarabischen Staat den alten Traum von der weltweiten Einheit aller Muslime in einem universalen islamischen Kalifat. Andererseits jedoch war der panarabische Nationalismus nicht nur eine Idee, wie es das islamische imperiale – und noch heute obsolete – Konzept der »Umma« ist. Vielmehr bezog sich dieses politische Modell auf die real vorhandene Struktur des modernen internationalen Systems von Nationalstaaten. Damit erkannten arabische Nationalisten die neue nationalstaatliche Ordnung und ihre Normativität an. Sie strebten einen übergreifenden arabischen, den gesamten Nahen Osten umfassenden – also nur räumlich größeren – Nationalstaat an.

Mit anderen Worten: Im Gegensatz zum politischen Islam, der in seiner Universalität einen Anspruch auf die gesamte Welt erhebt, beschränkten sich die Vorstellungen der arabischen Nationalisten einzig auf den arabischen Teil des Orients. Dies erklärt den Konflikt zwischen panarabischem Nationalismus und dem universalen Anspruch des Islam[56] sowie die massive Anfeindung gegen den säkularen Panarabismus durch die Fundamentalisten.[57]

Die Idee, Araber in einer selbständigen arabischen Nation zu vereinen, provozierte den Widerspruch des politischen Islam aus zwei Gründen. Zum einen schloß die mit ihr verbundene Trennung von Religion und Politik alle nichtarabischen Muslime von diesem Gebilde als »Ausländer« im nationalstaatlichen Sinne aus. Zum anderen

55 Vgl. Kenneth R. *Timmerman*, The Death Lobby. How the West Armed Iraq, New York 1991.

56 Vgl. hierzu besonders *Tibi*, Arab Nationalism, a.a.O. (Anm. 29), S. 1-26 (nicht enthalten in der unter Anm. 27 zitierten deutschen Ausgabe); *ders.*, Islam and Arab Nationalism, in: Barbara *Stowasser* (Hrsg.), The Islamic Impulse, Washington, D.C. 1987, S. 59-74.

57 Vgl. *Nagib*, Al-harakat al-qaumiyya al-haditha fi mizan al-Islam (Die modernen Nationalismen), a.a.O. (Anm. 27).

bezog sie die arabischen Christen als gleichberechtigte Bürger und damit als Vollmitglieder der arabischen »Umma« mit ein. Arabische Christen wurden nicht länger als »Dhimmi« (d. h. Schutzbefohlene und damit als eine vom Islam geschützte religiöse Minderheit) betrachtet. Als intellektueller Vater des säkularen Panarabismus gilt Sati *al-Husri*,[58] dessen Arabismus Saddam *Husseins* »Republik der Angst«[59] maßgeblich beeinflußt hat. Die Tatsache, daß sich Saddam *Hussein* während des Golfkriegs zu einem situationsbedingten islamischen Fundamentalisten entwickelte, bedeutet praktisch, daß es möglich ist, den Arabismus mit einem spezifischen Verständnis des islamischen Fundamentalismus zu kombinieren.

Die in bestimmten Situationen mögliche Fusion von ethnischem Nationalismus und Fundamentalismus mag westliche Politiker verwirren. In diesem Kontext ist aber auch zu fragen, wie der religiöse Fundamentalismus, sei es mit einer solchen Fusion bzw. ohne eine solche, außenpolitisch zu bewerten ist. Diese Frage betrifft die Gestaltungskraft des Fundamentalismus nach innen und außen, d. h. den Grad der Geschlossenheit, welchen er hervorrufen kann.

Kann der Fundamentalismus das islamische »Umma«-Ideal in eine antiwestliche weltpolitische Grösse verwandeln?

Grundsätzlich scheint eine koordinierte weltweite Mobilisierung des Fundamentalismus gegen den Westen sehr unwahrscheinlich zu sein. Dennoch gelingt es den Fundamentalisten, weltweit antiwestliche Einstellungen[60] mit destabilisierenden Wirkungen zu mobilisieren. Es würde den Rahmen dieser Abhandlung sprengen, alle Gründe aufzuzeigen, die das Auftreten der befürchteten destruktiven Potentiale verhinderten. Dies ist nicht allein mit der fehlenden Kommandozentrale zu erklären. Es soll hier nur darauf verwiesen werden, daß der Fundamentalismus nach außen – vor allem gegenüber dem Westen – einigend wirken kann, während er diese Geschlossenheit nach innen – angesichts der großen religiösen, ethnischen und kulturellen Vielfalt der islamischen »Umma« und ihrer geographischen Zersplitterung – nicht zu bewerkstelligen vermag.

Das Beispiel Afghanistan belegt diese These exemplarisch: Während des Krieges konnte der islamische Fundamentalismus – in Verbindung mit einem überethnischen afghanischen Nationalismus – die dortige Bevölkerung gegen die Sowjetunion mobilisieren.[61] Als mit dem Abzug der Sowjettruppen das äußere, einigende Feindbild nicht mehr vorhanden war, löste sich die fundamentalistische Einheitsfront in eine Vielzahl

58 Seine Schriften sind literarische Manifestationen dieser Periode, die von den frühen 20er Jahren bis zu den späten 60er Jahren dieses Jahrhunderts dauerte. Vgl. *Tibi*, Vom Gottesreich, a.a.O. (Anm. 27).

59 Samir *al-Khalil* (alias Kanaan *Makiya*), Republic of Fear. The Politics of Modern Iraq, Berkeley 1989, S. 149 ff.

60 Vgl. *al-Schadhli*, a.a.O. (Anm. 18).

61 Vgl. Olivier *Roy*, Islam and Resistance in Afghanistan, Cambridge 1986. Anthony *Arnold*, The Fateful Pebble. Afghanistan's Role in the Fall of the Soviet Empire, Novato, Cal. 1993; dazu *Tibi*, Ein nationaler Selbstmord, in: *FAZ*, 6.9.1993.

untereinander bis auf den Tod verfeindeter ethnischer Gruppen auf, die sich alle »Mudschahedin« (Allahs Kämpfer) nennen. So wie der frühe Islam bestenfalls »eine Föderation der Stämme«[62] in Form der »Umma« als Super-Stamm erreichte, es jedoch nicht vermochte, die Stämme selbst aufzulösen, so wird der Fundamentalismus kaum in der Lage sein, das Ideal der islamischen »Umma« in eine weltpolitische Realität zu verwandeln.

Will man die Frage beantworten, ob die Vielfalt und Heterogenität lokaler islamischer Kulturen zu einer einheitlichen weltpolitischen Größe im veränderten internationalen System werden kann, ist die Unterscheidung von islamischem Zentrum und islamischer Peripherie von zentraler Bedeutung. Pakistanis weisen beispielsweise die Einstufung des arabischen Orients als Zentrum des Islam als arabozentrisch zurück. Tatsache ist aber, daß der Islam als eine »arabische Religion für die Araber«[63] begründet wurde und erst danach universalisiert worden ist. Die Sprache des Islam ist arabisch, Muslime haben in der Regel arabische Namen, auch wenn sie keine Araber sind. Sie dürfen den Koran nur auf arabisch lesen und alle islamischen Rituale und Gebete ausschließlich auf arabisch verrichten.[64] Weltpolitisch bedeutet diese arabozentrische Dimension des Islam, daß der arabische Nahe Osten das Zentrum der Welt des Islam bildet. Von ihm gehen »Spill-Over«-Effekte auf die gesamte Welt des Islam über, die jedoch ihre Grenzen haben. Dies kann am Beispiel der Auswirkungen der arabischen Niederlage im Sechs-Tage-Krieg von 1967 als dem regionalhistorischen Hintergrund für die Entstehung und Entfaltung der sunnitischen Variante des islamischen Fundamentalismus illustriert werden.

Der arabisch-israelische Juni-Krieg von 1967[65] trug zur Delegitimierung der säkularen arabischen Regime und somit der Institution des säkularen Nationalstaats bei. Die vernichtende Niederlage bedeutete eine schlimme Demütigung für diese Regime. Der sich in der anschließenden Periode einer anhaltenden und sich intensivierenden Krise[66] herausbildende zeitgenössische arabisch-sunnitische Fundamentalismus hatte große Auswirkungen auf Entstehung und Entwicklung der anderen Varianten des islamischen Fundamentalismus. Nach dem Sechs-Tage-Krieg hofften viele arabische Publizisten zunächst, die Niederlage würde positiv als Quelle der Desillusionierung wirken, und die Araber würden beginnen, sich den Realitäten zu stellen. Aber der Prozeß schmerzhafter Selbstkritik (1967-1970) war nur von kurzer Dauer. Bereits in den frühen siebziger Jahren übertönten die Stimmen der chiliastischen Träumer, die oft auch »die Stimmen eines wiedererstarkenden Islam«[67] genannt wurden, die selbstkritischen Stimmen.

---

62 Vgl. William Montgomery *Watt*, Islamic Political Thought, Edinburgh 1968, S. 13.

63 Hierzu Maxime *Rodinson*, Mohammed, Luzern/Frankfurt a.M. 1975, passim.

64 Vgl. das Sprach-Kapitel in: *Tibi*, Der Islam und das Problem der kulturellen Bewältigung sozialen Wandels, 3. Auflage 1991, Frankfurt a.M. 1985, S. 30 ff., S. 99 ff.

65 Ausführlich zum Sechs-Tage-Krieg von 1967 und der für die Araber demütigenden Niederlage vgl. *Tibi*, Konfliktregion Naher Osten, 2. Auflage, München 1991, S. 80-135.

66 Hierzu ausführlich Fouad *Ajami*, The Arab Predicament, Cambridge/London/New York 1981, S. 50 ff.

67 *Tibi*, Structural and Ideological Change in the Arab Subsystem Since the Six-Day War, in: Yehuda *Lukacs*/Aballa *Battah* (Hrsg.), The Arab Israeli Conflict. Two Decades of Change, Boulder, Colo. 1988, S. 147-163.

Von allergrößter Bedeutung ist, daß der arabische Traum von einem umfassenden arabischen Nationalstaat als ein integraler Teil der Weltordnung nach der Niederlage von 1967 sein »Ende« fand.[68] Ideologisch wurde der säkulare arabische Nationalismus durch das Wiederaufleben der klassischen Einteilung der Welt in das »Dar al-Islam« und die »Dar al-Harb« verdrängt.[69] In der Sprache des politischen Islam werden für diese Unterscheidung die Begriffe »al-Sharq al-Islami« (Islamischer Orient) und »al-Gharb al-Isti'mari« (Imperialistischer Westen) verwendet.

Die politische Neubelebung des Islam stützt sich daher sowohl auf die Delegitimation der von Israel 1967 besiegten säkularen arabischen Regime als auch auf das Scheitern des westlich geprägten Modells des Nationalstaats. Diese Erfahrung hatte Auswirkungen auf andere islamische Länder. Der sunnitische islamische Fundamentalismus richtet sich gegen die »kreuzzüglerische Verschwörung der Verwestlichung« in der islamischen Welt.[70] Die Begriffe »Isti'mar« (Imperialismus) und »Salibiyya« (Kreuzzüglertum) werden synonym und abwechselnd angewandt. Dies sind die dominierenden Feindbilder der Muslime. Zu ihrer weiteren Verstärkung instrumentalisieren islamische Fundamentalisten heute die muslimischen Opfer des Balkan-Krieges.[71]

Algerien und Ägypten bieten für die Ablösung des säkularen panarabischen Nationalismus durch den politischen Islam die besten Beispiele. Die ideologische Zauberformel in dieser seit den siebziger Jahren anhaltenden Krisensituation lautet: »al-hall al-Islami farida wa darura« (die islamische Lösung ist eine Verpflichtung und eine Notwendigkeit).[72] Nach Ansicht ihres ideologischen Begründers, *Qaradawis*, erfordert die Rückkehr zur wahren »islamischen Lösung« eine buchstäbliche Zertrümmerung der »al-hulul al-mustawrada« (importierten Lösungen) wie die des Liberalismus, des Nationalismus und des Sozialismus und erklärt den »verwestlichten und säkularen Muslimen« den Krieg.[73]

Dies führte zu destabilisierenden innenpolitischen Konflikten in den islamischen Ländern und hatte negative Auswirkungen auf die Stabilität des Mittelmeerraums. 1994 wurden die – noch säkular orientierten – politischen Eliten in Algerien und Ägypten sowie zu einem weit geringeren Grad auch in der Türkei durch Morde Opfer der Kriegserklärung gegen »verwestlichte Muslime« entweder wie das Mubarak-Regime in Ägypten als Bündnispartner des Westens oder als Befürworter einer friedlichen

68 Tawfic E. *Farah* (Hrsg.), Pan-Arabism and Arab Nationalism. The Continuing Debate, Boulder, Colo. 1987. Hier bes. Fouad *Ajami*, The End of Pan-Arabism, in: ebd., S. 96 ff.

69 Zum politischen Schrifttum auf Grundlage der Originalquellen vgl. *Tibi*, Major Themes in the Arabic Political Literature of Islamic Revivalism 1970-1985, in: *Islam and Christian-Muslim Relations* (Birmingham), Nr. 2, 1992, S. 183-210; vgl. auch ebd., Nr. 1, 1993, S. 83-99.

70 Vgl. W. Montgomery *Watt*, Islamic Fundamentalism and Modernity, London 1988, S. 16 f.; ders., Muslim Christian Encounters. Perceptions and Misperceptions, London 1991, S. 89 ff., 100 ff. Vgl. auch *Tibi*, Die Verschwörung, a.a.O. (Anm. 4), S. 276 ff.

71 Vgl. *Tibi*, Die islamische Dimension des Balkan-Krieges, in: *EA*, 22/1993, S. 635-644.

72 Yusuf *Qaradawi*, al-hall al-Islami, 3 Bände, Beirut 1970-74 (Band 1-2), Kairo 1988 (Band 3).

73 *Qaradawi*, Bayinat al-hall al-Islami wa schabahat al-'ilmaniyyin wa al-mutagharbin (Die Hauptmerkmale der islamischen Lösung und die Anzweiflungen der säkularisierten und verwestlichten Lösung), in: ebd., Band 3, Kairo 1988.

Zusammenarbeit mit dem Westen wie das frühere Regime der Algerischen Nationalen Befreiungsfront (FLN). Wahllose Morde an säkularen Intellektuellen erzeugten und erzeugen eine Atmosphäre des Terrors und der Angst.[74] In den islamischen Zentren Europas nutzen islamische Fundamentalisten die Möglichkeiten eines demokratischen Rechtsstaats, um ihre logistische Basis aufzubauen und ihre Gegner mundtot zu machen. Kritik an ihren Aktivitäten wird erfolgreich als ausländerfeindliche Handlung bezeichnet. Frankreich scheint das einzige europäische Land zu sein, in dem diese Strategie nicht zu wirken scheint.

Hervorgehoben werden muß, daß Kritik am Fundamentalismus nicht im geringsten etwas mit einem »Islam-Feindbild« zu tun hat. Der Islam darf nicht mit dem Fundamentalismus gleichgesetzt werden. Die fundamentalistische Repolitisierung des Islam ist *keine* religiöse Wiederkehr des Islam. Der Islam war vielmehr im Orient immer präsent, wenn auch als kulturelles System, als religiöser Glaube und als zentraler Bezugsrahmen, aber nicht als eine politische Ideologie. Die im deutschen Sprachgebrauch übliche Beschreibung des politischen Islam als »Re-Islamisierung« ist auf allen Ebenen falsch.[75] Seit 1967 kehrt der Islam als politische Ideologie, nicht aber als kulturelles System zurück. Diese Differenzierung zwischen Islam und Fundamentalismus fehlt auch bei *Huntington*, der die islamische Zivilisation insgesamt für die Entstehung von »Frontlinien des Konflikts« verantwortlich macht. Islamische Fundamentalisten, nicht einfache Muslime, heizen den weltpolitischen Konflikt an und entwickeln ihn zu einem Zivilisationskonflikt.

Schlussfolgerungen und Implikationen für die Aussenpolitik

Rückblickend läßt sich zusammenfassend feststellen, daß die Politisierung des Islam ein fortlaufender Prozeß ist, der eng mit den Auswirkungen des den gesamten arabischen Orient betreffenden Sechs-Tage-Krieges von 1967 zusammenhängt. Vom arabischen Zentrum als dem Kerngebiet der islamischen Zivilisation hat sich der Fundamentalismus ausgebreitet und auch die nichtarabische Peripherie bis nach Südostasien erreicht. Auch die sechs islamischen Republiken der aufgelösten Sowjetunion sind mit ihrer Aufnahme in den Block der islamischen Staaten, der Organisation der islamischen Konferenz, der Welt des Islam beigetreten.

Heute ist der politische Islam zu einer Gefahr für die Demokratie und auf globaler Ebene zu einer Herausforderung für die bestehende säkulare Weltordnung geworden.[76] Eine der Ursachen der erneuten Politisierung des Islam ist das Scheitern der

74 Vgl. Flora *Lewis*, In Algeria and Elsewhere. A War on Liberal Thought, in: *International Herald Tribune*, 20.8.1993. Ähnliche Leitartikel deutscher Autoren werden nicht nur sehr vermißt, vielmehr scheint es in Deutschland nicht möglich zu sein, dergleichen zu schreiben. Vgl. *Tibi*, In der kulturellen Wüste. Zur Intellektuellenjagd in der Welt des Islam, in: *St. Galler Tagblatt*, 12.8.1994; ders., Auf der Mordliste islamischer Fundamentalisten, in: *FAZ*, 23.11.1993.

75 Hierzu *Tibi*, Der Islam, a.a.O. (Anm. 64), S. 158 ff.

76 Vgl. Jean-François *Revel*, Democracy Against Itself, New York 1993, S. 199 ff.

verwestlichten islamischen Eliten, die Moderne im Rahmen des säkularen Nationalstaats in der Welt des Islam zu etablieren. Die Nationalstaaten im islamischen Teil unserer Welt sind nominelle Nationalstaaten geblieben. Religiöser Fundamentalismus konnte sich entwickeln, weil die Einführung des säkularen Nationalstaats nicht mit einem Prozeß der Säkularisierung im Islam korrespondierte.[77] Dies gewährleistete die Kontinuität der islamischen Weltsicht und erleichterte in den siebziger und achtziger Jahren den Rückfall von säkularen Ideologien, denen die soziale Basis und die kulturelle Untermauerung fehlte, zu jenen des politischen Islam.

Islamische Fundamentalisten unserer Gegenwart behaupten, der Westen sei in die Welt des Islam eingedrungen und habe mit den Mitteln der Säkularisierung bewirkt, daß Muslime von islamischen Tugenden abwichen. Hier kommt das Verschwörungssyndrom zur Geltung.[78] Nach ihrem Verständnis sollte die wichtigste Aufgabe für Muslime sein, dies durch eine Rückkehr zum ursprünglichen universellen Islam zu ändern, die »intellektuelle Invasion der islamischen Welt durch den Westen«[79] abzuwehren, die weltweit gültigen Normen und Spielregeln zurückzuweisen und eine vom Islam dominierte Weltordnung zu etablieren. Damit aber steuern sie unaufhaltsam auf einen Zivilisationskonflikt zwischen der Welt des Islam und dem Westen zu.

Den möglichen sicherheitspolitischen Gefahren von nichtstaatlicher Seite stehen nur begrenzte Abwehrmöglichkeiten der NATO gegenüber. Den auf den Staat fixierten Kritikern an *Huntingtons* These vom Zusammenprall der Zivilisationen, der im Zuge von Migration und Multikulturalität bis in die Innenpolitik der westlichen Länder hineinreicht, muß vorgehalten werden, daß sie nicht in der Lage sind, diese Dimension gedanklich zu erfassen.

Für die Analyse der Weltpolitik ist es daher von erheblicher Bedeutung, wie zeitgenössische islamische Fundamentalisten die Welt wahrnehmen (fundamentalistische Weltsicht).[80] Nur dann wird auch die Herausforderung, die der islamische Fundamentalismus für die sich wandelnde globale Ordnung darstellt, in ihrer Tragweite erkannt.

Nicht alle sich zum politischen Islam bekennenden Fundamentalisten wünschen sich eine Wiederauferstehung des klassischen islamischen politischen Systems, des Kalifats.[81] Der Fokus der islamischen Fundamentalisten richtet sich vielmehr auf die Errichtung eines »Nizam Islami« (islamischen Regierungssystems) auf der Ebene des regionalen Staates und auf die Verbreitung des Islam im Rahmen einer globalen islamischen Ordnung. In ihrem zunächst auf Rhetorik beschränkten Bestreben, die Welt nach islamischen Grundsätzen neu zu gestalten, ohne das Kalifat zu restaurieren,

---

77 *Tibi*, Islam and Secularization. Religion and the Functional Differentiation of the Social System, in: *Archiv für Rechts- und Sozialphilosophie*, Band LXVI, 1980, S. 207-222.

78 Vgl. *Tibi*, Die Verschwörung, a.a.O. (Anm. 4).

79 Ali Mohammed *Garischa*/Mohammed Scharif *Zaibaq*, Asalib al-Ghazu al-fikri li al-'Alam al-Islami (Die Methoden der intellektuellen Invasion der islamischen Welt), 2. Auflage, Kairo 1978.

80 Vgl. *Tibi*, The Worldview, a.a.O. (Anm. 1).

81 Zur islamischen Kalifat-Diskussion vgl. Ali *Husni al-Khartabuli*, al-Islam wa al-Khilafah (Islam und Kalifat), Beirut 1969; kritisch dazu Mohammed Said *al-Aschmawi*, al-Khilafah al-Islamiyya (das islamische Kalifat), Kairo 1990.

verraten islamische Fundamentalisten, daß sie »Modernisten« und keine Traditionalisten sind. Die Agitationsschriften und Pamphlete islamischer Fundamentalisten, die die Vision einer vom Islam bestimmten neuen Weltordnung enthalten, verraten eine moderne Sprache und eine Vertrautheit mit dem weltpolitischen Vokabular unserer Epoche. Einige Analytiker nehmen diese fundamentalistische Weltpolitik-Rhetorik nicht ernst und vertreten die Auffassung, daß es so etwas wie eine islamische Weltpolitik nicht gebe.[82] Entsprechend dieser Argumentation liegt die Schlußfolgerung nahe, daß Fundamentalisten – sind sie erst an der Macht – eine Politik wie jede andere Regierung betreiben würden. Diese Analytiker verwechseln das, was als islamischer Konformismus bezeichnet wurde, mit der Vision eines nach islamischen Moralvorstellungen gestalteten Staatensystems. Es sieht zwar nicht so aus, als würden die islamischen Fundamentalisten in absehbarer Zukunft eine solche Vision in die Tat umsetzen können. Dennoch birgt der neue Trend die Gefahr einer weiteren Fragmentation im internationalen System in sich.

Das Phänomen des islamischen Fundamentalismus ist eine weltpolitische Option einer Zivilisation, die in unserer Zeit ein Fünftel der Weltbevölkerung betrifft. Das Aufkommen religiös-ethnischer Ideologien in nichtwestlichen Zivilisationen, an deren vorderster Stelle der islamische Fundamentalismus zu nennen ist, erfolgt mit dem Anspruch, die bestehende säkulare Weltordnung abzulösen. Das ist zwar Rhetorik, die jedoch sehr ernst zu nehmen ist, vor allem weil der religiöse Fundamentalismus eine Einstellungsveränderung zugunsten von Gewaltanwendung fördert.[83] Kalevi J. *Holsti* fragt in diesem Zusammenhang, ob wir heute allem Gerede von der Globalisierung zum Trotz nicht doch mehrere internationale Systeme hätten. Über diese – allein auf das Problem Krieg und Frieden beschränkte – Überlegung von *Holsti* hinaus wird hier vermutet, daß das weitere Erstarken des Fundamentalismus die Spaltung des internationalen Systems in verfeindete Blöcke herbeiführen kann, die nicht mehr – wie zu Zeiten der Bipolarität – über einen Konsens über die Spielregeln bei der Konfliktaustragung verfügen.

82 Vgl. Adeed *Dawisha* (Hrsg.), Islam in Foreign Policy, Cambridge 1993.
83 Kalevi J. *Holsti*, Peace and War: Armed Conflicts and International Order, Cambridge 1991, S. 303-305; hier S. 323 f. und S. 328.

OSTASIENS HERAUSFORDERUNG

Rüdiger Machetzki

Ostasien wird »entdeckt«

1994 ist das Jahr, in dem auch das offizielle politische Europa die wachsende globale Bedeutung Ostasiens endgültig entdeckt zu haben scheint. Die Europäische Kommission hat ein grundlegendes Asien-Papier erarbeiten und veröffentlichen lassen – »Towards a New Strategy for Asia«. »New« sollte nicht wörtlich genommen werden, da eine alte Strategie, die verändert oder abgelöst werden müßte, weit und breit nicht zu erkennen ist. Dennoch bleibt zu beachten, daß die »Herausforderung«, die sich aus dem kontinuierlich steigenden weltpolitischen und -wirtschaftlichen Gewicht der ostasiatischen Region ergibt, erstmals wirklich ernst genommen wird. So konstatiert das Asien-Papier denn auch, daß es jetzt um »radical rethinking towards Asia« gehe. Vor allem müßte nach den Ursachen gesucht werden, warum die Europäische Union es bisher unterlassen habe, »to establish an adequate economic and political profile in the region«. Wie das konkret zu bewerkstelligen sei, dazu schweigt das Papier bedauerlicherweise. Trotzdem, ein Anfang ist gemacht.

Auf nationaler Ebene hatte die Bundesregierung bereits im Oktober 1993 ein eigenes umfangreiches »Asien-Konzept« erstellen lassen. Dort heißt es in der Eingangspassage unter dem Leitmotiv »Entwicklungen im asiatisch-pazifischen Raum und deutsche Asien-Pazifik-Politik« zutreffend: »Die Region Asien/Pazifik wird im 21. Jahrhundert herausragende Zukunftschancen haben. Dem müssen Politik und Wirtschaft Rechnung tragen. Eine aktive Asien-Pazifik-Politik dient unseren aktuellen politischen und wirtschaftlichen Interessen. Sie ist auch Zukunftssicherung für Deutschland. Sie ist unerläßlicher Bestandteil einer globalen Politik der Friedenssicherung.«

Einen Schritt schneller als die Bundesregierung sind die deutschen Wirtschaftsverbände gewesen. Unter der koordinierenden Leitung des Bundesverbandes der Deutschen Industrie wurde gemeinsam mit dem Deutschen Industrie- und Handelstag sowie dem Ostasiatischen Verein ein neuer Asien-Pazifik-Ausschuß der Deutschen Wirtschaft (APA) gegründet. Der Ausschuß verfügt über sieben sogenannte Lenkungskreise, die verschiedene »Arbeitsprogramme« konkret umsetzen sollen, um der Asien-Orientierung der deutschen Unternehmen jene Stetigkeit und Tiefe zu verleihen, an der es bisher großenteils gemangelt hat. Weshalb ein wesentlich ausgeprägteres Profil der deutschen Politik und eine erheblich stärkere Präsenz der deutschen Wirtschaft in Ostasien von Nöten sind, worin die Natur der ostasiatischen Herausforderung besteht und warum klare Antworten auf sie gefunden werden müssen, das soll in den folgenden Abschnitten dieses Beitrags verdeutlicht werden.

Das neue Selbstbewusstsein

Ostasien, d.h. der pazifische Teil des Kontinents mit den beiden Unterregionen Nordostasien (»Ferner Osten«) und Südostasien, hebt sich von allen anderen großen Entwicklungsgebieten der Welt eindrucksvoll durch zahlreiche nationale Erfolgsbeispiele wirtschaftlich-gesellschaftlicher Entwicklung ab. Es ist noch nicht drei Jahrzehnte her, daß Gunnar *Myrdal* sein weltbekanntes Opus Magnum »Asian Drama« veröffentlichte. Die Studie galt als das Standardwerk für die »Untersuchung der Armut (asiatischer) Nationen«. Überall wurde damals »Entwicklungsversagen« registriert – Schlagwort: »soft state«. Im Herbst 1993 stellte die Weltbank einen umfangreichen Untersuchungsbericht mit dem Titel »The East Asian Miracle« vor. Untersuchungsgegenstand ist der neue Wohlstand der ostasiatischen Nationen. Die auf 389 Seiten dargelegten Ursachen des gewaltigen Wandels der ostasiatischen Weltregion lassen sich laut John *Page*, Leiter des Untersuchungsteams, in wenigen Sätzen zusammenfassen. Das »Wunder« sei eigentlich keines. Es ließe sich ziemlich einfach erklären: Die Menschen in diesen Ländern hätten einfach härter gelernt, härter gearbeitet und mehr gespart als die Menschen in anderen Weltregionen. Seit den sechziger Jahren habe das gesamtwirtschaftliche Wachstum in Ostasien deshalb dreimal so hoch gelegen wie in Lateinamerika und Südasien sowie fünfmal so hoch wie in Afrika.

In der Tat haben die Länder im pazifischen Teil Asiens seit mehr als drei Jahrzehnten wirtschaftlich-gesellschaftliche Entwicklungsschübe von einer Gewalt erlebt, die in der früheren Geschichte der Weltwirtschaft nicht bekannt gewesen sind. Nacheinander haben sich zuerst Japan, dann die kleineren Länder Nordostasiens und schließlich – während der letzten Dekade – auch die wichtigen Staaten Südostasiens sowie mehrere wirtschaftliche Schlüsselgebiete des chinesischen Subkontinents mit einer Bevölkerung von mehr als 200 Millionen Menschen von diesem dynamischen Prozeß des Auf- und Umbruchs erfassen lassen. Alles spricht dafür, daß die Quellen dieser Dynamik noch für mindestens zwei weitere Jahrzehnte ungehindert fließen werden. Nahezu alle asiatischen Wirtschaftsgesellschaften haben die anerkannte Weisheit bestätigt: Miracles are man-made! Das heißt, prinzipiell können sie überall geschehen, aber auch überall wieder verlorengehen. »Wunder« sind etwas, woran man immer arbeiten muß. Das erkannt zu haben, ist *das »Geheimnis«* Asiens; ansonsten gibt es nichts Geheimnisvolles. Geheimnisvolle Gesellschaften sind in der modernen Weltwirtschaft nicht überlebensfähig. Anders gesagt: Was heute in Ostasien geschieht, ist im wesentlichen die Anerkennung der grundlegenden Erfolgsregeln, die den Aufstieg der modernen westlichen Gesellschaften für zwei Jahrhunderte bestimmt haben. Der »geheimnisvolle Osten« ist dabei, gerade diejenigen westlichen Anschauungen, von denen sich wachsende Teile der westlichen Gesellschaften überfordert fühlen, zur Grundlage einer neuen, weltweiten Realität zu machen. »Romantische Gesellschaftsstimmungen« und Pflege von »Bedenkenträgerkulten« sind unbekannt. Man bewertet westliche Tendenzen dieser Art als »Ermüdungsphänomene« und ist davon überzeugt, daß die westliche Entwicklungsrichtung der letzten Jahrzehnte keineswegs eine neue

Überlegenheit gesellschaftlichen Nachdenkens manifestiert. Stichwort: »redeveloping countries«. Die ostasiatische »Herausforderung« des Westens ist unübersehbar geworden.

In Japan träumt man davon, in Zukunft die Geschicke der Welt maßgeblich zu bestimmen: »Wir befinden uns in der Mitte eines großen Umbruchs in der Weltwirtschaft. Ein Umbruch, der andauern wird, bis der Führer der nächsten Ära erscheint. Sieht man sich die moderne Weltwirtschaft an, so wird Japans Weg klar ... »Das 21. Jahrhundert wird Japan als Exporteur von Kultur und Information in den Rest der Welt erleben. Dann wird der Prozeß der Internationalisierung Japans vollendet sein, und das Land wird dann die Voraussetzungen für eine wahre Führung der Weltgemeinschaft erreicht haben.«[1] Wie immer man den Realitätsgehalt solcher Visionen einstufen mag, fest steht, daß Ostasien auf dem langen Weg zu einer relativ eigenständigen wirtschaftlich-gesellschaftlichen Zukunft ist.

Mit dieser skizzenhaften Ist-Beschreibung soll nicht behauptet werden, daß die Region insgesamt bzw. die wesentlichen Akteure im pazifischen Asien einer problem- oder gar konfliktfreien Zukunft entgegensehen. Die ungeheure Entwicklungsdynamik erzeugt – rein äußerlich – ebenso wie das »Entwicklungsversagen« fortlaufend neue Problemstellungen. Aber im Unterschied zu anderen Regionen der Entwicklungswelt sind die großen Probleme in Nordost- und Südostasien, die gegenwärtig das Denken und Handeln der nationalen Führungen bestimmen, Folgeerscheinungen vorangehender Erfolgsgeschichten. Sie sind ihrer Natur nach von völlig andersartiger »Qualität« als die Problemlasten, die sich bei ausbleibenden Erfolgen über Jahrzehnte hinweg in anderen Weltregionen angestaut haben.

Ostasiatische Leiterfahrungen

Um diesen Tatbestand zu verdeutlichen, scheint es sinnvoll, den regionalen Hintergrund, auf dem sich der politische und gesellschaftlich-wirtschaftliche Wandel der ostasiatischen Länder vollzogen hat bzw. vollzieht, kurz zu beleuchten.

Die erste Leiterfahrung, die Ostasien kennzeichnet, liegt in dem seit drei Jahrzehnten anhaltenden Hochwachstum und dem ungebrochenen Strukturwandel, der dieses Wachstum begleitet. Von wenigen Ausnahmen abgesehen (z.B. Nordkorea, Indochina, Birma [heute Myanmar] und die Philippinen) sind alle Länder in der Region wesentlich schneller gewachsen und weisen wesentlich höhere wirtschaftliche »Diversifizierungsleistungen« auf als der jeweilige Gruppendurchschnitt nach den Kategorien der Weltbankberichte. Sie sind also in ihren Gruppen »wirtschaftliche Weltspitzenreiter«. Das gilt für Japan als Industrieland, für die Schwellenländer Korea, Taiwan, Hongkong und Singapur und die aufstrebenden Entwicklungsländer der ASEAN, denen viele Fachleute heute bereits das Etikett »Schwellenländer der zweiten Generation« zuweisen.

1 Kenjiro *Hayashi*, Passing the Torch of World Leadership, in: *Japan Echo*, Nr. 4, Winter 1985, S. 8-14.

Diese Dynamik, das muß ausdrücklich betont werden, ist charakteristisch für alle Sektoren der Wirtschaft, nicht nur für die exportorientierten Branchen der verarbeitenden Industrie. Auch die Binnenmärkte der ostasiatischen Länder expandieren ausgesprochen kraftvoll. Die »Verdoppelungszeiten« der Nachfrage lagen und liegen sowohl für Investitionsgüter als auch für Konsumgüter in der Regel bei sieben bis neun Jahren. Auch die landwirtschaftlichen Produktionsleistungen haben sich wesentlich rascher erhöht als im internationalen Entwicklungsländerdurchschnitt. In fast allen Fällen stieg die Nahrungsmittelerzeugung erheblich schneller als das Bevölkerungswachstum, das heute in den meisten Ländern der Region unter zwei Prozent jährlich liegt.

Das bedeutet u.a., daß in Ostasien ein gewaltiger Armutsabbau während der letzten zwei Jahrzehnte erfolgte, der seinesgleichen in der Weltgeschichte sucht. Indonesien ist ein Modellbeispiel, dessen Erfolg von der Ernährungs- und Landwirtschaftsbehörde der Vereinten Nationen (FAO) in der gesamten Welt zur Nachahmung empfohlen wird. Vor knapp dreißig Jahren lebten 60 Prozent der indonesischen Bevölkerung unterhalb der offiziellen Armutslinie, d.h. 60 von 100 Millionen Menschen. Gegenwärtig werden 25 bis 30 Millionen Menschen als absolut arm eingestuft bei einer Gesamtbevölkerung von 190 Millionen. Indonesiens Wirtschaft bietet heute mindestens 120 Millionen Menschen mehr ein Leben oberhalb der Armutslinie als vor dreißig Jahren. Das zweite große Erfolgsbeispiel ist China, das in den letzten 15 Jahren das Ausmaß seiner Armutsbevölkerung von knapp 300 Millionen auf rund 100 Millionen verringerte. Auch in den anderen Ländern sind unterschiedlich große Erfolge im Armutsabbau zu verzeichnen. Es gibt nur wenige Ausnahmen, so z.B. die Philippinen, Myanmar und die Indochina-Staaten, in denen der »Armutssockel« immer noch die Zwanzig-Prozent-Marke überragt.

Auch die Einkommensgefälle zwischen dem einkommensstärksten und -schwächsten Fünftel der einzelnen ostasiatischen Gesellschaften fallen erheblich geringer aus als in anderen Teilen der Welt. Ausgenommen Malaysia (1:15) und die Philippinen (1:12) liegen die Relationen bei weniger als 1:10.[2]

Mit Blick auf die Einkommensstabilität sei die Geldentwertung erwähnt. Hohe Inflationsraten sind indirekt immer Ausdruck einer gesellschaftlichen »Mittelschichtenkrise«, und da die (städtischen) Mittelschichten die tragende Kraft der modernen nationalen Entwicklung bilden, sind sie zugleich auch Ausdruck der nationalen Entwicklungskrise insgesamt. Abgesehen vom Jahr 1991 (10,6 Prozent) lag die durchschnittliche Inflationsrate Ostasiens während des letzten Jahrzehnts immer im einstelligen Bereich. Wirft man noch einen Blick auf den internationalen Verschuldungsstand, so ergibt sich im Verhältnis zum Exportvolumen für Ostasien ein Satz von rund 70 Prozent mit sinkender Tendenz.[3]

2 Vgl. World Bank Policy Research Report, The East Asien Miracle, Economic Growth and Public Policy, Oxford 1993, S. 31.

3 Vgl. *International Herald Tribune*, 13.7.1992.

Diese Erfolge verdeutlichen den von vielen Kritikern hartnäckig geleugneten inneren Zusammenhang zwischen einer Politik, die darauf ausgerichtet ist, »mündiges Wirtschaften« zu fördern, und der daraus resultierenden Wohlfahrtsmehrung der Gesellschaft. Zwei einfache Maximen liegen einer solchen Politik zugrunde: Laß diejenigen produzieren, die produzieren können und wollen! Verteile nicht, was (noch) nicht produziert ist! In den chinesischen Wirtschaftsgemeinden faßt man diese beiden Forderungen zu einer zusammen: Peitsche nie den schnellen Büffel!

Bemerkenswert erscheint, daß eine solche Politik in der mühevollen Praxis durchgehalten werden konnte, was in anderen Weltregionen hingegen immer noch eine seltene Ausnahme ist. Hinter der hohen ostasiatischen Wirtschaftsdynamik steht also letzten Endes die Bereitschaft der Menschen, die großen Unwägbarkeiten allgemeiner wirtschaftlich-gesellschaftlicher Umbrüche zu tragen, mit anderen Worten: die unsicheren Erwartungen an die Zukunft höher einzustufen als die verständliche Neigung, am Status quo festzuhalten. Nur weil diese Voraussetzung gegeben ist, kann die (Wirtschafts-)Politik in den Ländern Ostasiens ihr Werk tun.

Die zweite Leiterfahrung, die Ostasien von anderen Weltregionen abhebt, ist das unverkennbare, aus dem Erfolg geborene »Selbstbewußtsein«. Die nordost- und südostasiatischen Länder sind in ihrer Mehrheit die einzigen, die auf die großen wirtschaftsgeschichtlichen Herausforderungen, die der Westen der gesamten Welt seit dem 19. Jahrhundert gestellt hat, zumindest teilweise eigene Antworten gesucht und gefunden haben. Wahrscheinlich sind die Erfolge gerade auf die Tatsache zurückzuführen, daß keine »sklavische Nachahmung« sogenannter westlicher Vorbilder versucht wurde, sondern daß insgesamt verhältnismäßig starke Elemente der traditionellen Wirtschaftskultur überlebt haben und in die neuen Wirtschaftsordnungen eingegangen sind. Zur Verdeutlichung dieses neuen Selbstbewußtseins erscheint das folgende Zitat geeignet:

> »Ein zunehmend selbstbewußteres Ostasien, das aus seiner wirtschaftlichen Wachstumsüberlegenheit gegenüber dem Westen während der letzten dreißig Jahre seine Stärke gewonnen hat, entwickelt ein Arsenal von kulturellen Werten, um die westlichen Wege des wirtschaftlichen, gesellschaftlichen und politischen Gestaltens in Frage zu stellen ... Diese Herausforderung der westlichen kulturellen Dominanz beruht auf einer Mischung von Kapitalismus, Konfuzianismus und Regierungskontrollen, die den Wettbewerb fördern, während sie zugleich die Autorität von Familie, Gemeinde und Staat bewahren.«[4]

Die dritte Leiterfahrung scheint sich daraus zu ergeben, daß die ostasiatische Region als einzige außerhalb des Westens den von der Weltbank und anderen internationalen Organisationen als erfolgsnotwendig geforderten »Stages Approach to Comparative Advantage« in die weltwirtschaftliche Praxis umgesetzt hat. Dort finden sich alle »Stufen« der Entwicklung, eine Tatsache, die die innerregionale wirtschaftliche Zusammenarbeit wesentlich erleichtert und fördert. Man kann noch weiter gehen: Setzt man neben die gesamtwirtschaftlichen Pro-Kopf-Leistungen die Intensität des wirtschaftlichen Strukturwandels als Merkmal für erfolgreiche Entwicklungen hinzu,

4 Lucian W. *Pye*, On Chinese Pragmatism in the 1980s, in: *The China Quarterly*, Nr. 106, Juni 1986, S. 211-212.

so ist der pazifische Teil Asiens die einzige Weltregion (außerhalb der atlantischen Welt), in der »echte« Schwellenländer existieren.

Hieraus ergibt sich beinahe zwangsläufig die vierte Leiterfahrung bzw. das vierte Charakteristikum der ostasiatischen Region. Spätestens seit Mitte der achtziger Jahre sind eindeutige Integrationstendenzen zu einer neuen Weltwirtschaftsregion mit eigenständigen Konturen zu erkennen. Das heißt, nicht nur Japan, sondern der gesamte ostasiatische Küstengürtel einschließlich der dynamischen Küstenprovinzen Chinas wächst zu einem Teilgebiet der Weltwirtschaft heran, in dem zugleich deutliche Regionalisierungs- und Globalisierungstendenzen nebeneinander registriert werden können bzw. sich gegenseitig verstärken. Es läßt sich nachweisen, daß der innerregionale Wirtschaftsaustausch in der Zwischenzeit die stärkste einzelne Wachstumsquelle für die meisten ostasiatischen Länder darstellt. Nordamerika als der große und alles überragende Absatzmarkt hat relativ an Bedeutung verloren.

Die japanische Wirtschaft war die erste, die diesen Wandel erkannte und Ostasien als eine Wirtschaftsregion definierte, in der sich die eigene technologisch-wirtschaftliche Zukunft maßgeblich entscheiden werde. Dort befinden sich nach japanischer Ansicht die großen Zukunftsmärkte, und nur, wer auf diesen Märkten zu reüssieren vermag, wird auf Dauer auch weltweit erfolgreich bleiben. Der japanische Autor Kenichi *Omae* war der erste, der den neuen weltwirtschaftlichen »Qualitätsumbruch« voraussagte. Zu Beginn der achtziger Jahre erregte er mit seiner These von der »Macht der Triade« Aufsehen. In verkürzter Form forderte *Omae* alle Unternehmen, die sich weltweit behaupten wollen, dazu auf, ihre Präsenz auf allen drei großen Teilmärkten der Weltwirtschaft – Nordamerika, Westeuropa und Ostasien – aus- bzw. aufzubauen. Eine solche »Triadenpräsenz« werde die unabdingbare Voraussetzung der eigenen, langfristigen Wirtschaftszukunft sein. Heute gilt das beinahe als eine Binsenwahrheit.

Die fünfte Leiterfahrung der ostasiatischen Region ist politischer Natur. Indirekt scheint sie jedoch für das Selbstverständnis der einzelnen Gesellschaften und für die Bedeutung, die der eigenen jeweiligen Zukunftsentwicklung beigemessen wird, einen unermeßlichen Faktor darzustellen. Nationales Wirtschaften bzw. eine starke weltwirtschaftliche Position der eigenen Volkswirtschaft wird als »nationale Mission« empfunden. Anders als in Westeuropa, insbesondere in Deutschland, wo »nationalistisches Denken« voreilig in die Vergangenheit verbannt worden ist, scheint der Nationalismus in Asien erst vor dem Zenit seiner geschichtlichen Wirksamkeit zu stehen. Dies gilt zumindest für die wirtschaftlich erfolgreichen Länder, die sich nicht in die Sackgasse des »Fundamentalismus« verirrt haben.

Asiatische Konfliktdimensionen und der Westen

Der Nationalismus verspricht den einzelnen Gesellschaften eine größere innere Festigkeit, gleichzeitig jedoch hat er regional zu Spannungsverstärkungen und Konfliktaufladungen geführt, die auch in Zukunft andauern dürften. Trotz der großen Entwicklungserfolge, vielleicht gerade wegen dieser Erfolge, ist deshalb nicht ohne weiteres damit zu rechnen, daß Ostasien zu einer Idylle des friedlichen Handelns und Wandelns wird. Das läßt sich auf wirtschaftliche wie auch politische »Ursachenbündel« zurückführen.

Zum einen sind die oben angesprochenen »eindeutigen Integrationstendenzen zu einer neuen Weltwirtschaftsregion« nicht – zumindest noch nicht – auf allen Feldern des Wirtschaftens nachweisbar. Vielmehr wirken sie sich bisher nur auf die Produktionsprozesse in einigen strategischen Industrien aus, so vor allem auf die Mikroelektronik und die Informationstechnik, in denen große global-orientierte japanische und westliche Konzerne übernationale »Standortnetzwerke« aufgebaut haben und weiter ausbauen. Ferner sind seit 1987/88 stärkere Verflechtungstendenzen aufgrund von innerregionalen »Investitionsoffensiven« sichtbar geworden, die in erster Linie durch umfassende Produktionsverlagerungen von Nordostasien nach China und Südostasien (jeweils mehr als 200 Milliarden US-Dollar) ausgelöst wurden. Kennzeichnend für beide Bereiche ist ihre starke internationale Exportorientierung. Das bedeutet, gesamtregionale Verflechtungen auf diesen beiden Feldern wurden erheblich durch ein hohes Maß an Interessenübereinstimmung zwischen den einzelnen nationalen Akteuren begünstigt. Auf allen anderen Feldern der Wirtschaft jedoch, auf denen es vorrangig um die Gestaltung der nationalen Binnenmärkte geht, lassen sich bis heute keine wesentlichen Integrationsfortschritte registrieren. Unterschiedliche Wahrnehmungen dessen, was das jeweilige nationale Wirtschaftsinteresse ausmacht, stehen substantiellen übernationalen Annäherungsprozessen nach wie vor entgegen.

Daran ändern auch die im Westen häufig diskutierten Entwicklungsansätze zu einer gesamtpazifischen Organisation wirtschaftlicher Zusammenarbeit nur wenig. Nachdenkliche Beobachter hegen starke Zweifel, ob die auf den letzten Gipfelkonferenzen des »Asia-Pacific Economic Cooperation-Forums« (APEC) verkündeten Freihandelsvisionen (2020) und Programme eines »offenen Regionalismus« jemals Wirklichkeit werden. Bereits in den ersten Tagen nach dem »Freihandelsfestival« von Bogor (Indonesien) im November 1994 wurden die Regierungen wieder von den politischen Alltagszwängen eingeholt.

In Japan diktiert ein stiller gesellschaftlicher Konsens allen Regierungen in erster Linie, jeder internationalen politischen Situation auszuweichen, in der das Land gezwungen wäre, politisch-wirtschaftliche Entweder-Oder-Entscheidungen treffen zu müssen. In Südkorea, Taiwan und Singapur propagiert man unerläßlich die Notwendigkeit wirtschaftlicher Globalisierung und eines möglichst ungehinderten internationalen Waren- und Dienstleistungsverkehrs. In Malaysia hingegen befürwortet die Regierung eine exklusive asiatische Wirtschaftszone (East Asia Economic Caucus) unter Ausschluß Nordamerikas. In Indonesien setzte die Kritik an zukünftigen Freihandelszugeständnissen bereits in der Woche nach der Bogor-Konferenz ein, was nicht weiter verwundert, da die indonesische Regierung selbst gegenüber dem beschleunigten Ausbau einer kleinen ASEAN-Freihandelszone (AFTA) im südostasiatischen Bereich allen verbalen Bekundungen zum Trotz eine erhebliche Reserve zeigt. In China schließlich stimmte man den APEC-Programmen offensichtlich nur deswegen zu, weil aufgrund der vielen eingebauten Ausweichmöglichkeiten den Beschlüssen in konkreten Situationen ausgewichen werden kann.

Von diesen großen Interessendivergenzen abgesehen, scheint APEC im Westen mehr Aufmerksamkeit zu erfahren als in Asien selbst. So fragte das *Asian Wall Street Journal* vom 10. November 1994 nicht ohne Ironie: »What's an Apec?« Laut einer Meinungsumfrage unter Hongkong-Unternehmern hatten nur 30 Prozent der Befragten jemals den Begriff APEC gehört, und unter denen, die diesen Begriff kannten, meinten knapp 60 Prozent, daß APEC für ihre Geschäftstätigkeit keine Bedeutung habe.

Neben diesen wirtschaftlichen Gründen sprechen zum anderen auch politische Gründe nicht eben dafür, daß sich im asiatisch-pazifischen Raum in absehbarer Zeit eine stabile gesamtregionale Ordnung herausbildet, die allen nationalen Akteuren – in chinesischer Terminologie – die sicherheitspolitischen Voraussetzungen für »Frieden und Entwicklung« bietet. Zahlreiche latente Konfliktherde zwischenstaatlicher Art lassen sich für die Region auflisten. Das reicht von der politisch und militärisch instabilen Situation auf der koreanischen Halbinsel über das trotz aller wirtschaftlichen Kontakte von Mißtrauen und Spannungen geprägte Verhältnis zwischen dem chinesischen Festland und Taiwan bis hin zu – trotz vieler Verhandlungsbemühungen – ungelösten Seegebietsansprüchen nahezu jeden Landes gegen jedes andere – und Chinas gegen alle. Positiv zu vermerken ist, daß diese Spannungen bisher mit großem diplomatischen Kraftaufwand unter Kontrolle gehalten werden. Ein Musterbeispiel dieser »Kontrolldiplomatie« ist das 1994 gegründete ASEAN Regional Forum (ARF). Das ARF stellt einen beachtenswerten Versuch dar, den Ausbruch von Gewalt bzw. die Androhung von Gewalt zur Bereinigung zwischenstaatlicher Konflikte zu vermeiden. Wie wirksam das Gremium in Zukunft sein wird, bleibt jedoch trotz der intensiven Diskussion um die Gründungssitzung in Bangkok abzuwarten.

Politische Übereinstimmung herrscht im östlichen Asien allem Anschein nach nur in einem einzigen Punkt. Alle wichtigen Akteure wehren sich dagegen, dem »Wirtschaftsgiganten« Japan einen maßgeblichen ordnungspolitischen Gestaltungsanspruch in der Region zuzugestehen. Japan wird aufgefordert, »konstruktive« finanzielle und materielle Beiträge zur stabilen Entwicklung zu leisten, ansonsten wird von ihm jedoch nachhaltig die Wahrung eines bescheidenen politischen Profils eingefordert.

Die zwischenstaatliche Konfliktdimension wird durch potentielle wie tatsächliche innerstaatliche Spannungszustände in verschiedenen Staaten der Region verschärft. Das beginnt mit Nordkorea, das seit der wachsenden politisch-wirtschaftlichen »Offenheit« Chinas und dem Zusammenbruch der Sowjetunion seinen »Quarantäne-Sozialismus« nur noch mühsam und mit zunehmenden Kosten aufrecht zu erhalten vermag. Das setzt sich fort über den chinesischen Subkontinent, dessen politisches Regime sich wachsenden Schwierigkeiten ausgesetzt sieht, den eigenen Wandel gemäß dem Druck der dynamischen Realität der chinesischen Wirtschaftsgesellschaft auch nur annähernd zu bewältigen. Niemand vermag heute ernsthaft vorherzusagen, zu welchen negativen Folgeerscheinungen die politischen Transformationszwänge à la chinoise für das Land selbst und für die gesamte ostasiatische Region führen werden.

Für Vietnam läßt sich angesichts des mit zehn Jahren Verspätung eingeschlagenen »chinesischen Weges« prognostizieren, daß die zukünftigen »Bruchlinien« zwischen Politik und Wirtschaft denen Chinas ähneln werden. In Malaysia und Indonesien müssen sich die auf einen forcierten Modernisierungskurs verpflichteten Regierungen seit Jahren mit keineswegs zu vernachlässigenden Forderungen nach einem alternativen islamisch-fundamentalistischen Gesellschaftsentwurf auseinandersetzen, und auch die Philippinen sind trotz der positiven politischen und wirtschaftlichen Entwicklungstendenzen der letzten Jahre keineswegs vor erneuter innernationaler Zerrüttung gefeit.

Die hohe wirtschaftliche Dynamik in den meisten Ländern entlang des asiatischen Ufers des Pazifik bietet der Region – im Vergleich zu anderen nichtwestlichen Weltregionen – erheblich bessere Voraussetzungen, die gegenwärtigen regionalen stabilitäts- und sicherheitspolitischen Schwächen zu überwinden, aber der pazifische Großraum ist noch weit entfernt von der in der nordatlantischen Welt trotz aller transatlantischen Divergenzen gewohnten Ordnungssicherheit.

Es ist in erster Linie die Angst der asiatischen Staaten vor sich selbst, genauer vor einem Wiederaufbrechen historischer Konflikte, die zu den unüberhörbaren Forderungen nach fortdauernder amerikanischer Präsenz in der Region beigetragen hat. Vor allem in der ASEAN werden die Vereinigten Staaten in jüngster Zeit als »benign superpower« eingestuft. Es ist nicht zuletzt dem Einfluß der amerikanischen Asienpolitik zuzuschreiben, daß der »asiatische Rüstungswettlauf«, der nach Ende des Ost-West-Konflikts für zwei bis drei Jahre außer Kontrolle zu geraten schien, vorerst viel von seiner Bedrohlichkeit verloren hat. Asien wird den Westen auch in Zukunft zu seiner eigenen regionalen Stabilisierung benötigen, d.h. in erster Linie die Vereinigten Staaten, aber auch die Europäische Union (EU) wird aus politischem Eigeninteresse nicht umhinkommen, sich wesentlich durchdachter und konsequenter zu engagieren. Angesichts der im Vergleich zu den Vereinigten Staaten geringeren politischen Handlungsfähigkeit der EU werden die Schwerpunkte naturgemäß im entwicklungspolitischen und wirtschaftlichen Bereich liegen, ohne jedoch ausschließlich auf sie beschränkt zu bleiben.

Die deutsche Asienpolitik muß – wenn sie sich nicht auf bloße diplomatische Präsenz beschränken will – in drei verschiedenen Handlungsbereichen gleichzeitig gestaltet werden. Zum ersten geht es um die politische Präsenz in Asien selbst. Hier muß klar sein, wo die Bedeutung von regionalen und subregionalen Organisationen definitiv endet, d.h. wo der Zwang zu bilateralen Beziehungen mit nationalen Akteuren einsetzt. Zum anderen ist Asienpolitik nahezu zwangsläufig indirekt auch Europapolitik mit »Asienthematik«. Das ergibt sich allein schon aus der Tatsache, daß die verschiedenen Mitgliedstaaten der EU keinen einheitlichen Asienausblick teilen. Es kommt daher auf eine fortlaufende Abstimmung der jeweiligen Positionen an, und dies gilt insbesondere mit Blick auf den im Asienpapier der Europäischen Kommission geforderten »wider-reaching dialogue on political and security issues with Asian nations«. Zum dritten ist Asienpolitik auch »Innenpolitik mit Asienbezug«. Vor allem scheint eine wesentlich umfassendere Aufklärung über die Dimensionen der

»ostasiatischen Herausforderung« (Stichwort: Zukunftssicherung!) unerläßlich; die asienpolitische Thematik darf nicht länger auf den Kreis der »für-Asien-Zuständigen« eingeengt bleiben, sie muß »öffentlich« werden.

Eine weitere Grundtendenz in Asien, die mit der emotionalen Macht des Nationalismus zwar nicht identisch, aber eng verbunden ist, spiegelt sich in den starken »Demokratisierungsbewegungen« verschiedener Länder, insbesondere der Schwellenländer, wider. Das neu gewonnene und erkämpfte Maß an politischer Mitbestimmung macht immer mehr Staaten Ostasiens zu Beweisfällen für die These: »Democracy is an expanding civilization«. Die eigenen innerregionalen »Demokratiemodelle« erhöhen den Druck in den Ländern, die immer noch »halbautoritär« oder autoritär gelenkt und verwaltet werden. Der politischen Sphäre entspricht eine klare gesellschaftliche Tendenz zur Herausbildung breiter Mittelschichten. Zumindest empfinden immer mehr Menschen subjektiv, daß sie zu ihren jeweiligen nationalen Mittelschichten gehören oder bald in sie hineinwachsen werden.

Auf dem Felde der Wirtschaft haben sich diese politisch-gesellschaftlichen Tendenzen vor allem in einem wachsenden Druck zu gleichmäßigerer Einkommensverteilung manifestiert. Die anhaltenden Forderungen nach höheren Einkommen in den Schwellenländern haben sich in Form steigender Arbeitskosten zwar wettbewerbsverlangsamend für die jeweiligen Volkswirtschaften erwiesen, aber unter gesamtregionalen Gesichtspunkten haben sie durchaus positive Auswirkungen. Sie führen nicht zuletzt zu einer beschleunigten Verlagerung von arbeitsintensiven Produktionen nach Südostasien und China und damit zu verstärkten Integrationserscheinungen der Gesamtregion.

Von der Diskussion um Kultur und Politik

Im folgenden sollen einige Anmerkungen zu der alten Diskussion um den Erklärungswert wirtschaftspolitischer bzw. wirtschaftskultureller Rahmenbedingungen für das »Erfolgsgeheimnis« skizziert werden. Einerseits scheint die Tatsache, daß die Erfolgsfälle vornehmlich unter sogenannten konfuzianischen beziehungsweise postkonfuzianischen Gesellschaften zu finden sind, nicht mit bloßer Zufälligkeit erklärbar. Selbst in Thailand, Malaysia und Indonesien, die zur Zeit als die weltweit dynamischsten Entwicklungsländer gelten, wird die nationale Entwicklung wesentlich durch das ethnisch-chinesische Unternehmertum mitgestaltet. Dennoch zwingt eine eingehende Betrachtung der bisherigen Entwicklungen zu einer deutlichen Relativierung des »konfuzianischen Erklärungsansatzes«. So läßt sich der Einwand vorbringen, daß die Konfuzianismus-These erst ex post ihre Konjunktur erfuhr. Noch während der fünfziger Jahre wurden konfuzianische Gesellschaftsstrukturen weitgehend als Entwicklungsbarrieren kritisiert. Ein zweiter Einwand bezieht seine Plausibilität aus der wenig befriedigenden Entwicklung der Volksrepublik China bis Ende der siebziger Jahre. Der chinesische Subkontinent, das größte »postkonfuzianische Gemeinwesen« der Welt, konnte selbst bei wohlwollendster Beurteilung bis zu diesem Zeitpunkt nicht als Paradefall erfolgreicher Modernisierung gelten.

Bezeichnend erscheint, daß führende sinologische und japanologische Fachwissenschaftler noch während der sechziger Jahre in souveräner, gegenseitiger Nichtzurkenntnisnahme mit entgegengesetzten Arbeitshypothesen aufwarteten. Während die Japanologen das konfuzianische Wertgefühl (Gruppenkonformismus, Hierarchisierung aller Lebensbereiche, hohe Arbeits- und Sparethik, hohe Lerndisziplin, Konkurrenzauswahl der Eliten usw.) zur Erklärungsgrundlage des »Japan-Wunders« hochstilisierten, verurteilten zahlreiche Sinologen das gleiche Wertgefühl (mangelnde individuelle Kreativität, allgemein verbreitete Verantwortungsscheu, Hortungsmentalität, Kleingruppennepotismus, Lernformalismus, bürokratische Herrschaftsformen usw.) als modernisierungsfeindliche Erblast.

Einige Chinawissenschaftler hatten sich angesichts des »volksrepublikanischen Dilemmas« auf eine Verteidigungslinie zurückgezogen, die zwar verständlich war, sich jedoch der eigenen Plausibilität beraubte. Es sei das System gewesen, d.h. seine ideologisch erzwungene befehlswirtschaftliche Ordnungspolitik, die eine Entfaltung der wirtschaftsfreundlichen »konfuzianischen Tugenden« der Gesellschaft vereitelt habe und die Nutzung der vorhandenen Potentiale aus herrschaftlichen Selbsterhaltungszwängen verhinderte. Wenn das so ist – und dies soll nicht bestritten werden –, dann ist eben doch die Wirtschaftspolitik im weitesten Sinn das Feld, auf dem das vorhandene wirtschaftskulturelle Potential aktiviert wird oder brachliegt. Es sei zugestanden, daß der Erfolg der ostasiatischen Länder aus einer Kombination positiver wirtschaftspolitischer und wirtschaftskultureller Elemente erklärt werden kann, d.h. ein Sowohl-als-auch, aber innerhalb dieser Kombination stellt die Wirtschaftspolitik eindeutig das »dynamisierende Element« dar.

Vom Einfluss der Tradition – Ethik und »Pragmatismus«

Trotz dieser Einschränkungen soll die Darstellung auf der Ebene der allgemeinen kulturellen Ausgangsbedingungen bzw. Grundmerkmale fortgesetzt werden. Diese Grundmerkmale erscheinen als wichtige Wirkungsgrößen des gesellschaftlich-wirtschaftlichen Entwicklungsprozesses der meisten Länder.[5]

Das erste traditionelle soziokulturelle Grundmerkmal, das zur Erklärung der ostasiatischen Entwicklungserfolge beiträgt, liegt in den verhältnismäßig geringen Widerständen, die der Übernahme (Transfer) des technisch-wirtschaftlich Möglichen, insbesondere neuer Technologien mit weltanschaulicher Brisanz, aus dem traditionellen Menschen- und Gesellschaftsbild erwachsen. Dies läßt sich anhand des weltanschaulichen »Stellenwertes des Individuums« verdeutlichen, der weniger herausragend

5 Klargestellt werden muß: Es geht nicht darum, das Füllhorn der Einzelheiten auszuschütten. Zu viele der Beiträge, die zu diesem Themenbereich veröffentlicht worden sind, leiden unter solchen »impressionistischen Schwächen«. Wenn dennoch einige Einzelaspekte erwähnt werden, dann nur deshalb, weil sie weiterreichende Schlußfolgerungen hin zu den allgemeinen Grundmerkmalen erleichtern.

als im Westen ist. Man muß jedoch anfügen, daß dies in der Gegenwart vor allem für die weltanschauliche Bewertung gilt. Im praktischen Wirtschafts- und Gesellschaftsleben sind die Unterschiede weniger gravierend – und zwar, weil die Idee unveräußerlicher Grundrechte des Individuums auch in den ostasiatischen Gesellschaften ihren geschichtlichen Einfluß ausgeübt hat. Selbst im Falle der Volksrepublik China sind »Dornröschen-Thesen« unangebracht. Das Land macht heute nicht einfach dort weiter, wo es vor dem erlösenden Kuß des Prinzen eingeschlafen war.

Das Schicksal der modernen Welt – das gilt für Industrie- wie für Entwicklungsländer – wird durch zwei große gegenläufige Tendenzen bestimmt, für die es keinen dauerhaften Kompromiß geben kann. Sie bilden eine unlösbare Antinomie des weltweiten Entwicklungs- und Modernisierungsprozesses. Nur die Erscheinungsformen der beiden Tendenzen und die spezifischen Reaktionen auf sie weichen in den einzelnen Ländern voneinander ab. Zum einen geht es um den tiefen historischen Trend, den Bruno *Rizzi* als »la Bureaucratisation du Monde« bezeichnet hat, d.h. ein weltweiter systemübergreifender Bürokratisierungsprozeß. Die zweite große Tendenz der modernen Welt liegt im »Weg nach vorn«, d.h. dem Drang nach Selbst- und Mitbestimmung ständig wachsender Segmente der menschlichen Gesellschaft. Die amerikanische Unabhängigkeitsbewegung und die französische Revolution haben Ideen in die Welt gesetzt, die in ihrer Macht unaufhaltsam erscheinen. Diese Ideen waren ursprünglich das Zeugnis der westlichen Aufklärung. Heute sind sie der Antrieb dessen, was anschaulich als »demokratische Weltrevolution« (Martin *Kriele*) bezeichnet worden ist.

Erfolgreiche Volkswirtschaften sind auf ein Mindestmaß an Urteilsfähigkeit und Eigenständigkeit derjenigen angewiesen, die sie lenken und betreiben. Es soll eingestanden werden, daß zwischen wirtschaftlicher Effizienz und demokratischer Ordnung kein direkter Zusammenhang besteht. Rein historisch jedoch läßt sich zumindest ein indirekter Zusammenhang aufzeigen. Vor allem im Falle der sozialistischen Länder – die Welt der Gegenrevolution – beweist sich, daß die Ideen der jeweiligen Führung von der Ordnung zugleich die Quellen der großen Fehlentwicklungen sind.

Aber trotz der kraftvollen Demokratisierungs- und Individualisierungstrends läßt sich nicht leugnen: Die Bewußtseinsbarrieren gegen die Relativierung des Individuums in Gesellschaften, die von einer konfuzianischen Tradition geprägt oder zumindest beeinflußt wurden, sind weniger stark. Diese Tatsache ermöglicht den betreffenden Gesellschaften ein wesentlich schnelleres, von psychologischen Reibungsverlusten freieres Agieren/Reagieren auf weitreichende, neue technologisch-organisatorische Veränderungen. Das gilt z.B. für Bereiche wie die Datenverarbeitung (Privatsphärenschutz) und Informationstechnologie ebenso wie für die Gentechnologie und anderes technologisches Neuland mit sozialem Konfliktpotential. Aufgrund dieses graduell verschiedenen Traditionsverständnisses von der Rolle des Individuums ist es den ostasiatischen Gesellschaften nach und nach gelungen, hier eine der großen »Zukunftsfronten« aufzubauen, derer man sich im Westen immer noch nicht voll bewußt ist. Anders gesagt: Inwieweit das technologisch Machbare tatsächlich gemacht wird, bzw. welche Grenzen der Machbarkeit die einzelnen Gesellschaften aus ihrem ethischen Verständnis heraus ziehen sollen, wird in Zukunft nicht länger vom Westen allein bestimmt. Es gibt heute beispielsweise bereits mehrere tausend Genforschungslaboratorien in Ostasien, die in Zukunft aller Wahrscheinlichkeit nach Trendsetter sein werden.

Das zweite traditionelle soziokulturelle Grundmerkmal, das sich ebenfalls vom Stellenwert des Individuums her ableiten läßt oder auch aus der vielbeschworenen Gruppenorientierung ostasiatischer Gesellschaften, ist ein prinzipiell andersartiges Verständnis des Ethischen. Ein dritter Einzelaspekt, der zur Verdeutlichung dieser Andersartigkeit geeignet erscheint, ist das durch zahlreiche Schriften geisternde Harmonieideal. Es kann nicht nachdrücklich genug betont werden, daß dieses Harmonieideal elementar ein Ideal der Zwangsharmonie darstellt. Es beinhaltet den Anspruch auf die umfassende hierarchische Gestaltung aller Lebensbereiche und auf die Vorherrschaft von Über- und Unterordnungsverhältnissen.

Entscheidend in diesem Zusammenhang ist, daß sich aus dem Hierarchieprimat des Harmonieideals und der gelebten Realität eine Ethik vervollständigt hat, in der sich Werte und Normen nicht – wie in der westlichen Ethik – nach dem Prinzip universalistischer Gültigkeit ausrichten, sondern vorrangig nach den Anforderungen der hierarchischen sozialen Bezugsverhältnisse. Ostasiatische Gesellschaften sind also in ihrem Weltausblick traditionell sehr stark von einer sogenannten »partikularistischen« oder »situativen« Ethik geprägt – chinesisch: *lunli*, japanisch: *tsukaiwake* –, was nichts anderes heißt, als daß die ethische Verpflichtungsintensität für die Betroffenen je nach sozialem Bezugsverhältnis oder Logik der Situation unterschiedlich stark ausfällt. Dieser Sachverhalt ist in dem folgenden Zitat prägnant zusammengefaßt:

> »Wir müssen die kulturelle Erklärung dafür suchen, weshalb der chinesische Pragmatismus anderen politischen Kulturen überlegen ist hinsichtlich Flexibilität und Anpassungsfähigkeit, hinsichtlich der Leichtigkeit, mit der Führer die Politik ändern, und hinsichtlich der Einmütigkeit, mit der die Öffentlichkeit Kehrtwendungen und neue Wege hinnimmt. Der offensichtliche Ausgangspunkt, um über dieses Charakteristikum des chinesischen Pragmatismus nachzudenken, ist die weitgehend geteilte Ansicht (fast ein Stereotyp), daß die Chinesen ausgesprochene Realisten sind, die einen starken Sinn für das Hier und Jetzt haben, und daß sie bereitwillig ihr Verhalten ändern, um die Logik der jeweiligen Situation zu nutzen, in der sie sich gerade befinden... Im sozialen Verhalten glauben die Chinesen daran, daß es unbedingt vernünftig sei, daß Menschen sich danach ausrichten, was für sie unter den besonderen Umständen sinnvoll ist. Wenn sich also die Umstände ändern, dann sei es nur natürlich, daß sich das Verhalten der Menschen und ihre Einstellungen ebenfalls ändern... Der chinesischen Kultur bleiben die Spannungen psychologisch belastender Art weitgehend erspart, die in den Kulturen mit universalistischen Normen üblich sind und in denen das Verhalten in unterschiedlichen Situationen als übereinstimmend mit den absoluten Prinzipien erscheinen muß.«[6]

In der gesamten chinesischen Geistesgeschichte hat es – mit *Modi* – nur einen einzigen Repräsentanten universalistischer Ethik gegeben. Seine Lehre wurde von *Xunzi*, einem der großen konfuzianischen Gründungsphilosophen, scharf verurteilt. Würde man *Modis* Ideen verwirklichen, dann wäre dies, so *Xunzi*, zwangsläufig das Ende der Zivilisation.

---

6 *Hayashi*, a.a.O. (Anm. 1) (Übersetzung d. Verf.).

So weit die Tradition! Es wäre jedoch wenig sachdienlich, wenn man den starken Einfluß westlicher Ideale auf die chinesische Gesellschaft und andere ostasiatische Gesellschaften leugnete. China, Japan, Korea oder andere ostasiatische Staaten leben nicht mehr ausschließlich unter dem Schatten der traditionellen Ethik.

Das ethische Grundverständnis ostasiatischer Gesellschaften stellt heute eine Mischform der traditionellen partikularistisch-situativen Ethik und der universalistischen westlichen Ethik dar. In dem Maße, in dem sich diese Mischform in den einzelnen ostasiatischen Gesellschaften unterschiedlich verfestigt hat, sind auch die hierarchischen Ordnungsstrukturen, die sich durch die traditionelle Ethik legitimieren, relativiert worden. Dies gilt insbesondere für die oben erwähnte Dominanz von Über- und Unterordnungsverhältnissen, die zwar immer noch erkennbar ist, aber keineswegs mehr Ausschließlichkeitscharakter hat. Das vielzitierte Fehlen horizontaler, vom Gleichheitsprinzip bestimmter Koordinationsstrukturen wirkt sich wesentlich weniger nachhaltig aus als noch vor einigen Jahrzehnten. Es haben sich entweder Formen horizontaler Koordination (nach und nach) herausgebildet, oder es wurden Ersatzlösungen gefunden, um das »Defizit« auszugleichen.

Dennoch war und ist der Einfluß der traditionellen Ethik hinreichend erkennbar, um die erstaunliche Fähigkeit der ostasiatischen Gesellschaften zu erklären, mit großen inneren Widersprüchen zu leben, sie als normal, als Teil der Realität zu empfinden und die »knappe« soziale Energie nicht auf eine unnötige Lösungssuche zu verschwenden. Diese Grundhaltung erklärt, warum sich die ostasiatischen Gesellschaften westliche Werte, deren Übernahme ihnen für die eigenen Entwicklungsprozesse unerläßlich schien, mit weitaus weniger zerstörerischen Spannungen zu eigen machen konnten als andere nichtwestliche Gesellschaften. »Je nach Logik der Situation« können vermeintlich nicht zu vereinbarende Handlungsmuster zur Geltung kommen. Aus der Tradition heraus erwachsen den ostasiatischen Gesellschaften also keine schwerwiegenden Hindernisse, auch in Zukunft erfolgreich durch die Widerspruchszonen der inneren und der weltweiten Entwicklung zu navigieren.

Elitebildung und Lerntradition

Das dritte traditionelle soziokulturelle Grundmerkmal, das den ostasiatischen Gesellschaften die Suche nach Antworten auf die westliche Herausforderung erleichterte, hängt mit der Natur der politisch-gesellschaftlichen Elitebildung zusammen. Letztere erfolgte traditionell zu einem erheblichen Maß durch eine objektiv überprüfbare, systematische Konkurrenzauswahl. Eine Elite, die ihren Herrschaftsanspruch mit dem Vorrang der (geistigen) Leistung begründet und durch umfassende Ausleseverfahren sicherstellt, zeichnet sich zwangsläufig durch ein relativ hohes Maß an Mobilität aus, insbesondere nach unten hin ist sie wesentlich offener als jede andere (vormoderne) Elite. »You jiao wu lei« – das kurze Wort aus den Diskursen des Konfuzius – wird häufig übersetzt als »in der Erziehung gibt es keine Klassenunterschiede«. Diese Übersetzung scheint unglücklich. Der Klassenbegriff will nicht recht zur traditionellen Statusgesellschaft passen, aber in ihrem Kern macht die Formel deutlich, daß das Erziehungswesen als »Leiter zum Erfolg« keine heteronomen Auswahlkriterien kannte, zumindest nicht kennen sollte. Falls man die ostasiatischen Gesellschaften als konfuzianische Gesellschaften charakterisieren will bzw. ihnen das Etikett des Post- oder Metakonfuzianismus verleiht, dann findet sich im Prinzip der Elitebildung wohl die größte Rechtfertigung. Das Staatsleben und Erziehungswesen – und weitgehend auch der Sozialisationsprozeß in den gehobenen Schichten der Gesellschaft – waren die kaum angefochtene Domäne des Konfuzianismus.

Konkurrenzbedingte Offenheit und Mobilität der Eliten sind in ostasiatischen Gesellschaften traditionelle Tatbestände. Auf jeden Fall war das Konkurrenzprinzip seit langem als eine Alternative zu anderen Elitebildungsmechanismen anerkannt. Für die Beherrschten war und ist ein mit »höherem Wissen« begründeter Herrschaftsanspruch überzeugender, als wenn verkündet wird: Ich herrsche, weil ich der Sohn meines Vaters bin.

Die konkurrenzbedingte Elitebildung hat gegenüber allen anderen Formen verschiedene grundlegende Vorteile, insbesondere im Hinblick auf die großen Umbruchprozesse der nationalen Entwicklung. Zum einen ermöglicht sie eine wesentlich weiterreichende Erschließung des gesellschaftlichen »Intelligenzreservoirs«, und zwar weil ein erheblich höheres Maß an Vereinbarkeit elitespezifischer Interessen mit den Interessen der großen Bevölkerungsschichten erreichbar ist als bei anderen Elitebildungen. Zum anderen haben konkurrenzgebildete Eliten in der Regel eine ungleich ausgeprägtere Fähigkeit zur Gestaltung nationaler Entwicklungsstrategien und -politik nachgewiesen. Anders formuliert: Diese Eliten sind offensichtlich besser in der Lage, die für den Entwicklungserfolg abträglichen »soft-state«-Probleme zu überwinden. Von diesen Gesichtspunkten her läßt sich auch die Frage beantworten, warum bisher nur wenige Entwicklungsländer in der Lage gewesen sind, eine für die erfolgreiche Entwicklung ihrer Volkswirtschaften angemessene Politik konsequent zu verfolgen. Die ostasiatischen Eliten waren von Beginn an mit dem besseren Rüstzeug ausgestattet.

In einem engen Zusammenhang mit der Geschichte der Elitebildungen steht das vierte traditionelle soziokulturelle Grundmerkmal. Die spezifische Form der Elitebildung in Ostasien impliziert zwangsläufig eine (traditionell und gegenwärtig) hohe Lernethik. Wo Lernen über den gesellschaftlichen Aufstieg entscheidet oder zumindest das Bewußtsein der Gesellschaften von dieser Leitvorstellung geprägt ist, muß die allgemeine Lernbereitschaft hoch sein. Die Gesellschaften haben sich insgesamt als lernfähiger erwiesen, und demgemäß ist die Fähigkeit, auf neue Herausforderungen zu reagieren, weitaus stärker entwickelt als in anderen Gesellschaften. Dies erklärt, weshalb in den ostasiatischen Ländern die große Bedeutung des »human resources development« bzw. der Humankapitalbildung – oder welch andere unästhetische Schöpfungen aus dem Wörterbuch des Fachmenschen noch auf uns warten – durchgehend anerkannt wird.

Aber es muß betont werden, daß auch dieser große Respekt vor der Bildung nicht ein für allemal gegeben ist. Voraussetzung ist, daß die Politik »stimmt«, der große Bildungsaufwand muß in der wirtschaftlich-gesellschaftlichen Praxis immer wieder als Erfolgsweg bestätigt werden. Einen Beleg für diese These bietet China, die Gesellschaft mit der weltweit größten Lerntradition. Bis zum Ende der achtziger Jahre herrschte ein erstaunliches Desinteresse am Lernen vor. Erst in allerjüngster Zeit bahnt sich dem Anschein nach eine Wende an. Die Anforderungen des wirtschaftlichen Entwicklungsprozesses zwingen die ideologisch-politische Führung, den Sachverstand nolens volens aufzuwerten und gesellschaftlich entsprechend zu honorieren.

Das fünfte traditionelle soziokulturelle Grundmerkmal, dessen positiver Einfluß bis in die Gegenwart hinein wirkt, ist die ausgeprägte Sparethik. Ihre Mächtigkeit läßt sich aus Stichworten wie Gruppenorientierung, Familien/Clan-Denken und Ahnenkult ableiten.

Nebenbei sei bemerkt, daß der Ahnenkult – häufig als Kernelement des Konfuzianismus beschrieben – wesentlich älter als alle konfuzianischen Lehren ist. Letztere mußten ihn als unverrückbaren sozialen Tatbestand akzeptieren. Die konfuzianischen Gründungsphilosophen verliehen ihm eine zentrale sittliche Legitimation, duldeten jedoch notgedrungen gleichzeitig das Fortleben animistischer Denkweisen in der bäuerlichen Bevölkerung. Der Kult stellt in jedem Falle ein elementares gesellschaftliches Stabilisierungsinstrument dar, und so ist es bis heute.

Das Bewußtsein, Teil eines Ganzen zu sein, die Bedingtheit des eigenen Tuns zu erkennen und das Selbstwertgefühl maßgeblich aus dem eigenen Beitrag zum Ganzen zu gewinnen, ist von Generation zu Generation verinnerlicht worden. Eine der impliziten Folgen dieses Vorgangs war die allmähliche Verstetigung der Sparethik. Konfuzianische Gesellschaften – genauer: ihre Mitglieder – leben unter dem Diktat des Sparens. Die Formen des Sparens (und der Bildung von Anlagevermögen) sind in Geschichte und Gegenwart verschieden. In der Geschichte bildeten Grund und Boden sowie Handelskapital die Hauptformen. Dies gilt insbesondere für Japan, aber auch für China.

Die lange gepflegte Vorstellung, das chinesische Kaufmannstum – ideologisch als niedere Schicht »deklassiert« – habe kein eigenes gesellschaftlich-weltanschauliches Verständnis entwickelt, ist in dieser krassen Form schlichtweg falsch. Sie ist das Ergebnis des Geschichtsschreibungsmonopols des konfuzianischen Staates und einer erst allmählich überwundenen Neigung der westlichen Sinologie, konfuzianischen Anspruch und chinesische Wirklichkeit zu verwechseln. Die große Diskussion um die »Kapitalismuskeime«-Theorie – *zibenzhuyi mengya* –, die von volksrepublikanisch-chinesischen Historikern in den fünfziger Jahren erstmals geführt und in den achtziger Jahren wieder aufgenommen worden ist, hat durchaus ihre geschichtliche Berechtigung. Überdehnt erscheint ihr Erklärungsanspruch nur insofern, als aus der Existenz des Handelskapitals die Schlußfolgerung abgeleitet wurde, China habe an der Schwelle zum Industriekapitalismus gestanden. Der Durchbruch sei nur durch das gewaltsame Vordringen des Westens verhindert worden.

Interessant erscheint, daß die These von der marginalen Existenz des chinesischen Kaufmannstums lange Zeit neben der entgegengesetzten – und ebenso verzerrten –

These einherlebte, wonach »die Chinesen« zwar geborene Händler, aber keine Produzenten seien.

Wie sich in Hongkong, Taiwan und jüngst auch in China selbst gezeigt hat, war die These der »Produktionsunfähigkeit« der Chinesen falsch. Eine bestimmte Form des Gewinnstrebens wurde mit diesem Streben an sich verwechselt. Das führt uns zurück zu den Herausforderungen der modernen Entwicklung. In dem Augenblick, in dem die Politik glaubwürdig machte, daß man mit Produktion (und Export) dauerhaften Gewinn zu erzielen vermochte, waren die ostasiatischen Gesellschaften schnell bereit, neue Formen des Sparens und Investierens zu übernehmen oder zu entwickeln. Aufgrund ihrer Tradition hatten sie also einen sichtlichen Vorsprung vor anderen Gesellschaften, in denen die Werte des Sparens und Investierens nur schwach legitimiert waren.

Das starke Spar- und Investitionsbewußtsein ist logisch und geschichtlich unauflöslich mit dem sechsten traditionellen soziokulturellen Grundmerkmal verflochten, das für die nationalen Entwicklungsprozesse von erheblicher Bedeutung ist. Die ostasiatischen Gesellschaften haben im Verlaufe ihrer Geschichte zumeist eine hohe Arbeitsethik entfaltet. Der Geltungsbereich der konfuzianischen Ethik ist neben dem Heimatgebiet der protestantischen Ethik der einzige, in dem Arbeit als Wert in sich, nicht nur als Mittel zur Verwirklichung von Werten, gewürdigt worden ist. Materielles Gewinnstreben und Erwerbssinn erfuhren weltanschaulich zwar nur eine begrenzte kulturelle Legitimation, aber sie unterlagen auch keiner nachhaltigen Ächtung. Es galten »Maß und Mitte« als Leitlinien.

Wie auch immer man letzten Endes das Wirtschaftsverständnis konfuzianischer Lehren bewertet, in der geschichtlichen Praxis standen der Herausbildung von Wirtschaftsstrukturen, die den Einstieg in die Moderne erleichterten, keine »harten« Hindernisse entgegen. Beschreibungen ostasiatischer Gesellschaften, die sich auf Begriffe wie Diesseitsorientierung, Innerweltlichkeit und Pragmatismus stützen, sind durchaus gerechtfertigt. Wirtschaften war Teil der Kultur, und das Interesse an wirtschaftlichen Dingen reichte weit in die Staatsadministration hinein. Zwar waren die ostasiatischen Gesellschaften eindeutig Statusgesellschaften – chinesisch: *liupin shehui.* Tätigkeiten von wirtschaftlich-gesellschaftlicher Tragweite wurden durch Statusgesetze begrenzt, aber im Gegensatz zu anderen vormodernen Kulturen war das Statusdenken in Ostasien mit starken rationalen Elementen durchsetzt. Zu keiner Zeit herrschte der soziale Zwang vor, die Ausgaben nach den Statusanforderungen statt nach den Einnahmen zu richten.

Die Implikationen für heute sind: Gewinn-, Erwerbs- und Wirtschaftlichkeitsbewußtsein sind ohne große psychologische Schwierigkeiten als quasinatürliche Maßgaben akzeptiert worden. Es gab keine problematischen Traditionsbarrieren, die erst mühselig abgebaut werden mußten und wirtschaftsgerechte Denkweisen als aufgezwungene »Importartikel« erscheinen ließen.

Zum Zukunftsoptimismus – Ostasien ist stark

An dieser Stelle wird betont: Bisher haben wir uns mit der Ebene der kulturellen Ausgangsbedingungen bzw. der allgemeinen traditionellen soziokulturellen Grundmerkmale beschäftigt, die die ostasiatischen Gesellschaften zu dem Zeitpunkt aufwiesen, als die Herausforderung des Westens sie zwang, existentielle Antworten zu finden. Diese Ebene darf nicht mit der Ebene der konkreten organisatorischen Ausformung der politischen und wirtschaftlichen Institutionen in den einzelnen ostasiatischen Gesellschaften verwechselt werden. Die politische wie auch wirtschaftliche Organisation weist zwischen den einzelnen Ländern eine große Bandbreite auf. Die Darstellung dieser Ebene kann hier nicht erfolgen. Statt dessen soll die Aufmerksamkeit auf einige Leitmotive gerichtet werden, die – ursprünglich westlicher Herkunft – das Bewußtsein der ostasiatischen Gesellschaften von heute nachhaltig prägen. Sie sind sowohl Quelle als auch Teil des neuen Selbstbewußtseins.

Dieses neue Selbstbewußtsein äußere sich heute – insbesondere im Falle Japans – häufig als Arroganz, so ist in zahlreichen westlichen Veröffentlichungen zu lesen, wobei vergessen wird, daß eben diese Haltung bis vor kurzem die normale Haltung des Westens gegenüber Ostasien war. Dies ist an sich bedenklich genug, wird aber durch die Tatsache verschärft, daß ein guter Teil der wirtschaftlichen Einbußen westlicher Unternehmen auf eine hartnäckige Unterschätzung ostasiatischer Wettbewerber zurückzuführen ist. Es wirken Überlegenheitsgefühle nach, die in der Wirklichkeit seit längerem keine Bestätigung mehr finden.

Bereits erwähnt wurde, daß in Ostasien ein starker Zukunftsoptimismus vorherrscht. »What Mankind Can Dream ... Technology Can Achieve ...«, dieser Glaube an die Fortschrittsidee ist ein in sich kulturell bedeutsames Phänomen und Ausdruck eines eigenständigen Lebensbewußtseins. Dieses neuartige soziokulturelle Grundmerkmal steht in einer engen Verbindung zu zwei weiteren Phänomenen von weitreichender Bedeutung.

Erstens wird erfolgreiches Wirtschaften als gewichtiger Beitrag zur Erfüllung einer nationalen Mission empfunden, als der Weg zum internationalen Aufstieg und zu nationaler Größe. Dementsprechend genießen wirtschaftliche Gestaltungsaufgaben ein extrem hohes Prestige, ein nicht zu übersehender Unterschied zu westlichen Gesellschaften, in denen sich Wirtschaftsführer immer mehr in eine weltanschaulich defensive Position gedrängt sehen. Auch dies ist ein neues kulturspezifisches Phänomen.

Zweitens hat sich in Ostasien ein Welt- und Wirtschaftsverständnis verbreitet, das vereinfacht als »sozialdarwinistisch« charakterisiert werden kann. Wer im weltweiten Auslesekampf nicht aufsteigt, steigt ab, wird beherrscht – »Economic Warfare«! Man kann den Unterschied zu heutigen westlichen Denkgewohnheiten wohl kaum überbetonen.

Japan – Nachlassen der Vitalität?

Japans Weltausblick ist grundlegend von einem wirtschaftlich bestimmten Macht- und Sicherheitsverständnis geprägt. Das Konzept der »comprehensive security« war immer nahezu gleichbedeutend mit »comprehensive *economic* security«. Die Vorstellung, daß internationale Macht in der Welt von heute stärker durch ökonomische Potenz als durch militärische Kapazität bestimmt werde, gehört in Ostasien seit über einem Jahrzehnt zum gedanklichen Gemeingut. Japans »Machtstreben« – so wird von ostasiatischen Fachleuten anerkannt und in Amerika von vielen Experten kritisiert – sei darauf ausgerichtet, die eigene wirtschaftliche Position überall auf der Welt strategisch so weit auszubauen, daß niemand in der Lage ist, eine als antijapanisch wahrgenommene Politik zu verfolgen, ohne sich selbst wirtschaftlich schweren Schaden zuzufügen. Das alles ist seit langem bekannt, aber in Europa wurde diese Sicht erst »standeswürdig«, als Alvin *Toffler* (Power Shift, Bantam Books, 1990) dem neuen Machtverständnis seinen amerikanischen »Segen« verlieh – einschließlich zweier neuer Termini: »low quality power« und »high quality power«. Erstere sei militärische Macht, ihre Qualität sei deswegen gering, weil sie nur »strafen« könne, letztere sei wesentlich höher einzustufen, weil sie befähige, andere Akteure zu »manipulieren«.

Die ökonomische Sicht der Macht schließt die militärische Perspektive nicht aus. In Teilen der japanischen Öffentlichkeit wird seit einiger Zeit eine kontroverse Diskussion um die prinzipielle Denkbarkeit eines amerikanischen Präventivkriegs gegen Japan geführt. Das Motiv eines solchen Kriegsschlags wäre – so wird vermutet –, die überlegene Wirtschaftsmacht Japans zu brechen. Die pessimistischen Stimmen fühlten sich bestärkt, als die Welt Kenntnis von der Existenz interner amerikanischer Studien erhielt, in denen Japan und Deutschland als potentielle zukünftige Feindmächte avisiert wurden. Ferner verweisen die Warner auf beunruhigende historische Präzedenzabläufe.[7]

Dieses »mind-set« – wie es im japanischen Englisch heißt – ist selbstverständlich nicht das einzige, nicht einmal das am weitesten verbreitete in der japanischen Öffentlichkeit. Andere Kommentatoren vertrauen auf eine friedliche »Abdankung« Amerikas.

> »Während der kommenden Jahre werden die Vereinigten Staaten auch weiterhin eine militärische Supermacht sein, und der Dollar wird wahrscheinlich die Schlüsselwährung des internationalen Währungssystems bleiben. Aber es führt kein Weg daran vorbei, daß Amerika sein Gewicht relativ schwinden sieht. Ferner ist es in einen Schuldnerstatus geraten. Wir

---

7 Hisahiko *Okazaki*, The Anglo-Dutch Conflict: A Lesson for Japan, in: *Japan Echo*, Nr. 1, Frühjahr 1990, S. 13-16. Die Geschichte der Niederlande im 17. Jahrhundert könne »dem heutigen Japan eine ernüchternde Lehre erteilen«. Natürlich waren sich viele informierte Engländer dessen bewußt, daß das eigentliche Problem in der industriellen und technologischen Unterlegenheit ihres Landes lag. Dementsprechend entschloß sich die englische Regierung, den Schwerpunkt ihrer Bemühungen von der Wirtschaft auf die militärische Vorherrschaft zu verlagern. Gab es für die Niederlande einen Ausweg, den Konflikt mit England zu vermeiden und zugleich ihre eigene Sicherheit sowie ihren Status als wirtschaftliche Großmacht zu bewahren? Falls ja, was machten die Holländer falsch?

können daher erwarten, die allmähliche Auflösung der Pax Americana zu erleben, die in Amerikas goldenem Zeitalter vorherrschte, als das Land in der Lage war, die globale Ordnung aufrechtzuerhalten.«[8]

In Japan wird die Diskussion um den ständigen Aufstieg und Fall von großen Mächten seit über einem Jahrzehnt mit nur kurzen Unterbrechungen geführt. Aus einer langen Reihe von Veröffentlichungen, die sich alle mit dem Niedergang Amerikas beschäftigen, wird hier ein repräsentatives Zitat ausgewählt:

»[Der] Zerfallsprozeß hat begonnen, die Kernbereiche der amerikanischen Wirtschaft zu erfassen, und er stellt die Hauptursache für Amerikas Fall in eine Schuldnerposition dar ... Der Reife folgt die Schwäche. Das scheint ein unvermeidlicher historischer Prozeß zu sein, der die großen Wirtschaftsmächte befällt ... Welche neue Richtung sollte Japan einschlagen, jetzt, da die Vereinigten Staaten am Wendepunkt angelangt sind?«[9]

Es ist an der Zeit, einige Anmerkungen zum weltweit diskutierten Begriff der »Internationalisierung« zu machen. Im Hauptstrom des japanischen Denkens kann eine solche Internationalisierung – *kokusaika* – nur hierarchisch ausfallen, d.h. mit Japan an der Spitze einer weltweiten Pyramide. Die westliche Idee von Internationalisierung, also von einer internationalen Lasten- und Verantwortungsteilung, wird zumeist als Versuch gewertet, die japanische Wirtschaft wegen ihrer weltweiten Überlegenheit in Fesseln zu legen. Wie realistisch die japanischen Vorstellungen sind, soll hier nicht diskutiert werden. Selbstverständlich gibt es auch in Japan Menschen, die sich fragen, wie das Land in Zukunft eine Position ausfüllen könne, die selbst das »große Amerika« nicht mehr zu halten vermag. Sie rufen zu einer größeren »Anpassungsleistung« Japans auf.[10]

Es stimmt, daß in der japanischen Intelligenz einzelne Stimmen laut geworden sind, die das Welt- und Gesellschaftsverständnis der großen Mehrheitsgesellschaft radikal verurteilen. Interessant ist, daß in diesen Verurteilungen spiegelbildlich verkehrt das gleiche Überlegenheitsgefühl mitschwingt, das die Mehrheit beherrscht. Zum einen wird kategorisch behauptet, Japan verkörpere den einmaligen Fall eines gewaltigen geistigen und materiellen Energieprozesses, in dessen Mittelpunkt nichts sei. »Tourner autour d'un centre vide« – Alles dreht sich um ein Vakuum! Zum anderen wird der japanischen Gesellschaft jede Verantwortungsethik abgesprochen:

»Die Japaner haben in der Tat keine Moral: Sie halten es für eine große Ehre, sich etwas sehr Teures kaufen zu können, zum Beispiel diese wichtige Prostituierte, die die Vereinigten Staaten für sie sind. Der Kauf von Bildern van Goghs und Gauguins gehört bildlich gesprochen zur gleichen Moral: Van Gogh ist zu ihrer höchsten Prostituierten geworden.«[11]

8 Miyohei *Shinohara*, Japan's Role in a Changing World Economy, in: *Japan Echo*, Nr. 1, Frühjahr 1990, S. 17.

9 Masanori *Moritani*, Japanese Technology: Potentials and Pitfalls, in: *Japan Echo*, Special Issue, 1986, S. 9-15.

10 »Gemischte Gefühle gegenüber dem Westen sind in Japan tief verankert. Viele Jahre lang wurden diese Gefühle durch einen Minderwertigkeitskomplex beherrscht, aber es war auch immer der Drang vorhanden, eines Tages den Tisch herumgedreht zu sehen. Es wird keinem helfen, wenn die Unterlegenheitsgefühle plötzlich in falsche Großmannssucht umschlagen, die aus Japans industrieller Stärke herrührt.« Ebd.

11 *Le Monde Diplomatique*, 16.8.1991, S. 26.

Die Ambivalenz, die durch diese Anklagen hindurchschimmert, wird durch die in westlichen Ohren ebenso befremdliche Anklage verstärkt, an diesem Zustand sei vor allem Europa schuld, da es aufgrund seiner eigenen Schwäche nicht länger als Vorbild dienen könne:

»Indem sie [die Europäer] die Relativität aller Kulturen verkündeten, haben sie ihre eigene relativiert. Das hat das europäische Prestige in den Augen der Japaner erheblich verblassen lassen.«[12]

In jüngster Zeit sind auch die Diskussionen dieser Art in Japan »verblaßt«. Die seit 1991 anhaltende und weltweit registrierte Krise der japanischen Wirtschaft, insbesondere der Finanzwirtschaft und der binnenorientierten Industrie, hat zu einer neuen Nachdenklichkeit geführt. Im Westen wurden kritische japanische Kommentare zur prekären Wirtschaftslage begierig aufgegriffen und verschiedene Niedergangsszenarien entworfen. Niemand vermag zur Zeit vorauszusagen, ob die Krisenjahre die große Vitalität der japanischen Wirtschaft ein für allemal beeinträchtigt haben, aber Vorsicht vor Wunschdenken scheint geboten. Das japanische Wort für Krise – »kiki« – faßt mit seinen beiden Schriftzeichen die Begriffe »Chance« und »Gefahr« zusammen. Es beschreibt die gegenwärtige Situation der japanischen Wirtschaft in verkürzter Form. Die Gefahren sind noch nicht vorüber, aber die Konzentration auf die Chancen hat die Aussichten gegenüber den letzten Jahren deutlich verbessert. Eine Krise könne ein produktiver Zustand sein, so meinte einst der Schweizer Dramatiker Max *Frisch*, man müsse ihr nur den Beigeschmack der Katastrophe nehmen. Dementsprechend läßt sich die Überzeugung vertreten, daß die gegenwärtigen Schwächeerscheinungen der japanischen Wirtschaft bald ausgeräumt sein werden, zumal die japanische Wirtschaftsgesellschaft immer noch über inhärente, bisher nicht ausgeschöpfte Potentiale verfügt, die zumindest für das laufende Jahrzehnt eine Dynamik erwarten lassen, die dem Reaktionsvermögen aller wichtigen Konkurrenten gegenüber neuen Herausforderungen der Weltwirtschaft überlegen bleibt.

Wichtig – weil möglicherweise folgenreich – ist die Tatsache, daß die japanische Sicht der Welt in den meisten Ländern Ostasiens im Grundsatz geteilt wird. Eine indonesische Stimme mag als Beispiel gelten:

»Im Vergleich zu anderen Industrieländern ist Japan viel verwundbarer bei internationalen wirtschaftlichen Störungen, aber seine Kraft, einen nationalen Konsens zu erzielen, wenn es mit Anpassungsproblemen konfrontiert ist, versetzt es in die Lage, sich großen wirtschaftlichen Krisen zu stellen und sie zu bewältigen... Die formalen und informellen Verbindungen, die zwischen der Geschäftswelt, der Politik, der Regierung und der bürokratischen Elite bestehen, haben immer für eine Atmosphäre gesorgt, in der die Regierung die Funktion des Initiators, Innovators und Unterstützers gemeinsam mit der Geschäftswelt, der Industrie und dem Bankensektor ausübt... Dabei haben sich auch ein Sinn nationaler Mission und eine Art ›Imperialmentalität‹ entwickelt, die entweder bewußt oder unbewußt die Spitzenführung der Wirtschaft und ihre Manager beeinflußt haben. ASEAN muß sich zu Herzen nehmen, daß die Entwicklungen in der internationalen Wirtschaftswelt nur diejenigen begünstigen werden, die eine solche integrierte Stärke entfalten können.«[13]

---

12 Ebd.

13 *Panglaikim*, The Japanese Economy: Sogo Shosha and ASEAN, in: *The Indonesian Quarterly*, Nr. 2, 1983, S. 80-84.

Lernfähigkeit als Entwicklungskonzept

Man mag einwenden – und dies ist in den vorangehenden Zeilen expressis verbis geschehen –, daß alle diese Vorstellungen nicht aus dem eigentlichen ostasiatischen Kulturerbe stammen, insbesondere nicht Teil der konfuzianischen Tradition seien. Das ist richtig, aber irrelevant. Es beweist nur die Lernfähigkeit der ostasiatischen Gesellschaften, die für die erfolgreiche Bewältigung von komplexen Entwicklungsprozessen wesentlichste Eigenschaft. Neue Dinge zu lernen, die für die eigene Entwicklung als unabdingbar erachtet werden, gehört aus der Tradition heraus zu den latenten Erwartungshaltungen der ostasiatischen Gesellschaften. »Vom Westen lernen« war das Gebot vergangener Jahrzehnte.

Diese Lernfähigkeit – eines der Ergebnisse der oben erwähnten Lernethik – muß als starkes kulturspezifisches Merkmal gelten, das sich im Verlaufe der nationalen Entwicklungsprozesse in den einzelnen ostasiatischen Gesellschaften nicht verbraucht, sondern verstärkt hat. Das heißt u.a., man muß im Westen von der Vorstellung Abschied nehmen, die Erfolge der Ostasiaten beruhten auf bloßer Nachahmung. Nachahmungsstrategien haben nirgendwo fruchtbare Ergebnisse gezeitigt. Was in Ostasien wirklich geschehen ist, das hat Arnold *Toynbee* zutreffend als »Stimulusdiffusion« bezeichnet. Er bezog sich dabei auf die Fähigkeit menschlicher Gesellschaften, Herausforderungen, die von außen an die eigene Gesellschaft herangetragen werden, mit eigenen vergleichbaren Anstrengungen zu begegnen. Die Gesellschaft wird stimuliert, sie lernt und bringt Neuerungen hervor, ohne bei der bloßen Nachahmung stehenzubleiben. In abgewandelter Form könnte man auch sagen: Was du ererbt hast von den Rivalen, erwirb es, um es zu besitzen.

Die ostasiatischen Gesellschaften haben ihre Fähigkeit, per Stimulusdiffusion zu lernen, während der letzten Jahrzehnte eindeutig nachgewiesen. Ob die westlichen Gesellschaften in Zukunft eine ähnliche Leistungsfähigkeit erbringen können, bleibt abzuwarten. Bisher waren sie nur Lehrende.

DIE NEUEN DEMOKRATIEN IN OSTMITTELEUROPA UND DIE EUROPÄISCHE UNION

Roland Freudenstein

Einführung

Als im November 1989 die Berliner Mauer fiel und sich die Aufhebung der vier Jahrzehnte währenden Trennung des europäischen Kontinents ankündigte, waren die Europäische Gemeinschaft (heute Europäische Union, EU) und ihre Mitgliedstaaten kaum auf eine solch fundamentale Herausforderung vorbereitet. Die EU-Politik gegenüber den Reformstaaten seit 1989, der Stand des Transformationsprozesses und die Strategien der Staaten Mittel- und Osteuropas (MOE-Staaten)[1] müssen daher analysiert und die unterschiedlichen Prioritäten in den Mitgliedstaaten zur Osterweiterung herausgearbeitet werden. Besondere Relevanz erhält die Frage nach den Konsequenzen, die Mitte der neunziger Jahre auf die Europäische Union und auf die Außenpolitik der Bundesrepublik zukommen werden.

Die Herausforderung zeigte sich zunächst in doppelter Form: Im Westen war die Einsicht ausschlaggebend, eine vertiefte Zusammenarbeit bei massiver Hilfe, in Form von Handelserleichterungen und einem begrenzten Ressourcentransfer, für die neuen Demokratien könnte den in Bewegung geratenen Kontinent in Richtung Demokratie und Marktwirtschaft stabilisieren. Von östlicher Seite kamen sehr schnell Forderungen nach Mitgliedschaft in den beiden entscheidenden Institutionen westeuropäischer Stabilität, dem nordatlantischen Bündnis (NATO) und dem europäischen Integrationsprozeß. Erst allmählich gewann unter den Mitgliedstaaten der Europäischen Union die Auffassung an Boden, daß beide Strategien einander bedingen: Eine dauerhafte Stabilisierung würde nur durch Mitgliedschaft der mittel- und osteuropäischen Staaten im Integrationsprozeß, allerdings nur nach einem strategisch durchdachten und von massiver Hilfe begleiteten Anpassungsprozeß, möglich sein. Relativ neu ist schließlich die Einsicht, daß eine Ausweitung der Integration auf Mittel- und Osteuropa umfassende Veränderungen in ihren eigenen Strukturen unabdingbar macht. Dies wird in der europäischen Öffentlichkeit erst seit Beginn des Jahres 1994 im Detail diskutiert.

Mit der seit dem ersten dänischen Maastricht-Referendum wachsenden Unsicherheit über die Zukunft der Integration selbst und den in der Folge immer häufiger auftretenden kritischen Stimmen zum Schuman-Modell der Integration erhob sich

1 Folgende sechs der EU bereits assoziierte Länder werden hier als mittel- und osteuropäische Gruppe behandelt: Polen, Tschechische Republik, Slowakei, Ungarn, Rumänien und Bulgarien. Die drei baltischen Staaten Estland, Lettland und Litauen sowie Slowenien haben Aussicht auf baldigen Abschluß von Europa-Abkommen nach Art der ersten sechs, so daß sich die Gruppe der postkommunistischen Länder, deren Aufnahme in die Union im Prinzip (und soweit sie den Aufnahmekriterien entsprechen) beschlossene Sache ist, auf zehn erweitert (erweiterte MOE-Gruppe).

schließlich die alles überragende Frage, der sich beide Hälften Europas heute stellen müssen: Wollen wir die in vier Jahrzehnten gemeinschaftlich erreichte Stabilität exportieren (dann müssen Erweiterung und Vertiefung der Integration einander weiterhin begleiten, wenn auch vielleicht zunächst in Gestalt einer »variablen Geometrie«) – oder wollen wir eine Ausbreitung der in der Osthälfte derzeit herrschenden inhärenten Instabilität riskieren mit der klar vorhersehbaren Folge eines krisengeschüttelten Europas, das dem Rest der Welt eher zur Last fällt, anstatt einen positiven globalen Beitrag zu leisten?

Hierbei ist zunächst die Lage in den MOE-Staaten selbst auszuleuchten, wobei auch deren Strategien gegenüber der Europäischen Union kurz skizziert werden. Im nächsten Schritt sollten Inhalte und Entwicklung der bisherigen Politik der EU gegenüber Mittel- und Osteuropa untersucht werden. Erst dann können die entscheidenden Herausforderungen, die sich mit der Perspektive einer Erweiterung der Union nach Mittel- und Osteuropa verbinden, analysiert werden.

Die mittel- und osteuropäischen Staaten fünf Jahre nach der europäischen Wende

Stand der Transformation

Bei der Beurteilung der Entwicklung in den MOE-Staaten im ersten halben Jahrzehnt nach dem Ende des Ost-West-Konflikts muß zwischen »Übergang« und »Transformation« unterschieden werden. Ersteres bedeutet die Einführung elementarer rechtsstaatlicher und pluralistischer Strukturen; letzteres bezeichnet die komplexe Entwicklung der wirtschaftlichen und gesellschaftlichen Umstände einer voll funktionsfähigen »westlichen« marktwirtschaftlichen Demokratie, einer »zivilen Gesellschaft«. Die Übergangsphase war schon in wenigen Jahren abgeschlossen; die Aufnahme inzwischen aller MOE-Staaten in den Europarat kann hierfür als Indiz gelten. Die Umgestaltung bzw. Transformation dagegen ist noch in vollem Gange. Aber auch hier haben die Staaten der Region – allerdings in unterschiedlichem Maße – bedeutende Erfolge vorzuweisen.[2]

Der am schärfsten diskutierte Bereich der Transformation war in allen betroffenen Staaten die Wirtschaftspolitik. Trotz unterschiedlicher Strategien zu seiner Durchsetzung war das Ziel in allen Fällen das gleiche: weitgehende Liberalisierung bei makroökonomischer Stabilisierung. In den drei am weitesten fortgeschrittenen MOE-Staaten (Polen, Tschechische Republik, Ungarn) wurde dies im wesentlichen erreicht.

---

2 Eine gute Zusammenfassung der bisherigen Transformationsschritte findet sich in: Hans-Hermann *Höhmann*/Christian *Meier*, Systemic Transformation in the East of Europe: Tasks, Risks and External Aspects (Berichte des Bundesinstituts für ostwissenschaftliche und internationale Studien, Nr. 4), Köln 1994. Eine systemtheoretische Analyse mit einer gewissen Portion Skepsis versucht Wolfgang *Merkel*, Systemwechsel: Probleme der demokratischen Konsolidierung in Ostmitteleuropa, in: *Aus Politik und Zeitgeschichte (APZ)*, Nr. B 18-19/94, S. 3-11.

Das Hauptproblem dort ist nun die strukturelle Modernisierung der Wirtschaft mit schmerzhaften Begleiterscheinungen wie Arbeitslosigkeit und wachsenden (oder immer stärker sichtbaren) Einkommensunterschieden. Dennoch ist in allen Staaten der Region das Transformationsziel, die Schaffung einer modernen Marktwirtschaft, unumstritten. Auch der in den ersten Jahren scharfe Gegensatz zwischen Vertretern der »Big Bang«-Transformation (wie Leszek *Balcerowicz* in Polen) oder Anhängern des Gradualismus (am ausgeprägtesten in Ungarn) hat sich zunehmend relativiert. Die in Polen 1993 und in Ungarn 1994 in Wahlen erfolgreichen KP-Nachfolgeparteien werden daher an der grundsätzlichen Transformationsstrategie nichts ändern. Ihre Popularität ist vielmehr Ausdruck einer weitverbreiteten Frustration über die negativen Begleiterscheinungen der Modernisierung sowie Ergebnis der Ineffizienz der Mitte-Rechts-Regierungen der ersten Generation nach 1989.

Die Tschechische Republik, Ungarn und Polen bilden die »Spitzengruppe« unter den Reformstaaten, legt man die ab 1994 voraussichtlich wieder positiven Wachstumsraten,[3] die Fortschritte in der Privatisierung und die relative politische Stabilität zugrunde. Die Slowakei scheint nach einer schweren Krise infolge der Auflösung der Föderation nun wirtschaftlich (gebremstes Minuswachstum, Währungsstabilität) wie auch politisch (gesicherter Pluralismus; Minderheitenschutz) aufzuholen; ob sie den Anschluß an die »Spitzengruppe« schafft, erscheint aber für die nächsten Jahre fraglich. Dasselbe gilt in noch stärkerem Maße für Rumänien und Bulgarien. Außerhalb der Sechs, also in der »erweiterten MOE-Gruppe«, hat Slowenien die größten Fortschritte in der Transformation zu verzeichnen; Estland ist im Laufe des Jahres 1993 zu einem Überraschungserfolg geworden, während Lettland und Litauen das Modernisierungsniveau der »Spitzengruppe« kaum schnell erreichen werden.

Strategien gegenüber der Europäischen Union

Die Politik der MOE-Staaten gegenüber der EU ist Teil ihrer Gesamtstrategie gegenüber dem Westen. Das Streben nach Sicherheit in einer als »Sicherheitsvakuum« nach dem Ende des Ost-West-Konflikts wahrgenommenen Situation steht an oberster Stelle. Der Krieg im früheren Jugoslawien und Anzeichen für ein neues regionales Hegemoniestreben Rußlands werden als potentielle Sicherheitsbedrohungen verstanden, gegen die regionale Kooperation (wie in der Visegrad-Zusammenarbeit) nicht ausreicht. Statt dessen werden Garantien vom Westen erwartet.[4] Zweite Priorität hat die politische Einbindung in westliche Strukturen, wobei die von den neuen Eliten

3 Zu den wirtschaftlichen und politischen Aspekten des erreichten Transformationsstandes vgl. die umfassende Darstellung der Bertelsmann Stiftung (Hrsg.), Mittel- und Osteuropa auf dem Weg in die Europäische Union, Bericht zum Stand der Integrationsfähigkeit, Gütersloh 1994. Zu den politischen Aspekten vgl. Christoph *Royen*, Die politische Transformation in den vier Visegrad-Staaten auf dem Weg zur Mitgliedschaft in EU und NATO, Teil I: Die innere Verankerung der demokratischen und rechtsstaatlichen Ordnung, Ebenhausen 1994.

4 Vgl. Gerhard *Wettig*, Central European Security After the End of the Soviet Empire (Berichte des Bundesinstituts für ostwissenschaftliche und internationale Studien, Nr. 17), Köln 1994.

nach der Wende propagierte »Rückkehr nach Europa«, also die Beendigung einer als unnatürlich empfundenen Abtrennung von der Westhälfte des Kontinents, im Vordergrund steht. Drittens schließlich geht es um wirtschaftlichen Anschluß an die fortgeschrittenen Ökonomien des Westens. Auch dies wird verstanden als Wiederherstellung des Normalzustandes in der Zeit vor dem Zweiten Weltkrieg,[5] aber auch als implizite Sicherheitsgarantie durch wirtschaftliche Stabilisierung des Transformationsprozesses.

Das Bedürfnis nach Sicherheit konnte dabei durch die beiden großen, nach Osten gerichteten Initiativen der NATO (NATO-Kooperationsrat, NAKR, seit 1991; Partnerschaft für den Frieden seit 1994) nicht vollständig gedeckt werden. Alle MOE-Staaten bemühen sich weiterhin um einen möglichst baldigen NATO-Beitritt; gleichzeitig stellen sie auch in ihrer Strategie gegenüber der EU die Sicherheit an oberste Stelle. Auf den Gebieten der politischen und der wirtschaftlichen Integration ist die EU ohnehin Hauptadressat der MOE-Aspirationen. Nach dem Abschluß von Assoziierungsabkommen mit allen sechs Ländern haben Polen und Ungarn, deren Abkommen bereits von allen EU-Parlamenten ratifiziert wurden, Beitrittsanträge gestellt; zumindest die Tschechische Republik wird in Kürze folgen. Dabei ist klar, daß die Aufnahme von Beitrittsverhandlungen (nach positivem Avis der Europäischen Kommission und Mandatserteilung durch den Europäischen Rat) wohl erst Ende des Jahrzehnts erfolgen kann – deswegen drängen die MOE-Staaten auf eine umfassende Strategie zur Vorbereitung des Beitritts seitens der Union, in dem die in den Europa-Abkommen vereinbarten Marktöffnungen beschleunigt, die politische Einbindung in die Gemeinsame Außen- und Sicherheitspolitik (GASP) und die Zusammenarbeit in den Bereichen Justiz und Inneres (ZBJI) vertieft und die Effizienz der Hilfsprogramme (insbesondere PHARE) erhöht wird.

Eine bisher offene Frage ist die grundsätzliche integrationspolitische Orientierung der MOE-Staaten am Föderalismus/Intergouvernementalismus-Paradigma, das sich unter den Mitgliedstaaten herausgebildet hat. Die Tschechische Republik, und insbesondere Ministerpräsident Vaclav *Klaus*, bildet hier mit ihrem stark an Margaret *Thatcher* orientierten Integrationsmodell die Ausnahme.[6] Einerseits entspricht diese Scheu dem Bedürfnis, sich nicht frühzeitig festzulegen. Sie wird aber andererseits auf westeuropäischer Seite oft als Mangel an integrationspolitischem Verständnis ausgelegt. Tatsache ist, daß – trotz oder vielleicht gerade wegen der großen Zustimmung zur Idee der »Rückkehr nach Europa« – eine breite öffentliche Debatte über die Ziele der europäischen Integration und ihre Implikationen für den Bewegungsspielraum nationaler Regierungen nicht stattgefunden hat. Sicherlich wird es nicht leicht sein, Staaten zu einem partiellen Souveränitätsverzicht zu bewegen, die ihre echte Unabhängigkeit erst 1989 errungen haben. Dennoch wäre es falsch, ihnen schon jetzt – vor einer solchen Debatte – zu unterstellen, lediglich an intergouvernementaler

5 Hierauf weist z. B. Jürgen *Nötzold* immer wieder hin. Vgl. Jürgen *Nötzold*, Der östliche Teil Europas – Randgebiet oder Bestandteil der europäischen Integration?, in: *Außenpolitik*, 4. Quartal, 1993, S. 327.

6 Vgl. Vaclav *Klaus*, So Far, So Good, in: *The Economist*, 10.9.1994, S. 33 f.

Zusammenarbeit interessiert zu sein. Alle MOE-Staaten haben schließlich, nicht zuletzt aus sicherheitspolitischen Gründen, ein Interesse an einer starken Union. Je näher die MOE-Staaten ihrem Ziel, der Vollmitgliedschaft, kommen, desto intensiver werden sie aufgefordert werden, in dieser Hinsicht Klarheit zu schaffen.

In den Bemühungen um regionale Kooperation unter den MOE-Staaten hat bisher nur die seit Februar 1991 bestehende Visegrad-Gruppe (Polen, Tschechische Republik, Slowakei, Ungarn – »V-4-Gruppe«) konkrete Ergebnisse erzielen können. Hauptziel war damals eine Begrenzung der Konkurrenz beim Streben nach Anbindung an die Gemeinschaft bzw. nach Mitgliedschaft, aber auch eine gemeinsame Position gegenüber der damals noch existierenden Sowjetunion. Vielerorts ist auch der Eindruck entstanden, »Brüssel« habe die Gründung in einem frühen Versuch der Multilateralisierung seiner Ostbeziehungen forciert, auch um ein für beide Seiten bequemes »Wartezimmer« zu schaffen. Tatsächlich versucht die EU, regionale Kooperation generell und unter den V-4-Staaten im besonderen zu fördern. Fest steht, daß die V-4-Gruppe das Potential für eine Freihandelszone hat, die große Zuwächse bei ausländischen Investitionen bringen könnte. Ende 1991 wurde die Einrichtung einer mitteleuropäischen Freihandelszone (CEFTA) für 1997 beschlossen. Die EU sieht hierin gute Entwicklungsmöglichkeiten, wenngleich die Arbeiten an der CEFTA im Sommer/Herbst 1994 nur langsam vorankamen.[7]

Die Politik der Europäischen Union seit 1989

Die Politik der Gemeinschaft gegenüber Mittel- und Osteuropa begann mit dem EG-RGW-Abkommen 1988. Politisch relevant und wirtschaftlich substantiell wurde sie allerdings erst mit dem sich abzeichnenden Systemwandel seit 1989. Sie hat sich seitdem schrittweise entwickelt. Zu den anfänglichen finanziellen und technischen Hilfen kamen Marktöffnungen, Maßnahmen zur politischen und sicherheitspolitischen Einbindung und schließlich die klare Perspektive der vollen Mitgliedschaft für bisher sechs Länder hinzu.[8] Diese schrittweise Entwicklung folgte zunächst keinem vorher durchdachten Konzept, sondern war oft höchstens die Antwort auf unmittelbar sichtbare oder vorhersehbare Probleme.[9]

Finanztransfer

Als sich im Sommer 1989 die Transformation zu Marktwirtschaft und Demokratie in Polen und Ungarn abzeichnete, entschied der Weltwirtschaftsgipfel in Paris den

7 Zur Entwicklung der Visegrad-Kooperation und CEFTA vgl. Christoph *Royen*, Die »Visegrad«-Staatengruppe: Zu früh für einen Nachruf, in: *EA*, 22/1994, S. 635-642.

8 Vgl. Conseil Européen de Copenhague: Relations avec les pays d'Europe centrale et orientale, in: *Bulletin des Communautés Européenes,* Nr. 6, 1993, S. 13.

9 Zu den meisten der im folgenden genannten Zahlen und Daten vgl. z. B. XXVII. Gesamtbericht über die Tätigkeit der Europäischen Gemeinschaften 1993, Luxemburg 1994, S. 250-258.

Beginn eines Hilfsprogramms für diese beiden Länder durch die G-24-Gruppe. Das Programm wurde schnell auf alle Staaten Mittel- und Osteuropas ausgeweitet. Seitens der EU sind von 1989 bis Ende 1994 ca. 2,7 Milliarden ECU als Kredite der Europäischen Investitionsbank (EIB) und ca. 2,9 Milliarden ECU zum Ausgleich der Zahlungsbilanz zugesagt worden.

Technische Hilfe

Das 1990 eigens zur Unterstützung des Systemwandels in den MOE-Staaten geschaffene Hilfsprogramm PHARE – anfangs an Polen und Ungarn gerichtet – erstreckt sich aber inzwischen auf elf Länder (die sechs assoziierten, die drei baltischen Staaten sowie Slowenien und Albanien). Insgesamt 4,3 Milliarden ECU wurden zwischen 1990 und 1994 für Infrastrukturverbesserungen, den Wiederaufbau der Privatwirtschaft, die Modernisierung der Landwirtschaft, die Förderung von Ausbildung und Forschung bereitgestellt.

Europa-Abkommen

Der Abschluß der Europa-Abkommen im Dezember 1991 (mit Polen, Ungarn und der damaligen CSFR) kennzeichnet die erste Zäsur in der MOE-Politik der Gemeinschaft: Erstmals wurde damit die Eventualität eines Beitritts früherer kommunistischer Staaten in Aussicht gestellt. Zweitens stand zwar – wie bei bisherigen Assoziationsabkommen der Gemeinschaft – die Schaffung von Freihandel im Mittelpunkt, doch wurde sie durch die Komponente eines politischen Dialogs[10] und umfassender Zusammenarbeit in den Bereichen Kultur, Freizügigkeit, Niederlassungsrecht etc. angereichert. Die volle Implementierung der Abkommen wurde von echten Fortschritten in den politischen, rechtlichen und wirtschaftlichen Reformprozessen abhängig gemacht. Fast identische Abkommen wurden im Laufe des Jahres 1993 mit Rumänien und Bulgarien und (nach dem Zerfall der CSFR) mit der Tschechischen und Slowakischen Republik ausgehandelt. Die zweite entscheidende Zäsur in der MOE-Politik der Union war der Ratsbeschluß von Kopenhagen im Juni 1993,[11] in dem vor allem die klare Perspektive der Mitgliedschaft eröffnet und ein politisch-wirtschaftlicher Kriterienkatalog aufgestellt wurde. Die wichtigsten Kriterien sind bezüglich der MOE-Staaten: die Stabilität demokratischer Institutionen, Menschen- und Minderheitenrechte und eine funktionsfähige Marktwirtschaft mit der Fähigkeit, den Wettbewerbsdruck des Binnenmarkts auszuhalten. Seitens der Union ist die Fähigkeit zur Aufnahme neuer Mitglieder ein sehr wichtiger Punkt.

---

10 Vgl. dazu S. 109 f.

11 Vgl. Conseil Européen de Copenhague, a.a.O. (Anm. 8).

Marktöffnung

Die Öffnung der Märkte der EU war das meistbeachtete Kapitel der Assoziationsabkommen. An dieser Frage entzündeten sich die meisten kritischen Debatten um die EU-Politik gegenüber den MOE-Staaten sowohl seitens der Partner als auch in der Union selbst.[12] Entsprechend den Abkommen und den danach im Juni 1993 nochmals beschleunigten Maßnahmen zur Öffnung der EU-Märkte wurden Zölle und Quoten für »nichtsensitive« Güter (d. h. alle außer Stahl, Textilien und Agrarprodukten) ab Januar 1995 abgeschafft. Dasselbe gilt nun für Stahl ab Januar 1996 und für Textilien ab Januar 1998. Die MOE-Staaten müssen ihre Importbarrieren erst im Jahre 2002 vollends abschaffen. Agrarprodukte bleiben Sondervereinbarungen unterworfen. Infolge dieser Öffnung konnten die drei am weitesten fortgeschrittenen Visegrad-Staaten ihre Exporte nach Westeuropa seit 1989 verdoppeln; für die MOE-Staaten insgesamt gilt, daß die EU inzwischen über 50 Prozent ihrer Exporte abnimmt. Damit haben die östlichen Partner der EU ihren vor 1989 fast ausschließlich auf den damaligen RGW-Bereich abgestellten Außenhandel erfolgreich reorientiert.

Nach anfänglich positiven Bilanzen im EU-Handel stellte sich jedoch seit 1992 in fast allen Fällen ein Defizit zuungunsten der MOE-Länder ein, das für die erste Hälfte 1994 2,6 Milliarden ECU betrug. Die Slowakei bildet die einzige Ausnahme mit einem leichten Überschuß. Das generelle Defizit der MOE-Staaten ist auf eine Reihe von Faktoren zurückzuführen. An oberster Stelle steht dabei das rezessionsbedingte Sinken der Nachfrage in der Union. Zweifellos spielen auch die noch bestehenden Handelsrestriktionen in den sensitiven Bereichen eine Rolle; ins Gewicht fallen sie aber wahrscheinlich nur im landwirtschaftlichen Sektor. Bezüglich der EU-Exporte kann gar nicht oft genug betont werden, daß sie erstens auf Märkte trafen, die in den Jahren 1993/94 bei hohen BIP-Wachstumsraten stark expandierten und daß sie zweitens im Vergleich zu den ersten Jahren nach der europäischen Wende eine stark gewandelte Struktur aufweisen: Standen 1990/91 noch die Konsumgüter an erster Stelle, so wird dieser Platz heute von Investitionsgütern eingenommen – eben von solchen Produkten, die die Wettbewerbsfähigkeit der MOE-Industrien erhöhen.[13]

Politischer Dialog

Bereits in den Europa-Abkommen von 1991 war ein regelmäßiger politischer Dialog enthalten. Dieser Ansatz, der ursprünglich auf Kontakte zwischen der Troika und der Sechsergruppe auf der Ebene der Außenminister, der Politischen Direktoren und verschiedener Experten der Außenministerien beschränkt war, wurde in den Ratsbeschlüssen von Kopenhagen (Juni 1993) und Brüssel (März 1994) schrittweise auf ein 12-plus-6-Format und immer regelmäßigere Zusammenkünfte erweitert.

---

12 Für eine kritische Auseinandersetzung mit den Europa-Abkommen vgl. stellvertretend für viele andere Heinz *Kramer*, The European Communities' Response to the 'New Eastern Europe', in: *Journal of Common Market Studies*, Band 31, Nr. 2, Juni 1993, S. 227-231.

13 Daten für die 1. Hälfte 1994 in: EUROSTAT, Datenbasis COMTEXT.

Der politische Dialog dient erstens dazu, die politische Einbindung der MOE-Staaten zu stärken und damit auch auf einen Teil ihrer sicherheitspolitischen Bedürfnisse einzugehen. Zweitens verbindet sich mit ihm die Absicht, die politischen und administrativen Eliten der Partner an die konkrete Arbeit in einem wichtigen Teil des Integrationsprozesses – der Gemeinsamen Außen- und Sicherheitspolitik – heranzuführen und so Vorbereitungsarbeit für den späteren Beitritt zu leisten. Drittens schließlich kann die im politischen Dialog vorgesehene Konsultation mit den MOE-Vertretern vor wichtigen internationalen Konferenzen zu koordiniertem Verhandlungs- und Abstimmungsverhalten führen und so die Position der EU wesentlich stärken.

Die bisherigen Erfahrungen mit dem politischen Dialog werden von den MOE-Staaten selbst gemischt beurteilt; oft hat die EU-Seite Erklärungen zu seiner Intensivierung nur zögerlich umgesetzt; manchmal entstand auch der Eindruck seitens der MOE-Vertreter, nicht als Partner behandelt, sondern am »Katzentisch« plaziert zu werden.

Strukturierte institutionelle Beziehungen

Die schon in Kopenhagen erwähnten und inzwischen ausgebauten strukturierten institutionellen Beziehungen zu den MOE-Staaten sind im Grunde der Versuch, das Basismodell des politischen Dialogs auf andere Politikbereiche zu übertragen, in diesem Fall allerdings noch nicht regelmäßig, sondern bedarfsorientiert. Kern der institutionellen Beziehungen sind Fachministertreffen in allen Bereichen, die von gemeinsamem Interesse sind. Im Vordergund stehen dabei die Felder, die für den geplanten Ausbau Transeuropäischer Netze (TEN) entscheidend sind, also Transport, Energie und Telekommunikation. Ende 1993 fand zunächst ein Transportministertreffen statt. Inzwischen hat es gemeinsame Ratssitzungen auf den Gebieten Justiz und Inneres, Binnenmarkt und Umweltschutz gegeben. 1995 werden diese Treffen fortgesetzt und um die Gebiete Wirtschaft und Jugend erweitert.

»Assoziierte Partnerschaft« mit der Westeuropäischen Union

In der Westeuropäischen Union (WEU), die mit dem Vertrag von Maastricht integraler Bestandteil der Entwicklung der Europäischen Union geworden ist, haben die MOE-Sechsergruppe und die drei baltischen Staaten durch die seit Mai 1994 bestehende »assoziierte Partnerschaft« bisher den höchsten Grad an institutioneller Einbindung in eine westliche Organisation erreicht, in jedem Fall qualitativ viel intensiver als in den NATO-Initiativen, NAKR und Partnerschaft für den Frieden. Ihre Vertreter nehmen mit vollem Rederecht an jedem zweiten Treffen der Ständigen Vertreter der Mitgliedstaaten im WEU-Rat und an allen Treffen des Ministerrats teil. Damit geht auch die WEU explizit auf die sicherheitspolitischen Bedürfnisse der MOE-Staaten ein. Das Vorgehen der WEU war in der Vergangenheit nicht in allen Fragen mit allen Institutionen der EU abgestimmt; hier ergibt sich ein starker Nachholbedarf an institutioneller Zusammenarbeit, der schon in den Außenministerien der Mitgliedstaaten beginnen muß.

Die Herausforderungen Mitte der neunziger Jahre

Die langfristige Stabilisierung der MOE-Staaten durch Integration und die kurz- und mittelfristige Stabilisierung durch Transformationshilfen und Integrationsvorbereitung stellen die Union in den neunziger Jahren vor beispiellose Aufgaben. Zunächst ist zu entscheiden, wie die bisher oft spontan und unkoordiniert anmutenden Politiken in und um die Assoziierung in ein strategisches Konzept gebracht und weiter intensiviert werden können. Gleichzeitig sollte überlegt werden, welche Folgen die voraussichtliche Erweiterung der MOE-Gruppe auf zehn Staaten für die Beitrittsperspektive haben wird. Daran schließt sich die Diskussion der schwierigsten Aufgabe an: die Reform der unionsinternen Strukturen, ohne die eine Erweiterung über die EFTA-Runde hinaus kaum denkbar ist. Reformbedürftig ist auch das Geflecht westeuropäisch-atlantischer Sicherheitsorganisationen. Kurz- wie langfristig relevant bleibt das Problem einer zunehmend sichtbaren Divergenz in den externen Prioritäten unter den Mitgliedstaaten. Zum Schluß, und dies greift bereits ins nächste Jahrtausend, ist schon jetzt zu überlegen, wie ein Europa aussehen soll, in dem die Union stark nach Osten erweitert ist, Rußland und seine Partner in der Gemeinschaft Unabhängiger Staaten (GUS) aber für eine Mitgliedschaft kaum in Frage kommen.

Eine Strategie zur Vorbereitung der Mitgliedschaft

Eine Intensivierung der Beziehungen der Union zu den MOE-Staaten über das Kopenhagener Programm hinaus und Verbesserungen in den Bemühungen zur Vorbereitung der Mitgliedschaft bildeten eine der obersten Prioritäten der deutschen EU-Präsidentschaft in der zweiten Jahreshälfte 1994. Wie bereits in der Einführung angedeutet, hat sich hier die Einsicht durchgesetzt, daß die bestehenden Beziehungen und die existierenden Hilfsprogramme viel stärker als bisher der Perspektive einer späteren Mitgliedschaft untergeordnet werden müssen – konkret, sie müssen zu deren Vorbereitung beitragen. Ein solches Programm der Beitrittsvorbereitung wurde in der zweiten Jahreshälfte 1994 von der Kommission in Zusammenarbeit mit der deutschen Ratspräsidentschaft entwickelt und im Dezember 1994 dem Europäischen Rat in Essen vorgelegt.[14] Neben der Intensivierung der strukturierten Beziehungen (politischer Dialog; institutioneller Dialog) und Verbesserungen im PHARE-Programm (höherer Anteil für Investitionshilfen und Infrastrukturausgaben; mehrjährige Budgetierung anstatt Jahresbudgets) steht dabei das Verhältnis Binnenmarkt/MOE-Staaten im Vordergrund: Kurzfristig werden der Anwendung von Anti-Dumping-Verfahren

14 Vgl. European Council Meeting on 9 and 10 December 1994 in Essen, Presidency Conclusions, Brüssel 1994.

und Safeguard-Klauseln umfassende Informationen und Konsultationen vorangestellt. Mittelfristig werden die technischen Hilfen unter PHARE eng an den Erfordernissen der Rechtsangleichung in den MOE-Ländern ausgerichtet. Diesem Hauptzweck dient auch die Erstellung eines Weißbuchs der Kommission über den Stand der Rechtsangleichung in den einzelnen Partnerländern sowie über konkrete Hilfsmöglichkeiten bei diesem schwierigen Unterfangen. Das Weißbuch soll zum Ende der französischen Ratspräsidentschaft im Juni 1995 vorliegen.

Die »erweiterte MOE-Gruppe« und das Problem der Beitrittssequenz

Die Ausweitung der Sechsergruppe auf zehn Länder mit Europa-Abkommen – die Assoziierungsverhandlungen mit Estland, Lettland und Litauen, eine der Prioritäten der deutschen Ratspräsidentschaft – wurden im Dezember 1994 aufgenommen und bis Mitte 1995 abgeschlossen. Die Erteilung eines Mandats für Assoziierungsverhandlungen mit Slowenien, das nach zahlreichen Indikatoren in der Transformationsgeschwindigkeit und der makroökonomischen Stabilität an der Spitze der neuen Demokratien steht, scheiterte bisher am italienischen Widerstand. Es ist gut möglich, daß er bis Ende 1995 überwunden ist. In beiden Fällen wird die Erweiterungsrunde Anfang 1995 einen beschleunigenden Effekt haben: Die skandinavischen Länder werden die baltische, Österreich die slowenische Assoziierung mit Vorrang versehen.

Die vier »Neuen« teilen viele der Transformationsprobleme mit der Sechsergruppe. Sie weisen aber eine unterschiedliche »historische Herkunft« auf: Slowenien wird von vielen EU-Mitgliedstaaten immer noch stark mit dem ehemaligen Jugoslawien in Verbindung gebracht, die baltischen Staaten mit der früheren UdSSR. Zumindest im Falle der baltischen Staaten wird die russische Reaktion auf deren Beitrittswunsch in der EU womöglich größeres Gewicht haben als im Falle der MOE-Kerngruppe. Bezüglich der Transformationsgeschwindigkeit wird die erweiterte Gruppe noch heterogener, wenn man die extremen Beispiele Slowenien und Litauen betrachtet.

Die Erweiterung der MOE-Gruppe verstärkt daher auch das Problem um die Reihenfolge der Beitritte. Ein gleichzeitiger Beitritt aller scheint aufgrund der starken Diversifizierung der Transformationsgeschwindigkeiten ausgeschlossen. Im Kopenhagener Programm hat die Union zu verstehen gegeben, daß bezüglich der Erfüllung der Beitrittskriterien jedes Land für sich beurteilt werden wird. Allerdings sind Einzelbeitritte aus Gründen der Rationalität, vor allem aber wegen der negativen politischen Folgen in den Bevölkerungen der übrigen Staaten, kaum denkbar. Demzufolge wäre eine Gruppierung in zwei oder drei »Beitrittswellen« vorstellbar, wobei die erste die Visegrad-Gruppe (evtl. mit Slowenien; vielleicht ohne die Slowakei) umfassen würde. Mit der Unzufriedenheit der von den ersten Runden ausgeschlossenen Länder ist in jedem Fall zu rechnen.

Um die jetzt dringend nötige psychologische Sicherheit wenigstens im Falle der am weitesten fortgeschrittenen MOE-Staaten zu schaffen, sollte ein detaillierterer Kriterienkatalog, der den Zeitpunkt des Beginns von Beitrittsverhandlungen und die Liste der Länder enthält, die die erste Beitrittswelle bilden, nicht später als zur Regierungskonferenz 1996 bekanntgegeben werden.

Konsequenzen für die interne Struktur: Aufgaben für die Regierungskonferenz 1996

Die für 1996 geplante Regierungskonferenz wird im Hinblick auf zukünftige Erweiterungen drei zentrale Bereiche zu beraten haben: eine umfassende Reform der Entscheidungs- und Verwaltungsstrukturen, eine Reform der Agrarpolitik und der Strukturfonds, sowie die Perspektive einer Union der mehreren Geschwindigkeiten. Würden alle drei Bereiche 1996 dynamisch genug angefaßt werden, wäre dies ein Schritt im europäischen Integrationsprozeß, der dem Unionsvertrag von 1991 an historischer Bedeutung um nichts nachstehen würde.[15]

Konsens besteht unter den jetzigen Mitgliedstaaten, daß die Erweiterung um drei EFTA-Staaten (auf insgesamt 15) im Januar 1995 die letzte gewesen ist, die ohne eine grundlegende Reform der im Kern immer noch auf die ursprüngliche Sechsergemeinschaft angelegten Entscheidungsstrukturen auskommt. Die jeweiligen Rollen und das Zusammenspiel der Institutionen Rat, Kommission und Parlament müssen neu formuliert werden. Im einzelnen sollte im Rat das Mehrheitsprinzip größere Bedeutung erhalten und die Rotation der Präsidentschaft reformiert werden. In der Kommission müßte das bisherige System der Verteilung der Kommissarsposten abgeändert werden; das Parlament sollte noch weiter gefaßte Rechte erhalten.[16] Von entscheidender Bedeutung für die Zukunft der Integration wird auch die zukünftige Rolle der Westeuropäischen Union sein.[17]

Womöglich noch schwieriger wird sich die Debatte um die Reform der Instrumente wirtschaftlicher Solidarität unter den Mitgliedstaaten, nämlich Agrarpolitik und Regionalfonds, gestalten. Es existieren bereits zahlreiche Extrapolationen der Kosten eines Beitritts der stärker als die meisten jetzigen Mitgliedstaaten landwirtschaftlich orientierten und strukturschwachen MOE-Staaten.[18] Diese Schätzungen laufen darauf

15 Zur Debatte über die institutionellen Reformen im Lichte der MOE-Erweiterung vgl. Gerd *Tebbe*, Wunsch und Wirklichkeit: Das Problem der Osterweiterung, in: *EA*, 13-14/1994, S. 389-396. Zwei unterschiedliche Szenarien einer MOE-Erweiterung – je nach Integrationsstand – finden sich bei Christian *Deubner*/Heinz *Kramer*/Elke *Thiel*, Die Erweiterung der Europäischen Union nach Mittel- und Osteuropa (SWP – AP 2818), Ebenhausen 1993. Eine aktualisierte Kurzfassung dieser Ideen bei: Christian *Deubner*/Heinz *Kramer*, Die Erweiterung der Europäischen Union nach Mittel- und Osteuropa: Wende oder Ende der Gemeinschaftsbildung?, in: *APZ*, Nr. B 18-19/94, S. 12-19.

16 Vgl. hierzu Werner *Weidenfeld* (Hrsg.), Europa '96 – Reformprogramm für die Europäische Union, Gütersloh 1994.

17 Siehe dazu S. 110 f.

18 Eine erste Schätzung der Kosten bildet sich in der Analyse von Richard E. *Baldwin*, Towards an Integrated Europe, Genf 1994. Er sieht für den Fall eines Beitritts der vier Visegrad-Staaten jährliche Mehrausgaben der EU in Höhe von 63,6 Mrd. ECU voraus. In der recht stürmischen Debatte in den MOE-Ländern wurde ihm vorgeworfen weder die schon jetzt im Unionsvertrag und im GATT-Abkommen der Uruguay-Runde beschlossenen Kürzungen des Agrarfonds noch das für die zweite Hälfte des Jahrzehnts voraussichtliche BIP-Wachstum und den Strukturwandel der MOE-Staaten zu berücksichtigen. Inzwischen liegen vier Studien vor, die – im Auftrag der Kommission – die landwirtschaftlichen Aspekte einer Osterweiterung und die mittelfristig zu erwartenden ebenso wie die mittelfristig wünschenswerten agrarpolitischen Reformschritte in der EU und den MOE-Staaten detailliert

hinaus, daß bei einer Beibehaltung der Gemeinschaftspolitik in diesen Bereichen eine »Osterweiterung« unbezahlbar würde. Ob die Regierungskonferenz hier schon einen Konsens erzielen kann, ist fraglich, aber ein Aufschieben der Reform würde den Beitritt auch der am weitesten fortgeschrittenen MOE-Staaten notwendigerweise verzögern.

Eine Binsenweisheit ist, daß eine Europäische Union mit 20 und später 25 oder gar 30 Mitgliedstaaten nicht mehr dieselbe sein wird wie die Zwölfergemeinschaft des Jahres 1994. Aber wie weit darf sie sich vom bisherigen Kurs einer immer engeren Union mit eindeutig politischer Zielsetzung, der »finalité politique«, entfernen? Es ergibt sich notwendigerweise die Frage, ob nicht durch die Einführung »zweier (oder mehrerer) Geschwindigkeiten« dem Dilemma zwischen Vertiefung des »aquis communautaire« und unabdingbarer Erweiterung der Union ausgewichen werden kann. Überlegungen in diese Richtung existieren in allen Mitgliedstaaten; am stärksten ausgeprägt sind sie derzeit in Paris und Bonn.[19] Eine Kernunion um Deutschland, Frankreich und Benelux würde, vor allem in der Währungsunion und der Verteidigungspolitik, die Integration beschleunigen, während der acquis von Maastricht in einer zweiten Gruppe nur beibehalten würde. Ein Beitritt der MOE-Staaten zu dieser zweiten Gruppe wäre zwar unter wirtschaftlichen Aspekten leichter durchführbar, aber auch für die Staaten selbst weniger attraktiv, insbesondere, wenn eine Verteidigungsgemeinschaft nur den »Kern« umfassen sollte. Außerdem birgt das Modell der zwei Geschwindigkeiten trotz der Beteuerungen seiner Anhänger die Gefahr eines »Europa à la carte« in sich, in dem sich der Integrationsprozeß in seine Bestandteile auflösen und Entscheidungsfähigkeit, Transparenz und parlamentarische Kontrolle stark vermindert würden. Dagegen ließe sich wiederum einwenden, daß das »Europa à la carte« in den Bereichen Währungsunion, Sozialpolitik und Verteidigungspolitik seit Maastricht ohnehin bereits Wirklichkeit ist. Fest steht, daß eine »variable Geometrie« die einzige Möglichkeit für den baldigen Beitritt der MOE-Staaten zu einer teilweise vertieften Union ist. Eine die gesamte Union umfassende Vertiefungsrunde um 1996 ist unwahrscheinlich; eine auf dem Maastricht-Niveau stagnierende oder womöglich in intergouvernementale Reflexe zurückfallende Union wäre starken Zentrifugalkräften ausgesetzt, die den Integrationsprozeß letztendlich auch für die MOE-Staaten ungenießbar machen würden.[20]

---

untersuchen: Stefan *Tangermann*/Timothy E. *Josling*, Pre-accession Agricultural Policies for Central Europe and the European Union, Göttingen/Stanford 1994; Secondo *Tarditi*/John *Marsh*, Agricultural Strategies for the Enlargement of the European Union to Central and Eastern European Countries, Siena/Reading 1994; Allan *Buckwell* u. a., Feasibility of an Agricultural Strategy to Prepare the Countries of Central and Eastern Europe for EU Accession, London/Kent/Warsaw 1994; Louis-Pascal *Mahé*, L'agriculture et l'élargissement de l'Union Européenne aux pays d'Europe Centrale et Orientale, Rennes 1994. Alle Studien kommen zu dem Ergebnis, daß eine im bisherigen langsamen Tempo weiterreformierte Gemeinsame Agrarpolitik die Osterweiterung zu teuer machen würde und daß beschleunigte Reformen mit Subventionsabbau unbedingt erforderlich sind.

19 Vgl. Interview mit dem französischen Premierminister *Balladur*, in: *Le Figaro*, 30.8.1994 sowie CDU/CSU-Fraktion des Deutschen Bundestages, »Überlegungen zur Europapolitik«, 1.9.1994.

20 Eine sehr gute Zusammenfassung der beginnenden Debatte über die Regierungskonferenz 1996 und ihrer erweiterungspolitischen Implikationen findet sich in: European Union. Back to the drawing-board, in: *The Economist*, 10.-16.9.1994, S. 21-25.

Die Reform des sicherheitspolitischen Institutionengeflechts

Zur Zeit bemühen sich drei Organisationen um die Sicherheit Westeuropas und erheben immer stärker implizit oder explizit den Anspruch, für die gesamteuropäische Sicherheit mit- oder hauptverantwortlich zu sein: NATO, WEU und EU. Ihr wechselseitiges Verhältnis ist bisher nur in groben Zügen und unter vielen Aspekten sogar eindeutig unzureichend geklärt. Die Deklarationen in und um Maastricht über eine zu gegebener Zeit zu entwickelnde Verteidigungspolitik und später eine gemeinsame Verteidigung der EU sowie über die WEU einerseits als integralem Bestandteil des Europäischen Integrationsprozesses, andererseits als europäischem Pfeiler der NATO, sind ein Schritt in die richtige Richtung, greifen aber heute schon zu kurz.

Sollte es 1996 gelingen, die WEU auch strukturell in die Institutionen der EU zu integrieren, hätte die Union eine unmittelbare verteidigungspolitische und militärische Komponente. Erst dann könnte sie eine glaubhafte gemeinsame Außen- und Sicherheitspolitik entwickeln, und erst dann wäre sie auch in der Lage, die sicherheitspolitischen Bedürfnisse der neuen Demokratien in allen Schattierungen abzudecken. Diese militärische Komponente der EU, also eine eigenständige Europäische Sicherheits- und Verteidigungsidentität, wird nur in enger Zusammenarbeit, institutioneller Verflechtung und der gemeinsamen Benutzung militärischer Ressourcen mit dem Nordatlantischen Bündnis entstehen können. Letzteres wiederum ist nur vorstellbar, wenn sich die Standpunkte und Prioritäten in der Sicherheits- und Verteidigungspolitik zwischen Deutschland, Frankreich und Großbritannien weiter einander annähern.

Es bleibt die grundsätzliche Frage, in welcher Sequenz sich NATO und EU/WEU nach Osten erweitern sollen und wie diese Schritte am besten koordiniert werden können. Der Ministerrat hat sich mit dieser Frage erstmals im September 1994 beschäftigt,[21] ohne zu einer definitiven Schlußfolgerung zu kommen. Seitdem geht die Tendenz unter den Regierungschefs dahin, eine NATO-Osterweiterung nach dem EU-Beitritt der jeweiligen Länder ins Auge zu fassen. Dies entspricht nicht den Bedürfnissen der MOE-Staaten, die mit gutem Grund die Notwendigkeit des NATO-Beitritts für die neunziger Jahre sehen, während der Zeitpunkt eines EU-Beitritts durchaus unter dem Aspekt der noch zu bewältigenden Anpassungaufgaben betrachtet wird. Für die Mitgliedstaaten von EU und NATO wird es darauf ankommen, eine Osterweiterung der NATO auch vor einer Erweiterung der Union zu durchdenken. Am wichtigsten bleibt für die nähere Zukunft eine detaillierte Diskussion der Osterweiterungsfrage für beide Organisationen, auch unter Ausschöpfung des bestehenden Potentials der WEU-Assoziierung, und eine engere Abstimmung der »Ostpolitiken« der jeweiligen Organisationen.

21 Vgl. *The Independent*, 13.9.1994.

Divergierende Prioritäten zwischen den Mitgliedstaaten

Zum ersten Mal in der Geschichte des Integrationsprozesses zeichnen sich grundsätzlich divergierende Prioritäten zwischen Gruppen der Mitgliedstaaten auch in den externen Strategien ab. Hierbei sind – grob gesagt – zwei Gruppen auszumachen: Die »Südschiene« mit Portugal, Spanien, Frankreich, Italien und Griechenland, die bei der Osterweiterung zur Vorsicht rät, und die nördliche Gruppierung mit Deutschland, Dänemark, Großbritannien und den früheren EFTA-Staaten Schweden, Finnland und Österreich, die die Osterweiterung mit Vorrang betreibt, weil sie in ihr die einzige Chance zur Sicherung ihres unmittelbaren Umfelds sieht. Im Falle Großbritanniens spielt allerdings auch die Hoffnung eine Rolle, daß sich der von Großteilen der politischen Klasse abgelehnte weitere Vertiefungsprozeß durch eine Osterweiterung verhindern bzw. verlangsamen lasse. Ein wichtiger Punkt in der Argumentation der »Südschiene« ist die Befürchtung, der für die Sicherheit dieser Staaten so entscheidende Mittelmeer-Raum und der Nahe Osten könnten bei der intensiven Vorbereitung der Integration der MOE-Staaten vernachlässigt werden. Noch wichtiger scheint die Angst vor materiellen Einbußen durch Kürzungen in der Agrarpolitik und den Strukturfonds zu sein.

Ein lähmender, offener Streit zwischen beiden Gruppierungen hat sich bisher durch gegenseitige Anerkennung der jeweiligen Prioritäten und die Vermeidung eines »entweder-oder« umgehen lassen; bestes Beispiel ist der außenpolitische Teil des gemeinsamen Programms der deutschen und der französischen EU-Präsidentschaft. Das muß aber nicht für alle Zeiten der Fall sein, zumal sich die Problematik der Erweiterung um die MOE-Staaten und damit der Reformdruck stetig verschärfen. Die Diskussion über ein »Kerneuropa« vom September 1994, in der zwischen Deutschland und Frankreich prinzipielle Übereinstimmung zu bestehen scheint, läßt allerdings hoffen. Dem vereinigten Deutschland wird so oder so die Rolle des gewichtigsten Fürsprechers einer Integration der MOE-Staaten zufallen. Dabei wird es im deutschen Interesse liegen, in der Union schon jetzt so viele Bundesgenossen wie möglich zu finden.

Zwei Blöcke in Europa?

Eine im Laufe des ersten Jahrzehnts nach 2000 um die Zehnergruppe erweiterte EU wird bis an die Westgrenzen der GUS-Staaten reichen. Daß Rußlands Mitgliedschaft nicht zur Debatte steht, haben die Kommission und Vertreter der Mitgliedstaaten bereits klargemacht; im Falle Belarus', der Ukraine und Moldawiens scheint die Absage weniger kategorisch zu sein, doch dürften sich mittelfristig die Beziehungen eher in Richtung eines »permanent assoziierten« Status entwickeln. Es ist im Sinne der in den jetzigen Mitgliedsländern bereits kritischen Debatte über die Zukunft der EU durchaus sinnvoll, eine prinzipielle Grenze für die Erweiterung zu setzen. Doch wirft das dann die grundsätzliche Frage auf, wie sich die für die Mitgliedschaft nicht in Frage kommenden Staaten untereinander organisieren sollten und wie die EU ihre Beziehungen zu ihnen gestalten soll. Konkret heißt das, ob durch eine solche Erweiterungsbegrenzung nicht eine in den betroffenen Ländern unerwünschte Abhängigkeit von Rußland in einer womöglich immer stärker von Moskau dominierten GUS gefördert wird.

Natürlich muß das Interesse der EU einer größtmöglichen regionalen Kooperation, auch innerhalb der GUS, gelten. Regionale Kooperation, das haben die Erfahrungen in ganz Europa gezeigt, erhöht die Stabilität und vermindert Spannungen. Sie sollte aber auf dem Einverständnis aller Beteiligten beruhen. Was also kann die EU den nichtrussischen GUS-Staaten auf den Vorwurf entgegnen, eine Begrenzung der Erweiterungsperspektive schaffe Moskau die Legitimation für eine neue Hegemonie? – Hier könnte argumentiert werden, daß eine EU an den Westgrenzen der Ukraine und Belarus' immer noch vorteilhafter für diese Länder ist als eine, die weit entfernt im Westen Europas liegt: vorteilhafter, weil sie das westliche Umfeld politisch und wirtschaftlich stabilisiert und so auch diesen Ländern bessere Entwicklungsmöglichkeiten bietet, was sie langfristig wiederum in die Lage versetzt, eine (von Moskau) unabhängigere Politik zu betreiben – auch unter dem Aspekt einer immer engeren Zusammenarbeit mit der gesamten Union auf politischer wie wirtschaftlicher Ebene.

Die EU hat ein elementares sicherheitspolitisches und wirtschaftliches Interesse am Gelingen von Transformation und Demokratisierung auch in Rußland, der Ukraine, Belarus und den anderen GUS-Staaten ebenso wie an einer klaren Einhaltung der im KSZE-Prozeß etablierten Spielregeln für das Zusammenleben der Völker Europas. Beide Faktoren bedingen einander. Für die Politik der EU gegenüber den GUS-Staaten bedeutet dies, daß sie erstens auf enge Partnerschaft und Kooperation (inklusive politischer Dialog, Marktöffnungen und makroökonomische und technische Hilfe) und nicht auf Abgrenzung abgestellt sein muß und daß zweitens die parallelen, aber unterschiedlich angelegten Strategien gegenüber den MOE-Staaten (Beitritt) und den GUS-Staaten (Partnerschaft) aufeinander abgestimmt und komplementär gemacht werden müssen. Außerdem macht diese Doppelstrategie ein »strukturelles Dach« in Form einer gestärkten KSZE notwendiger denn je.

Bei aller Bereitschaft zu Zusammenarbeit und Partnerschaft mit Rußland wird sich die Union dennoch auf die Wahrscheinlichkeit einstellen müssen, daß dieses Verhältnis noch auf lange Zeit von einer Mischung aus Kooperation und Konfrontation gekenn zeichnet bleibt. Auch die konfrontativen Elemente müssen einkalkuliert werden; eine Politik, die es allen recht machen will, verliert jede Glaubwürdigkeit.

AUSBLICK: KONSEQUENZEN FÜR DIE POLITIK DEUTSCHLANDS

In den Beziehungen der Europäischen Union zu den neuen Demokratien Mittel- und Osteuropas entscheidet sich nichts weniger als die Gestalt Europas nach dem Ende des Kalten Krieges und an der Schwelle zum nächsten Jahrtausend. Die Union muß sich dabei an ihrem Anspruch messen lassen, die für die Strukturierung des neuen Europa hauptverantwortliche Institution zu sein.

Die bisherige Bilanz nach Beendigung des Ost-West-Gegensatzes läßt sich nach Abwägung aller Fakten ebensowenig klar beurteilen wie die Frage, ob »das Glas halbvoll oder halbleer ist.« Unter den gegebenen Umständen hat die Europäische Union wesentlich zum heute spürbaren Erfolg der politischen und wirtschaftlichen Systemtransformation in Mittel- und Osteuropa beigetragen. Die Perspektive eines Beitritts ist seit 1993 klar gegeben. Die Einsicht in das strategische Gebot einer Aufnahme der Nachbarn im Osten in den europäischen Integrationsprozeß hätte aber auch früher und nachhaltiger kommen können. Vor allem das Fehlen eines strategischen Grundkonsenses unter den Mitgliedstaaten macht sich hier, wie auch auf anderen Gebieten der Außenbeziehungen der EU, schmerzhaft bemerkbar.

Die nächsten entscheidenden Weichenstellungen für eine nach Osten zu erweiternde Europäische Union werden im Umfeld der Regierungskonferenz 1996 getroffen werden. Die zu erwartenden Meinungsverschiedenheiten zwischen den Mitgliedstaaten und zwischen verschiedenen Interessengruppen dürften beträchtlich sein. Aber hier entscheidet sich die Erweiterungsfähigkeit der Union, wenn nicht sogar ihre Überlebensfähigkeit überhaupt. Deutschland fällt in diesem schwierigen Prozeß eine entscheidende und auch eine besondere Rolle zu: Erstens aufgrund des Interesses, seine unmittelbaren östlichen Nachbarn in die Strukturen westeuropäisch-atlantischer Sicherheit einzubinden und dadurch auf Dauer zu stabilisieren. Klarzumachen, daß dieses Interesse letztlich für die gesamte Union gelten muß, und die Partner in Union und NATO einzubeziehen, wird daher eine vorrangige Aufgabe der nächsten Jahre sein. Zweitens werden an Deutschland auch besonders hohe Erwartungen gestellt: Im Osten gilt Deutschland als »Tor zu westlichen Institutionen«. Im Westen wird von Deutschland – mit vollem Recht – erwartet, ein halbes Jahrzehnt nach der Vereinigung endlich eine verantwortungsvolle Rolle auch bei den unangenehmen Aspekten der Sicherung des Friedens zu spielen. Beide Aspekte haben mehr miteinander zu tun, als auf den ersten Blick erkennbar ist. Sollte sich Deutschlands politische Klasse zu aktiver Beteiligung an internationalen Friedensmissionen durchringen, wäre auch für seine strategische Rolle bei den Weichenstellungen für die Zukunft der Union viel gewonnen. Drittens wird Deutschland auch im kommenden Jahrzehnt nicht vollkommen losgelöst von seiner Vergangenheit betrachtet werden, im Osten wie im Westen. Das steht nur oberflächlich betrachtet im Widerspruch zu dem oben Gesagten. In Wirklichkeit wird sich Deutschland überhaupt nur dann ein neues Image erarbeiten können, wenn es als selbstbewußte Demokratie die Osterweiterung der Union auf die Grundlage gemeinsamer europäischer Werte stellt und gleichzeitig bereit ist, diese Werte notfalls mit Militäreinsätzen zu schützen. Die Vergangenheit spielt auch in einem vierten Aspekt eine Rolle. Das Jahr 1989 und seine Folgen bieten die (historisch vielleicht einmalige) Chance, das fehlgeschlagene Experiment eines 200 Jahre lang von rivalisierenden Großmächten umkämpften, besetzten und annektierten »Zwischeneuropas« endlich zu beenden. Eingeschränkte Souveränität und verminderte Sicherheit sind nicht erst im Kalten Krieg zu Markenzeichen der Lage der MOE-Staaten geworden. Deutschland hat zumindest bei der Herstellung dieser Verhältnisse fraglos eine besonders unrühmliche Rolle gespielt. Es liegt in Deutschlands besonderer Verantwortung, alles zu tun, um sie zu überwinden.

Die entscheidende politisch-psychologische Schwelle bei der Überwindung der Teilung Europas wird überschritten, wenn die ersten MOE-Staaten Vollmitglieder der Union und/oder der NATO geworden sind. Selbst danach bleibt noch eine gewaltige Aufgabe: die tatsächliche Vernetzung der Gesellschaften, die im Westen des Kontinents internationale Konflikte bereits undenkbar gemacht hat. Letztlich wird dies die Aufgabe einer neuen Generation sein, deren Potential schon heute in Deutschland besonders stark ist.

Für diese Generation, die sich – auf beiden Seiten des ehemaligen »Eisernen Vorhangs« – großenteils im Ausbildungsprozeß und auf den unteren Stufen der Entscheidungsstrukturen befindet, ist das neue Europa erlebte Realität. Sie kennt die Sprachen und gesellschaftlichen Funktionsweisen der jeweils anderen Seite aus eigener Erfahrung. Erst ihr Aufstieg an die Schaltstellen wird Europa die Chance geben, aus innerer Stärke heraus eine verantwortliche Rolle in der Welt zu spielen, und die Garantie bieten, daß die Gespenster des Nationalismus nirgendwo in Europa zurückkehren.

RUSSLAND IN EUROPA

Alexander Rahr

Unterschiedliche Ansichten über die Zukunft Gesamteuropas

Nach dem Zerfall der kommunistischen Systeme in Osteuropa und der Auflösung der Sowjetunion wurden die Europäische Union (EU), das Nordatlantische Verteidigungsbündnis (NATO) und die Westeuropäische Union (WEU) zu Stabilitätspfeilern des gesamten europäischen Kontinents. Diese üben eine starke Magnetwirkung auf alle ehemaligen Ostblockstaaten aus, wobei allerdings Rußland und Rest-Jugoslawien eine Ausnahme darstellen. Eine langfristige Friedenssicherung und der Auf- und Ausbau von Wohlstandsgesellschaften auf dem europäischen Kontinent sind aber ohne eine Einbindung Rußlands in die multilaterale Zusammenarbeit kaum denkbar. Doch die politische und wirtschaftliche Instabilität des größten Landes der Erde verhindert eine Integration in NATO und EU. Hinzu kommen unterschiedliche Ansichten über die Architektur Gesamteuropas.

In Westeuropa wurde in der Nachkriegszeit ein historisch einzigartiges System zwischenstaatlicher Beziehungen und friedlicher Beilegung von Konflikten errichtet, das Kriege zwischen demokratischen Ländern praktisch undenkbar macht. Die westliche Staatengemeinschaft möchte dieses auf Demokratie und Marktwirtschaft beruhende System auf das postkommunistische Osteuropa übertragen. Zwar hat sich Rußland nach dem Zerfall der UdSSR mit demokratischen und marktwirtschaftlichen Prinzipien identifiziert, wehrt sich jedoch, den Westen als Chefkonstrukteur einer zukünftigen europäischen Sicherheitsordnung zu akzeptieren. Für Rußland ist der Gedanke der Integration in westeuropäische Strukturen gleichbedeutend mit einer Unterordnung in ein ihm noch in vielerlei Hinsicht wesensfremdes Wertesystem. Statt dessen verlangt Moskau eine größtmögliche Mitsprache und Akzeptanz als Einflußgröße im Konzert der europäischen Mächte. Den ost- und mitteleuropäischen Raum betrachtet der Kreml als eine Art Interessensphäre, die zwischen Rußland und dem Westen aufgeteilt werden sollte. Für westliche Vorstellungen von multilateraler europäischer Sicherheit, wirtschaftlicher und politischer Integration ist eine Rückkehr zur Allianzpolitik und zu besonderen bilateralen Beziehungen, die in den vergangenen Jahrhunderten zu den schlimmsten und blutigsten Kriegen geführt haben, aber nicht akzeptabel.

Derzeit ist noch offen, welchen Weg Rußland in Zukunft einschlagen wird. Wird es sich als traditionelle Großmacht verhalten, oder wird es den engen Schulterschluß mit den westlichen Demokratien suchen? Schlußfolgerungen sind zum gegenwärtigen Zeitpunkt verfrüht. Der einzige Weg zu Sicherheit und Wohlstand auf dem europäischen Kontinent liegt in einer ehrlichen, konstruktiven Partnerschaft zwischen dem Westen und Rußland. Im folgenden sollen die bestehenden Gefahrenpotentiale des vielschichtigen Transformationsprozesses in Rußland aufgezeigt und Chancen und Risiken der zukünftigen Entwicklung bewertet werden.

Zwischen Reform und Restauration

Westöffnung oder Sonderweg

Im Verlauf seiner Geschichte hat Rußland zweimal eine radikale Öffnung zum Westen vollzogen, um einen Ausweg aus innenpolitischen Krisen zu finden. Die erste Westöffnung hatte Zar *Peter der Große* Ende des 17. Jahrhunderts angeordnet. Sie führte zu einer raschen Modernisierung des damals noch im Mittelalter verankerten russischen Staatswesens, aber auch zu einem jahrzehntelangen Kampf zwischen Befürwortern europäischer Werte und Anhängern eines russischen Sonderwegs auf der Grundlage der Idee, Rußland sei Nachfolger des untergegangenen Byzanz.

Die zweite historische Öffnung zum Westen ist mit dem Namen von Michail *Gorbatschow* und seiner Politik der Perestrojka eng verbunden. Für *Gorbatschow* bot sich als Alternative zum Kommunismus nur die Westannäherung. Diese Politik führte zu einer Abkehr vom totalitaristischen System und zur Herausbildung von pluralistischen Gesellschaften in ganz Mittel- und Osteuropa. Nach dem Zerfall der UdSSR im Dezember 1991 stellte sich das neue Rußland als wichtigstes innenpolitisches Ziel den Übergang von einem totalitären System und einer Planwirtschaft zu einem Rechtsstaat sowie einer freien Marktwirtschaft.

Der erste demokratisch gewählte Präsident Rußlands, Boris *Jelzin*, erklärte die Kooperation mit dem Westen bei der Errichtung eines kollektiven demokratischen sicherheitspolitischen Systems auf der nördlichen Erdhalbkugel zum wichtigsten außenpolitischen Ziel Rußlands. Beide Ziele waren auf die Freundschaft mit anderen demokratischen Staaten Europas ausgerichtet.[1] Reformierte Politiker mit *Jelzin* an der Spitze begannen Anfang 1992 diese Ziele mit Hilfe politischer und wirtschaftlicher Unterstützung aus dem Westen umzusetzen. Rußland begann mit der Transformation seiner Wirtschaft gemäß den Auflagen des Internationalen Währungsfonds (IWF) und der Weltbank. Es reduzierte sein militärisches Angriffspotential, seine Rüstungsexporte und zog seine Truppen aus Europa innerhalb von drei Jahren vollständig ab.

---

1 Vgl. Karl *Kaiser*, Western Europe and Russia, in: Robert *Blackwill*/Sergei *Karaganov* (Hrsg.), Damage Limitation or Crisis? Russia and the Outside World, Washington 1994, S. 184 ff. Nach *Kaiser* stand Rußland vor der äußerst schwierigen Aufgabe, vier Transformationsprobleme gleichzeitig lösen zu müssen: das kommunistische System in ein demokratisches, die Planwirtschaft in eine soziale Marktwirtschaft, den Zentralstaat in eine Föderation und die traditionelle imperialistische Außenpolitik in eine demokratische umzuwandeln. Vgl. auch Heinz *Timmermann*, Rußland auf der Suche nach einem neuen außenpolitischen Profil – Vorrang für die Eingliederung in die zivilisierte Staatengemeinschaft, in: *Osteuropa*, Nr. 10, 1992, S. 817-835; auch Andrej *Zagorski*, Rossija i Evropa, in: *Meždunarodnaja žizn*, Nr. 1, 1993, S. 47-56.

Seit Ende 1992 wurde diese Politik der Westöffnung jedoch von Teilen der russischen politischen Elite und der Gesellschaft wieder in Frage gestellt. Die alte Sowjetbürokratie hatte den Zusammenbruch der UdSSR im großen und ganzen unbeschadet überlebt, eine neue politische Elite konnte sich nur langsam herausbilden. Auch mußte die russische Außenpolitik, anders als zur Zeit des Kommunismus, nun auf die verschiedenen geistigen und politischen Strömungen im Innern Rußlands Rücksicht nehmen. Große Teile der russischen Bevölkerung hatten das bisherige 20. Jahrhundert in völliger Isolation vom übrigen Europa verbracht, waren mit den Vorzügen des westeuropäischen Gedankenguts kaum vertraut und litten noch am Trauma des verlorengegangenen Imperiums. Anders als das heutige Rußland, hatte die alte UdSSR vielen Menschen politische und soziale Stabilität geboten. Darüber hinaus wurde die russische Führung mit dem Problem von 25 Millionen ethnischen Russen konfrontiert, die sich nach dem Zerfall der UdSSR plötzlich als Minderheiten auf dem Territorium neu entstandener Nationalstaaten wiederfanden. Auf heftigen innenpolitischen Druck erklärte *Jelzin* den Schutz der Auslandsrussen zur wichtigsten Aufgabe russischer Außenpolitik im Nahen Ausland, ein Begriff für das Gebiet der ehemaligen Sowjetunion, der im Westen als höchst problematisch angesehen wird.

Wie gespalten die russische Gesellschaft auf die neuen Entwicklungen nach dem Zerfall der UdSSR reagierte, verdeutlicht das Ergebnis der Parlamentswahlen von Dezember 1993. An diesen ersten wirklich freien Parlamentswahlen in der russischen Geschichte nahm nur knapp die Hälfte aller Wahlberechtigten teil. Von denen, die zur Urne gingen, stimmte nur ein Drittel für demokratisch orientierte Parteien oder Politiker. In den Provinzen des Landes, in denen die Bevölkerung von der Marktwirtschaft kaum profitiert hatte, erzielten Kommunisten und Nationalisten große Stimmengewinne. Dieser Trend setzte sich bei den Kommunalwahlen 1994 fort.

Es zeigte sich, daß nationalstaatliches, ethnozentrisches und auch neoimperiales Gedankengut über einen nicht zu unterschätzenden Nährboden in der postsowjetischen Gesellschaft Rußlands verfügt. Nachdem in den Jahren nach dem Zerfall der UdSSR der Verlust des Weltmachtstatus nicht durch eine schnelle Verbesserung der Wirtschaft, die mit der Hoffnung auf eine Integration in das europäische Wirtschaftssystem verbunden war, aufgefangen werden konnte, verstärkte sich in der russischen Elite und Gesellschaft die Kritik an einer Westorientierung russischer Außenpolitik. Gleichzeitig wuchs die Ablehnung radikaler Wirtschaftsreformen in großen Teilen der Bevölkerung. Diese hatte innerhalb weniger Monate den Zerfall der früher allmächtigen staatlichen Ideologie des Marxismus, dann den Zusammenbruch der staatlichen Ordnungsmacht, schließlich den Untergang des gesamten Staates in völliger Orientierungslosigkeit erlebt. Einen weiteren Zusammenbruch – den des sozialökonomischen Systems als Folge radikaler Reformen – waren die Menschen nicht mehr bereit hinzunehmen.

Das Verlangen der Gesellschaft nach einer Wiederherstellung der staatlichen Ordnung, nach Festigung des Staatsgefüges und nach allgemeiner Stabilität wurde so stark, daß *Jelzin* seine Reformpolitik mildern und nach einem neuen Konsens in Elite und Gesellschaft suchen mußte.[2]

Eine eindeutige Alternative zur Westöffnung hat die noch mitten im wirtschaftlichen Überlebenskampf befindliche russische Elite und Gesellschaft aber noch nicht entwickelt. Es ist keineswegs ausgeschlossen, daß Rußland den Weg nach Europa wieder ins Kalkül zieht, wenn es seinen wirtschaftlichen Überlebenskampf überstanden hat und die alte Sowjetelite endlich durch eine neue, weltoffenere abgelöst wird.

Innere Stabilität auf Kosten der Rechtsstaatlichkeit

Die von der ersten Reformregierung unter *Jelzin* und seinem Reformideologen Jegor *Gajdar* favorisierte Politik der wirtschaftlichen Schocktherapie mündete in einer sozialen Verelendung weiter Teile der Gesellschaft. Altkommunisten und Nationalisten in dem noch zu Sowjetzeiten gewählten Parlament machten sich die Krise zunutze, um die Reformen zu Fall zu bringen. Höhepunkt des erbitterten Machtkampfes bildete der Putschversuch im Oktober 1993, den *Jelzin* nur unter Anwendung militärischer Gewalt zerschlagen konnte.

Während einerseits die mit einer Westöffnung verbundenen Ziele in Rußland zunehmend in Frage gestellt wurden, trat andererseits Anfang 1994 – nach der Auflösung des alten Parlaments und der Wahl eines neuen – ein relativer Stabilisierungsprozeß ein. Die neue Verfassung, von der Bevölkerung im Volksentscheid Ende 1993 mit knapper Mehrheit angenommen, regelte die bis dahin strittige Frage der Gewaltenteilung zugunsten des Präsidenten. Die Reformgegner akzeptierten die Stärkung der Exekutive aus der Einsicht heraus, daß weitere Versuche, das Staatsgefüge zu erschüttern, zu einem Bürgerkrieg führen könnten, aus dem keine der beteiligten Parteien als Sieger hervorgehen würde.

Ein überwiegend auf der Macht des Präsidenten basierendes politisches System hat in Rußland Tradition und wird von großen Teilen der Bevölkerung unterstützt. Meinungsumfragen zufolge wünscht sich eine Mehrheit der Russen an der Spitze des Staates eine starke Hand. Ein System, das alleine auf die Autorität einer Person setzt, kann jedoch in Zeiten des Machtwechsels größten Schwankungen ausgesetzt sein. Dafür gibt es in der russischen und sowjetischen Geschichte genügend Beispiele. Die bevorstehenden Parlaments- und Präsidentschaftswahlen könnten zu einer neuen Eskalation des politischen Machtkampfes führen und das politische Staatsgefüge wieder destabilisieren. Eine weitaus größere Gefahr wäre aber die Wahl eines antidemokratischen, möglicherweise eines nationalistisch gesinnten Politikers – wie Wladimir *Shirinowskij* – zum Präsidenten, dessen Macht dann kaum Schranken gesetzt wären.

---

2 Vgl. Eugene B. *Rumer*, Russian National Security and Foreign Policy in Transition (Rand Report), Santa Monica 1995, S. 17 ff.; vgl. *Rahr*, Rußland, Ukraine, Weißrußland. Zwischen Reform und Restauration, in: Franz-Lothar *Altmann*/Edgar *Hösch* (Hrsg.), Reformen und Reformer in Osteuropa, Regensburg 1994, S. 181-184.

Die Verfassung garantiert dem Präsidenten fast uneingeschränkte Machtbefugnisse. In Krisensituationen hat er die Möglichkeit, entweder die Regierung zu entlassen oder das Parlament aufzulösen. Ihm unterstehen die Regierung und die Administrationen in den Teilrepubliken und Regionen des Landes. Zu den wichtigsten Instrumenten des Präsidenten gehören der Sicherheitsrat – eine Art paralleles Entscheidungsgremium zur Regierung – und der Präsidentenapparat. Die wichtigen Ministerien für Verteidigung, Sicherheit und Innere Angelegenheiten sowie das Außenministerium unterstehen dem Präsidenten direkt. Nach der neuen Verfassung kann der Präsident mit seinen Erlassen gegen das Parlament regieren. Vom gegenwärtigen Standpunkt aus gesehen, mag dies von Vorteil sein, sollte sich das Parlament weiterhin als ein entschiedener Gegner der Marktwirtschaft erweisen. Auch hat der Präsident die Möglichkeit, großangelegte Kriegsoperationen wie gegen die abtrünnige Republik Tschetschenien durchzuführen, ohne das Parlament zu fragen.

Das russische Präsidialsystem ist aber noch lange nicht ausgereift. Starke Partikularinteressen verschiedener Regierungsinstitutionen und Wirtschaftsverbände behindern die Ausbildung von Koordinationsmechanismen und erschweren die Implementierung von politischen Entscheidungen. Manche Experten neigen dazu, von einer gefährlichen Fragmentierung staatlicher Machtinstitutionen zu sprechen. Vom Prinzip der Gewaltenteilung hat sich Rußland nach der Zerschlagung des Parlaments im Oktober 1993 entfernt, obwohl der Parlamentarismus – in Gestalt des Föderationsrats (Regionsvertretung) und der Staatsduma – weiterhin existiert. Die beiden Kammern wurden im Dezember 1993 jedoch nur für eine kurze Amtsperiode gewählt. Nach den bevorstehenden Parlamentswahlen (Dezember 1995) könnte die Legislative im politischen System Rußlands ein neues Gewicht erhalten.

Die dritte Gewalt – die Judikative – ist in ihrer Entwicklung zurückgeblieben. Das Verfassungsgericht hat sich in den vorangegangenen Machtkämpfen kompromittiert und an Autorität verloren. Rußland ist von einem unabhängigen Gerichtswesen noch weit entfernt. Rechtsinstitutionen westeuropäischer Art sind unterentwickelt. Experten sprechen daher von einem rechtsfreien Raum. Die politische Stabilität in Rußland scheint größtenteils auf Kosten der Rechtsstaatlichkeit erreicht worden zu sein.

Parteien spielen in Rußland nur eine marginale Rolle und verfügen fast nur in Moskau über funktionierende Organisationsstrukturen. Das politische Spektrum ist allerdings sehr breit und reicht von den Demokraten um die Reformpolitiker Jegor *Gajdar* und Grigorij *Jawlinskij* bis zu den Kommunisten und Nationalisten, die von Politikern wie Gennadij *Sjuganow*, Wladimir *Shirinowskij* oder Alexander *Ruzkoj* angeführt werden. Die einzelnen Parteien und Bewegungen sind größtenteils innerlich gespalten und nach außen wenig konsensbereit. Eine stärkere politische Rolle als die Parteien spielen die diversen Interessengruppen wie die einflußreiche Industrielobby, zu deren Anführern der russische Ministerpräsident Viktor *Tschernomyrdin* gerechnet wird. Die Strukturen dieser wirtschaftlichen Interessengemeinschaften reichen bis in die Provinzen. In Rußland kann von der Herausbildung eines finanz-industriellen Komplexes gesprochen werden. Seinen politischen Einfluß versucht dieser mit

Erfolg durch Beeinflussung der Personalpolitik der Regierung oder durch Druck auf Parlamentsabgeordnete zur Geltung zu bringen. Politisches Gewicht hat die sogenannte Moskauer Finanzlobby, der der Moskauer Oberbürgermeister Jurij *Luschkow* vorsteht und die wichtige Schlüsselpositionen in den Moskauer Medien besetzt hat.

Ein Gefahrenpotential für die Stabilität Rußlands sind separatistische Tendenzen in zahlreichen Teilrepubliken und Regionen des Landes. Manche dieser 89 Subjekte der Föderation (davon 21 Teilrepubliken) fordern noch größere politische und wirtschaftliche Autonomie von Moskau, als ihnen im Föderationsvertrag von 1992 zugestanden wurde. Dieser Vertrag, dem später weitere Vereinbarungen zwischen dem Zentrum und den Regionen folgten, sollte Rußland zu einem föderativen Staatswesen verhelfen. Doch das Emanzipationsbegehren der Tataren, der Baschkiren, Tschetschenen und einiger anderer ethnischer Gruppen scheint nicht auf Dauer gestillt zu sein. Andererseits können die meisten der Teilrepubliken und Regionen ihre wirtschaftliche Abhängigkeit von Moskau nicht überwinden, werden weiterhin aus dem Staatshaushalt subventioniert und stellen deshalb keine ernstzunehmende Gefahr für die Integrität Rußlands dar. In nur sieben von einundzwanzig nationalen Teilrepubliken der Russischen Föderation (Dagestan, Inguschetien, Kabardin-Balkar, Nord-Ossetien, Tschetschenien, Tschuwaschien, Tuwa) verfügt die jeweilige Titularnation über eine Bevölkerungsmehrheit. In den meisten Subjekten der Föderation besteht die Bevölkerung mehrheitlich aus Russen, so daß sezessionistische Forderungen dort wenig Aussicht auf Erfolg haben. Bei einer wesentlichen Verschlechterung der allgemeinen wirtschaftlichen Lage könnte die Gefahr einer irrationalen Desintegration Rußlands jedoch akut werden. Ein erhebliches Gefahrenpotential birgt die Atomisierung einiger Militärbezirke.[3] Einzelne Armeeverbände und Garnisonen stehen aufgrund ausbleibender Finanzmittel aus dem Moskauer Zentrum vor einem schwierigen Überlebenskampf, der in Zukunft zu einer Aufsplitterung der Armee – einem der wichtigsten Symbole der zentralen Staatsmacht – führen könnte. Der unkontrollierten Verbreitung von Massenvernichtungswaffen wäre damit Tür und Tor geöffnet.

Unvollendete Wirtschaftsreformen

Der Begriff der relativen Stabilität, der die politische Lage in Rußland kennzeichnet, trifft in ähnlicher Weise auf die Situation in der Wirtschaft zu. Rußland droht heute keine wirtschaftliche Katastrophe großen Ausmaßes. Das Warenangebot ist relativ üppig. Vor allem in der jüngeren Generation ist Aufbruchstimmung zu spüren. An Rohstoffen, intellektuellem Potential und sogar Finanzkapital fehlt es der russischen Wirtschaft nicht.

---

3 Vgl. Stephan *De Spiegeleire*, Raspad: The Further Disintegration of the Russian Federation and Its Policy Implications for the West, in: Klaus *Segbers* (Hrsg.), Rußlands Zukunft: Räume und Regionen, Baden-Baden 1994, S. 247-275; hier S. 247 ff.

Dennoch sind die Probleme nicht zu übersehen. In erster Linie mangelt es an kompetenter Organisation und grundlegendem Strukturwandel. Das Geld wird von der andauernden Inflation entwertet, das niedrige Lohnniveau macht viele Waren für die Mehrheit der Bevölkerung unerschwinglich und der Lebensstandard von großen Teilen der Gesellschaft sinkt. Soziale Spannungen, drohende Arbeitslosigkeit und die zunehmende organisierte Kriminalität sind Gefahrenpotentiale, die in Zukunft den wirtschaftlichen Transformationsprozeß noch erheblich gefährden sowie Regierung und Präsidenten in große politische Bedrängnis bringen könnten.

Drei Hauptprobleme plagen heute die russische Wirtschaft: Erstens wird die Transformation von der Plan- zur Marktwirtschaft durch die monopolisierte Wirtschaftsstruktur, die Rußland von der Sowjetunion geerbt hat, gehemmt. Zweitens herrscht in Rußland noch keine Rechtssicherheit; der Korruption sind Tür und Tor geöffnet. Drittens gibt es keine sozialen Programme, um die Folgen radikaler Wirtschaftsreformen abzuschwächen.

Die Verantwortung für diese Entwicklung liegt in erheblichem Maße beim Präsidenten und der Regierung. Die erste russische Reformregierung unter *Gajdar* glaubte, die planwirtschaftlichen Monopolstrukturen zersetzen zu können, indem sie den staatlichen Besitz und das Vermögen der alten UdSSR einfach in private Hände übergab, den Staat aus dem Wirtschaftsprozeß völlig herauszog und damit auf seine regulierende Funktion verzichtete. Das so entstandene Vakuum wurde aber nicht, wie von der Regierung erhofft, von kleinen Privatunternehmen gefüllt, die den Wettbewerb intensiviert hätten, sondern von den mächtigen Monopolstrukturen der Industrie und Landwirtschaft sowie vom militär-industriellen Komplex. Größter Nutznießer der Entwicklung wurde bezeichnenderweise der monopolisierte Erdölkomplex. Die Monopolstrukturen übernahmen die Kontrolle über das Finanzwesen, gründeten eigene Banken, sicherten sich den Löwenanteil am devisenträchtigen Export russischer Rohstoffe und verhinderten eine Dezentralisierung der Produktionsstrukturen.[4] Somit profitierten von der Privatisierung die Kräfte der alten Nomenklatura und die Monopolverbände.[5] Nicht zu übersehen ist jedoch, daß durch die Privatisierung sich eine neue Schicht von Kleinunternehmern, Aktionären und Privateigentümern mit eigenen politischen Interessen und Besitzansprüchen herausbildete.[6] Dem Dienstleistungssektor verlieh sie Auftrieb und absorbierte zunehmend aus der Industrie freiwerdende Arbeitskräfte.

Um die wirtschaftliche Entwicklung in Rußland weiter zu stabilisieren, ist eine Stärkung des die Marktwirtschaft regulierenden Staates notwendig. Rußland fehlt es an Gesetzen, um die Marktwirtschaft weiter anzukurbeln. Dies hängt mit der allgemeinen Verlangsamung des Demokratisierungsprozesses im Land zusammen.

4 Vgl. Grigorij *Jawlinski*, Reform von unten – Die neue Zukunft Rußlands. Strategien und Optionen für Europa, Gütersloh 1994, S. 39-43.

5 Vgl. Jurij *Afanassjew*, Rußland – Despotie oder Demokratie, Düsseldorf 1993, S. 158.

6 Andrej *Gurkow*, Rußland hat Zukunft. Die Wiedergeburt einer Weltmacht, Frankfurt a.M. 1993, S. 210-217.

Auch fehlt es an juristischen und staatlichen Ordnungsinstanzen, die der anwachsenden Kriminalität und Korruption Herr werden könnten. Ein großer Teil der von Großbetrieben und Unternehmen erwirtschafteten Geldbeträge verschwindet auf Konten im Ausland, wird zu spekulativen Zwecken angelegt, aber nicht in die nationale Produktion investiert. Die Kapitalflucht beträgt schätzungsweise eine Milliarde US-Dollar monatlich. Investitionshemmend wirkt sich die Steuerpolitik der Regierung aus. Gleichzeitig hat die Steuerdisziplin im Land erschreckend nachgelassen. Fehlende Budgeteinnahmen verhindern dringend notwendige staatliche Investitionen.

Seine sozialen Aufgaben kann der Staat nur mit äußerster Mühe wahrnehmen. Ohne Errichtung eines sozialen Netzes sind angesichts der drohenden Massenarbeitslosigkeit vielerorts Streikwellen zu erwarten, die das Land erschüttern könnten. Der soziale Friede bleibt in Rußland auf das höchste gefährdet. Daher mehren sich Stimmen im Land und im Ausland, die raten, westliche Finanzhilfen vornehmlich in soziale Programme zu lenken.

Außenpolitische Neuorientierung

Der Zerfall des kommunistischen Staatenblocks hat die bipolare Struktur des globalen Mächtesystems außer Kraft gesetzt. Für Rußland, das die Nachfolge der untergegangenen Sowjetunion übernahm, blieb der Erhalt und die Festigung des Großmachtstatus dennoch wichtigstes Ziel seiner Außenpolitik.[7] Nach Aussage von Außenminister Andrej *Kosyrew*[8] und anderen Vordenkern[9] des modernen Rußland sei das Land historisch dazu verurteilt, eine Großmacht zu sein.

Zunächst glaubten *Jelzin* und *Kosyrew*, die westliche Staatengemeinschaft werde den russischen Großmachtstatus bedingungslos anerkennen. Die Akzeptanz Rußlands als Nachfolge-Atommacht der UdSSR im Sicherheitsrat der Vereinten Nationen und die Einladung Rußlands zu den jährlichen G-7-Gipfeltreffen bestärkten sie in dieser Annahme.

In der Folgezeit scheiterte die russische Außenpolitik jedoch an der richtigen Umsetzung der neuen Parameter internationaler Politik. Der militärische Faktor, der die Sowjetunion nach dem Zweiten Weltkrieg zur Supermacht erhob, verlor nach dem Zusammenbruch der bipolaren Ordnung an Bedeutung. Die moderne Staatengemeinschaft orientiert sich in zunehmender Weise an wirtschaftlichen Kriterien. In der Rangfolge ökonomisch bedeutsamer Staaten nimmt Rußland, trotz seiner reichhaltigen Rohstoffvorkommen, nur einen bescheidenen Platz unter den Entwicklungsländern ein. Die Ambitionen Moskaus, dessen momentane Stärke vornehmlich auf den Besitz der Nuklearwaffen zurückzuführen ist, dennoch eine globale weltpolitische Rolle zusammen mit den USA spielen zu wollen, weckte in Europa

7 Vgl. *Rumer*, a.a.O. (Anm. 2).
8 Siehe Andrej *Kosyrew*, A Strategy for Partnership, in: *International Affairs*, Nr. 8, 1994.
9 Siehe Boris *Martynow*, Russia Prefers Its Own Path, in: ebd., S. 72.

wiederum Vorstellungen von Rußland als einer neoimperialistischen, revisionistischen Macht.[10] Die Abkühlung in den Beziehungen zu der westlichen Staatengemeinschaft folgte auf dem Fuß.

Nachdem 1992/93 die Suche nach nationalen Werten und Interessen zur Prämisse der russischen außenpolitischen Strategie erklärt wurde, widmet sich die Moskauer Außenpolitik der Manifestierung ihrer Großmachtansprüche in der internationalen Politik. Seit 1993 versucht Rußland, sich intensiv an der internationalen Lösung von regionalen Konflikten zu beteiligen, ob in Bosnien-Herzegowina, Jemen, Korea, Kuwait oder am Friedensprozeß im Nahen Osten. Ein von der Supermacht Sowjetunion übernommener, professioneller außenpolitischer Apparat agiert auf der weltpolitischen Bühne nicht ohne Wirkung, wie die erfolgreiche Zusammenarbeit der Westmächte mit Rußland in der Bosnien-Kontaktgruppe belegt. Dennoch mußte Moskau die Erfahrung machen, daß es nur als gleichberechtigter Partner – jedoch nicht als Führungsmacht – respektiert wird.

Während die Außenpolitik der Sowjetunion in der Nachkriegszeit ausschließlich auf die andere Supermacht – die USA – ausgerichtet war und der Kreml globale wie regionale Probleme (u.a. auch europäische Fragen) im Wettstreit oder in Kooperation mit den USA zu lösen versuchte, mußte sich die russische Außenpolitik Anfang der neunziger Jahre stärker als bisher auf einzelne europäische Staaten und die Europäische Union als Ganzes konzentrieren. Diese Reorientierung erforderte von der russischen Diplomatie eine psychologische Umstellung. Vor allem mußte Moskau der Tatsache Rechnung tragen, daß die neuen demokratischen Staaten Mittel- und Osteuropas nach dem Fall des Eisernen Vorhangs auf dem europäischen Kontinent plötzlich eigene politische Interessen und Konzeptionen verfolgten (z.B. NATO- und EU-Beitritt), die nicht – wie in den Jahren zuvor – mit denen des Kreml in Einklang standen.

In den ersten Jahren nach dem Zerfall der UdSSR war Rußland offensichtlich so intensiv mit seinen innenpolitischen Problemen und der Neugestaltung seiner Politik zu den ehemaligen Republiken der UdSSR – den GUS-Staaten – beschäftigt, daß es relativ spät eigene konkrete Vorstellungen zur europäischen Sicherheitsordnung entwickelte.[11] Die innenpolitischen Machtkämpfe und die Verlangsamung des Reformprozesses der Jahre 1992 und 1993, nicht zuletzt aber die russische Invasion in Tschetschenien provozierten vor allem in den neuen demokratischen Staaten Mittel- und Osteuropas neue Ängste vor einer möglichen russischen Bedrohung. Die NATO-Osterweiterung wurde daher 1994 und Anfang 1995 zu einer der dringendsten Fragen der Neugestaltung des europäischen Kontinents, sehr zum Mißfallen Rußlands, das eine NATO-Osterweiterung als Bedrohung empfindet. Vor dem Budapester Gipfel der Konferenz über Sicherheit und Zusammenarbeit in Europa (KSZE) im Dezember

10 Vgl. Beiträge westlicher und russischer Teilnehmer des 101. Bergedorfer Gesprächskreises am 26./27.3.1994 in St. Petersburg, in: Rußland und der Westen: Internationale Sicherheit und Reformpolitik – Ziele und Mittel der Gestaltung, Bergedorfer Gesprächskreis, Protokoll Nr. 101, 1994.

11 Vgl. Michael *Kolkmann*, Stand und Perspektiven des KSZE-Prozesses vor dem Gipfeltreffen in Budapest (Arbeitspapier der Konrad-Adenauer-Stiftung), Dezember 1994, S. 43 ff.; auch *FAZ*, 25.11.1994.

1994 unternahm Rußland einen diplomatischen Vorstoß, indem es westlichen Staaten konkrete Vorschläge zur Errichtung des neuen kollektiven Sicherheitssystems für Europa auf der Grundlage der KSZE unterbreitete. Der russische Vorschlag, die KSZE in eine ständige Organisation für Sicherheit und Zusammenarbeit in Europa (OSZE) umzuwandeln, wurde angenommen.

Rußlands Hauptvorschlag zielte jedoch auf die Gründung von OSZE-Exekutivstrukturen und eines OSZE-Sicherheitsrats für Gesamteuropa, dem andere multinationale Strukturen auf dem europäischen Kontinent (u.a. NATO) unterstellt werden sollten. Die westlichen Staaten verweigern sich zwar nicht grundsätzlich einer Zusammenarbeit mit Rußland beim Aufbau einer neuen Sicherheitsordnung in Europa, verlangen jedoch von Moskau, daß es sich – vor allem gegenüber seinen ethnischen Minderheiten – völkerrechtskonform verhält.[12] Der Krieg in Tschetschenien hat hier großen Schaden angerichtet und die Bemühungen Moskaus, im gesamteuropäischen Einigungsprozeß eine führende Rolle zu übernehmen, stark beeinträchtigt.

Rußland hält sich aber auch eine außenpolitische Option *ohne* Europa offen, falls es zu einer neuen Konfrontation mit dem Westen kommen sollte.[13] Zahlreiche russische Politiker richten ihren Blick auf Asien und sprechen von Rußland als einer kommenden *eurasischen* Großmacht. Wirtschaftserfolge, so vernimmt man in Moskau, ließen sich in den asiatischen Industriestaaten auch ohne Einführung demokratischer Grundwerte erzielen. Eine Anbindung Rußlands an Asien statt an Europa scheint jedoch unrealistisch. In Wirklichkeit ist Rußland historisch betrachtet immer ein Teil europäischer und nicht asiatischer Politik gewesen. Das Spiel mit der eurasischen Alternative deutet eher auf eine Orientierungslosigkeit der russischen Elite bei ihrer Suche nach einer postsowjetischen Identität hin.

Die Politik des »Nahen Auslands«

Die größte Herausforderung für die internationale Gemeinschaft ist jedoch weniger die russische Großmachtrhetorik gegenüber den westlichen Staaten als vielmehr Moskaus praktische Großmachtpolitik an seinen unmittelbaren Grenzen.[14] Außer den baltischen Staaten sind alle anderen Nachfolgestaaten der ehemaligen Sowjetunion der Gemeinschaft Unabhängiger Staaten (GUS) beigetreten, die seit ihrer Gründung im Dezember 1991 kaum über die Rolle eines Konkursverwalters der sowjetischen Erbmasse hinausgewachsen ist. Die unterschiedlichen politischen Ziele der einzelnen GUS-Mitgliedstaaten lassen die Herausbildung eines Konsenses nicht zu.

Die russische Politik gegenüber der GUS ist doppelgleisig. Einerseits hat *Jelzin* der internationalen Gemeinschaft und der GUS deutlich erklärt, daß Rußlands Interessen

12 Vgl. Alexander *Rahr*/Christian *Zänker*, Die Konzeption des Nahen Auslands in der Außenpolitik Rußlands: Vereinbarkeiten mit allgemein anerkannten Normen des Völkerrechts, *Aktuelle Kurzanalyse* (Forschungsinstitut der DGAP), Nr. 8, 1994.

13 Vgl. Boris *Meissner*, Die zwei Grundlinien der Außenpolitik Rußlands, in: Boris *Meissner* (Hrsg.), Die Außenpolitik der GUS-Staaten und ihr Verhältnis zu Deutschland und Europa, Köln 1994, S. 37-47.

14 Vgl. Renee *de Nevers*, Russia's Strategic Renovation (IISS, *Adelphi Papers*, Nr. 289), London 1994, S. 77 ff.

zunächst in der Reform seiner eigenen Wirtschaft und seines politischen Systems liegen. Er möchte Rußland keinesfalls die Hauptlast einer wirtschaftlichen Integration aufladen, denn eine Subventionierung der weitaus weniger reformierten Wirtschafts- und Gesellschaftssysteme anderer GUS-Staaten würde das vorangeschrittene russische Reformwerk aufs höchste gefährden. Im Jahre 1993 strich Rußland nahezu alle Subventionen an die GUS-Staaten und drängte sie aus der Rubelzone.

Andererseits versucht Rußland seine Politik der Wiedererlangung des verlorengegangenen Großmachtstatus gerade im Nahen Ausland mit allen Kräften durchzusetzen. Seine vordergründigste Aufgabe sieht Moskau darin, die GUS-Staaten sicherheitspolitisch an Rußland zu binden und sie nicht in andere Einflußsphären – des Westens oder des Islams – abdriften zu lassen. Es fühlt sich auch für die Sicherheit der 25 Millionen ethnischen Russen auf dem Territorium anderer GUS-Staaten zuständig. Deshalb fordert Rußland von der internationalen Staatengemeinschaft ein besonderes Mandat als Ordnungsmacht, um in die zwischenstaatlichen Konflikte im Nahen Ausland eingreifen zu können.[15]

Die russische Führung, so scheint es, will sich die Option einer wirtschaftlichen und politischen Reintegration der GUS für einen späteren Zeitpunkt offenhalten. Eine potentielle Reintegration muß aber wegen möglicher Konflikte mit dem Westen, der Rußland im »Nahen Ausland« neoimperialistische Ambitionen unterstellt und ein spezielles Mandat für eine Ordnungsmachtrolle in dieser Region verweigert, sehr vorsichtig angegangen werden. Eine nichtdemokratische und völkerrechtlich nicht legitimierte Reintegrationspolitik würde im übrigen Europa große Sicherheitsängste hervorrufen und zu Wirtschaftssanktionen gegen Rußland führen. Eine natürliche Integration der GUS zum Zweck einer gemeinsamen Marktgründung nach dem Muster der Europäischen Union könnte von der internationalen Staatengemeinschaft jedoch gefördert werden.

Chancen und Risiken

Eine klare Schlußfolgerung für die Kohärenz, politische Stabilität und die außenpolitische Orientierung Rußlands läßt sich aus der Analyse des gegenwärtigen Entwicklungsstandes der russischen Innen- und Außenpolitik nicht ziehen. Es sieht jedoch so aus, als werde Rußland nicht zur Planwirtschaft zurückkehren, obwohl es gegenwärtig wohl kaum in der Lage ist, eine wettbewerbsfähige Wirtschaft zu errichten. Rußland wird ebenso kaum in totalitäre Strukturen zurückfallen, obwohl es die Demokratie eher einschränken als ausbauen wird. Es wird in Zukunft keine Eroberungskriege mehr führen, aber um den Erhalt seiner gegenwärtigen Einflußsphäre kämpfen. Kurzum, Rußland wird für den Westen wohl zu einem unbequemen und unberechenbaren Partner werden.

---

15 Vgl. Sergei A. *Karaganov*, Towards Enlightened Post-Imperialism, in: Werner *Weidenfeld*/Josef *Janning* (Hrsg.), Europe in Global Change, Gütersloh 1993, S. 120-128.

Die Zukunft des Landes hängt stärker denn je vom Ausgang der Präsidentschaftswahlen im Jahre 1996 ab. Diese Wahl wird zu einem Test für die Stabilität und Kontinuität der gegenwärtigen politischen Institutionen und Reformprozesse werden. Erst danach wird man die langfristigen Chancen der Transformation beurteilen können. In den russischen Nachbarstaaten Ukraine und Weißrußland, deren innenpolitische Situation mit der Rußlands vergleichbar ist, verlief der Wechsel an der Spitze des Staates im Sommer 1994 reibungslos. Wohin aber wird sich Rußland entwickeln, wenn statt *Jelzin*, der bislang ein Garant für Reformen im Innern und die Zusammenarbeit mit dem Westen gewesen ist, ein antiwestlich orientierter Präsident die Macht im Kreml übernimmt? Angesichts der Stimmungslage in der Gesellschaft kann man mit einiger Sicherheit davon ausgehen, daß 1996 ein Präsident an die Macht kommen wird, der sich in seiner Politik stärker an nationalen Interessen und weniger an einer Politik der Westöffnung orientieren wird.

Vier Szenarien für mögliche Entwicklungen

Das militärische Bedrohungspotential Rußlands für Deutschland und seine EU-Partner ist geringer als in der gesamten Nachkriegsära. Außer Kasachstan und Weißrußland verfügt Rußland heute über keinen echten Verbündeten. Außenminister *Kosyrew* räumt einer Bedrohung des europäischen Kontinents durch neue Formen des Nationalismus denselben Stellenwert ein wie einst der atomaren Bedrohung. Andere Stimmen messen dem islamischen Fundamentalismus, der sich von Rußland nach Europa hin ausbreiten könnte, große Bedeutung bei. Die Frage, welche Gefährdungen sich aus den aktuellen Entwicklungstendenzen in Rußland für Deutschland und die EU ergeben, soll im weiteren anhand von vier Szenarien untersucht werden. Das erste wäre ein klassisches Szenarium für eine mehr oder weniger positive Entwicklung in Rußland. Es zeigt die Chancen des Transformationsprozesses für Deutschland und die EU auf. In den anderen Szenarien werden all diejenigen Gefahren und Risiken berücksichtigt, die bei einem Scheitern der Reformen in Rußland auftreten könnten.

Das optimistische Szenarium

Durch die Realisierung der Partnerschaft mit dem Westen könnte Rußland in den nächsten fünf bis zehn Jahren der mühsame Durchbruch zu Demokratie und Marktwirtschaft gelingen. Die G-7 würde um Rußland zur G-8 erweitert. Rußland würde – ähnlich wie die USA – zu einem Stabilitätspfeiler in Europa und würde den Ostrand des Kontinents im Hinblick auf die ihn bedrohenden Probleme (islamischer Fundamentalismus, Drogenhandel, Kriminalität, Nuklearterrorismus) stabilisieren. Die westliche Staatengemeinschaft würde dann den russischen Forderungen nach einem Ausbau der OSZE Folge leisten und eine gemeinsame europäische Sicherheitspolitik mit Rußland betreiben.

Das UdSSR-Reanimierungs-Szenarium

Auf dem Territorium der Russischen Föderation, möglicherweise aber auch auf einem Großteil des ehemaligen Gebiets der Sowjetunion, würde nach Wahlsiegen der Altkommunisten in Rußland (aber auch in den GUS-Staaten) ein neues Staatsgebilde – ähnlich der alten UdSSR – entstehen. Das Nahe Ausland würde seine Souveränität verlieren, ein neues Bedrohungspotential im Osten Europas und die Rückkehr zur machtpolitischen Bipolarität wären die Folgen. Die USA würden daraufhin ihr militärisches Engagement in Europa verstärken, die Mittel- und Osteuropäer in die NATO aufgenommen. Die materielle Unterstützung für Rußland würde eingestellt, das Land geriete in die Isolation. Allerdings würde sich auch eine neue Sowjetunion auf die Dauer wirtschaftlich als nicht lebensfähig erweisen und zu schwach sein, um Europa wirklich zu bedrohen.

Das chinesische Szenarium

Rußland würde eine Variante des Chinesischen Modells entwickeln. Es fände den Weg zur Marktwirtschaft, aber nicht zur Demokratie. Ein solches System würde möglicherweise nach einem nationalistischen Armeeputsch errichtet. Die nationalistischen Kräfte würden versuchen, die Ordnung im Land mit Gewalt wiederherzustellen und die staatliche Kontrolle über die Wirtschaft zu erlangen. Rußland würde sich vom Rechtsstaatsgedanken abwenden, Oppositionelle würden wieder verfolgt. Die Beziehungen zwischen Rußland und dem Westen würden sich wie beim UdSSR-Reanimierungs-Szenarium entwickeln. Die Folge wäre eine verpaßte Chance zur Integration in die Weltwirtschaft. Daher hätte ein Militärregime in Rußland wirtschaftlich kaum Überlebenschancen.

Das Mafia- oder Zerfallsszenarium

In Rußland käme es zu einer in der modernen Geschichte Europas noch nicht dagewesenen Entwicklung. Als Folge der totalen Kriminalisierung der staatlichen Strukturen (bzw. als Folge des Scheiterns der chinesischen oder UdSSR-Reanimierungs-Varianten) würde sich auf dem Territorium Rußlands ein Mafia-Staat herausbilden. Dieser Staat würde durch den Export von organisierter Kriminalität den europäischen Kontinent zu destabilisieren suchen. Innerhalb dieses Szenariums nähme die Bedrohung für den Westen ständig zu. Rußland könnte sich zu einem gefährlichen Obervolta mit Raketen entwickeln. Die klassische Bedrohungsvariante – ein möglicher Angriff auf den Westen – wäre in diesem Fall jedoch weitaus weniger realistisch als die Gefahr eines Zerfalls der einst hochgerüsteten militärischen Supermacht. Die veralteten Industriestrukturen brächen auseinander, es käme zu neuen Umweltkatastrophen, die ihre Auswirkung weit über das russische Territorium haben könnten. Die islamischen Staaten könnten ihren bedrohten islamischen Brüdern in Rußland zu Hilfe eilen. Der Westen würde das Land als Armenhaus Europas behandeln, das seine Probleme aus eigener Kraft nicht mehr bewältigen könnte. Es müßten Strategien entwickeln werden, wie der entstandene rechtsfreie Raum, in dem sich Kriminalität, ethnische Konflikte, ökologische Probleme, Proliferation von nuklearen und anderen Massenvernichtungswaffen sowie Migrationsbewegungen bedrohlich ausweiteten, unter internationale Kontrolle zu stellen sei.

Wege zur Partnerschaft

Noch ist die Entscheidung über die Konturen des zukünftigen europäischen Kontinents nicht gefallen. Das Problem Rußland ist eine der wichtigsten Fragen, die die Zukunft Europas prägen werden. Die anderen sind die zukünftige Rolle der USA und Deutschlands im Zentrum Europas. Beide Fragen hängen ihrerseits jedoch direkt von den Entwicklungen in Rußland ab.

Der Westen wird eine Politik des Spagats zu vollführen haben. Einerseits muß der europäische Kontinent durch Ausweitung der NATO und EU nach Osteuropa gefestigt werden, andererseits darf der Westen nicht von vornherein Rußland von den europäischen Strukturen ausschließen. Aufgrund seiner politischen Instabilität und seinem nicht ausgereiften Wirtschaftssystem kann Rußland noch nicht aktiv am Aufbau eines demokratischen und marktwirtschaftlichen Europas mitwirken. Gleichzeitig erscheint es unumgänglich, daß Rußland bei der Gestaltung der europäischen Sicherheitsordnung beteiligt wird.

Mit dem Konzept der strategischen Partnerschaft scheinen NATO und EU eine geeignete Formel für die westliche Zusammenarbeit mit Rußland gefunden zu haben. Sie impliziert ein von Rußland gewünschtes Sonderverhältnis zum Westen, das ihm einen Sonderstatus als Großmacht gewährt und den Weg zur Integration in die Weltgemeinschaft öffnet, ohne daß Moskau zwangsläufig ein vollwertiges Mitglied in westlichen wirtschaftlichen und sicherheitspolitischen Strukturen werden muß. Ohne ein friedliches, kooperatives Verhältnis des Westens zu Rußland geraten solche osteuropäischen Staaten, die kurz- und mittelfristig nicht in die NATO aufgenommen werden können (beispielsweise die baltischen Staaten und die Ukraine), in eine gefährliche Grauzone zwischen der NATO und Rußland. Der Westen kann eine Zusammenarbeit mit Rußland aber nicht auf Kosten der Interessen der ostmitteleuropäischen Staaten betreiben, da diese sich nicht als vollberechtigte Partner in einem neuen Europa fühlen würden.

Die Partnerschaft mit Rußland bietet die Chance einer neuen gesamteuropäischen friedlichen Einigung in den nächsten Jahren. Sie ist gleichzeitig der erste Versuch zur Errichtung eines funktionsfähigen Konfliktlösungsmechanismus im Rahmen eines Systems kollektiver europäischer Sicherheit. Nach Beendigung des Kalten Krieges und dem Ende der kurzlebigen romantischen Phase der Annäherung Rußlands an den Westen kann sie helfen, die gegenseitigen Beziehungen in pragmatische Bahnen zu lenken. Diese Partnerschaft soll einerseits verhindern, daß Europa wieder zur Politik der Eindämmung Rußlands – wie gelegentlich im Westen vorgeschlagen[16] – zurückkehrt. Andererseits ebnet sie den Weg zu einer schrittweisen, vorsichtigen An- und später möglichen Einbindung Rußlands in das europäische Bündnis, damit zukünftig Konflikte mit dieser Macht auf dem europäischen Kontinent vermieden werden. Ein ähnliches Ziel hatten sich die Alliierten nach dem Zweiten Weltkrieg mit der Integration Westdeutschlands gesetzt. Die wirtschaftliche Partnerschaft könnte den Beginn einer schrittweisen Einbeziehung Rußlands in den gesamteuropäischen Wirtschaftsraum mit dem Ziel eines allmählichen Übergangs zu einer Freihandelszone bedeuten. Eine ökonomisch prosperierende Demokratie in Rußland würde nachhaltig zur Sicherheit Europas beitragen.

Im Westen besteht Konsens darüber, daß der Reformprozeß in Rußland mit aller Kraft weiter gefördert und das riesige Land *nicht isoliert* werden darf. Instabilität in Rußland, die sich westlichen Einfluß- und Kontrollmöglichkeiten entzieht, könnte verheerende Folgen für die gesamteuropäische Sicherheit haben. Die westlichen Staaten suchen im Rahmen ihrer Partnerschaft mit Rußland noch nach den entsprechenden Instrumentarien, mit denen sie einen sanften Einfluß auf Rußland aufrechterhalten und solche Eliten unterstützen können, die das Land in Europa und nicht außerhalb Europas verankern möchten, ohne daß Moskau sich in seinem Stolz verletzt, politisch bevormundet oder militärisch eingekreist sieht.

Vier Jahre des Zusammenlebens haben Europa bisher nur Ansätze davon vermittelt, was in bezug auf Rußland machbar ist und welche Ziele kurz- und langfristig nicht zu verwirklichen sind. Fest steht, daß die gegenwärtigen Probleme der Russischen Föderation westliche Möglichkeiten der Unterstützung weit überfordern. Eine Gesundung der russischen Wirtschaft und eine Stabilisierung des politischen und gesellschaftlichen Lebens können nur von innen heraus bewerkstelligt werden.

Handlungsspielraum deutscher Ostpolitik

Eine wichtige Rolle in der westlichen Partnerschaftsstrategie fällt Deutschland zu. Das vereinigte Deutschland ist geopolitisch zu einer europäischen Mittelmacht geworden und kann eine wichtige Rolle als potentieller Vermittler zwischen Rußland und der EU spielen. Rußland und Deutschland verbinden ähnliche historische Erfahrungen im Umgang mit dem Trauma des verlorenen Großmachtstatus. Deutschland versteht daher die heutigen Probleme Rußlands oft besser als andere europäische Länder und stellt aufgrund seines atomfreien Status für Moskau keine militärische Gefahr dar. Nach dem Wegfall des Rates für Gegenseitige Wirtschaftshilfe (RGW) wurde die Bundesrepublik zudem zum wichtigsten Handelspartner Rußlands in Europa.[17]

16 Vgl. Trevor *Taylor*, European Security and the Former Soviet Union. Dangers, Opportunities and Gambles (Royal Institute of International Affairs), London 1994, S. 116 ff.

17 Vgl. Heinz *Timmermann*, Die Europapolitik Rußlands und die russisch-deutschen Beziehungen, in: *Berichte des Bundesinstituts für ostwissenschaftliche und internationale Studien*, Nr. 36, 1993, S. 20. Vgl. auch Fred *Oldenburg*, Germany's Interest in Russian Stability, in: ebd., Nr. 33, 1993.

Deutschland hat von allen EU-Staaten das größte Interesse an einer Stabilität und wirtschaftlichen Prosperität in Ostmitteleuropa und sieht die Osterweiterung der EU als eine Priorität seiner Außenpolitik. Russische Politiker, die die europäische Politik noch als ein traditionelles »Spiel der Mächte« betrachten, liebäugeln schon mit einer neuen Variante der Rapallo-Politik, die auf eine Interessenaufteilung in Mittelosteuropa hinauslaufen würde. Gleichzeitig setzt sich aber auch in der russischen Außenpolitik langsam die Erkenntnis durch, daß Deutschland fest im EU-Bündnis und in der westlichen Allianz verankert ist. Das bedeutet allerdings nicht, daß der Bundesrepublik in den nächsten Jahren nicht eine besondere Verantwortung für die Partnerschaftspflege mit Rußland zukommt. Schließlich sieht Moskau in ihr nicht zu Unrecht den eigentlichen Motor der EU-Integration und glaubt, daß der Weg Rußlands nach Europa am ehesten mit Hilfe Deutschlands zu bewerkstelligen sei.

NATIONALITÄTENKONFLIKTE AUF DEM BALKAN

Klaus Becher

Zu Beginn der neunziger Jahre spielte der Südosten Europas im öffentlichen und politischen Bewußtsein des Westens kaum eine Rolle. Aus der Perspektive der Region selbst hingegen eröffnete sich am Ende ihrer Erstarrung unter sozialistischer Einparteienherrschaft eine kritische Phase der Neuordnung nach einem chaotischen, von innerer und äußerer Gewalt gekennzeichneten Jahrhundert, in dem der Balkan – nicht nur im Sommer 1914 – vielen immer wieder als Angelpunkt der Weltgeschichte erschienen war. Das Aufbrechen alter regionaler Konfliktherde auf dem Balkan setzte der verbreiteten Hoffnung, daß nach der Überwindung der Ost-West-Konfrontation Krieg und Gewalt auf Dauer aus der europäischen Politik getilgt sein würden, einstweilen ein Ende.

Die Einhegung und Bewältigung der Konfliktherde auf dem Balkan durch die internationale Politik erfordert nicht nur eine umfassende Bestandsaufnahme der bisherigen Erfahrungen und Erkenntnisse, sondern auch ein grundlegendes Überdenken der Natur des Problems und der verfügbaren Handlungsoptionen. Dabei sollte von Anfang an klar sein, daß gerade im Hinblick auf eine von Vielfalt geprägte Region wie den Balkan Antworten stets differenziert sein müssen. Nicht in der gesamten Region herrscht etwa Krieg, und nur einige der denkbaren Konfliktpotentiale drohen zu eskalieren.

Auch in anderen Gebieten Südost- und Osteuropas bis nach Transkaukasien finden sich ähnliche geschichtliche und gesellschaftliche Ausgangsbedingungen wie auf dem Balkan. Zwar stehen Probleme wie Zypern, Berg-Karabach oder die Kurdenfrage außerhalb des hier behandelten Themas, doch darf nicht übersehen werden, daß die Ähnlichkeit der Problemlage und die verknüpfende Rolle mehrfach betroffener Staaten – wie etwa der Türkei – weder eine isolierte Betrachtung einzelner Nationalitätenkonflikte noch eine ausschließliche Fixierung auf den Balkan sinnvoll erscheinen lassen. Regeln, die (gewollt oder ungewollt) im Kontext des einen Konflikts entwickelt werden, strahlen unweigerlich auch auf andere aus – selbst bis in den Nahen Osten und nach Südafrika.

Scheitern in Jugoslawien

Die Kriege in Slowenien, Kroatien und vor allem Bosnien-Herzegowina – in denen Hunderttausende von Menschen getötet oder verwundet, Millionen zu Flüchtlingen und Vertriebenen wurden und ihrer Existenz beraubt sind – brachten brutale Gewalt zwischen Nationalitätengruppen in die Wirklichkeit Europas zurück. Anfangs von vielen unterschätzt, entwickelt sich diese offene Wunde des Kontinents seit 1991 zu einer zentralen, bislang unbewältigten Herausforderung internationaler Politik.

In der Öffentlichkeit – nicht nur in westlichen Demokratien – hat die Ohnmacht und Hilflosigkeit der »führenden Mächte« und internationalen Organisationen einen verheerenden Eindruck hinterlassen. Legitimität politischen Handelns bemißt sich letztendlich daran, wie erfolgreich und wirksam Ordnungs- und Wertvorstellungen sowie Interessen vertreten werden. Politiker, Regierungen, Organisationen, ja sogar Verfassungssysteme können irreparablen Schaden erleiden, wenn sich der Eindruck verfestigt, daß sie den gestellten Aufgaben nicht gewachsen sind. Weit verbreitet ist heute die Auffassung, daß die Staaten und Institutionen der westlichen Welt im ehemaligen Jugoslawien versagt und einen erheblichen Teil ihrer politischen und moralischen Autorität eingebüßt haben.

Es wäre jedoch ungerecht, den internationalen Bemühungen im ehemaligen Jugoslawien völlige Erfolglosigkeit nachzusagen. Zunächst muß die für viele der Verfolgten und Belagerten lebensrettende Durchsetzung der humanitären Versorgung der Bevölkerung gewürdigt werden. Zudem gelang es, das Wiederaufflammen des Krieges zwischen Serbien und Kroatien abzuwenden und den befürchteten Ausbruch von Gewalt und Völkermord in den Siedlungsgebieten der albanischen Bevölkerungsgruppe in Serbien/Montenegro (vor allem im Kosovo) und in Mazedonien zu verhindern. Die Kampfhandlungen blieben geographisch eingehegt. Ein militärisches Eingreifen benachbarter Regionalmächte unterblieb ebenso wie die Ausweitung zu einem großen Balkankrieg.

Diese einstweiligen Erfolge lassen sich jedoch nicht ausschließlich auf das Wirken der internationalen Gemeinschaft und ihre Präsenz im ehemaligen Jugoslawien zurückführen. Vielmehr waren sie – wie lange noch? – auch Ausdruck des wohlverstandenen Eigeninteresses der Akteure in der Region. Überhaupt gehört es zu den ersten und nachhaltigsten Lehren der vergangenen Jahre, daß die internationale Gemeinschaft heute gegen den Willen der Beteiligten die gewaltsame Austragung von Konflikten zumeist nicht vereiteln kann.[1]

Um so wichtiger ist die Frage: Hätte nicht angesichts des langen Zerfallsprozesses der alten Ordnung in Jugoslawien durch rechtzeitige Maßnahmen – bevor der Schritt zur Gewaltanwendung beschlossen war – eine Chance bestanden, die Kriege abzuwenden? Die Antwort hierauf wird noch auf lange Zeit vorläufig bleiben, da die geschichtliche Aufarbeitung der Ursachen, Beweggründe und Auslöser sowie der entscheidenden Ereignisse noch nicht einmal ernsthaft begonnen hat.[2]

Festzuhalten ist jedoch, daß die ethnisch-kulturell-religiöse Dimension der Konflikte nicht zu ihrer Erklärung ausreicht. Vielmehr sind die entscheidenden Akteure und ihre divergierenden machtpolitischen sowie wirtschaftlichen Motivationen recht deutlich erkennbar: Auf der einen Seite ökonomistische Nationalisten – vor allem in

---

1 Vgl. Wolfgang *Wagner*, Acht Lehren aus dem Fall Jugoslawien, in: *Europa-Archiv* (*EA*), 2/1992, S. 31-41; hier S. 38 ff.

2 Wichtige Einsichten bieten Marie-Janine *Calic*, Der Krieg in Bosnien-Hercegovina. Ursachen, Verlaufsform und Lösungsmöglichkeiten (Stiftung Wissenschaft und Politik, SWP S-386), Ebenhausen 1993; sowie Hans *Stark*, Les Balkans. Le retour de la guerre en Europe, Paris 1993.

Slowenien –, die in der wirtschaftlichen Rationalität von Öffnung, Reform und europäischer Integration das beste Rezept für sich selbst und ihr Land sahen, wobei ihnen die ärmeren Regionen Ex-Jugoslawiens als Belastung auf diesem Weg erschienen; auf der anderen Seite atavistische Nationalisten – zunächst vor allem Funktionäre, nicht nur solche serbischer Abstammung –, die am Ende des alten sozialistischen Regimes nur noch in Abschottung, Besinnung auf Traditionen und innerer »Säuberung« ihr Heil sahen.[3]

Gefehlt hatte es nicht an Hinweisen und Warnungen, daß sich die Lage in Jugoslawien im Verlauf der achtziger Jahre nicht nur wirtschaftlich, sondern trotz der offiziellen Ideologie der Brüderlichkeit und Einheit auch im Hinblick auf den Zusammenhalt der Bevölkerungsgruppen und Republiken zuspitzte.[4] Nach der Zwangsaufhebung des Autonomiestatuts für Wojwodina und Kosovo 1988/89 und der zunehmend gewaltverherrlichenden Rhetorik von Slobodan *Milošević* mußte auch mit der Möglichkeit einer militärischen Eskalation gerechnet werden.

Nach der Spaltung des Bundes der Kommunisten entlang der Nationalitätengrenzen wegen scharfer serbisch-slowenischer Gegensätze im Januar 1990 und mit der allmählichen Usurpation der Staatsfinanzen durch die Republiken zeichnete sich zudem ab, daß der Wille und die Fähigkeit zur Suche nach gemeinsamen Lösungen verlorenging. Die Ergebnisse der Wahlen und Referenden auf Republiksebene im Laufe des Jahres 1990 trieben diesen Prozeß der inneren Spaltung voran, bis er im Frühjahr 1991 seinen institutionellen Kulminationspunkt erreichte, als von serbischer Seite die verfassungsmäßige Übernahme des jährlich rotierenden Vorsitzes im Staatspräsidium durch den Kroaten Stipe *Mesić* blockiert wurde.[5]

Vieles deutet darauf hin, daß zu diesem Zeitpunkt bereits die Weichen für den Krieg gestellt waren, um einerseits die Siedlungsgebiete der serbischen Bevölkerungsgruppe zu einem geschlossenen Territorium zusammenzufassen und andererseits die Machtpositionen der Streitkräfte zu bewahren.[6] Der Schritt zur Gewalt war in der Tat bereits ab August 1990 vollzogen worden, als irreguläre serbische Gruppierungen in der Kniner Krajina in Kroatien sich bewaffnet und die wichtigen Verkehrswege unter ihre Kontrolle gebracht hatten – und zwar mit Duldung und aktiver Unterstützung der überwiegend von Serben geführten jugoslawischen Volksarmee. Es ist bekannt, daß die Auslandsnachrichtendienste sowohl in Deutschland wie in den USA ihre

3 Vgl. die Stellungnahme des slowenischen Politikwissenschaftlers und Diplomaten Anton *Bebler*, Über ethnische Konflikte im ehemaligen kommunistischen Osten, in: Werner *Weidenfeld* (Hrsg.), Demokratie und Marktwirtschaft in Osteuropa. Strategien und Optionen für Europa, Gütersloh 1993, S. 119-125. Wertvoll sind auch die Beobachtungen des ehemaligen deutschen Botschafters in Belgrad. Vgl. Hansjörg *Eiff*, Zur Entwicklung im früheren Jugoslawien, in: *Südosteuropa-Mitteilungen*, Nr. 2, 1993, S. 132-138.

4 Vgl. z.B. Roland *Schönfeld*, Das jugoslawische Dilemma, in: *EA*, 15-16/1989, S. 477-486. Eine systematische Aufarbeitung im Rückblick bieten Heinz *Vetschera* und Andrea *Smutek-Riemer*, Signale zur Früherkennung von krisenhaften Entwicklungen am Beispiel der Entwicklung zur Jugoslawienkrise, in: Wolfgang *Heydrich* u.a. (Hrsg.), Sicherheitspolitik Deutschlands: Neue Konstellationen, Risiken, Instrumente, Baden-Baden 1992, S. 287-330.

5 Vgl. Peter *Danylow*, Der Zerfall der wirtschaftlichen und politischen Ordnung in Jugoslawien und Albanien (Stiftung Wissenschaft und Politik, SWP AP-2687), Ebenhausen 1991.

6 Vgl. Christopher *Cviic*, Das Ende Jugoslawiens, in: *EA*, 14/1991, S. 409-415.

Regierungen spätestens im November 1990 darauf hinwiesen, daß jugoslawische Militärs einen kurz bevorstehenden Krieg im Inneren vorbereiteten.[7]

Die internationale Gemeinschaft war jedoch weder darauf vorbereitet, eine umfassende, den friedlichen Wandel tragende wirtschaftliche und politische Vision für das ganze Jugoslawien anzubieten, noch dachte sie an die Androhung und den Einsatz von Zwangsmitteln gegen Aggressoren innerhalb Jugoslawiens. Nicht nur war sie abgelenkt durch andere Ereignisse (vor allem die deutsche Vereinigung, die Irak-Krise und die Agonie der Sowjetunion), sie konnte auch darauf verweisen, daß in den jugoslawischen Republiken – auch in Serbien – frei gewählte Regierungen amtierten.

Im Rückblick besteht mittlerweile ein breiter Konsens darüber, daß ein entschlossenes und gemeinschaftliches Eintreten der politischen, militärischen und wirtschaftlichen Führungsmächte für eine friedliche und demokratische Lösung in Jugoslawien noch in den Jahren 1989 und 1990 Aussicht auf Erfolg gehabt hätte. Die ab Mitte 1991 ergriffenen Maßnahmen kamen jedoch zu spät. Sie waren daher – mit wenigen Ausnahmen – halbherzig, wirkungslos oder gar kontraproduktiv. Diese Auffassung wird nunmehr selbst geteilt vom damaligen amerikanischen Botschafter in Belgrad, Warren *Zimmermann*. Was er damals an die Führung in Belgrad übermittelte, war die Nachricht, Jugoslawien habe nach dem Ende des Kalten Krieges seine »geopolitische Bedeutung« für die USA verloren – implizit eine Aufkündigung des 1947 vor allem an den Balkan gerichteten Versprechens von Präsident Harry S. *Truman*, freien Völkern gegen äußere und innere Gewalt beizustehen. Was er und andere statt dessen rechtzeitig hätten deutlich machen müssen, war die Entschlossenheit des Westens, die im Europa der KSZE geltenden Regeln des Völkerrechts auch in Jugoslawien durchzusetzen.[8] Das Vakuum, in das das nichtpaktgebundene Jugoslawien während der Annäherung der beiden ehemals antagonistischen Bündnisse in Europa abglitt, trug wesentlich dazu bei, daß lokaler Radikalismus sich so ungehindert entfalten konnte.

Nachdem sich die Logik des Krieges der Situation bemächtigt hatte, blieben die internationalen Maßnahmen – trotz aller diplomatischen Geschäftigkeit, trotz der Entsendung von rund 38 000 UNO-Blauhelmen aus 36 Ländern (Stand: Ende 1994) und trotz aufopfernden Einsatzes staatlicher und nichtstaatlicher Vertreter vor Ort – mangels Handhabe weitgehend auf symbolische Ersatzhandlungen beschränkt. Unter dem Druck innenpolitischer Forderungen, doch »etwas zu tun«, degenerierte die politische Zusammenarbeit auf europäischer und transatlantischer Ebene zeitweise sogar zu dem billigen Versuch, den Schwarzen Peter einfach anderen zuzuschieben.[9]

---

7 Vgl. Marten *van Heuven*, Yugoslavia: What issues? What policies? (RAND Paper, P 7808), Santa Monica 1993.

8 Vgl. Warren *Zimmermann*, The Last Ambassador: A Memoir of the Collapse of Yugoslavia, in: *Foreign Affairs*, Nr. 2, 1995, S. 2-20.

9 Vgl. z. B. das Interview des amerikanischen Außenministers Warren *Christopher, in: USA Today*, 18. Juni 1993, sowie die Entgegnung des deutschen Botschafters in Washington Immo *Stabreit*, Yugoslav Breakup: Don't Blame Germany, in: *Washington Post*, 29. Juni 1993, S. A 19. Zur deutschen Politik vgl. auch Hans-Heinrich Wrede, Die deutsche Balkanpolitik im Einklang mit den Partnern, in: *Das Parlament*, 1.10.1993, S. 14; sowie John *Newhouse*, Bonn, Der Westen und die Auflösung Jugoslawiens, in: *Blätter für deutsche und internationale Politik*, Nr. 10, Oktober 1992, S. 1190-1205.

Ein Grundproblem lag anfangs in der (angesichts der national strukturierten Medien kaum überraschenden) Asynchronität der öffentlichen Debatte in den verschiedenen westlichen Ländern über den Zerfall Jugoslawiens und seine politische Bedeutung. Während in Deutschland – nicht zuletzt wegen der geographischen Nähe – die öffentliche Meinung und kurz darauf auch die politische Führung bereits durch die kurzen Kämpfe in Slowenien im Juni 1991 zu der Forderung mobilisiert wurden, die Welt müsse der militärischen Aggression von serbischer Seite entschlossen entgegentreten, löste in Frankreich erst die Beschießung von Dubrovnik im Oktober 1991 ähnliche Reaktionen aus. In den USA machten gar erst im folgenden Jahr – mitten im Wahlkampf – die Berichte über Massenvergewaltigungen und »ethnische Säuberung« in Bosnien das ehemalige Jugoslawien zum wichtigen Thema. Da kein Land (und schon gar nicht Deutschland) auf die Multilateralität der Reaktion verzichten konnte und wollte, und vor allem weil die militärische Dimension des Konflikts von den europäischen Mitgliedern des Nordatlantikpakts (NATO) alleine nicht behandelt werden konnte, verstrich 1991/92 wertvolle Zeit beim langen Warten auf tragfähige Vorgaben aus Washington.

Mit den – zumindest im Frieden – ganz erheblichen wirtschaftlichen, kulturellen und politischen Einwirkungsmöglichkeiten der großen Industriestaaten und Demokratien auf die innere Entwicklung in den Ländern Ostmittel- und Südosteuropas geht die – vom Eigeninteresse vielfach verstärkte – Verantwortung einher, das nötige Maß an Stabilität in diesen Ländern aktiv sicherzustellen. Der Zerfall Jugoslawiens kam zu früh und war zu komplex, um vom neuen Europa als Test bestanden zu werden.

Die Aufgabe lautet nun, in künftigen Fällen besser vorbereitet zu sein. Dies ist für die Politik eine außergewöhnlich schwierige Aufgabe, nicht zuletzt weil die komplizierten Bedingungsfaktoren von Nationalitätenkonflikten jeweils in unterschiedlichen Mischungsformen auftreten und von den Kräften im Land in jeweils eigener Form instrumentalisiert werden. Generalisierende Aussagen und Ferndiagnosen sind in dieser Lage fast immer unzutreffend. Wenn man sinnvolle Ansatzpunkte für den Umgang internationaler Politik mit Nationalitätenkonflikten finden will, ist das mühsame und stetige Erforschen der lokalen wie regionalen Dynamik in ihrer ständig fortschreitenden Entwicklung unabdingbar.

Faktoren innerer Dynamik

Die lange Zerfallsphase des Osmanischen Reiches, die einstmals heftige Konkurrenz der europäischen Großmächte um das Füllen des »Machtvakuums« in dieser Region sowie in der Folge die weithin undemokratische und zum Teil unfriedliche Nationalstaatsbildung nach dem Ersten Weltkrieg – begleitet von unglücklichen diplomatischen Beschlüssen am Grünen Tisch – wirken noch heute auf dem Balkan als schwieriges Erbe fort, wenn auch verändert und mit neuen politischen, wirtschaftlichen und gesellschaftlichen Problemen kombiniert.

Die geschichtliche Entwicklung und auch die geographischen Umstände schufen in Teilen des Balkans ein Ausmaß an Heterogenität und Segmentierung der Bevölkerung, das sich Beobachtern in anderen europäischen Ländern heute schwer erschließt, obgleich vor den beiden Weltkriegen in der Osthälfte Europas weithin ähnliche Strukturen gesellschaftlicher Vielfalt selbstverständlich waren. Vom idealisierten Postulat der Identität von Staat und Nation sind die meisten Länder des Balkans weit entfernt. Hier ein »homogenes« Volk schaffen zu wollen, bedeutet Vertreibung, Völkermord und Krieg. Für ein unproblematisches Zusammenleben der Nationalitäten in einem Staat fehlt es jedoch – jedenfalls auf dem Balkan – an Institutionen und Traditionen, die sowohl den Bedingungen freiheitlicher Demokratie genügen als auch der Existenz mehrerer Bevölkerungsgruppen mit separater politischer Identität im gleichen Staat Rechnung tragen.

Eine Reihe von fest verwurzelten psychologischen Faktoren, die sich zum Teil auf die notorische wirtschaftliche und politische Schwäche der Region zurückführen lassen und sich aus traumatischen Geschichtserinnerungen im Spannungsfeld zwischen Christentum und Islam, Orthodoxie und Katholizismus nähren, erschwert zusätzlich die einvernehmliche und friedliche Bewältigung von Nationalitätenproblemen. Die wirtschaftlichen und politischen Ausgangsbedingungen in weiten Teilen des Balkans sind entmutigend. Die Infrastruktur ist schwach entwickelt, die Arbeitslosigkeit hoch, die Arbeitsbedingungen schlecht. Die Versorgung ist ebenso wie der Zustand der Umwelt bedrückend. Teile der Bevölkerung leben in tiefer Armut. Zugleich sind Staat und Verwaltung vielfach nicht in der Lage, Abhilfe auch nur in Aussicht zu stellen. Der Kontrast zwischen der Prosperität und Befriedung in Westeuropa und der eigenen Misere wirkt nicht nur als Triebfeder für Reform- und Demokratiebemühungen, sondern ruft zugleich auch immer wieder das aus der Erfahrung der letzten Jahrhunderte destillierte, oft von Minderwertigkeitsgefühlen und Verschwörungstheorien begleitete Selbstbild der Völker des Balkans als »ewige Verlierer« der Geschichte wach, die sich als Spielball der Mächte zur Hoffnungslosigkeit verdammt sehen, wenn sie sich nicht unter dem Banner des Nationalismus zur Wehr setzen.

Die Zeit raschen Umbruchs und steigender Erwartungen nach der Überwindung der Ost-West-Spaltung Europas erwies sich als eine Phase erhöhter Risiken im Verhältnis zwischen einzelnen Bevölkerungsgruppen in diesen Staaten.[10] Die ungewisse Aussicht auf eine progressive wirtschaftliche und politische Einbindung des Balkans in ein nach westlichen Vorstellungen zusammenwachsendes Europa fand bei den Vertretern verschiedener gesellschaftlicher Gruppen – unterschiedlichen politischen Kalkülen folgend – durchaus divergierende Bewertungen und war geeignet, zur Verschärfung innerer Spannungen beizutragen. Es zeigte sich hier besonders deutlich,

10 Nordirland in den sechziger Jahren bietet ein Beispiel dafür, daß alte Wunden zwischen Bevölkerungsgruppen gerade in Phasen raschen Wandels und wirtschaftlichen Fortschritts aufbrechen, wenn einerseits der Verlust von Privilegien und Macht befürchtet wird und andererseits Streit um die Allokation neuer Ressourcen und Chancen entsteht. Vgl. Jonathan *Bardon*, A History of Ulster, Belfast 1992, S. 622-689.

daß der säkulare Öffnungsprozeß Europas seit 1989 mit destabilisierenden Nebenwirkungen einhergeht, deren politische Bewältigung – nicht nur im Osten, sondern auch im Westen – zu einem Kernproblem Europas wird.[11]

Die Triebkräfte dieses Öffnungsprozesses lagen und liegen wohl vor allem in einem doppelten Streben: zum einen nach Teilhabe am politischen und wirtschaftlichen Wohlstand der »Ersten Welt«, zum anderen nach Selbstbestimmung im Sinn politischer Freiheit der Eigenentwicklung, also Subjekt statt Objekt der Geschichte zu sein.[12] Beide Triebkräfte tragen unweigerlich in sich die Gefahr, zwischen Bevölkerungsgruppen mit unterschiedlicher wirtschaftlicher und kultureller Ausgangs- und Interessenlage alte und neue Gräben aufzureißen. Während für manche wirtschaftliche und politische Eigenherrschaft Demokratisierung, Dezentralisierung und Privatisierung bedeutet, begreifen andere dieses Ziel als Kampf um Selbstbehauptung, Autonomie und staatliche Unabhängigkeit.

Zugleich führen vielfach die Verschlechterung der persönlichen Lage im Vergleich zur sozialistischen Zeit, die zunehmenden gesellschaftlichen Kontraste und Verteilungskämpfe sowie in manchen Ländern ein erkennbares Ordnungsdefizit nach dem Zerfall früherer Strukturen zu einer verstärkten Mobilisierbarkeit von Teilen der Bevölkerung für politische Konfrontation und sogar bewaffneten Kampf. Dieses Phänomen manifestiert sich in Teilen des Balkans – aber auch im Kaukasus – wesentlich stärker als in anderen Ländern, die ähnliche Transformationsprozesse durchlaufen.

Die Ursachen der verminderten Widerstandskraft in Teilen des Balkans gegen das Aufbrechen politischer Gewalt und den Rückfall in blutigen Tribalismus bedürfen erheblich verstärkter, systematischer Analyse. Es drängt sich unter anderem die Beobachtung auf, daß es sich um Gesellschaften handelt, in denen im Alltag und in der Erziehung erhebliche Teile der Bevölkerung – vor dem Hintergrund der Erfahrung bedrückender Lebensumstände und mangelhafter Rechtsstaatlichkeit – anscheinend noch heute Aggression, Hinterhältigkeit und andere konfliktgeneigte Verhaltensweisen als gute, traditionsgemäße Erfolgsrezepte schätzen. Erschwerend hinzu kommt der Fluch böser Taten der Vergangenheit, die in vielen Fällen unbewältigt geblieben sind, daher nachhaltigen Groll statt Vergebung und Versöhnung hinterlassen und eine Atmosphäre des Vertrauens zwischen den Bevölkerungsgruppen verhindern. Dem Aufstieg sozialpathologischer Führer vom Schlage eines Radovan *Karadžić* kann wohl nur durch solche spezifischen gesellschaftlichen Bedingungen der Weg bereitet werden.

Nationalitätenkonflikt als Machtinstrument

Wenn in den Medien und in der wissenschaftlichen Diskussion die politischen und militärischen Auseinandersetzungen, die auf dem Balkan und in anderen Regionen im

11 Vgl. Pierre *Hassner*, La violence et la paix. De la bombe atomique au nettoyage ethnique, Paris 1995, S. 329.

12 Vgl. Timothy Garton *Ash*, Im Namen Europas. Deutschland und der geteilte Kontinent, München 1993, S. 39.

Namen unterschiedlicher Bevölkerungsgruppen geführt werden, in Anlehnung an den entsprechenden englischen Begriff als »ethnische Konflikte« bezeichnet werden (oft mit dem Unterton historischer Determiniertheit und politischer Steuerungslosigkeit), kann dies in mehrfacher Hinsicht mißverständlich und erläuterungsbedürftig sein. Zum einen muß daran erinnert werden, daß Konflikt als solcher eine Naturgegebenheit ist und zugleich Anlaß, Triebkraft und Gegenstand von Politik. Nicht die Existenz von Konflikten ist Gegenstand der Sorge, sondern die Art ihrer Austragung.

Zum anderen ist die populäre Vorstellung irreführend, Träger der Nationalitätenkonflikte seien klar unterscheidbare »Völker« mit distinkter Abstammung oder gar Rasse. Die Aufgliederung in Nationalitäten und Volksgruppen kann im Einzelfall vielmehr auf einer Vielzahl von Kriterien beruhen – insbesondere Sprache und Dialekt, Religion und Konfession, Stammes- und Familienzugehörigkeit –, die sich kaum für unzweideutige Abgrenzungen eignen, wo Mehrsprachigkeit, Areligiosität, zerfallende Familienstrukturen und Mischehen über Trennlinien hinweg alltäglich sind.[13]

Im Gegensatz zu Ernest *Renans* Ausspruch, die Nation sei »ein tägliches Plebiszit«, realisieren Menschen auch auf dem Balkan vielfach erst in Zeiten politischer Krise ihre Zuordnung zu einer bestimmten »Nationalität« als Konfliktpartei, eher gezwungen durch das diskriminierende Zuordnungsurteil Dritter als aus eigenem Antrieb. Die Tatsache, daß in Wahlen und Referenden weitgehend nach ethnischen Kriterien abgestimmt wird, ist allerdings Ausdruck der zentralen Bedeutung des Nationalitätenproblems für die Interessenwahrung des Bürgers im Übergang zur neuen demokratischen Ordnung.

Die Zugehörigkeit zu einer kirchlich, zivil und im Extremfall sogar militärisch organisierten Bevölkerungsgruppe verschafft Menschen eine Rückfallstruktur öffentlicher Ordnung, Sicherheit und Fürsorge in Staaten mit ungewisser Regierungseffizienz. Die nominelle Gruppenzugehörigkeit ist in Gesellschaften mit nichtegalitären, nepotistischen Herrschaftsstrukturen oder ethnischen Quotenregelungen oft Voraussetzung für den Zugang zu Karrieren. Zugleich bildet sie für Zugehörige ausgegrenzter Bevölkerungsgruppen eine fast unüberwindliche Schranke.

Name und Aussehen, Sprechweise und Gewohnheiten, Ausbildungsgang und Beruf, Herkunft aus Stadt oder Land, von Berg oder Tal erhalten in derartig segmentierten Gesellschaften die Funktion von – häufig willkürlichen, aber allgegenwärtigen – Trennkriterien. Der politischen Propaganda stehen – wie die Medienpolitik der serbischen Führung im zerfallenden Jugoslawien erneut bewies – stets griffige Schubkästen zur Verfügung, um Konfliktpotentiale wachzurufen und Bevölkerungsgruppen gegeneinander zu mobilisieren. Aus friedlichem Miteinander wird fast über Nacht

13 Vgl. Eric J. *Hobsbawn*, Nations and Nationalism since 1780: Programme, Myth, Reality, Cambridge 1992, S. 5-12. Zu einem prominenten Fallbeispiel, bei dem sich vermeintliche Klarheit in der Wirklichkeit rasch verflüchtigt, vgl. etwa Heinz *Käufeler*, Wer ist Kurde, wer ist Türke?, in: *Neue Zürcher Zeitung*, 28./29.11.1993.

unüberwindliche Erbfeindschaft. Aus komplizierter Wirklichkeit werden dehumanisierte Schablonen, die sich weltweit in Massenmedien einnisten und verbreiten.

Dieser gesellschaftliche Mechanismus der Aktivierung antagonistischer Gruppen in der Krise, der gewissermaßen bei Bedarf durch politische Führer abrufbar ist, läßt immer wieder das Ausnutzen geschichtlich gewachsener Gegensätze zwischen Nationalitäten zu einem zwar für das Gemeinwohl gefährlichen, aber für den Betreiber attraktiven Mittel der Politik im Kampf um Machtpositionen und die Durchsetzung von Ordnungsvorstellungen werden. Für den Umgang mit solchen Konflikten heißt dies: Es genügt nicht zu wissen, welche Nationalitäten miteinander im Konflikt liegen, und nach den generellen Ursachen und Lösungsmöglichkeiten hierfür zu fragen. Darüber hinaus ist es nötig zu verstehen, welche politischen Kräfte jeweils den Nationalitätenstreit organisieren und für die eigene partikulare Interessenlage instrumentalisieren.[14]

Risiken und Gefahren

Die Siedlungscharakteristik Bosnien-Herzegowinas, wo landesweit keine Bevölkerungsgruppe die Mehrheit stellt, ist auch für Balkanverhältnisse einmalig. Wenn man die lokalen Mehrheitsverhältnisse betrachtet, gibt es außerhalb des ehemaligen Jugoslawien nur in Transnistrien kleine Teilgebiete ohne Mehrheitsgruppierung. Das aus der ehemaligen Sowjetunion bekannte »Puppe-in-der-Puppe«-Modell, wo gesamtstaatliche Minderheiten in Teilregionen die Mehrheit stellen, findet sich auf dem Balkan – soweit ersichtlich – außerhalb des ehemaligen Jugoslawiens nur in einigen Kreisen Siebenbürgens, in kleinen Gebieten im Süden Bulgariens und in der moldauischen Stadt Tiraspol.[15]

Zusätzlich zu den Konflikten in Kroatien und Bosnien-Herzegowina – für die es keine kriegerische Lösung gibt, aber auch keine friedliche, solange die Waffen sprechen – ist eine Reihe von weiteren Nationalitätenkonflikten auf dem Balkan erkennbar, die unter Umständen ebenfalls gewaltsam eskalieren könnten. Hierzu gehört neben dem Sandschak von Novi-Pasar zwischen Serbien und Montenegro mit seiner moslemischen Bevölkerungsmehrheit vor allem die Konfrontation zwischen serbisch-orthodoxen und albanischen Bevölkerungsgruppen in Serbien (Kosovo) und – kaum weniger explosiv und mit den Entwicklungen in Kosovo und in

14 Zur Wirkungsweise ethnischer Gewalt vgl. auch Thomas *Scheffler*, Ethnoradikalismus: Zum Verhältnis von Ethnopolitik und Gewalt, in: Gerhard *Seewann* (Hrsg.), Minderheiten als Konfliktpotential in Ostmittel- und Südosteuropa, München 1995, S. 9-47. Einen Versuch zur Kategorisierung unterschiedlicher Ethnonationalismen unternimmt Dieter *Senghaas*, Wohin driftet die Welt? Über die Zukunft friedlicher Koexistenz, Frankfurt a.M. 1994, S. 78-95.

15 Vgl. Georg *Brunner*, Nationalitätenprobleme und Minderheitenkonflikte in Osteuropa, Gütersloh 1993; zum Überblick vgl. Martina *Boden*, Nationalitäten, Minderheiten und ethnische Konflikte in Europa. Ursprünge, Entwicklungen, Krisenherde. Ein Handbuch, München 1993. Eine noch immer lesenswerte Bestandsaufnahme aus sicherheitspolitischer Sicht bietet James F. *Brown*, Aktuelle und potentielle Konfliktmöglichkeiten, in: *Heydrich* u.a. (Hrsg.), a.a.O. (Anm. 4), S. 395-413.

Albanien selbst eng verknüpft – in Mazedonien.[16] Daneben existieren im Verhältnis Mazedoniens zu seinen Nachbarn Serbien, Bulgarien und Griechenland ungeklärte Fragen, die bei weiterer politischer Instrumentierung zu Konfrontationszwecken die alten Nationalitätenkonflikte der früheren Balkankriege wachrufen könnten.

Hingegen deutet in vielen anderen Konstellationen mit alten Nationalitätenfragen derzeit nichts oder sehr wenig auf eine mögliche gewaltsame Entwicklung hin. Dies gilt etwa für das bulgarisch-türkische Verhältnis und wohl auch für das verbal zeitweise sehr zugespitzte griechisch-albanische, das früher durch griechische Territorialansprüche auf den Süden Albaniens (Nordepirus) mit seiner griechischen Minderheit belastet war. Entgegen manchen, noch vor wenigen Jahren verbreiteten pessimistischen Annahmen ist derzeit auch das Verhältnis des nach dem Ersten Weltkrieg im Vertrag von Trianon territorial stark beschnittenen Ungarn zu seinen Nachbarn Rumänien, Ukraine und Slowakei ermutigend;[17] die Zukunft der ungarischen Bevölkerungsgruppe in der Wojwodina bleibt jedoch ein möglicher Spannungsfaktor im Verhältnis zu Serbien.

Der Umgang Rumäniens mit seinen zahlreichen Minderheiten, insbesondere den Ungarn und Zigeunern, bleibt ein Gegenstand intensiver internationaler Aufmerksamkeit. Er gibt jedoch grundsätzlich eher Anlaß zur Hoffnung auf die Überwindbarkeit alter Gräben als zur akuten Sorge. Die Tatsache, daß die Europa-Verträge der Europäischen Union (EU) mit Rumänien und Bulgarien ausdrücklich bei Menschenrechtsverstößen suspendiert werden können, bildet hierbei einen wichtigen Faktor. Die künftige Entwicklung in dem derzeit noch von russischen Streitkräften besetzten abtrünnigen Teil Moldaus jenseits des Dnjestr bleibt abzuwarten.[18]

Während sich viele Analysen auf die »alten« Nationalitätenprobleme im Verhältnis zwischen traditionell ansässigen Bevölkerungsgruppen beschränken – wobei schon hier die verfügbaren statistischen Ausgangsdaten in vielen Fällen mit großer Zurückhaltung bewertet werden müssen –, hat sich durch Wanderarbeit über offenere Grenzen hinweg sowie durch Flucht und Vertreibung in großem Maßstab das wirkliche Bevölkerungsbild auf dem Balkan in den letzten Jahren massiv verändert.

Zum Beispiel kann wenig Zweifel daran bestehen, daß etwa im griechisch-albanischen Verhältnis die (überwiegend illegale) aktuelle Anwesenheit von schätzungsweise 300 000 albanischen Arbeitsmigranten in Griechenland für beide Länder das wesentlich relevantere Problem darstellt als die historische »Nordepirus-Frage«.[19] Die hohe Bedeutung dieser spezifischen Dynamik für die Stabilität der Region beruht vor allem darauf, daß aus albanischer Sicht die Überweisungen der legalen und illegalen Wanderarbeiter an ihre in Albanien verbliebenen Familien für das Land (mit einem

---

16 Vgl. Gus *Xhudo*, The Balkan Albanians – Biding Their Time?, in: *Jane's Intelligence Review*, Mai 1995, S. 208-211; Elez *Biberaj*, Kosova: The Balkan Powder Keg (Conflict Studies, Nr. 258), London 1993.

17 Vgl. George *Schöpflin*, Hungary and its neighbours (Chaillot Paper, Nr. 7), Paris 1993.

18 Vgl. Phillip *Petersen*, Moldova – Improving the Prospects of Peace, in: *Jane's Intelligence Review*, September 1994, S. 396-400.

19 Siehe hierzu oben.

jährlichen Bruttosozialprodukt von 340 US-Dollar pro Kopf im Jahr 1993[20] und einer im Durchschnitt nur rund 28 Jahre alten Bevölkerung[21]) gegenwärtig eine der tragenden Säulen der Volkswirtschaft darstellen.

Gerade für Deutschland ist auch die Anwesenheit von Exilanten und das Phänomen der »mobilen Minderheiten« bedeutsam, das heißt in Deutschland lebender Angehöriger von Nationalitäten des Balkans, die aus der Ferne oder vor Ort – zum Teil sogar mit deutschem Paß – in das Geschehen auf dem Balkan eingreifen oder aber Balkankonflikte durch Terroranschläge sowie illegale Organisationen und Aktivitäten auf deutsches Territorium tragen. Unter anderem nutzen – ähnlich wie in vielen anderen Konfliktgebieten in der Welt – kriminelle Organisationen ethnischer Gruppierungen das Drogengeschäft zur Finanzierung von Waffenkäufen.

Nicht erst, wenn sie in Krieg und Gewalt münden, gefährden zugespitzte Nationalitätenkonflikte die Sicherheit und Funktionsfähigkeit der betroffenen Gesellschaften und ihre politischen und wirtschaftlichen Reformaussichten. Instabilität, Repression und Kohärenzverlust durch schwelende innere Konflikte belasten auch über Grenzen hinweg die regionale Wirtschaftskooperation sowie Verkehr und Versorgung. Der Strom von Flüchtlingen aus dem ehemaligen Jugoslawien, von denen mehr als 350 000 in Deutschland Zuflucht fanden, und die albanischen Boat People, die im Sommer 1991 in Süditalien mit Waffengewalt zur Rückkehr gezwungen wurden, haben darüber hinaus verdeutlicht, daß die Auswirkungen von Fehlentwicklungen auf dem Balkan unweigerlich zum gemeinsamen Problem aller europäischen Staaten werden, vor allem jedoch der wohlhabenderen Mitglieder der Europäischen Union.

Die Gefahr der militärischen Eskalation von Nationalitätenkonflikten läßt dem Ursprung nach lokale Probleme unter bestimmten Umständen zur Herausforderung für die internationale Politik werden. Entwicklungen bedrohen die internationale Sicherheit und den internationalen Frieden insbesondere, wenn innere Konflikte auf Nachbarländer überzugreifen drohen, und jedenfalls stets dann, wenn unter Verstoß gegen das völkerrechtliche Gewaltverbot oder durch seine Aushöhlung andere Staaten zum Opfer bewaffneter Aggression oder ihrer Androhung werden. Mit weitreichenden Waffen und den Mitteln des Terrorismus können im Zusammenhang mit eskalierenden Kriegen auf dem Balkan auch entfernte Staaten wie Deutschland Ziel der Bedrohung und Erpressung werden.

Von großer internationaler Bedeutung – gerade auch für die deutsche Außenpolitik – sind die Nationalitätenkonflikte und der Umgang mit ihnen zudem, weil dort über die eigentliche Streitsache hinaus auch die Werte der auf freiheitlich-demokratischer Ordnung, Menschenrechten, Frieden und Zusammenarbeit beruhenden europäischen Identität auf dem Spiel stehen. Es steht zu befürchten, daß das durchaus nicht selbstverständliche Vertrauen, auf dem die Institutionen und Bündnisse der friedlichen Kooperation und Integration in Europa beruhen, künftige weitere

20 Vgl. The World Bank Atlas 1995, Washington, D.C. 1994, S. 18.

21 Zur ungewöhnlichen demographischen Entwicklung Albaniens vgl. Michael *Schmidt-Neke*/Örjan *Sjöberg*, Bevölkerungsstruktur, in: Klaus-Detlev *Grothusen* (Hrsg.), Albanien, Südosteuropa-Handbuch, Bd. VII, Göttingen 1993, S. 464-490.

Entwertungen wie im ehemaligen Jugoslawien kaum unbeschadet überstehen wird. Wenn der aggressive Gebrauch militärischer Gewalt sich lohnt – etwa zur Erzwingung von Grenzrevisionen –, ist die Sicherheit aller im Kern gefährdet. Wenn die Idee der Ethnokratie geduldet wird, die andersstämmige Menschen nicht achtet, strahlt ein zerstörerischer Impuls der Apartheid in viele andere Länder aus. Nicht zuletzt die Querverbindungen der Entwicklung auf dem Balkan zur Lage in der ehemaligen Sowjetunion und ihre Implikationen für das Verhältnis Europas zur islamischen Welt verleihen den Konfliktrisiken auf dem Balkan besondere Relevanz für die internationale Politik.

In diesem Zusammenhang wird immer wieder von einzelnen Konfliktparteien der propagandistische Versuch unternommen, die internationale Aufmerksamkeit auf die eigene Seite zu ziehen – von serbischer Seite besonders durch die Vorspiegelung eines angeblichen Abwehrkampfes gegen den islamischen Fundamentalismus. Derartige gezielte Verzerrungen, die insbesondere in bezug auf Bosnien zumindest anfangs jeder Grundlage entbehrten, entfalten dennoch weltweite Wirkung. Es ist Aufgabe der Politik und der Medien, diesen polarisierenden Effekten nachhaltig entgegenzutreten.

So wird in bezug auf die albanischen Bevölkerungsgruppen auf dem Balkan häufig unkritisch die propagandistische Behauptung aufgegriffen, es handele sich dort durchweg um Moslems oder gar »Fundamentalisten«. Tatsache ist, daß in Albanien vor dem Verbot aller Religion in kommunistischer Zeit fast jeder Dritte Christ war; jeder Zehnte war Katholik; die Moslems teilten sich auf in unterschiedliche Sekten und Gruppierungen. Aus dem falschen, eindimensionalen Bild, in dem ethnische und religiöse Zugehörigkeit wie selbstverständlich verkoppelt werden, entsteht somit ein kompliziertes Geflecht der variablen Identitäten und Loyalitäten.

Die Situation in Kosovo – wo sich die von den serbischen Autoritäten massiv unterdrückte albanische Bevölkerungsmehrheit im Untergrund staatlich organisiert und bewaffnet hat und von Tirana seit 1991 wie ein unabhängiger Staat behandelt wird – gleicht seit Jahren einem Vulkan kurz vor der Eruption. Wenn es bislang gelungen ist, hier und in Mazedonien Krieg und Genozid abzuwenden, so ist dies zum Teil wohl auf die präventive Stationierung amerikanischer Truppen in Mazedonien, vor allem aber auf das behutsame und verantwortungsvolle Wirken lokaler Führungskräfte und der wenigen ausländischen Vermittler zurückzuführen. Ganz entgegen dem propagandistischen Zerrbild vom »islamischen Fundamentalismus« spielt in der albanischen Bevölkerungsgruppe auch die katholische Kirche eine zentrale Rolle als Faktor der – zumindest zeitweiligen – Befriedung.[22]

Was in Kosovo und in Mazedonien auf dem Spiel steht, ist nicht ein »Kampf der Zivilisationen« zwischen Christentum und Islam, sondern es ist die Wahrung der Chance zu Demokratie und Menschenwürde gegenüber den radikalen Kräften auf beiden Seiten, die Verteidigung der Funktionsfähigkeit freiheitlich-demokratischer Ordnung gegen die Macht der Gewehre. Aus der Sicht eines Staates wie Deutschland

22 Vgl. Gramoz *Pashko*, The Role of Christianity in Albania's Post-Communist Vacuum, in: The Southeast European Yearbook 1993, Athen 1994, S. 47-54.

geht es zudem darum, aus Interesse am Schutz der eigenen Gesellschaft das Chaos abzuwenden, das mit inneren Wirren und Krieg auf dem Balkan einhergeht, bis hin zum völligen Zerfall staatlicher Ordnung – idealer Nährboden, Operationsbasis und Zufluchtsort für das internationale organisierte Verbrechen.

Geographische Distanz verschafft den verletzlichen Gesellschaften Westeuropas heute keinen Schutz gegen die Effekte mangelnder innerer Kontrolle in Krisengebieten auf dem Balkan. Schon heute grenzt die Europäische Union in Italien, Österreich und Griechenland direkt an ihn an. Solange es auf dem Balkan Refugien der Anarchie gibt, die im Extremfall sogar zum Ort illegaler Proliferation nuklearer und anderer Massenvernichtungswaffen werden können, werden auch Gesellschaft und Politik in Deutschland darunter leiden.

Mit dem Ende des Bürgerkriegs in Libanon 1991 bewegte sich ein Troß internationaler Waffenschmuggler nach Jugoslawien – ohnehin ein hochgerüstetes Land. Waffen aus vielerlei Quellen, auch aus zerfallenden Einheiten des früheren Warschauer Paktes, strömten illegal den Konfliktparteien und anderen Interessenten zu – weitgehend unbehindert durch das vom UN-Sicherheitsrat verhängte Waffenembargo.[23] Zehntausende von Söldnern erwarben Spezialwissen im Umgang mit Waffen und Sprengstoff, das sie nun anderen anbieten, wenn sie nicht gar im Kriegsdasein selbst eine erstrebenswerte, »befreiende« Lebensform sehen.[24] Insbesondere die sehr reale Gefahr, daß sich Terroristen, kriminelle Organisationen und andere nichtstaatliche Akteure auf dem Waffenbasar Balkan mit Kriegsgerät ausstatten, stellt eine unmittelbare Herausforderung für alle europäischen Staaten dar. Neben der Wiederherstellung funktionsfähiger staatlicher und gesellschaftlicher Strukturen müssen daher auch die Entwaffnung irregulärer Einheiten und Vereinbarungen über die Kontrolle konventioneller Rüstung auf der Tagesordnung politischer Lösungsansätze für den Balkan stehen.

Es ist keineswegs eine völlig neue Erscheinung, daß Chaos auf dem Balkan als Gefahr für die Sicherheit ganz Europas gilt. Schon die erste multilaterale Intervention der »zivilisierten Mächte« Europas (Großbritannien, Frankreich und Rußland) auf dem Balkan – mit der Seeschlacht von Navarino und dem Londoner Vertrag von 1827 – wurde nicht nur damit begründet, man müsse den Massakern an Christen im griechischen Unabhängigkeitskampf ein Ende setzen, sondern auch mit dem Schutz der eigenen Handelsflotten vor Piraterie.[25] Angesichts des vielfachen geschichtlichen Mißbrauchs angeblicher Sicherheitsinteressen zum Zweck machtpolitischen Ausgreifens auf den Balkan ist heute Zurückhaltung bei der Nutzung derartiger Argumente ratsam. Ohnehin können die Voraussetzungen für inneres Chaos nicht wirksam von außen beseitigt werden, sondern nur in enger multilateraler Kooperation mit den betreffenden Ländern, getragen vom Willen und der Zustimmung ihrer Bevölkerung.

---

23 Vgl. Daniel N. *Nelson*, Ancient Enmities, Modern Guns, in: *The Bulletin of Atomic Scientists*, Dezember 1993, S. 21-27.

24 Zu diesem weltweit beobachtbaren Phänomen vgl. Robert D. *Kaplan*, The Coming Anarchy, in: *The Atlantic Monthly*, Nr. 2, 1994, S. 44-76.

25 Vgl. Paul *Johnson*, The Birth of the Modern: World Society 1815-1830, London 1991, S. 691-700.

Aufgaben deutscher und europäischer Politik

Die völkerrechtlichen, militärischen und politischen Instrumente der Vergangenheit – auch diejenigen aus der Zeit des Ost-West-Konflikts – sind nur teilweise erfolgversprechend für den Umgang mit Nationalitätenkonflikten auf dem Balkan. Nicht zuletzt ausgelöst durch die Erfahrungen im ehemaligen Jugoslawien, sind bereits wichtige grundsätzliche Neuansätze gefunden worden, die es in den kommenden Jahren zu stärken gilt.

Auf der rechtlichen Ebene ist es im Europa der OSZE nicht mehr grundsätzlich umstritten, daß innere Konflikte ein legitimer Gegenstand internationaler Sorge und Anteilnahme sind. Jeder Staat trägt die völkerrechtliche und politische Verpflichtung, die Menschenrechte und Grundfreiheiten zu achten und die Einwohner im eigenen Land vor Gewalt zu schützen. Die russische Zustimmung zum Tätigwerden der OSZE in Tschetschenien im Januar 1995 unterstreicht die Anerkennung dieses Grundsatzes. In der Praxis wird auch in Zukunft gelten, daß die Sicherheit internationaler Beobachter und Vermittler stets nur solange gewährleistet ist, wie ihre Präsenz vor Ort erwünscht ist. Besonders beklagenswert ist, daß die Führung in Belgrad noch immer die Wiederaufnahme der OSZE-Langzeitmissionen in Kosovo, Sandschak und Wojwodina verweigert.

Eine bedeutsame Neuerung stellt auch der Internationale Strafgerichtshof in Den Haag zur Ahndung von Kriegsverbrechen und Völkermord im ehemaligen Jugoslawien dar. Insbesondere wenn dort nicht nur Handlanger, sondern auch politische und militärische Rädelsführer für ihre Taten persönlich zur Rechenschaft gezogen werden, kann von ihm eine abschreckende Wirkung auf diejenigen ausgehen, die Konfliktpotentiale zwischen Bevölkerungsgruppen anfachen und ausbeuten.

Der verstärkte Schutz von Minderheiten als Teil des internationalen Menschenrechtsschutzes fand in den letzten Jahren zurecht große Aufmerksamkeit. Er war vor allem im Rahmen des Europarats und der KSZE/OSZE ein zentraler Gegenstand der Bemühungen um die Entschärfung von Nationalitätenkonflikten.[26] Juristische Instrumente können einen wichtigen Beitrag leisten, wenn auch einstweilen begrenzt durch die mangelnde Verfestigung der Grundprinzipen von Rechtsstaatlichkeit in den Staaten des Balkans. Patentrezepte für den Minderheitenschutz fehlen. Es empfiehlt sich daher, den Umgang mit Nationalitätenproblemen in einem sich einigenden, demokratischen Europa als ein neues, verbindendes Problem zu begreifen, das nur allmählich und gemeinsam angegangen werden kann. Diese Grundhaltung prägt auch den auf eine französische Initiative zurückgehenden Europäischen Stabilitätspakt vom März 1995, der nunmehr als multilateraler Rahmen für ein Netzwerk bilateraler Abkommen über Nachbarschafts- und Minderheitenfragen im OSZE-Raum dienen soll. Solche bilateralen Grundlagenverträge können einen wichtigen Beitrag zur

26 Als knappen Überblick über die Problematik vgl. Charlotte *Schoder*, Notwendige Verbesserung des Minderheitenschutzes, in: *Neue Zürcher Zeitung*, 28./29.11.1993, S. 29.

Rechtssicherheit leisten und dadurch weit über ihren eigentlichen Regelungsbereich hinaus positive Wirkungen entfalten.

Deutschland kann im Hinblick auf Minderheitenfragen auf reiche Erfahrungen verweisen, darunter das bewährte deutsch-dänische Minderheitenregime und die Sorge um deutschstämmige Bevölkerungsgruppen im Osten, insbesondere in den Nachfolgestaaten der früheren Sowjetunion. Traditionell ist in Deutschland mehr als in wichtigen Partnerstaaten – vor allem Frankreich – der Gedanke verwurzelt, daß Minderheitenschutz sich nicht nur auf individuelle Menschenrechte stützen kann, sondern auch Rechte umfassen muß, die Gruppen als Ganzen zustehen sollen.[27] Das Grundgesetz ebenso wie die multilateralen Menschenrechtspakte[28] wählen jedoch den Minderheitenschutz durch Garantie der individuellen Menschenrechte. Wirkungsvoll durchgesetzte individuelle Grundrechte – wie die Religionsfreiheit, die Vereinigungs- und Versammlungsfreiheit, die Informations- und Rundfunkfreiheit und das Familien- und Elternrecht – sowie das Recht auf kommunale Selbstverwaltung machen die Gedankenfigur »Gruppenrechte« wohl in der Tat verzichtbar. Ein Festhalten an Gruppenrechten könnte sogar zur Gefahr für Frieden und Stabilität werden – gerade auch im Hinblick auf Rußlands Verhältnis zum sogenannten »Nahen Ausland« und die etwa 25 Millionen Russischstämmigen dort –, wenn ihre Geltendmachung als Hebel antagonistischer Einflußnahme von »Protektorstaaten« oder sogar als Vorwand für militärische Aggression mißbraucht würde.

In der Diskussion um Lösungsmöglichkeiten für Minderheitenprobleme spielt – neben der Möglichkeit föderaler Verfassungsstrukturen – zunehmend auch der Vorschlag eine Rolle, die Territorialhoheit des Staates durch die rechtliche und politische Verankerung der autonomen Personalhoheit von Nationalitätengruppen über ihre Mitglieder in bestimmten Aufgabenbereichen zu ergänzen.[29] Die ungeklärte Frage, wer jeweils Träger und Exekutivorgan der Souveränität innerhalb dieser Personalkörperschaften wäre, könnte jedoch in der Praxis ebenso konfliktverschärfend wirken wie ständige Kompetenzstreitigkeiten zwischen parallelen Autoritäten. Einerseits werden in vielen Fällen kreative und flexible Lösungen gefunden werden müssen, andererseits wäre es mit erheblichen Risiken behaftet, wenn das der geltenden Völkerrechtsordnung zugrundeliegende Prinzip umfassender Regierungsverantwortlichkeit für das Staatsterritorium ausgehöhlt würde.

In bezug auf das militärische Instrumentarium zum Umgang mit Nationalitätenkonflikten haben die Erfahrungen im ehemaligen Jugoslawien – aber auch in Somalia und andernorts – ernüchternd gewirkt. Der Gedanke multilateraler Intervention zur Friedenssicherung hat viel an Überzeugungskraft eingebüßt. Es ist deutlich geworden, daß akute Nationalitätenkonflikte mit den militärischen Mitteln, die der Gemeinschaft

27 Vgl. zur deutschen Debatte Dieter W. *Bricke*, Minderheiten im östlichen Mitteleuropa: deutsche und europäische Optionen (Stiftung Wissenschaft und Politik, SWP-S 395), Ebenhausen 1994.

28 Vgl. insbesondere Art. 27 des Internationalen Pakts für bürgerliche und politische Rechte, in dem das Recht auf die eigene Kultur, Sprache und Religion garantiert wird.

29 Vgl. John *Coakley*, Approaches to the Resolution of Ethnic Conflict: The Strategy of Non-Territorial Autonomy, in: *International Political Science Review*, Nr. 3, 1994, S. 297-314.

demokratischer Staaten zur Verfügung stehen, in der Regel nicht unter Kontrolle gebracht oder gar gelöst werden können. UNO-Soldaten werden zu Geiseln lokaler Kriegsherren, deklarierte Schutzzonen zu Zonen minderer Sicherheit, der Krieg setzt sich unbeeindruckt vom »Peacekeeping« fort.

Es zeigte sich auch, daß selbst in Situationen, in denen ein militärisches Eingreifen zur Herstellung von Sicherheit und Frieden sinnvoll, ratsam und wünschenswert wäre, wichtige Staaten und Bündnisse – unter Abwägung ihrer Kosten und Vorteile – in vielen Fällen nicht bereit sein werden, militärische Risiken und Lasten zu tragen. Dies gilt insbesondere auch für die USA und in besonders starkem Maß für Deutschland. Die sicherheitspolitische Strategie zum Umgang mit dem Risiko militärisch eskalierender Nationalitätenkonflikte muß schon aus diesem Grund das Schwergewicht auf möglichst frühzeitig einsetzende, umfassende und wohlkoordinierte Präventivdiplomatie legen. Diese bedarf jedoch, um glaubwürdig und wirkungsvoll zu sein, der sichtbaren Untermauerung durch verfügbare militärische Mittel. Sowohl unterstützende Einsätze zur Konflikteinhegung und Wiederherstellung einer friedlichen Ordnung als auch die präventive Stationierung von Streitkräften zur Kriegsverhinderung haben dabei in der Regel nur Aussicht auf Erfolg, wenn Einigkeit über die Zielsetzung besteht und der politische Wille zu ihrer Verwirklichung tragfähig genug ist.[30]

Im Fall bewaffneter Aggression gegen andere Staaten (und zur Unterbindung von Genozid) muß jedoch – wenn nicht die internationale Ordnung insgesamt aufs Spiel gesetzt werden soll – entschlossener militärischer Beistand zur Selbstverteidigung geleistet werden. Wegen der zahlreichen Gegensätze und historischen Allianzen zwischen Staaten der Region wird es in solchen Fällen jedoch besonders wichtig sein, daß alle wichtigen Mächte – auch Rußland – internationale Beistands- und Sanktionsmaßnahmen mittragen.

Auch auf dem Balkan gilt, daß einerseits Demokratie im Inneren der beste Weg zur äußeren Sicherheit ist, während andererseits die Gewähr der äußeren Sicherheit eine Grundvoraussetzung für den Erfolg demokratischer Reformen darstellt. Die schrittweise Einbindung der dazu befähigten und gewillten neuen Demokratien in Südosteuropa in die konkrete verteidigungspolitische Partnerschaft und Konsultation im Rahmen der NATO und der Westeuropäischen Union (WEU) bildet daher nicht nur einen ersten wichtigen Schritt zur Ausgestaltung gemeinsamer Sicherheit im erweiterten Europa, sondern auch ein Element der inneren Stabilisierung der friedlichen und demokratischen Entwicklung in diesen Ländern.

Darüber hinaus wird sich mit der Erweiterung der EU-Mitgliedschaft nach Osten und Süden auch das Eigeninteresse der EU-Staaten an der Verteidigung des Friedens und der internationalen Sicherheit auf dem Balkan wesentlich verstärken. Die gemeinsame Verteidigungspolitik und Verteidigung der EU/WEU-Staaten steht vor der Herausforderung, unter Nutzung und zur Stärkung des transatlantischen Bündnisses die eigenen Verteidigungsinteressen im gemeinsamen Sicherheitsraum Europa durch

30 Vgl. Robert *Cooper*/Mats *Berdal*, Outside Intervention in Ethnic Conflicts, in: *Survival*, Nr. 1, Frühjahr 1993, S. 118-141.

den Erwerb der Fähigkeit zu wahren, erforderliche Verteidigungsmaßnahmen im Verbund selbst vorzubereiten, zu gestalten und durchzuführen.[31]

Sowohl für die bilaterale wie für die multilaterale Außenpolitik wird es zur Abwendung der Gefahren durch Nationalitätenkonflikte darauf ankommen, den Balkanstaaten laufend – besonders aber im Vorfeld wichtiger innen- und verfassungspolitischer Entscheidungen – durch Informationen, Vorschläge und Vermittlung Beistand zu ihren Bemühungen um Reform und inneren Frieden zu leisten. Nur die kontinuierliche und partnerschaftliche Befassung mit der Entwicklung in diesen Staaten kann rechtzeitig Hinweise auf drohende Zuspitzungen liefern und wirksame politische Unterstützung bei ihrer Bewältigung ermöglichen. Eine wichtige Rolle kommt dabei den Missionen der OSZE in Krisengebieten und dem Hohen Kommissar für Nationale Minderheiten zu.[32]

Das wichtigste (und noch nicht hinreichend nutzbar gemachte) Mittel zur Einflußnahme auf die künftige Entwicklung auf dem Balkan liegt jedoch in Maßnahmen zur wirtschaftlichen und gesellschaftlichen Stabilisierung. Ihre wichtigste Institution ist die Europäische Union. In der gegenwärtigen Übergangs- und Anpassungsphase bedürfen die politischen Strukturen junger Demokratien der Bereitstellung möglichst stabiler und förderlicher Rahmenbedingungen von außen, um dem Wandel im Inneren die Chance zur eigenen Entfaltung und Konsolidierung zu geben. Sowohl der tiefgreifende gesellschaftliche Orientierungsverlust als auch die zeitweilige Schwächung der Volkswirtschaften konfrontieren die Regierungen und Verfassungsordnungen dieser Länder mit kaum überwindbaren Schwierigkeiten, wenn ihnen nicht eine glaubwürdige »Perspektive der Hoffnung« angeboten wird.[33] Die Abhängigkeit von stetigem äußerem Kapitalzufluß macht diese Länder zudem – wie in der Zwischenkriegszeit schmerzlich erlebt – besonders anfällig gegen mögliche krisenhafte Verwerfungen im internationalen Wirtschafts-, Währungs- und Finanzgefüge. Sie sind daher angewiesen auf eine Weltwirtschaftspolitik, die auch im Bewußtsein dieser Verantwortung betrieben wird.

Durch Unterstützung der Reformen, Marktöffnung und Einbindung in europäische Netze kann der in der EU organisierte, vergleichsweise wohlhabende Teil Europas einen wichtigen Beitrag dazu leisten, die politischen, rechtlichen und wirtschaftlichen Rahmenbedingungen für eine stetige, zunehmend selbsttragende Entwicklung auch auf dem Balkan zu schaffen. Unter solchen Umständen können Chancen zur

31 Vgl. die grundlegende Studie: Laurence *Martin*/John *Roper* (Hrsg.), Towards a Common Defence Policy, Paris 1995.

32 Vgl. Rob *Zaagman*, Minority Questions, Human Rights and Regional Instability: The Prevention of Conflict, in: Robert L. *Pfaltzgraff*, Jr./Richard H. *Schultz*, Jr. (Hrsg.), Ethnic Conflict and Regional Instability, Washington, D.C. 1994, S. 217-227.

33 Bronislaw *Geremek*, Europäische Integration und Zerfall des Kommunismus, in: Hans *d'Orville* (Hrsg.), Perspectives of Global Responsibility. In Honor of Helmut Schmidt on the Occasion of his 75th Birthday, New York 1993, S. 120-127; vgl. auch Elena *Zamfirescu*, »The Flight From the Balkans«, in: *Südosteuropa*, Nr. 1-2/1995, S. 51-62. Empirische Untersuchungen bestätigen die hohe Bedeutung des »Faktors Hoffnung«: vgl. Krzysztof *Zagórski*, Hope Factor, Inequality, and the Legitimacy of Systemic Transformations. The Case of Poland, in: *Communist and Post-Communist* Studies, Nr. 4, 1994, S. 357-376.

allmählichen Entschärfung von Nationalitätenproblemen wesentlich leichter genutzt werden als in einer Atmosphäre der Ausgrenzung, Perspektivlosigkeit und Armut. In einem Umfeld wirtschaftlicher und individueller Entfaltungsmöglichkeiten ist es eher möglich, alle an potentiellen Nationalitätenkonflikten Beteiligten davon zu überzeugen, daß friedliche Gemeinsamkeit ihrem Interesse mehr dient als Gewalt.

Letztlich stellt eine derartige Politik der Aufnahme des Balkans nach Europa die Weiterführung jener »Großen Strategie« zur Überwindung des Ost-West-Konflikts durch allmählichen, aber stetigen gesellschaftlichen Wandel fort, die zur Zeit des Harmel-Berichts in den sechziger Jahren zur Grundlage gemeinsamer Politik westlicher Demokratien wurde, mit dem erklärten langfristigen Ziel des Zusammenwachsens einer »erweiterten Gemeinschaft der entwickelten Völker«.[34] Gerade der heute erkennbare Stabilitätsbedarf auf dem Balkan – wie auch in Osteuropa und im Mittelmeerraum – verdeutlicht, daß sich die entsprechenden Bemühungen der Europäischen Union und der Atlantischen Allianz nicht auf diejenigen Staaten beschränken dürfen, die Aussicht auf Mitgliedschaft in der EU haben. Nur ein gezieltes und multilateral koordiniertes Wiederaufbauprogramm für die Länder des Balkans eröffnet die Chance, daß diese Region nicht auf Dauer das Pulverfaß Europas bleibt. Andererseits bedarf eine den ganzen Kontinent erfassende, im Kern sicherheitspolitisch motivierte Stabilisierungspolitik in erheblichem Maß der Mobilisierung zusätzlicher politischer Führungskraft in westlichen Demokratien, da sonst ihre hohen Kosten nach innen kaum rechtfertigbar sein werden.

Zu den Hauptaufgaben gemeinsamer europäischer Politik der EU auf dem Balkan gehört es immer wieder, glaubwürdig die eigenen Zielsetzungen und Handlungskriterien zu vermitteln. Die eigene historische Erfahrung, propagandistisch bedingte Fehlperzeptionen sowie vor allem die mehr als ein halbes Jahrhundert währende Abkoppelung der Region von der Entwicklung der westlichen Demokratien machen es aus Sicht von Beobachtern in den Balkanstaaten alles andere als selbstverständlich, daß Deutschland, Frankreich und Großbritannien auf dem Balkan gemeinsame Ziele verfolgen, in der Regel Seite an Seite mit den USA und nach Möglichkeit auch Rußland.[35] Es erscheint vielen auch schwer begreiflich, warum Westeuropa seinen Reichtum mit dem Balkan teilen und dabei eigene Arbeitsplätze aufs Spiel setzen sollte. Die grundlegend veränderten Spielregeln der internationalen Politik in einer einerseits von Nuklearwaffen und andererseits von mannigfachen transnationalen – der Regierungskontrolle längst entwachsenen – Verflechtungen geprägten Welt werden noch nicht hinreichend mitvollzogen.

Nur wenn die feste Verbundenheit europäischer Politik deutlich wird – getragen vom gemeinsamen, untrennbar verknüpften Interesse an Sicherheit und der Erhaltung der Bestandsvoraussetzungen für Freiheit und Wohlstand – kann das notwendige

34 Pierre *Hassner*, Change and Security in Europe. Part I: The Background (Adelphi Papers, Nr. 45), London 1968, S. 15.

35 Vgl. z.B. als aufschlußreiche Studie über die Gedankenwelt der Streitkräfteführung Serbiens/Montenegros: Anton *Zabkar*, Analyses of the Conflict in Former Yugoslavia (Studies and Reports, Nr. 2/94), Wien 1994, S. 22-42.

Maß an Berechenbarkeit der Rahmenbedingungen entstehen, das Zweifler an den Perspektiven einer kooperativen und integrativen Politik in den Balkanstaaten widerlegt und atavistische Rückfälle verhindert. Die Vermittlung dieses europäischen Politikverständnisses – in all seinen pluralistischen Varianten – stellt ein wichtiges Teilstück der wesentlich weiter gesteckten Aufgabe dar, zur Überwindung des kulturellen Vakuums beizutragen, das in vielen Teilen Osteuropas und des Balkans empfunden wird. Europäische Medien, vor allem im Bereich von Rundfunk und Fernsehen, fehlen gerade auf dem Balkan als wertvolle Alternative zu den häufig einseitig, verzerrend und polarisierend wirkenden lokalen Medien.

Deutsche und europäische Politik darf – im eigenen Interesse – den Balkan nicht mit seinen Problemen alleine lassen. Die Aufgaben, die sich dort stellen, sind jedoch im Westen bislang kaum verstanden, und Strukturen zu ihrer Bewältigung fehlen in vieler Hinsicht. Zielsetzungen und Interessen müssen erarbeitet und artikuliert sowie mit den Einwirkungsmöglichkeiten sachgerecht verknüpft werden.

Bei allem wird viel Geduld und Toleranz für die politischen Eigenarten der Region erforderlich sein. Grundlegend ist die Einsicht, daß es in allererster Linie die Länder und Menschen auf dem Balkan selbst sind, die den Wandel zu einer gesicherten Ordnung in ihrer Region wünschen. Offene Kommunikation, Vertrauensbildung, gleichberechtigte Partizipation und verläßliche Integration sind die Rezepte, die sowohl auf der internationalen Ebene als auch im innerstaatlichen Verhältnis zwischen den Nationalitäten weiterführen können.

FREMDE NACHBARN: DER NAHE UND MITTLERE OSTEN

Gudrun Krämer

Das Dilemma deutscher Nahostpolitik

Die deutsche Haltung gegenüber dem Nahen und Mittleren Osten ist oft und heftig kritisiert worden: Von erschreckender Konzeptionslosigkeit war dabei die Rede und vom Fehlen jeglicher Vision, von bloßem »Durchwursteln«, das wirtschaftliche Beziehungen pflege, Konflikte aber meide und im eigentlichen Sinne keine Politik mache.[1] Die Bundesrepublik profitiere von einer Ordnung, die andere schafften und garantierten,[2] und sie verstecke sich hinter internationalen oder supranationalen Einrichtungen wie der Europäischen Politischen Zusammenarbeit, um ihre Konzept- und Initiativlosigkeit zu verbergen.[3] Aber auch eine kohärente europäische Position sei nicht zu erkennen, nicht einmal überzeugende einzelstaatliche Orientierungen und Maßnahmen, die über eine minimale Schadensbegrenzung hinausreichten.[4]

Der Kurs des »benign neglect«, der wohlwollenden Vernachlässigung, läßt sich in den neunziger Jahren nicht länger fortsetzen. Das vereinte Deutschland steht unter verstärktem Druck, seiner gewachsenen »internationalen Verantwortung« gerecht zu werden – einer Verantwortung, deren Instrumente und Ziele allerdings zu bestimmen bleiben. Gerade in Nah- und Mittelost herrschen hohe, vielfach auch unrealistische Erwartungen an deutsche Politik: Deutschland wird als kommende Großmacht gesehen, die innerhalb der Europäischen Union und der Vereinten Nationen ihren Einfluß zur Geltung bringen kann, und zwar nicht zuletzt als Gegengewicht zu anderen, bislang tonangebenden Mächten – den USA im arabisch-israelischen Umfeld und am Golf, Frankreich im Maghreb. Tatsächlich eröffnet der Friedensprozeß zwischen Israel und seinen arabischen Nachbarn die Möglichkeit, dem klassischen Dilemma deutscher Nahostpolitik zu entrinnen und die Spannung zwischen den wirtschaftlichen Interessen, die intakte Beziehungen zur arabisch-islamischen Welt voraussetzen,

1 Vgl. Thomas *Risse-Kappen*, Muddling through mined territory: German foreign-policy making and the Middle East, in: Shahram *Chubin* (Hrsg.), Germany and the Middle East, London 1992, S. 177-194. Den Stand der Beziehungen zu Beginn der neunziger Jahre dokumentiert Petra *Heinen*, Die Außenpolitik der Bundesrepublik im Nahen Osten seit der Wiedervereinigung (unveröffentlichtes Manuskript, Stiftung Wissenschaft und Politik), Ebenhausen.

2 Vgl. Josef *Joffe*, Reflections on German policy in the Middle East, in: *Chubin*, a.a.O. (Anm. 1), S. 195-209; hier S. 205.

3 Vgl. z.B. Martin *Weiss*, Anmerkungen zur Konzeptionslosigkeit der Nahostpolitik im Deutschen Bundestag, in: *asien, afrika, lateinamerika*, Nr. 2, 1991, S. 275-281; hier S. 279.

4 Vgl. Ghassan *Salamé*, Torn between the Atlantic and the Mediterranean: Europe and the Middle East in the Post-Cold-War Era, in: *The Middle East Journal* (*MEJ*), Nr. 2, 1994, S. 226-249. Zur europäischen Politik ferner Gerd *Nonnemann* (Hrsg.), The Middle East and Europe. An Integrated Communities Approach, London 1992; Bichara *Khader*, L'Europe et le Monde Arabe: cousins, voisins, Paris/Ottignies 1992.

und der Belastung durch das Erbe des Dritten Reiches, das besondere Beziehungen zu Israel erfordert, aufzuheben.[5] Dabei zeigte sich die ungleich größere Nähe zu Israel in einem Netz gesellschaftlich-politischer Kontakte, wie sie in vergleichbarer Weise zu keinem arabischen oder muslimischen Land bestehen. Dies konnte auch die deklarierte »Ausgewogenheit« deutscher Nahostpolitik nicht verbergen. Dennoch florierten, ganz im Sinne des »trade and aid«, die Wirtschaftsbeziehungen auch zu solchen arabisch-muslimischen Ländern, zu denen die politischen Beziehungen weder sonderlich eng waren (Golfemirate, Algerien) noch besonders gut (Libyen).

Mit den genannten Erwartungen sind auch die Schwierigkeiten deutscher Nahostpolitik bereits umrissen: Einerseits soll es keine deutschen Alleingänge geben, die alte Ängste vor einer deutschen Hegemonie wecken oder bestärken und übergeordnete Bündnisinteressen stören oder gar gefährden könnten. Zugleich wird aber – ungeachtet der Betonung »globaler Herausforderungen« in der »postnationalen« Ära – im eigenen Land der Ruf immer lauter, die spezifisch deutschen Interessen gegenüber der Region zu definieren und in die europäische Politik und die Vereinten Nationen einzubringen. Daß diese sich mit europäischen Interessen decken (oder auch jenen Frankreichs, Großbritanniens, Spaniens oder Italiens) und Übereinstimmung mit den USA zu erzielen ist, scheint keineswegs von vornherein ausgemacht.

Deutsche Interessen im Nahen und Mittleren Osten

Der Nahe und Mittlere Osten – womit im folgenden das Gebiet von Marokko bis Iran bezeichnet werden soll – ist die einzige Europa unmittelbar benachbarte Drittweltregion. Positive wie negative Entwicklungen dort strahlen unweigerlich auf Europa und damit direkt oder indirekt auch auf Deutschland aus. Das deutsche Interesse an der Region ist daher rasch, aber unbefriedigend vage umschrieben: Es lautet Stabilität und Ordnung als Grundvoraussetzungen einer regionalen Entwicklung, die deutsche und europäische Sicherheit (im weiten und keineswegs nur militärischen Sinn) nicht gefährdet, indem sie namentlich eine reibungslose Rohstoffversorgung, gute Exportmöglichkeiten und stabile Märkte sichert. Das Übergreifen regionaler Spannungen und Krisen gilt es zu verhindern. Dabei sind die wirtschaftlichen Interessen Deutschlands in Nah- und Mittelost begrenzt und von abnehmender Bedeutung: Sie bestehen in erster Linie in der Verfügbarkeit von Erdöl und Erdgas, die seit den achtziger Jahren durch Veränderungen des internationalen Energiemarktes weitgehend ungefährdet erscheint, wodurch sich auch die Anfälligkeit für regionale Krisen vermindert hat. Hinzu kommt die Bedeutung der Region als Absatzmarkt deutscher Waren und Güter. Zu Beginn der neunziger Jahre lag der Mittlere Osten einschließlich der Türkei bei einem Anteil von rund 4 Prozent des Außenhandels der Europäischen

5 Zum folgenden *Risse-Kappen*, a.a.O. (Anm. 1), S. 177-184; weiterführend auch Peter *Hünseler*, Die außenpolitischen Beziehungen der Bundesrepublik Deutschland zu den arabischen Staaten von 1949-1980, Frankfurt 1990; vgl. ebenso Wolfgang *Schwanitz* (Hrsg.), Jenseits der Legende: Juden, Araber, Deutsche, Berlin 1994.

Union (EU) in etwa gleichauf mit Osteuropa; die deutsche Investitionstätigkeit hingegen nahm, bedingt durch politische Instabilität in der Region und die größere Attraktivität anderer Märkte, stetig ab.[6]

Angesichts der begrenzten wirtschaftlichen Interessen gilt das Hauptaugenmerk regionalen »Herausforderungen« politisch-gesellschaftlicher, begrenzt auch ökologischer Natur. Der Nahe und Mittlere Osten wird weithin als Quelle von Bedrohungen wahrgenommen. Begriffe wie »Krisenbogen«, »Krisengürtel«, »Verwerfungszone der Weltpolitik« sprechen eine deutliche Sprache. Die Art der wahrgenommenen Bedrohung hat sich über die Jahre allerdings gewandelt: An die Stelle der Themen Energieversorgung (die sogenannte Ölwaffe), radikaler (vor allem palästinensischer) Nationalismus und politischer Terrorismus traten in den achtziger Jahren der islamische Fundamentalismus, wenn nicht der Islam schlechthin, die »Bevölkerungsbombe«, Massenmigration und Umweltschäden – Themen, die zugleich auch die klassischen Grenzen zwischen Außen- und Innenpolitik verwischten. Die rund 1,7 Millionen Türken, Kurden und Iraner, die Anfang der neunziger Jahre als Gastarbeiter, Flüchtlinge oder Asylbewerber in Deutschland lebten, machten die Probleme ihrer Heimatländer zunehmend zum Thema deutscher Innenpolitik.[7] Für die europäischen Mittelmeeranrainer mit ihrem hohen Anteil muslimisch-arabischer Bürger, Gastarbeiter und Flüchtlinge galt dies schon seit Jahren.

Für die Bundesrepublik wie ihre europäischen Nachbarn stellen sich als vorrangige Aufgaben die dauerhafte Beilegung des arabisch-israelischen Konflikts und die Förderung regionaler Zusammenarbeit, die Milderung des Wassermangels als eine mögliche Quelle neuer regionaler Spannungen, Bevölkerungswachstum, Migration und der Umgang mit dem Islam. Das Kurdenproblem besitzt für die Bundesrepublik größere Relevanz als für die europäischen Mittelmeeranrainer, die in erster Linie die Entwicklung im Maghreb interessiert. Hinzu kommt als weiteres gemeinsames Anliegen der Schutz der Menschenrechte und die Förderung liberal-demokratischer Werte und Strukturen generell, die die politischen Rahmenbedingungen für wirtschaftliche und gesellschaftliche Entwicklung verbessern, die Eskalation von Verteilungskonflikten gleich welcher Art verhindern und der weiteren Ausbreitung eines militanten Fundamentalismus vorbeugen sollen.

---

6 Ausführlicher hierzu Hanns W. *Maull*, Economic relations with the Middle East: weights and dimensions, in: *Chubin*, a.a.O. (Anm. 1), S. 113-135; vgl. ebenso *Heinen*, a.a.O. (Anm. 1). An der Spitze der nahöstlichen Energielieferanten stand zu Beginn der neunziger Jahre Libyen, gefolgt von Saudi-Arabien, Algerien, Syrien und Jemen; wichtigster Absatzmarkt deutscher Güter war Iran. Zu Europa insgesamt vgl. Rodney *Wilson*, The Economic Relations of the Middle East: Toward Europe or within the Region?, in: *MEJ*, Nr. 2, 1994, S. 268-287.

7 Vgl. u. a. Muhammad Salim *Abdullah*, Was will der Islam in Deutschland?, Gütersloh 1993.

Problemfelder statt »Krisenbogen«

Die Vorstellung von einem »islamischen Krisenbogen«, der sich von Marokko bis nach Zentralasien spannt, ist weit verbreitet.[8] Als einheitsstiftendes Moment tritt dabei die Religionszugehörigkeit der Bevölkerungsmehrheit auf – unabhängig davon, inwieweit die Religion Struktur und Entwicklung der einzelnen Gesellschaften tatsächlich prägt. Unter dem Gesichtspunkt praktischer Politik ist der Raum in Subregionen je eigenen Profils zu untergliedern, die zwar in variabler Weise miteinander vernetzt sind oder sein können, die aber je eigene Herausforderungen an deutsche und europäische Politik stellen.

Die Konfliktregion um Israel

Die Konfliktregion um Israel hat die allgemeine Aufmerksamkeit über Jahrzehnte am meisten beansprucht und westliche Vorstellungen von der Region und den in ihr wirkenden Kräften am stärksten beeinflußt. Über das engere Umfeld hinaus strahlte der Nahostkonflikt in die gesamte arabische und darüber hinaus auch in Teile der islamischen Welt aus. Die Golfkrise von 1990/91 bewies einmal mehr, wie leicht er sich für die jeweiligen Ziele und Interessen regionaler Akteure benutzen ließ. Diese Bedeutung für die innere und regionale Legitimation arabischer Regime und Bewegungen dürfte er jedoch, sollte es zu einer für die arabische Seite tragbaren, dauerhaften Regelung kommen, schrittweise verlieren. Das Ende des Ost-West-Konflikts und die Niederlage des Irak im Golfkrieg von 1991 bahnten den Weg zu einer Verhandlungslösung.[9] Syrien – durch den Wegfall sowjetischer Hilfe geschwächt, zugleich jedoch durch die Niederlage des irakischen Rivalen entlastet – gab seinen Konfrontationskurs auf und erleichterte damit den Palästinensern und Jordanien den Weg an den Verhandlungstisch. Die Palästinenser der besetzten Gebiete hatten sich bereits im Zug der 1987 eingeleiteten Intifada von arabischen Kontrollansprüchen emanzipiert, ihre Position 1990/91 durch die Solidarisierung mit Saddam *Hussein* jedoch verschlechtert. Jordanien konnte auf Grund wirtschaftlicher Schwäche und äußerer Verwundbarkeit keine ungeschützten Vorstöße wagen.[10]

---

8 Kritisch hierzu auch E.G.H. *Joffé*, Relations between the Middle East and the West, in: *MEJ*, Nr. 2, 1994, S. 250-267; mit anderen Akzenten Udo *Steinbach*, Der Islam im Nahen Osten (Informationen zur politischen Bildung 238), Bonn 1993.

9 Vgl. hierzu Udo *Steinbach*, Das Gaza-Jericho-Abkommen, Wegmarke im Friedensprozeß, in: *Aus Politik und Zeitgeschichte*, B 21-22/94, 27.5.1994, S. 3-14; Aziz *Alkazaz*, Ökonomische Aspekte des Nahost-Friedensprozesses, in: ebd., S. 15-20; Andreas *Rieck*, Syrien, der Libanon und Jordanien im Nahost-Friedensprozeß, in: ebd., S. 21-27, Thomas *Krapf*, Israel zwischen Krieg und Frieden, in: ebd., S. 29-37. Ferner Ghassan *Salamé* (Hrsg.), Proche-Orient. Les exigences de la paix, Paris 1994; zu den ökonomischen Perspektiven vgl. Stanley *Fischer* et al., Securing Peace in the Middle East. Project on Economic Transition, Cambridge, Mass./London 1994.

10 Vgl. Philip *Mattar*, The PLO and the Gulf Crisis, in: *MEJ*, Nr. 1, 1994, S. 31-46. Zu Jordanien vgl. *Krämer*, Jordanien zwischen Friedensprozeß und Demokratisierung (vervielfältigtes Manuskript, SWP-AP 2841), Ebenhausen Mai 1994.

Die israelisch-palästinensische Grundsatzerklärung vom 13. September 1993, mit der Israel die Palästinensische Befreiungsorganisation (PLO) als Vertreterin der Palästinenser anerkannte und die PLO das Existenzrecht Israels, bedeutete den Durchbruch. Sie bestätigte zugleich den Trend zu bilateralem Handeln, der die regionale Politik insgesamt kennzeichnet: Denn während Bedrohungs- und Konfliktszenarien mehrheitlich von dem *worst case* der Konfrontation zwischen Israel und allen bzw. einer breiten Koalition arabischer Staaten ausgingen, gab es seit den Waffenstillstandsverträgen von 1949, den Entflechtungsabkommen der siebziger Jahre und dem Rahmenabkommen von Camp David informelle Absprachen und förmliche Abmachungen mit Israel nur auf bilateraler Ebene. Schließlich, auch das verdient festgehalten zu werden, kam die Grundsatzerklärung nicht unter amerikanischem Druck zustande, wobei die norwegische Vermittlung die Wirkungsmöglichkeiten neutraler Dritter eindrucksvoll unterstreicht. Sie entsprang vielmehr der Einsicht der Konfliktparteien selbst, daß die Politik der Konfrontation und Nichtanerkennung ihren vitalen Interessen nicht länger entsprach. Die Tendenz zu pragmatischem Realismus gilt es nun auf andere Konfliktfelder, etwa auf das iranisch-arabische Verhältnis und Themen wie Wasser, Sicherheit, Umwelt, auszuweiten.

Der Friedensprozeß verändert selbstverständlich auch die Rahmenbedingungen deutscher Nahostpolitik. Dabei dürften die besonderen Beziehungen zu Israel erhalten bleiben, nicht nur wegen der deutschen Schuld, die durch einen aufkeimenden Rechtsnationalismus neu akzentuiert wird, sondern auch auf Grund kultureller und politischer Gemeinsamkeiten. Die Zusammenarbeit auf ökonomischem und technologischem Gebiet – Deutschland ist nach den USA zweitwichtigster Handelspartner Israels – wird vertieft. Die entscheidende Neuerung betrifft die Beziehungen zur PLO, wo die traditionelle Zurückhaltung schrittweise korrigiert wurde, kulminierend im Besuch Yasser *Arafats* in Bonn im Dezember 1993. Die Einrichtung eines deutschen Koordinationsbüros in Jericho Ende August 1994 bekräftigte die Bereitschaft zu technischer und finanzieller Hilfe für das palästinensische Autonomiegebiet. Ist der Friedensprozeß erst einmal gefestigt, dürften sich die Zuwendungen an Israels Nachbarn, namentlich Ägypten und Jordanien, wie an Israel selbst, die ihnen vorrangig unter politischen Gesichtspunkten gewährt wurden, jedoch reduzieren. Das wird für die deutsche Entwicklungszusammenarbeit spürbare Auswirkungen haben und in den Empfängerländern den Druck verstärken, Probleme aus eigener Kraft und mit eigenen Mitteln zu bewältigen. Für die unmittelbare Zukunft lauten die wichtigsten Themen deutscher Nahostpolitik jedoch weiterhin: Sicherung der Existenz Israels wie auch seiner Nachbarn durch Förderung regionaler Zusammenarbeit, religiös geprägter politischer Extremismus auf muslimischer wie auf jüdischer Seite, Wasserproblematik, Rüstungskontrolle und -abbau.

Die Golfregion

Die Golfregion bildet auf Grund ihrer Ölreserven und der ungelösten Konflikte lokaler Mächte eine weitere Subregion überregionaler Bedeutung. Bestehende Grenz- und Hegemonialkonflikte zwischen dem Irak, Iran und den Staaten der Arabischen Halbinsel berühren die Bundesrepublik allerdings nur unter der Voraussetzung, daß sie die Ölzufuhr ernsthaft gefährden, die Rüstungsproliferation anheizen oder nach Europa gerichtete Wanderungsbewegungen auslösen. Letzteres ist für die unmittelbare Zukunft nicht zu erwarten. Eigene Wirtschaftsinteressen und die sicherheitspolitische Abhängigkeit von westlichem Schutz dürften die Staaten des Golf-Kooperationsrats (GCC) davon abhalten, eine den Interessen der westlichen Industriestaaten zuwiderlaufende Ölpreis- und Förderpolitik zu verfolgen. Im Mittelpunkt deutscher Aufmerksamkeit stehen bis auf weiteres die Regionalmächte Iran und Irak, die Rolle des politischen Islam, Rüstungsproliferation und in gewissem Umfang auch Umweltfragen.

Der Golfkrieg konnte die Herrschaft Saddam *Husseins* im Irak nicht beenden, der im Verlauf der achtziger Jahre eine dominierende Rolle im regionalen Machtgefüge eingenommen hatte. Alle Nachbarregime hatten und haben ein Interesse an der Schwächung seiner militärischen Macht, nicht jedoch an seiner Zerstörung, und sei es nur, weil sie dadurch eine Stärkung ihrer Konkurrenten und unliebsame Auswirkungen auf unzufriedene Gruppen der eigenen Bevölkerung befürchten.

Dies wirkte unmittelbar auf die Kurdenfrage zurück, wo die westlichen Mächte eine widersprüchliche Politik verfolgten und nach wie vor verfolgen: Schutz für die Kurden im Nordirak, aber größte Zurückhaltung gegenüber der Türkei, die grundlegende Rechte der Kurden mißachtet. Die Glaubwürdigkeit westlicher und deutscher Politik bleibt aber nur gewahrt, wenn hier mit einerlei Maß gemessen wird. Die instabile Lage im Irak erhält die Bedrohungsgefühle seiner Nachbarn aufrecht. Die Gegenmaßnahmen der GCC-Staaten bergen allerdings ihrerseits erhebliche Risiken: Der Abbau des Ausländeranteils an der eigenen Bevölkerung, der vor allem arabische Arbeitskräfte trifft (Palästinenser, Jemeniten, Jordanier), belastet das Verhältnis zu deren Heimatländern und verschärft deren innere Probleme. Sicherheitspolitische Absprachen mit westlichen Schutzmächten zu Lasten regionaler Zusammenarbeit bringen weitere Unruhe in das regionale Gefüge und belasten das Verhältnis zu Iran, ohne den eine stabile Ordnung am Golf jedoch nicht denkbar ist. Die massive Aufrüstung der arabischen Golfstaaten durch westliche Staaten, an erster Stelle die USA, schließlich widerspricht in eklatanter Weise dem Ziel des regionalen Rüstungsabbaus.

Die innere Ordnung Irans erscheint 15 Jahre nach der islamischen Revolution keineswegs gefestigt. Die Doppelgleisigkeit der iranischen Außenpolitik, die diplomatische Kontakte mit revolutionären Aufrufen verbindet, läßt auf interne Auseinandersetzungen schließen.[11] Auch die vor allem mit russischer Hilfe vorangetriebene

11 Zum folgenden vgl. Fred *Halliday*, An Elusive Normalization: Western Europe and the Iranian Revolution, in: *MEJ*, Nr. 2, 1994, S. 309-326; hier S. 311; *Joffé*, a.a.O. (Anm. 8), S. 254-256.

Aufrüstung wird primär mit innenpolitischen Differenzen erklärt. Am klarsten ist der iranische Kurs noch am Golf, wo das Ziel lautet, den Irak dauerhaft einzudämmen und raumfremde Mächte fernzuhalten, die eigene Sicherheitsinteressen oder Machtansprüche gefährden könnten. Der Revolutionsexport wurde unter dem Druck der Verhältnisse weitgehend aufgegeben, nicht hingegen die Unterstützung für schiitische Oppositionsgruppen wie die libanesische Hisbollah und andere Gegner des arabisch-israelischen Friedensprozesses sowie islamische Regime und Bewegungen von Sudan und Algerien bis Afghanistan und Tadschikistan. Im arabisch-israelischen Umfeld wie in den »islamischen« Republiken Zentralasiens zeigten sich aber auch die Grenzen iranischer Einflußnahme. Kaum einzuschätzen sind die Gefährdungen von innen: wirtschaftliche Defizite, Bevölkerungswachstum, ethnischer Separatismus. Für die deutsche Politik stellen sich angesichts andauernder Menschenrechtsverletzungen in bezug auf Iran ähnliche Fragen wie etwa gegenüber China. Weder Einbindung noch Ausgrenzung lassen kurzfristig größere Wirkung erwarten.

Zentralasien und Kaukasus

Nach der Auflösung der Sowjetunion haben sich neue Verbindungen zwischen der Nahost- und Golfregion sowie den überwiegend muslimischen ehemaligen Sowjetrepubliken in Zentralasien und dem Kaukasus gebildet. Dabei ist durchaus offen, wie stark hier die Bindekraft des Islam ist. Größere Beachtung als das mögliche Erstarken eines islamischen Fundamentalismus verdienen ohne Zweifel die zwischen- und innerstaatlichen Konflikte der noch ungefestigten Republiken, die Gefahren nuklearer Proliferation und die Umweltproblematik.

Die Türkei

Im Zusammenhang mit der möglichen (jedoch vielfach überschätzten) Einflußnahme Irans in Zentralasien ist auch die künftige Rolle der Türkei zu sehen. Zwar verringerte sich die strategische Bedeutung des NATO-Partners Türkei mit dem Zusammenbruch der Sowjetunion zunächst. Zur gleichen Zeit wuchs ihr jedoch in drei konfliktträchtigen Regionen neues Gewicht zu: Neben Zentralasien und dem Kaukasus[12] sind dies der Balkan und das Schwarze Meer sowie der muslimische Nahe und Mittlere Osten. Lange Zeit hatte die islamische Option immer dann an Bedeutung gewonnen, wenn sich die Aussichten auf eine Eingliederung der Türkei in Europa verschlechterten. Dies muß nicht so bleiben. Um so drängender stellt sich die Frage nach der politischen Stabilität und außenpolitischen Orientierung des Landes im Falle eines weiteren Erstarkens islamischer Kräfte, die hier eine Korrektur vornehmen könnten, und der Fortdauer des Kurdenproblems, das zusehends in die deutsche Innenpolitik hineinspielt und zugleich das Verhältnis der Türkei zu den arabischen

12 Vgl. hier Philip *Robins*, Between Sentiment and Self-Interest: Turkey's Policy toward Azerbaijan and the Central Asian States, in: *MEJ*, Nr. 4, 1993, S. 593-610.

Nachbarn sowie Iran mitbeeinflußt. Zu beachten ist schließlich die Wasserproblematik im Verhältnis zu Syrien und Irak.

Der Maghreb

Die Maghreb-Staaten, lange gewissermaßen durch Frankreich monopolisiert und abgeschirmt, rücken neu ins Blickfeld deutscher Politik, in der die mediterrane Komponente europäischer Identität bislang eine untergeordnete Rolle spielte. Für den Maghreb, dessen Exporte zu 75 Prozent in die Europäische Union gehen, ist die Schaffung des europäischen Marktes, der eine unbehinderte Einfuhr von Industrie-, aber nur begrenzte Einfuhren von landwirtschaftlichen Gütern vorsieht, eher von Nachteil; zumindest aber erlaubt er Europa, noch größeren Druck auf die südlichen Mittelmeeranrainer auszuüben.[13] Zugleich wächst ihre energiepolitische Bedeutung mit dem Ausbau der Gasleitung von Algerien nach Spanien. Der Massentourismus europäischer Urlauber und die Massenmigration maghrebinischer Arbeitskräfte schaffen auf unterschiedlichen Ebenen einen regen Bevölkerungsaustausch. Nicht zuletzt aus diesem Grund wird der Maghreb mittlerweile als Gefahrenherd erster Ordnung wahrgenommen, der die innere Sicherheit vor allem der europäischen Mittelmeeranrainer tangiert, indem er die Trennung von Innen- und Außenpolitik durchbricht: Im Mittelpunkt steht das Thema Migration, die gefördert wird durch hohes Bevölkerungswachstum, politische Instabilität und einen zum Teil militanten Islamismus.[14]

Konfliktbewältigung im Nahen und Mittleren Osten

Seit den Umbrüchen der Jahre 1989 bis 1991 werden die Beziehungen und Spannungen der regionalen Einzelstaaten nicht länger durch den arabisch-israelischen Konflikt oder den Ost-West-Gegensatz verdeckt. Schon zuvor bestand eine innerarabische Rivalität, die prinzipiell unabhängig vom Palästina-Konflikt war, wie etwa das syrisch-irakische Verhältnis zeigt. Die Konflikt- und Bündnislinien liefen unter immer neuen politischen Vorzeichen quer durch das sogenannte arabische Lager. Daß die Vereinigten Staaten nach dem Zusammenbruch der Sowjetunion als alleinige Supermacht übrigblieben, sehen viele lokale Akteure mit Sorge.[15] Es nimmt ihnen die Möglichkeit, die Rivalität der Supermächte so wirksam zur Durchsetzung eigener Interessen zu nutzen, wie sie das bislang vermocht hatten. Zugleich erweitert es tendenziell aber ihren Handlungsspielraum, indem sie nicht länger als Stellvertreter,

13 Vgl. *Wilson*, a.a.O. (Anm. 6), passim; *Joffé*, a.a.O. (Anm. 8), S. 261-263.
14 Vgl. u. a. Margaret *Blunden*, Insecurity on Europe's Southern Flank, in: *Survival*, Nr. 2, 1994, S. 134-148.
15 Vgl. Le nouvel ordre régional au Moyen-Orient, in: *Monde arabe. Maghreb-Machrek*, Nr. 136, 1992, S. 15-25.

Klient oder Vasall einer der Supermächte gesehen und behandelt werden.[16] Allerdings gilt dies – der Krieg gegen den Irak hat es gezeigt – nur unter der Voraussetzung, daß sie überregionale Interessen (Energieversorgung, Nichtverbreitung von Massenvernichtungswaffen, Existenz und Sicherheit Israels) nicht verletzen.

Auch über eine eventuelle Regelung des arabisch-israelischen Verhältnisses hinaus werden Konflikte zwischen arabischen und nichtarabischen Staaten (Iran, möglicherweise auch Türkei) sowie zwischen einzelnen arabischen Staaten und politischen Bewegungen andauern. Die Auseinandersetzungen zwischen Ägypten und Sudan, Marokko und der Westsahara, Libyen und Tschad bilden nur einige Beispiele; vor allem auf der Arabischen Halbinsel sind zahlreiche Grenzen umstritten. Aber die Differenzen werden nicht notwendigerweise militärisch gelöst. Das gilt insbesondere für ein Thema, das sich neu in den Vordergrund geschoben hat: die *Wasserversorgung*.[17] Im Mittelpunkt stehen wiederum Israel und seine Nachbarn; daneben die Verteilungskonflikte zwischen der Türkei, Syrien und dem Irak sowie den Nil-Anrainerstaaten Ägypten, Sudan und Äthiopien. Weniger Beachtung findet die kritische Versorgungslage auf der Arabischen Halbinsel. Aber die Eskalation hin zur kriegerischen Auseinandersetzung ist in keinem Fall zwangsläufig. Vor allem für Israel und seine arabischen Nachbarn liegt die Lösung in der verbesserten Nutzung der vorhandenen Ressourcen und dem Einsatz kostspieliger und von außen mitzufinanzierender Technologien wie der Meerwasserentsalzung. Hier kann von außen Hilfe geleistet werden, in beachtlichem Umfang geschieht dies auch bereits.

Die Gefahren der *Rüstungsproliferation* bzw. der Überrüstung stehen Mitte der neunziger Jahre weniger im Blickpunkt als zu Zeiten des Ost-West-Konflikts; sie sind aber nicht zu verharmlosen.[18] Hinsichtlich der Einfuhr von Rüstungsgütern, militärisch nutzbarer Technologie und Know-how sowie dem Anteil von Rüstungsausgaben am Bruttoinlandsprodukt und den Staatsausgaben steht eine Reihe mittelöstlicher Staaten weltweit an der Spitze, auch wenn die Angaben über Wert, Volumen und Qualität der Rüstungseinfuhren und -ausgaben vielfach auseinandergehen. Regionale Rüstungsproliferation gefährdet allerdings weniger die deutsche oder europäische Sicherheit, als vielmehr die regionale Ordnung; in einzelnen Fällen (Kurden im Irak und der Türkei) bedrohen sie Teile der eigenen Bevölkerung. Die Tatsache, daß Israel über das volle Spektrum konventioneller und nichtkonventioneller Rüstung zu verfügen scheint, seine Nachbarn hingegen nur über Teilelemente, hat zwar – wie zuletzt gegenüber dem Irak – eine gewisse Abschreckungsfunktion erfüllt. Zugleich aber stärkte es deren Bemühen, sich nicht nur konventionell, sondern auch nichtkonventionell aufzurüsten.

---

16 Zu den Ansätzen vgl. Dieter *Senghaas* (Hrsg.), Regionalkonflikte in der Dritten Welt. Autonomie und Fremdbestimmung, Baden-Baden 1989.

17 Vgl. hierzu Robert *Engelman*/Pamela *LeRoy*, Sustaining Water. Population and the Future of Renewable Water Supplies, Washington 1993; Natasha *Beschorner*, Water and Instability in the Middle East (IISS, Adelphi Papers, Nr. 273), London 1992; vgl. ebenso die Beiträge zum Thema »La question de leau au Moyen-Orient: discours et réalités«, in: *Monde arabe. Maghreb-Machrek*, Nr. 138, 1992.

18 Siehe dazu den Beitrag von Harald *Müller* in diesem Band.

Das quantitative und qualitative Ungleichgewicht zwischen Israel und seinen arabischen Nachbarn erschwert die Bemühungen um eine Begrenzung konventioneller Rüstung und die Einrichtung einer von Massenvernichtungswaffen – weitreichenden ballistischen Raketen, chemischen und biologischen Kampfstoffen sowie Atom- und Wasserstoffbomben – freien Zone. Noch im Januar 1993 verweigerten die arabischen Staaten mit Ausnahme von Saudi-Arabien, Kuwait, Marokko und Tunesien die Unterzeichnung der internationalen Chemiewaffenkonvention, solange Israels Nuklearpotential nicht gleichfalls zum Thema gemacht wird.[19] Im Zuge der multilateralen Verhandlungen zwischen Israel und seinen arabischen Nachbarn zeichnen sich zumindest in diesem Umfeld gewisse Fortschritte ab. Für die Golfregion gilt dies noch nicht. Das Interesse der Bundesrepublik an einer Reduzierung des regionalen Militärpotentials ist offenkundig. Als allerdings begrenzte Einwirkungsmöglichkeit bieten sich die konsequente Beschränkung der eigenen Rüstungsexporte – auch an befreundete Staaten wie die Türkei und Israel – sowie entsprechendes Einwirken auf die Bündnispartner.

Im Zuge des arabisch-israelischen Friedensprozesses steigen die Aussichten auf eine Bewältigung der langfristigen regionalen Probleme: Neben Wasserversorgung, Rüstungskontrolle und Abrüstung sind dies insbesondere regionale Wirtschaftskooperation und -integration sowie Umweltschutz, aber auch politische Liberalisierung, Schutz und Selbstbestimmungsrecht ethnisch-religiöser Minderheiten und Wahrung der Menschenrechte generell. Das Bewußtsein, daß es sich dabei um gemeinsame Aufgaben handelt, ist ohne Zweifel gewachsen. Die Ansätze regionaler Koordination, Kooperation und Konfliktregelung sind allerdings nach wie vor bescheiden; die Krise der Jahre 1990/91 hat es erneut gezeigt. Die Arabische Liga hat bislang geringe Handlungsfähigkeit entwickelt. Unter der Bevölkerung ist das Gefühl arabisch-islamischer Zusammengehörigkeit – auch das hat die Golfkrise bewiesen – keineswegs geschwunden. Insofern ist auch der arabische Nationalismus nicht tot. Aber er hat sich bislang nicht als strukturbildend erwiesen. Der Golf-Kooperationsrat und die Union der Arabischen Maghreb-Staaten, die auf verstärkte wirtschaftliche und politische, im Fall des GCC auch militärische Koordination der Mitgliedstaaten abzielen und nach innen konfliktregelnd wirken sollen, haben bislang wenig politischen Zusammenhalt bewiesen. Die Zusammenschlüsse arabischer Staaten scheiterten ebenso am Selbstbehauptungswillen der Eliten wie locker angelegte, jedoch in erster Linie politisch begründete Bündnisse. Das bedeutet aber auch, daß grundlegende Probleme zwar überstaatlich sein mögen und regionale Initiativen erfordern, die maßgeblichen Akteure jedoch noch immer Einzelstaaten sind, die im allgemeinen ein bilaterales Vorgehen bevorzugen. Umfassende Ansätze der Koordination, etwa in Anlehnung an

---

19 Vgl. hierzu Gerald M. *Steinberg*, Middle East Arms Control and Regional Security, in: *Survival*, Nr. 1, 1994, S. 126-141; hier S. 132; ferner Yahya M. *Sadowski*, Scuds or Butter? The Political Economy of Arms Control in the Middle East (The Brookings Institution), Washington 1993; Anoushiravan *Ehteshami*, Nuclearisation of the Middle East, London 1989; sowie Mahmoud *Karem*, A Nuclear-Weapon-Free Zone in the Middle East, New York 1988.

Prinzipien und Strukturen der früheren KSZE, liegen daher in einiger Ferne; dennoch sind sie anzustreben.

Der Primat der Innenpolitik

In weiten Teilen Afrikas mag ein zentrales Problem im Zerfall jeglicher staatlicher Ordnung liegen, so daß innerhalb allgemeiner Instabilität nur noch Inseln der Verdichtung und der Rechtsstaatlichkeit auszumachen sind. Dies trifft für den Nahen und Mittleren Osten nicht zu; Ausnahmen sind allenfalls temporär (Libanon während des Bürgerkriegs, Algerien nach dem Verfassungsputsch vom Januar 1992). Im Gegenteil: Auch künstlich geschaffene Staaten wie etwa Jordanien oder Libanon haben sich – wenn auch zum Teil unter schwierigsten Bedingungen – über die Jahrzehnte verfestigt. Die Herausforderungen für regionale Stabilität, die auch deutsche Interessen berühren, sind insgesamt weniger zwischenstaatlicher, als vielmehr innerstaatlicher Natur. Im großen und ganzen handelt es sich um vertraute Probleme, die durch die Fixierung auf den Ost-West-Gegensatz und den Nahostkonflikt überdeckt wurden: zum einen Armut und rasche Bevölkerungszunahme, Urbanisierung, Land-, Wasser- und Ressourcenknappheit, Umweltschäden, zum anderen politische Repression, Mißachtung der Menschen- und Minderheitenrechte, Klientelismus und allgegenwärtige Korruption.

Das größte Problem bilden – ungeachtet der neuen Aufmerksamkeit für die Themen Umwelt und Bevölkerungswachstum, und natürlich vielfältig mit jenen verflochten – nach wie vor Armut und die ungleiche Verteilung von Einkommen und Wohlstand. Sie verschärfen sich durch das rasche Bevölkerungswachstum, das in der westlichen Wahrnehmung vielfach die Dimension einer militärischen Bedrohung erlangt hat (»Bevölkerungsbombe«, »Bevölkerungsexplosion«). In Ägypten und den Maghreb-Staaten liegt das Bevölkerungswachstum Mitte der neunziger Jahre bei 2,3 bis 3 Prozent, in Iran bei rund 3 Prozent, in Syrien, Jordanien, Irak und den arabischen Golfstaaten bei 3,5 Prozent und mehr.[20] Die auslösenden Faktoren sind in den Grundzügen bekannt, wenn ihr Zusammenwirken bei näherer Betrachtung auch komplexer ist, als es die Theorie haben will: Entscheidend für die Kinderzahl der einzelnen Familie ist weniger die Religion – auch islamische Gelehrte können Familienplanung und Geburtenbeschränkung propagieren, die Islamische Republik Iran tut dies seit Ende der achtziger Jahre –, als vielmehr gesellschaftliche und ökonomische Faktoren wie Urbanisierung, fehlende soziale Absicherung sowie ganz maßgeblich Status und Ausbildung von Frauen und deren Zugang zum Arbeitsmarkt.

Die Folgen der raschen Bevölkerungszunahme liegen auf der Hand: Rund 45 Prozent der Bevölkerung sind jünger als 15 Jahre, nur etwa 5 Prozent älter als 60

20 Eingehender Philippe *Fargues*, Demographic Explosion or Social Upheaval?, in: Ghassan *Salamé* (Hrsg.), Democracy Without Democrats?, The Renewal of Politics in the Muslim World, London 1994, S. 156-179, und die Beiträge in: *Middle East Report*, Nr. 190, 1994, darunter besonders Homa *Hoodfar*, Devices and Desires: Population Policy and Gender Roles in the Islamic Republic, in: ebd., S. 11-17.

Jahre. Das in den neunziger Jahren zwar gebremste, in den meisten Staaten deutlich rückläufige, noch immer aber viel zu hohe Bevölkerungswachstum verschärft auf allen Ebenen die Leistungs- und Versorgungsprobleme; auch bei fallenden Zuwachsraten steigen die Ansprüche, die die Mehrheit der Regime nicht zu befriedigen vermag. Damit verschärfen sich wiederum die Verteilungskonflikte zwischen den bevölkerungsarmen Ölmonarchien am Golf und der Mehrheit der bevölkerungsreichen, aber ressourcenarmen Staaten, die im Namen arabischer und islamischer Solidarität eine Beteiligung am Ölreichtum fordern. Mit dem Rückgang der Öleinnahmen ist jedoch die Bereitschaft der Golfmonarchien zur Hilfeleistung gesunken, soweit diese nicht an politisches Wohlverhalten gebunden ist.

Für eine Milderung der Gegensätze sorgte bis zur Golfkrise von 1990/91 die *Migration* von Arbeitskräften, die sich – die Maghreb-Staaten ausgenommen – vorwiegend auf die Ölstaaten (Libyen, Golf) konzentrierte. Diese suchen seit dem Golfkrieg ihre Arbeitskräfte vielfach in Südasien. In Europa wird die Aufnahme maghrebinischer Arbeitskräfte im Rahmen des Schengener und anderer Abkommen weiter beschränkt. Primär politisch bedingt war und ist die Migration von Palästinensern, Libanesen und Kurden, die auch die Bundesrepublik erreichte. Aus politischen Gründen könnte aber auch die Migration aus dem Maghreb anschwellen, wenn in Algerien kein Arrangement zwischen Regime und islamischer Opposition gefunden wird. Angesichts steigender Arbeitslosigkeit fürchten Europäer und Deutsche den politischen Islam und die Islamisten nicht zuletzt deshalb, weil sie deren Gegner ins eigene Land treiben, dic aus humanitären Gründen kaum zurückzuweisen sind. Die Arbeitsmigranten füllen in Europa vielfach die Lücken, die europäische Arbeitskräfte lassen. Ökonomisch gesehen sinnvoll, erweist sich die Präsenz muslimischer Zuwanderer in Westeuropa in erster Linie als politisch-gesellschaftliches Problem.[21]

Liberalisierung

Seit den ausgehenden achtziger Jahren, die in Mittel- und Osteuropa den demokratischen Umbruch herbeiführten, wird auch in Nah- und Mittelost wieder verstärkt nach den politischen Rahmenbedingungen gefragt, die wirtschaftliche Leistungsfähigkeit und innere Stabilität garantieren und dabei auch die *Minderheitenfrage* entschärfen könnten, die zahlreiche Staaten vom Irak über die Türkei, Iran und Saudi-Arabien bis Ägypten, Sudan und Marokko belastet. Das neue Schlagwort lautet *Good Governance*, verantwortliches Regieren, ein Begriff, der eine allzu enge Bindung an westliche Modelle politischer Ordnung vermeiden soll. In der Region selbst fehlt es durchaus nicht an Problembewußtsein; es paart sich allerdings mit großem Mißtrauen gegenüber westlichen Interventionen, auch solchen zugunsten von Minderheiten, Menschenrechten und *Good Governance*, denen die regionalen Machthaber seit dem

21 Vgl. *Joffé*, a.a.O. (Anm. 8), S. 257 f., S. 262; auch Camille und Yves *Lacoste*, L'Etat du Maghreb, Casablanca 1991.

Ende des Ost-West-Gegensatzes in höherem Maß ausgesetzt sind als zuvor. Die Eingriffe und Auflagen gegenüber dem Irak bilden ein besonders weitgehendes Beispiel; die (zumindest versuchte) Bindung deutscher Entwicklungshilfe an Rüstungsabbau und Mindeststandards bei der Beachtung der Menschenrechte ein anderes.

Die Schwierigkeiten, die sich dabei stellen, sind im Prinzip bekannt: Sie sind praktischer Natur – welche Art von Intervention ist produktiv, welche kontraproduktiv? – und sie verbinden sich auf das engste mit der Wertediskussion: Inwieweit sind westliche Wertvorstellungen von Menschen- und Minderheitenrechten, Pluralismus, Demokratie und Liberalität universalisierbar? Nicht zuletzt aber stellt sich die Frage der Glaubwürdigkeit: Werden tatsächlich die Werte in Zweifel gezogen oder steht nicht vielmehr die Glaubwürdigkeit derer, die sie propagieren, auf dem Spiel? Die europäische Haltung gegenüber Bosnien und die Behandlung von Ausländern und Minderheiten im eigenen Land haben der Glaubwürdigkeit europäischer, auch deutscher Politiker ganz wesentlich geschadet. Besonders sensibel ist im übrigen das Thema religiöse Minderheiten, insbesondere christliche Minderheiten. Hier sind lokale Vorbehalte und Widerstände – auch unter den Betroffenen selbst (ein Musterbeispiel bilden die ägyptischen Kopten) – besonders hoch, weil sich jede Art von Einmischung mit Erinnerungen an das 19. Jahrhundert verbindet, wo die Protektion von Minderheiten das Interventionsmittel europäischer (Kolonial-) Mächte par excellence darstellte.

So gut wie alle nah- und mittelöstlichen Regierungen sehen sich vor ernste Legitimations- und Leistungskrisen gestellt, die autoritären arabischen Regime ebenso wie die säkularistische Türkei und die Islamische Republik Iran. Gerade in Iran und der arabischen Welt tritt der Widerspruch zwischen einem hohen, zumeist ideologisch verbrämten Anspruch und den gebotenen Leistungen nur allzu deutlich hervor. In der Bevölkerung – auch in der intellektuellen Elite – ist die Hoffnung auf ein einigendes, mobilisierendes Projekt, eine große Vision nicht erloschen, die mehr verspricht als die pragmatische Bewältigung eng verzahnter und fast unlösbarer Schwierigkeiten. Dennoch haben sich verschiedene Regime unter innerem und äußerem Druck auf das riskante Experiment einer »Demokratisierung« eingelassen, genauer wohl einer begrenzten und soweit möglich gelenkten Pluralisierung und Liberalisierung, von der diese große, erhebende Wirkung gerade nicht zu erwarten ist. Zu ihnen zählen u. a. Jordanien, Ägypten und Jemen, interessanterweise aber nicht Syrien und Irak, die nach dem Verblassen des arabisch-israelischen Gegensatzes schrittweise unter erhöhten Legitimationsdruck geraten sollten. Je eigene Ansätze politischer Öffnung lassen sich selbst in Kuwait und Saudi-Arabien erkennen, deren Eliten sich in den sechziger und siebziger Jahren, gestützt auf die enorme Ölrente, weitgehend verselbständigt hatten und Forderungen ihrer Bevölkerung nach politischer Mitsprache unterdrücken oder abkaufen konnten.

Sollen diese Ansätze in eine echte Demokratisierung übergehen, müßten sie freilich weiter reichen, als dies bislang in Staaten wie Jordanien oder Ägypten der Fall ist. Dort gaben der Staat bzw. der König Armee und Sicherheitsdienste keine Machtbefugnisse ab, sondern ließen lediglich Freiräume zu, innerhalb derer sich ausgewählte Akteure legal und ungehinderter betätigen konnten als zuvor. Gesellschaftliche Gruppen und Vereinigungen von Gewerkschaften, Handelskammern und Berufsvereinigungen über Menschenrechtsgruppen, Bürgerinitiativen, private Nachbarschafts- und Selbsthilfegruppen und religiöse Einrichtungen blieben vergleichsweise schwach und verwundbar. Die Stärkung dieser »Zivilgesellschaft« etwa durch politische und rechtliche Beratung zählt zu den vordringlichsten Aufgaben deutscher Entwicklungszusammenarbeit.

Mit ihr allein lassen sich freilich die Schwierigkeiten politischer Liberalisierung vor dem Hintergrund einschneidender Wirtschaftsreformen nicht lösen:[22] Die Strukturanpassungsprogramme des Internationalen Währungsfonds und der Weltbank, die die Budgetkrise der Staatshaushalte durch Abbau von Subventionen, Sozialleistungen, Bürokratien und die Privatisierung von Staatsunternehmen überwinden sollen, treffen zumindest in einer ersten Phase die unteren und mittleren Einkommensschichten, unter ihnen auch politisch bewußte und aktive Beamte, Angestellte und Akademiker, am härtesten. Nur selten münden Unzufriedenheit und Verzweiflung in offenen Widerstand. Ausnahmen waren die sogenannten Brotrevolten, die von den ausgehenden siebziger Jahren an eine Reihe arabischer Staaten erschütterten. Mehrheitlich führen sie zum Rückzug auf Familie und diverse Klientelbeziehungen und einer Verweigerung gegenüber dem Staat, die wiederum die Erfolgsaussichten wirtschaftlicher und politischer Reformen mindert. Sie bilden selbstverständlich aber auch den Nährboden für radikal regimefeindliche Einstellungen und Aktionen. Damit steigt jedoch die Versuchung der Regime, auf Unruhe nicht mit politischer Öffnung, sondern mit Repression zu reagieren. Insofern stehen wirtschaftliche und politische Liberalisierung in einem Spannungsverhältnis, aus dem der Rückfall in den Autoritarismus keinen Ausweg bietet, selbst wenn er Teilen der eigenen Eliten und manch auswärtigem Geldgeber und Beobachter einfacher und wirksamer erscheinen mag. Die Liberalisierung, die langfristig als einzig verläßlicher Weg zu mehr Stabilität der Staaten und Gesellschaften anzusehen ist, verstärkt den Druck in Richtung auf wirtschaftliche Entlastung der Regierungen durch Schuldenerlaß und Handelserleichterungen. Hier besitzt auch die Bundesrepublik gewisse Einwirkungsmöglichkeiten.

Die Integration der Islamisten

Die Glaubwürdigkeit des westlichen Engagements für Pluralismus und Demokratie mißt sich nicht zuletzt am Umgang mit dem Islam, namentlich dem politischen Islam und seinen Vertretern. Fast überall in der arabischen Welt hat die politische Öffnung Kräfte nach oben gebracht – neben den islamischen Bewegungen auch arabische Nationalisten –, die westlicher Einflußnahme sehr kritisch und Israel offen

22 Vgl. die Beiträge in: *Salamé*, Democracy Without Democrats?, a.a.O. (Anm. 20); sowie Tim *Niblock*/Emma *Murphy*, Economic and Political Liberalisation in the Middle East, London 1992; Iliya *Harik*/Dennis *Sullivan* (Hrsg.), Privatization and Liberalization in the Middle East, Bloomington 1992.

feindselig gegenüberstehen.[23] Seit den ausgehenden siebziger Jahren bilden islamische Bewegungen unterschiedlicher Orientierung und sozialer Verankerung das wichtigste Sammelbecken für Kritik, Protest und organisierten Widerstand gegen die eigenen Eliten. Sie wenden sich gegen fremde Einmischung im allgemeinen (wirtschaftliche Auflagen, militärische Zusammenarbeit) und gegen die Politik, ja die Existenz Israels im besonderen. Ihr Ruf nach Einführung der islamischen Rechts- und Werteordnung, der Scharia, beunruhigt sowohl die einheimischen Nicht-Muslime wie die internationalen Wirtschafts- und Geschäftspartner ihrer Länder.

Die pragmatischen, »gemäßigten« Elemente, die Gewalt allenfalls zur Abwehr massiver Unterdrückung gutheißen, weisen eine breite soziale Basis auf. Die Mehrheit der Islamisten wirkt keineswegs im Untergrund: Bei Kommunal- und Parlamentswahlen in der Türkei und verschiedenen arabischen Staaten, die allerdings von staatlicher Manipulation nicht frei waren, errangen islamische Kandidaten seit den achtziger Jahren durchschnittlich 12 bis 18 Prozent der Stimmen. Wiewohl die insgesamt bestorganisierte politische Kraft, waren sie also weit davon entfernt, die Bevölkerungsmehrheit hinter sich zu vereinen.[24] Die große Ausnahme bildeten die Kommunalwahlen in Algerien vom Juni 1990, wo die Islamische Heilsfront (französisch FIS) im Bündnis mit anderen Islamisten rund 50 Prozent der abgegebenen gültigen Stimmen erlangte; das entsprach der Unterstützung von etwa 25 Prozent der stimmberechtigten Bürger. Bei den nationalen Wahlen vom Dezember 1991, die im Gefolge des Verfassungsputsches vom Januar 1992 annulliert wurden, waren es annähernd ebensoviel. In den Berufsvereinigungen des freiberuflichen Mittelstandes konnten Islamisten dank hoher Motivation und überlegener Organisation seit den achtziger Jahren ihre Konkurrenten überflügeln. Gerade in dem Bereich der Zivilgesellschaft, der als unverzichtbar für eine demokratische Entwicklung gilt, sind Vertreter des gemäßigt-pragmatischen islamischen Lagers auffallend stark vertreten. Die Anziehungskraft des politischen Islam beschränkt sich also keineswegs auf Randgruppen und arbeitslose Jugendliche; sie wirkt weit in die gutsituierte und gebildete Mittelschicht hinein.

Eine gemäßigt-pragmatische Haltung nach innen muß allerdings nicht mit einer gemäßigten Politik nach außen gegenüber Israel, den USA oder dem Westen insgesamt zusammenfallen. Seit der iranischen Revolution von 1979 gilt der islamische »Fundamentalismus« vor allem als sicherheitspolitische Gefahr. Tatsächlich genießt der Kampf gegen Zionismus und Imperialismus unter den islamischen Bewegungen der an Israel angrenzenden Gebiete (Hamas, Islamischer Jihad, Hisbollah, Islamische Befreiungspartei und Muslimbruderschaft) – anders übrigens als in Ägypten und im Maghreb – oberste Priorität. Sie sind und waren jedoch nicht in der Lage, den

23 Hierzu mit anderen Akzenten Bassam *Tibi* in diesem Band.

24 Detaillierte Angaben in: *Krämer*, The Integration of the Integrists: a Comparative Study of Egypt, Jordan and Tunisia, in: *Salamé*, Democracy Without Democrats?, a.a.O. (Anm. 20), S. 200-226; und dies., Cross-Links and Double Talk? Islamic Movements in the Political Process, in: Laura *Guazzone* (Hrsg.), The Political Role of Islamist Movements in the Arab World (in Vorbereitung). Die französische Zeitschrift *Monde arabe. Maghreb-Machrek* hat die Entwicklung in einer Reihe ausgezeichneter Einzelstudien dokumentiert.

Friedensprozeß aufzuhalten, und dies nicht zuletzt deshalb, weil sie nicht regional koordiniert handeln. Zwischen islamischen Aktivisten unterschiedlicher Länder und Ausrichtung gibt es zweifelsohne Querverbindungen ideologischer, persönlicher und finanzieller Art. Ebenso sicher bestehen wechselnde Patronageverhältnisse zu regionalen Mächten (Iran, Libyen, Saudi-Arabien, Sudan). Verläßliche Daten über Finanzströme, logistische Hilfe, Ausbildung islamischer Extremisten (namentlich ehemaliger Afghanistankämpfer, Mudschahedin) u. a.m. liegen jedoch nicht vor; die beobachtbaren Fakten liefern auf jeden Fall keinen Hinweis auf die Existenz einer »islami(sti)schen Internationale«, die dem diffusen Geflecht islamischer Gruppen und Aktivisten eine einheitliche Form und Führung geben würde.[25] Daß Aktivisten wie die ägyptischen Muslimbrüder, der Tunesier Rachid *al-Ghannouchi* oder der Sudanese Hasan *at-Turabi* versuchen, internationale Netzwerke aufzubauen, heißt nicht, daß es ihnen gelingt. Die Islamisten haben ein gemeinsames Ziel und vielfach gemeinsame Gegner, und sie berufen sich auf dasselbe Wertesystem. Aber sie konkurrieren auch miteinander um die Kontrolle einzelner Moscheen, Gemeinden und deren Finanzmittel sowie um Einfluß innerhalb ihrer Gesellschaften insgesamt.

Wertvorstellungen und Vorgehen islamischer Aktivisten (etwa gegen Frauen, Minderheiten und Andersdenkende generell) mögen westlichen Beobachtern mißfallen. Solange es nicht zu groben Menschenrechtsverletzungen und/oder Angriffen auf ausländische Mitbürger und Besucher kommt, bleiben sie jedoch in erster Linie Angelegenheit der betroffenen Gesellschaften selbst. Ihre Stärke, verbunden mit der mangelnden Legitimation der Regime und der Schwäche einer liberalen Alternative, erfordert einen pragmatischen Umgang mit dem innenpolitisch gemäßigten, gewaltfrei operierenden Flügel der Islamisten. Auch deutsche Politik und Entwicklungszusammenarbeit muß sie als Teil ihrer Gesellschaft begreifen, der durch soziale und wirtschaftliche Reformen allein nicht aus Politik und Öffentlichkeit zu verdrängen sein wird. Eine Verbesserung der wirtschaftlichen Verhältnisse allein beseitigt nicht den politischen Islam; allerdings entzieht sie seinem radikalen Flügel die Basis. Die Wertediskussion, die auf beiden Seiten des Mittelmeeres immer intensiver und mit großer Betonung der kulturellen Identität und Verschiedenheit geführt wird, darf die Islamisten nicht ausklammern und den Islam nicht verteufeln.[26] Die Spannung zwischen dem Islam und dem Westen bildet keinen Systemkonflikt wie ehedem zwischen dem Westen und dem kommunistischen Lager, da der Islam – entgegen

25 Eine andere Position vertritt Duran *Khalid*, The »Islamist Internationale«, in: *Vierteljahresberichte der Friedrich-Ebert-Stiftung*, Nr. 134, 1993, S. 337-345. Die Heterogenität des »islamischen Lagers« belegt James *Piscatori* (Hrsg.), Islamic Fundamentalisms and the Gulf Crisis, Chicago 1991.

26 Samuel *Huntingtons* Thesen vom »clash of civilizations« und der »zivilisatorischen Bruchlinie (civilizational fault line)« lenkten den Blick auf die Gegensätze zwischen westlicher und islamischer »Zivilisation«, ohne daß klar geworden wäre, worin diese bestünden; Vgl. Samuel *Huntington*, The Clash of Civilizations?, in: *Foreign Affairs*, Nr. 3, 1993, S. 22-49. Die Auseinandersetzung wurde fortgesetzt in *Foreign Affairs*, 1993; u. a. nochmals ders., If not Civilizations, What? Paradigms of the Post-Cold War World, in: *Foreign Affairs*, Nr. 5, 1993, S. 186-194. Kritisch dazu u. a. Richard E. *Rubinstein*/Jarle *Crocker*, Challenging Huntington, in: *Foreign Policy*, Nr. 96, Herbst 1994, S. 113-128.

den Hoffnungen und Erklärungen vieler Islamisten – zwar bestimmte gesellschaftlich-moralische Werte bietet, aber keine einheitliche und geschlossene Alternative zur westlichen Wirtschafts- und Gesellschaftsordnung. Kritik kann daher immer nur konkreten Tatbeständen, nicht aber der religiösen Überzeugung der überwiegenden Bevölkerungsmehrheit der »islamischen« Welt gelten.

Schluss: Herausforderungen im Nahen und Mittleren Osten

Die Probleme und Herausforderungen in Nah- und Mittelost sowie in Nordafrika sind maßgeblich struktureller Natur, die von Außenstehenden kaum gelöst werden können. Die einzelnen Staaten sind ökonomisch nur schwach vernetzt, politisch unzureichend koordiniert, und sie handeln primär einzelstaatlich-bilateral. Das macht es schwer, Visionen und globale Ansätze – so man sie denn hat – in die Praxis umzusetzen. Hilfreich kann aber die Vermittlung europäischer Erfahrungen mit vertrauensbildenden Maßnahmen, Koordination und Zusammenarbeit sein. Die multilateralen Verhandlungen zwischen Israel und seinen arabischen Nachbarn bieten immerhin einen Nukleus regionaler Koordination und Kooperation. Die EU betreibt auf ökonomischem und sozialem Gebiet eine Mittelmeerpolitik, die auch die mittelöstlichen Anrainer einbezieht. Die Konzepte einer »Konferenz für Sicherheit und Zusammenarbeit im Mittelmeer« oder der französische Plan der »Vier-plus-Fünf« (Frankreich, Portugal, Spanien und Italien auf der einen Seite, Marokko, Mauretanien, Algerien, Tunesien und Libyen auf der anderen) bzw. nach Einschluß Maltas, der »Fünf-plus-Fünf«, die regionale Sicherheit außerhalb des Rahmens der Europäischen Union und der NATO – und daher auch ohne Beteiligung der USA – gewährleisten sollen, beschränken sich auf die Maghreb-Staaten.[27]

Gefordert ist insgesamt eine engere Verquickung von Wirtschafts-, Sicherheits- und Entwicklungspolitik, die den kulturellen Dialog – der mehr ist als ein interreligiöser – verstärkt und überbrachte oder neubelebte Einstellungen in Frage stellt. Eine Herausforderung liegt darin, Engagement zu entwickeln, das sich nicht primär oder ausschließlich aus Bedrohungsängsten speist. Einiges wäre bereits gewonnen, wenn der Nahe und Mittlere Osten nicht vorrangig als Hort der Instabilität und Bedrohung eigenen Wohlstands, eigener Normen, Werte und Interessen wahrgenommen würde, sondern als Nachbarregion, die Europa und Deutschland über gemeinsame Interessen und auch gemeinsame Werte verbunden ist.

27 Dazu knapp *Joffé*, a.a.O. (Anm. 8), S. 256-258.

MIGRATION: HERAUSFORDERUNG DEUTSCHER UND EUROPÄISCHER POLITIK[1]

Steffen Angenendt

Die internationalen Wanderungsstatistiken, so unvollständig sie auch sein mögen, zeigen, daß ökonomische, politische und ökologische Krisen und Katastrophen immer mehr Menschen zwingen, ihre Heimat zu verlassen und sich außerhalb ihres Landes bessere Lebensbedingungen zu suchen. Der Hohe Flüchtlingskommissar der Vereinten Nationen (UNHCR) gibt an, während der letzten zehn Jahre habe sich die Zahl der grenzüberschreitenden Flüchtlinge weltweit auf 20 Millionen verdoppelt,[2] die Weltbank schätzt die Zahl der transnationalen Migranten insgesamt auf mehr als 100 Millionen Menschen.[3] Ein weitaus größerer Teil der Weltbevölkerung ist auf der Suche nach Arbeit oder auf der Flucht, ohne dabei Staatsgrenzen zu überschreiten. Die Zahl der innerhalb ihres Heimatlandes Vertriebenen, der *displaced persons*, wird vom UNHCR auf mehr als 25 Millionen Menschen geschätzt. Die Zahl der intern wandernden Arbeitskräfte dürfte noch weitaus größer sein, hier liegen allerdings keinerlei zuverlässige Schätzungen vor. Zur Illustration mag dienen, daß allein in China die Zahl der Arbeitsmigranten 70 bis 100 Millionen Menschen betragen soll.[4]

Es ist deutlich sichtbar, daß von diesen Entwicklungen vor allem die ärmsten Länder der Welt betroffen sind. Nur ein sehr kleiner Teil der transnationalen Migranten gelangt in die Industrieländer, der größte Teil verläßt die jeweilige Region nicht. 1993 lebten in den 15 Ländern, die heute der Europäischen Union (EU) angehören, 1,77 Millionen Flüchtlinge, die Bundesrepublik nahm 1992 auf der Liste der 50 Länder mit dem größten Anteil von Flüchtlingen an der Gesamtbevölkerung nur den 33. Platz ein, mit einem Zehntel des Anteils an Flüchtlingen, den Malawi und Belize zu verkraften hatten.[5] Diese Aufnahmezahlen stehen in auffälligem Kontrast zu der Wahrnehmung der Zuwanderungsproblematik in den industrialisierten Ländern, wo fast überall Migration zum Streitpunkt politischer Debatten, zum Gegenstand parteipolitischer Profilierung und – wie in Deutschland, aber nicht nur hier – zum Kristallisationspunkt rechtsextremer Aggressivität geworden ist. Offensichtlich wird die Migrationsproblematik immer mehr auch als Angelegenheit der reichen Industrienationen betrachtet.

Was aber bedeutet »Herausforderung« jenseits populistisch dramatisierter Verdrängungs- und Überfremdungsängste? Zu fragen ist, inwieweit man künftige Migrationen prognostizieren kann und auf welche Aspekte des wirtschaftlichen, politischen und

1 Der Beitrag entstand im Rahmen eines von der Fritz Thyssen Stiftung geförderten Projekts.

2 Vgl. UNHCR, Die Lage der Flüchtlinge in der Welt. UNHCR-Report 1994, Bonn 1994, S. III.

3 Vgl. UNFPA, Weltbevölkerungsbericht 1993, Bonn 1993, S. 7; sowie UNFPA, The State of World Population 1994: Choices and Responsibilities, New York 1995, S. 2.

4 Vgl. Patrick E. *Tyler*, Millions of Migrants Pack China's Cities, in: *International Herald Tribune (IHT)*, 30.6.1994.

5 Vgl. UNHCR, a.a.O. (Anm. 2), S. 170.

gesellschaftlichen Lebens in den EU-Ländern und insbesondere in Deutschland diese Wanderungsbewegungen Einfluß haben werden. Da der Begriff »Herausforderung« sich nicht nur auf Gefährdungen, sondern auch auf Chancen bezieht: Welche positiven Entwicklungsimpulse bieten Wanderungsbewegungen den europäischen Ländern?

Bestimmungsfaktoren von Wanderungsbewegungen

Die Migrationsforschung unterscheidet bei gesellschaftlich bedingten Wanderungsfaktoren zwischen Druckfaktoren, die im Abwanderungsland wirksam sind, und Sogfaktoren, die vom Aufnahmeland ausgehen. Diese Faktoren sind vielfach miteinander verschränkt und bilden ein System, in dem sich die Wanderungen abspielen.

Politische Wanderungsfaktoren

Unter den wanderungsbestimmenden Faktoren haben die politischen einen besonderen Stellenwert, denn die internationale Völkergemeinschaft hat die Zuständigkeiten für grenzüberschreitende Wanderungen entsprechend der Unterscheidung zwischen politischen und nichtpolitischen Wanderungsmotiven strukturiert. Die völkerrechtliche Grundlage dieses internationalen Migrationssystems ist die Genfer Flüchtlingskonvention (GFK), die allerdings entgegen weitverbreiteter Meinung keine Verpflichtung der Unterzeichnerstaaten enthält, Asyl zu gewähren. Diese Verträge schützen die Flüchtlinge lediglich vor willkürlicher Ausweisung in Gebiete, in denen sie aufgrund ihrer Rasse, Religion, Nationalität, politischen Überzeugungen oder der Zugehörigkeit zu einer sozialen Gruppe gefährdet sind. Der Kerngedanke dieser Regelungen – ein Staat kann Asyl gewähren, muß es aber nicht – ist bis heute nicht geändert worden. Im Rahmen der Vereinten Nationen ist für die Betreuung von Flüchtlingen das Amt des UNHCR entstanden.[6] Von diesen Flüchtlingen im Sinne der völkerrechtlichen Vereinbarungen sind die sonstigen Migranten zu unterscheiden. Für sie ist während der Nachkriegszeit ebenfalls ein internationales Regime entstanden, das allerdings weit weniger umfassend und auch völkerrechtlich und institutionell weniger abgesichert ist.[7]

Die Unterscheidung zwischen Flüchtlingen und Migranten ist für die rechtliche Ebene wichtig. Sie entscheidet über die Frage, wer in welcher Weise für die Betreuung

6 Solche Versuche, den Flüchtlingsbegriff zu erweitern, waren die 1967 von der Menschenrechtskommission der Vereinten Nationen erarbeitete »Deklaration über territoriales Asyl«, die Erklärung des Ministerrats der EU vom Dezember 1977 über territoriales Asyl in den Mitgliedstaaten, die 1969 von der Organisation der Afrikanischen Einheit (OAU) verabschiedete »Konvention zur Regelung der besonderen Aspekte der Flüchtlingsprobleme in Afrika« und die 1984 von mittel- und südamerikanischen Staaten ausgearbeitete »Cartagena-Deklaration«.

7 Aufgabe dieses Regimes ist, internationale Mindeststandards für Arbeitsmigranten durchzusetzen – zuständig ist die Internationale Arbeitsorganisation (ILO) – und Hilfsmaßnahmen und Wiedereingliederungshilfen für rückkehrende Migranten zu bieten, was u.a. Aufgabe der International Organization for Migration (IOM) ist.

dieser Menschen zuständig ist. In der Praxis allerdings gibt es zunehmend Situationen, in denen diese Unterscheidung schwierig ist. Während Flüchtlinge unter dem Schutz internationaler Konventionen stehen, ist die Politik gegenüber Migranten eine souveräne Entscheidung von Nationalstaaten. Sie befinden entsprechend ihren jeweiligen Traditionen, Bedürfnissen und Vorstellungen von nationaler Identität darüber, wer Zugang zu ihrem Territorium erhält.

Politische Druckfaktoren können sehr unterschiedliche Formen annehmen, von der systematischen Verfolgung mißliebiger Eliten bis zur allgemeinen Unterdrückung der Bevölkerung und flächendeckenden Menschenrechtsverletzungen, von lokalen militärischen Auseinandersetzungen zwischen Machthabern und Opposition bis zur totalen gesellschaftlichen Anomie. Welchen Einfluß der jeweilige Grad an gesellschaftlicher Unsicherheit auf Fluchtbewegungen hat, ist nicht generalisierbar.[8] Zu den Druckfaktoren müssen in jedem Fall Sogfaktoren kommen, damit Fluchtabsichten realisiert werden. In politischer Hinsicht sind dies neben der Erwartung, in Sicherheit und ohne Verfolgung in politisch stabilen Verhältnissen leben zu können, vor allem die Zufluchtmöglichkeiten in friedlichere Landesteile und, bei grenzüberschreitenden Fluchtbewegungen, die Zutrittsmöglichkeiten zum Territorium des Aufnahmelandes. Werden diese liberal gehandhabt und wird die Information darüber in den Herkunftsgebieten verbreitet, sind transnationale Fluchtbewegungen erheblich erleichtert.

Soziokulturelle Wanderungsfaktoren

Sehr eng mit diesen politischen Faktoren verbunden sind gesellschaftliche Einflußfaktoren. Sie werden in der Regel wirksam, wenn die Politik in den Herkunftsländern nicht in der Lage ist, Rahmenbedingungen für einen friedlichen Interessenausgleich zwischen gesellschaftlichen Gruppen zu bieten. Soziokulturelle Druckfaktoren sind zum einen ethnische Gegensätze zwischen Mehrheiten und Minderheiten, wenn Siedlungsweisen, Wirtschaftsformen, soziale Organisation und kulturelle Praktiken der Minderheiten nicht respektiert werden, zum anderen Gegensätze zwischen laizistischen und religiös-fundamentalistischen Gruppen, bei denen es oft nicht nur um das Ausleben der jeweiligen Lebensformen geht, sondern auch um die Frage, wie Staat und Gesellschaft organisiert sein sollen.[9]

Als Sogkraft wirkt zudem die Attraktivität von modernen liberalen Gesellschaften, die die Trennung von Staat und Kirche vollzogen haben oder in denen zumindest Religionsfreiheit herrscht und in denen die bürgerlichen Freiheiten eingehalten werden.[10] Eine weitere Anziehungskraft ist die geringe kulturelle Distanz zwischen Flüchtlingen

8 Das ruandische Beispiel der Hutu-Flüchtlinge zeigt, daß oft Gerüchte ausreichen, um Massenfluchten in Bewegung zu setzen.

9 Die zunehmende Flucht von laizistischen Intellektuellen vor den Morddrohungen islamischer Fundamentalisten in einer Reihe von Ländern des »islamischen Gürtels« von Marokko bis in die neuen zentralasiatischen Länder ist ein dramatisches Beispiel für diesen Aspekt.

10 Vgl. Jürgen *Fijalkowski*, Das Migrationsproblem in Europa, in: Cord *Jakobeit*/Asplenar *Yenal* (Hrsg.), Gesamteuropa. Analysen, Probleme und Entwicklungsperspektiven, Bonn 1993, S. 613-633; hier S. 614 ff.

und Aufnahmegesellschaft. Auch die Existenz von Netzwerken bildet einen sehr wichtigen Sogfaktor. Die empirische Migrationsforschung zeigt, daß Wanderungen in der Regel nicht chaotisch verlaufen, sondern Mustern folgen. Dies läßt sich nicht nur für Arbeitskräftewanderungen feststellen, sondern auch für Fluchtbewegungen. Wanderungen fallen leichter, wenn Informationen über den Wanderungsweg und über die Situation im Aufnahmeland vorliegen, wenn personelle oder infrastrukturelle Anknüpfungspunkte vorhanden sind.[11]

Ökonomische Wanderungsfaktoren

Ökonomische Gründe sind zweifellos die wichtigste Wanderungsursache; andere Wanderungsmotive werden häufig erst im Zusammenspiel mit wirtschaftlichen Gründen wirksam. In makroökonomischer Hinsicht werden Wanderungsbewegungen – im Kontext der westeuropäischen Aufnahmegesellschaften – durch kurzfristige konjunkturelle Bedingungen, mittelfristige Änderungen der Produktionsorganisation und grundlegende strukturelle Gegebenheiten der Volkswirtschaften beeinflußt.[12] Konzernbildungen und strategische Produktionsverlagerungen international arbeitender Unternehmen haben in den letzten Jahrzehnten die Zuwanderung nach Westeuropa stark geprägt. Die zunehmende internationale Arbeitsteilung führt dazu, daß die großen Städte und Ballungsgebiete industrielle Arbeitsplätze verlieren und der Bedarf an schlecht ausgebildeten industriellen Arbeitskräften nachläßt. Die bestimmende Produktionsform der letzten Jahrzehnte, die Massenproduktion von standardisierten Gütern für Massenmärkte, wird seit Mitte der siebziger Jahre überlagert und ergänzt durch eine zunehmende Spezialisierung und Flexibilisierung der Produktionsformen. Daher werden diese Gebiete zum Ziel von hochqualifizierten Arbeitskräften und von niedrig qualifizierten Arbeitskräften vor allem im Dienstleistungssektor.[13] Möglicherweise wird dieser Trend zur Verkleinerung von internen Arbeitsmärkten in Verbindung mit der Auslagerung von Produktionsfunktionen den Bedarf an räumlicher Mobilität von industriellen Arbeitskräften in Zukunft senken.

Die grundlegenden und langfristigen makroökonomischen Strukturen, die Wanderungsbewegungen beeinflussen, sind in erster Linie aber die tiefgehenden sozialen Ungleichheiten zwischen den verschiedenen Weltregionen, die die hochindustrialisierten Länder zu Gebieten werden lassen, in denen Zuwanderer bessere Lebenschancen haben.

Zwischen Konjunktur und Produktion einerseits und Wanderungsbewegungen andererseits bestehen Wechselwirkungen. Zwar kann Zuwanderung zur Behebung von Arbeitskräftemangel, zu Wachstum und damit auch zu neuen Investitionen

---

11 Vgl. Mirjana *Morokvasic*/Hedwig *Rudolph* (Hrsg.), Wanderungsraum Europa. Menschen und Grenzen in Bewegung, Berlin 1994.

12 Vgl. Anthony *Fielding*, Mass Migration and Economic Restructuring, in: Russell *King* (Hrsg.), Mass Migration in Europe. The Legacy and the Future, London 1993, S. 7-18; hier S. 11 ff.

13 Vgl. hierzu Sakia *Sassen*, The Mobility of Labour and Capital: A Study in International Investment and Labor Flow, New York 1988; und dies., The Global City, New York usw. 1990.

führen. Es ist aber auch möglich, daß Zuwanderung die Reorganisation von Arbeit in Richtung auf arbeitssparende Verfahren und damit produktionstechnische Modernisierung bremst. Bezogen auf die Herkunftsländer wiederum kann massive Auswanderung eine ökonomische Restrukturierung fördern, indem in kapitalintensive Produktionsformen investiert wird. Aber auch hier ist das Gegenteil möglich: Abgestützt durch Geldüberweisungen der im Ausland Arbeitenden kann die lokale Ökonomie auch unverändert überleben. Zudem kann Massenzuwanderung Gelegenheiten für die Produktion neuer Güter und Dienstleistungen eröffnen. Hierfür ist die Revitalisierung heruntergekommener städtischer Gebiete durch *ethnic business* ein Beispiel. Andererseits kann sie die Attraktivität bestimmter Regionen für neue Investitionen ändern, indem die Zuwanderung hochqualifizierter Arbeitskräfte Investitionen in High-Tech-Technologien fördern kann.

All diese makroökonomischen Wanderungsfaktoren werden aber nur unter zwei Bedingungen wirksam.[14] Zum einen müssen sie auf eine entsprechende individuelle Disposition des Migranten treffen. Zum anderen müssen aber auch die Herkunftsstaaten die Auswanderung zulassen und die Zielländer die Möglichkeit der Einreise und des Aufenthalts bieten.[15] Ein ganz entscheidender Zuwanderungsfaktor ist damit, welchen *Bedarf* die Aufnahmegesellschaft signalisiert: Hat der Migrant begründete Hoffnung, eine Beschäftigung zu finden, ist dies der wichtigste wanderungsauslösende Faktor.

Demographische Wanderungsfaktoren

Die Bevölkerungsentwicklung ist kein eigenständiger wanderungsauslösender Faktor, sie beeinflußt als langfristige Rahmenbedingung aber interne und grenzüberschreitende Wanderungsbewegungen. Entscheidende Größen sind die Geschwindigkeit und die regionale Verteilung des Bevölkerungswachstums. Die annähernde Verdoppelung der derzeitigen Weltbevölkerung von 5,6 Milliarden auf 10 Milliarden bis 2050 wird zu 95 Prozent in den Entwicklungsländern stattfinden. Bis 2025 wird die Bevölkerung in Lateinamerika um 46, in Asien um 48 und in Afrika um 129 Prozent zunehmen.[16] Verschieben wird sich dementsprechend auch die Altersstruktur der Bevölkerung: In Afrika südlich der Sahara und in Südasien wird auch im Jahr 2025 der Anteil der unter 15-jährigen noch knapp 40 Prozent der Bevölkerung ausmachen; in Europa, Nordamerika, Ostasien und der früheren Sowjetunion wird er nicht mehr als 20 Prozent betragen. Hingegen wird in diesen Ländern die Zahl der über 65-jährigen stark zunehmen und sich dieser Größenordnung annähern.

14 Vgl. Thomas *Straubhaar*, On the Economics of International Labour Migration, Bern 1988.

15 Hierbei ist zu bedenken, daß beide Wanderungen unter den Bedingungen eines liberalen Rechtsstaats nicht verhindert werden können. Abwanderungsverbote sind lediglich unter repressiven politischen Systemen denkbar, vollständige Zuwanderungsverhinderung ebenfalls. Die in den westeuropäischen Staaten verfolgte Politik, keine Einwanderungsländer sein zu wollen, ist nicht mit einer Politik der Zuwanderungsverhinderung zu verwechseln: Es wird lediglich die Legalität der Zuwanderung verhindert, nicht aber die Zuwanderung selbst, die illegale Formen annimmt.

16 Vgl. United Nations Population Division, World Population Prospects 1990, New York 1991.

Dieser schnelle Bevölkerungszuwachs forciert vor allem in den armen Ländern interne Wanderungsbewegungen, in erster Linie die Landflucht. Dieses Migrationsmuster hat sich in vielen Entwicklungsländern verändert: Waren vor einigen Jahren noch Pendelmigration und ein zeitlich befristeter Aufenthalt in der Stadt für viele Landbewohner eine Möglichkeit, das Familieneinkommen zu verbessern, verstetigen nun die schlechten Perspektiven auf dem Land, die größere Konkurrenz um Arbeitsmöglichkeiten in den Städten und die damit sinkenden Verdienstmöglichkeiten die Niederlassung in den Ballungsgebieten.

Bei grenzüberschreitenden Wanderungen wirkt die Bevölkerungszunahme nur mittelbar, indem über einen gewissen Zeitraum bestimmte Alterskohorten verstärkt werden, die später synchron auf den Arbeits- und Wohnungsmarkt drängen und entsprechend stark öffentliche Infrastrukturen in Anspruch nehmen, worauf viele der Herkunftsgesellschaften nicht vorbereitet sind. Generell ist im Rückblick auf die transnationalen Migrationen der jüngeren Vergangenheit kein unmittelbarer Zusammenhang zwischen Bevölkerungswachstum und Auswanderungsbewegungen festzustellen; die Länder, aus denen in den letzten Jahren größere Wanderungen nach Westeuropa und Nordamerika gekommen sind (Türkei, Marokko, Mexiko), wiesen im Vergleich zu ihren Nachbarstaaten geringere Bevölkerungswachstumsraten auf.[17]

Demographische Entwicklungen in den Aufnahmeländern können auch als Sogfaktoren wirksam werden. Hier sind allerdings ebenfalls nur mittelbare Zusammenhänge denkbar, etwa wenn ein starker langfristiger Bevölkerungsrückgang vorliegt, der zu einem Mangel an Arbeitskräften führt. Wenn dieser nicht rechtzeitig durch Rationalisierung und Modernisierungsmaßnahmen aufgefangen werden kann und der Erhalt der sozialen Sicherungssysteme in Frage gestellt wird, wäre es denkbar, daß zur Füllung dieser Lücken Zuwanderung gestattet wird. Eine solche Politik kann temporär ausgerichtet sein wie etwa bei der »Gastarbeiterpolitik« der Bundesrepublik in den fünfziger und sechziger Jahren und vieler anderer industrialisierter Länder während starker ökonomischer Aufschwungphasen. Sie kann aber auch auf eine dauerhafte Einwanderung angelegt sein wie in den klassischen Einwanderungsländern Australien, Kanada und den Vereinigten Staaten.

Ökologische Wanderungsfaktoren

Ökologische Katastrophen hingegen können durchaus ein eigenständiger Faktor für Migrationen sein. Die Beispiele für natürliche Katastrophen, die zu Wanderungsbewegungen geführt haben, sind zahlreich. Hierzu gehören Überschwemmungen, Vulkanausbrüche, Erdbeben, Dürren und Wirbelstürme. Diese Fluchtbewegungen sind in der Regel zeitlich begrenzt, die Flüchtlinge bleiben in der Region oder als *displaced persons* im Land. Zunehmend häufiger und von den Folgen her sehr viel gravierender sind Naturkatastrophen, die auf menschlich mitverursachten Umweltschäden basieren. Hierzu zählt die langfristige Zerstörung von Acker- und Weideland

17 UNFPA, Weltbevölkerungsbericht 1993, a.a.O. (Anm. 3), S. 6.

in Folge von übermäßiger Landnutzung und von Störungen des Wasserhaushalts sowie die Häufung schwerer Überschwemmungen durch ökologische Degradierung der Böden und fehlerhafte Eingriffe in die Wasserwirtschaft. Wanderungsauslösend können außerdem Umweltzerstörungen durch militärische Aktivitäten, durch großflächige Umweltverschmutzung, durch Ausdehnung von industriellen oder landwirtschaftlichen Produktionsflächen sowie durch Ressourcenverknappung, etwa bei Trinkwasser, sein.[18]

Der Umfang der durch Umwelteinflüsse ausgelösten Wanderungen läßt sich nicht genau angeben, die vorliegenden Schätzungen reichen bis zu 50 Millionen Umweltflüchtlingen im engen Sinn und bis zu einer Milliarde Menschen, die im weitesten Sinn durch Umwelteinflüsse aus ihren Wohngebieten vertrieben worden sind. Globale Prognosen sind kaum zu erstellen, da z.B. nicht abzusehen ist, wie sich eine eventuelle Klimaveränderung durch Zerstörungen der Ozonschicht und Aufheizung der Atmosphäre auf aride Gebiete und flache Küstenregionen auswirken könnte.[19]

Sicher ist aber, daß einige Weltgebiete künftig in noch weitaus stärkerer Weise von natürlichen und anthropogenen Umweltkatastrophen betroffen sein werden. Dazu gehören Gebiete in Asien, denen zunehmend Überschwemmungen drohen, wie etwa Bangladesch. Betroffen ist auch das südliche Afrika, wo derzeit rund 135 Millionen Menschen akut durch Desertifikation und Dürrekatastrophen bedroht sind, dazu gehören aber auch die bislang wenig bekannten ökologischen Katastrophen in der ehemaligen Sowjetunion, unter anderem die radioaktive Verseuchung ganzer Landesteile durch eine unzureichend gesicherte zivile und militärische Nutzung von Nuklearanlagen.

Zuwanderungspotentiale für Deutschland und Europa

Schätzungen von Zuwanderungspotentialen sind methodisch sehr problematisch, da die Annahmen über die wirtschaftliche, politische und gesellschaftliche Entwicklung der jeweiligen Länder spekulativ sind. Dies gilt in besonderem Maße für Länder, die tiefgreifende Transformationsprozesse erleben wie die Länder des ehemaligen Ostblocks, und für Länder mit latenten oder manifesten politischen Krisen wie einige der nordafrikanischen Staaten. Zudem sind Voraussagen von Wanderungsbewegungen politisch prekär. Dramatisierende Prognosen können als außenpolitisches Druckmittel eingesetzt werden und innenpolitisch einen sachlichen Umgang mit Migrationen erheblich erschweren. Verharmlosende Vorhersagen verhindern möglicherweise, daß Konzepte entwickelt und angemessene Instrumente und Ressourcen

18 Vgl. Manfred *Wöhlcke*, Umweltflüchtlinge. Ursachen und Folgen, München 1992, S. 14; und Günther *Bächler*, Umweltflüchtlinge als Konfliktpotential?, Münster 1994.

19 Vgl. Dazu den Beitrag von Herwig *Birg*, Weltbevölkerungswachstum, Entwicklung und Umwelt. Dimensionen eines globalen Dilemmas, in: *Aus Politik und Zeitgeschichte (APZ)*, Nr. B 35-36, 2.9.1994, S. 21-35; Klaus M. *Leisinger*, Hoffnung als Prinzip. Bevölkerungswachstum: Einblicke und Ausblicke, Basel 1993.

zum Umgang mit Wanderungsbewegungen bereitgestellt werden. Diese Vorbehalte sind bei Prognosen von Wanderungsbewegungen zu bedenken. Quantitative Angaben sollten nur gemacht werden, wenn alle wesentlichen Einflußfaktoren erfaßt werden können und wenn verläßliches statistisches Material vorliegt. Die vorliegende Arbeit beschränkt sich daher auf qualitative Aussagen zu künftigen Wanderungsbewegungen.

Zuwanderungspotentiale in Ost- und Südosteuropa

In allen ost- und südosteuropäischen Ländern wird das künftige Migrationsverhalten der Bevölkerung entscheidend von den Erfolgen bei der Transformation von Wirtschaft und Gesellschaft zu Marktwirtschaft und Demokratie abhängen. Auf diesem Weg sind die einzelnen Länder unterschiedlich weit fortgeschritten, was jeweils zu einer spezifischen Ausprägung von Wanderungspotentialen führt.

Der entscheidende Wanderungsfaktor in den Visegrad-Staaten ist deren mittelfristige wirtschaftliche Entwicklung, da diese die spätere Inanspruchnahme der Personenfreizügigkeit bestimmen wird, vor allem, wenn die derzeitigen Kaufkraftunterschiede zwischen den EU-Mitgliedsländern und den Visegrad-Staaten nicht deutlich reduziert werden. Sie wird auch die Inanspruchnahme der Dienstleistungsfreiheit beeinflussen, wenn die dortigen Betriebe erhebliche Kostenvorteile gegenüber EU-Betrieben haben. Insbesondere die Arbeit mit veralteten, aber abgeschriebenen Maschinen und niedrige Löhne können Betriebe aus diesen Ländern für Auftraggeber aus EU-Staaten attraktiv werden lassen. Da zu erwarten ist, daß in zehn Jahren in allen vier Ländern ein erheblicher Arbeitskräfteüberschuß vorliegen wird, der die heutigen Arbeitslosenquoten von 14 bis 16 Prozent, in denen verdeckte Arbeitslosigkeit noch nicht enthalten ist, überschreiten wird, ist in diesem Gebiet ein erhebliches Reservoir an potentiellen Arbeitsmigranten gegeben.

Insbesondere die polnische Migration nach Deutschland, Frankreich und Italien wird durch die Existenz von Netzwerken geprägt. Hier bestehen nicht nur umfangreiche historische Erfahrungen, es liegen auch für die jüngste Zeit Erfahrungen mit Pendelmigrationen vor, die zum Handel oder für kurzfristige Beschäftigungen genutzt werden. Kulturelle Faktoren werden aller Wahrscheinlichkeit nach ebenfalls die Zuwanderung aus den Reformstaaten begünstigen. Alle Beitrittskandidaten haben historisch gewachsene sprachliche und kulturelle Affinitäten zum deutschsprachigen Raum.

Entscheidend für das Ausmaß der Wanderungsbewegungen wird letztlich sein, auf welche Nachfragestruktur diese Migranten auf den westlichen Arbeitsmärkten treffen werden. Konkurrenzfähig können sie zum einen in Bereichen sein, in denen Arbeitskräftemangel herrscht. Dieser Mangel wird möglicherweise in zehn Jahren bei Facharbeitern sowie im Pflegebereich und bei den häuslichen Dienstleistungen herrschen. Zum anderen ist die Beschäftigung von Arbeitsmigranten dann interessant, wenn sie Kostenvorteile vor allem bezüglich der Lohnhöhe bringt. Diese aber, und hier wird das eigentliche Dilemma der Freizügigkeitsproblematik deutlich, kann nur in zwei Fällen – wenn der Bereich der Dienstleistungen ausgeschlossen wird –

unter den Preisen der einheimischen Arbeitskraft liegen: wenn illegal beschäftigt wird oder wenn das beschäftigende Unternehmen nicht an Tarifverträge gebunden ist. Die preisinduzierte Nachfrage nach Arbeitskräften aus den Beitrittsländern wird also entscheidend davon beeinflußt werden, inwieweit illegale Beschäftigung toleriert wird und wie groß die Zahl der Betriebe ist, die aus tarifvertraglichen Regelungen aussteigt. Nach Angaben des Bundeswirtschaftsministeriums sind dies im produzierenden Gewerbe zur Zeit rund 65 Prozent der ostdeutschen und 10 bis 15 Prozent der westdeutschen Betriebe.[20]

Eine Zunahme der (temporären) Zuwanderungen aus den Visegrad-Ländern nach Deutschland und in die EU, die sich bislang hauptsächlich in Form von angeworbenen Vertragsarbeitnehmern oder aber als vorgeblich touristische Einreise mit illegaler Arbeitsaufnahme bemerkbar gemacht haben, wäre bei einem EU-Beitritt dieser Staaten nur in dem Maße zu erwarten, wie Freizügigkeit gewährt wird. Und auch dann wird die faktische Zuwanderung davon abhängen, welche Fortschritte die ökonomische Entwicklung in diesen Staaten macht: Das Beispiel der früheren Erweiterungen der Europäischen Gemeinschaft zeigt, daß die vor jeder Erweiterungsrunde artikulierten Befürchtungen bezüglich einer Einwanderungswelle aus den jeweiligen Beitrittsländern unbegründet waren.[21]

Weitaus weniger vorangeschritten ist der Transformationsprozeß in den anderen südosteuropäischen Staaten, mit denen die EU Assoziationsabkommen geschlossen hat: Bulgarien, Rumänien und Albanien. Alle drei Länder sind im Gegensatz zu den Visegrad-Staaten Gebiete, aus denen es in den letzten Jahren umfangreiche Auswanderungen gegeben hat.[22] Aus Albanien sind von 1990 bis 1993 nach dem Zusammenbruch des stalinistischen Regimes wegen der katastrophalen Versorgungslage 300 000 Menschen, rund ein Zehntel der Bevölkerung, ausgewandert, vor allem nach Griechenland und Italien.[23] Aus Bulgarien und Rumänien gab es umfangreiche Auswanderungen von ethnischen Minderheiten, aus Bulgarien vor allem ethnische Türken (von 1989 bis 1992 rund 380 000, insgesamt 595 000 Personen), aus Rumänien etwa 420 000 Menschen, vor allem Deutsche, Ungarn, Juden und Roma. Befragungen, die in den drei Ländern 1992 und 1993 von nationalen und internationalen Organisationen durchgeführt wurden, geben die Auswanderungspotentiale wie folgt an: 77 Prozent der Albaner würden auswandern, um einige Monate in einem anderen Land zu arbeiten, 71 Prozent, um einige Jahre dort zu arbeiten, und 21 Prozent, um

20 Vgl. »Der Bau boomt an den Berlinern vorbei«, in: *Der Tagesspiegel*, 20.1.1995 und »Müssen Portugiesen in Deutschland »deutsch« arbeiten?« in: *Neue Zürcher Zeitung*, 23.12.1994.

21 Vgl. Heinz *Werner*, Regional Economic: Integration and Migration: The European Case, in: *Annals*, Nr. 534, Juli 1994, S. 147-164; hier S. 158 f.; sowie Rinus *Penninx*/Phillip J. *Muus*, Nach 1992 Migration ohne Grenzen? Die Lektionen der Vergangenheit und ein Ausblick auf die Zukunft, in: *Zeitschrift für Bevölkerungswissenschaft*, Nr. 2, 1991, S. 191-207; hier S. 192 f.

22 Zu den Abwanderungsabsichten von Albanern und Bulgaren vgl. IOM, Profiles and Motives of Potential Migrants. An IOM Study Undertaken in Four Countries: Albania, Bulgaria, Russia and Ukraine, Genf 1993.

23 Vgl. Henry *Kamm*, New Albania: Wishful Thinking and Exported Workers, in: *IHT*, 23.12.1994.

endgültig dort zu leben. Die entsprechenden Zahlen für Bulgarien lauten: 28, 20 und 6 Prozent. 10 Prozent der Rumänen würden definitiv auswandern.[24]

Die ehemalige Sowjetunion

Prognosen zum Wanderungsverhalten in den Staaten auf dem Gebiet der ehemaligen Sowjetunion fallen besonders schwer. Nicht zuletzt aufgrund der geographischen Größe dieser Region kumulieren politische, ökonomische und ethnisch-kulturelle Wanderungsfaktoren. Das Bild wird noch erschwert durch das weitgehende Fehlen statistischen Materials.

Bereits heute liegt nach internationalem Standard die Arbeitslosenquote in Rußland und auch in den anderen Nachfolgestaaten der Sowjetunion bei 10 bis 15 Prozent, und es ist zu erwarten, daß sie mit dem Zusammenbruch unrentabler staatlicher Großbetriebe noch weiter zunehmen wird,[25] und zwar relativ unabhängig davon, ob strikt marktwirtschaftliche oder stärker etatistische Organisationsformen der Wirtschaft verwirklicht werden. Dabei wird wegen der völlig unzureichenden Ausstattung der sozialen Sicherungssysteme ein wachsender Anteil der Bevölkerung Existenznöte haben, vor allem ältere und kranke Menschen, die keine Beschäftigung in der Schattenwirtschaft finden können. Gleichzeitig wird die soziale Ungleichheit stark zunehmen. Weniger in Rußland als in den anderen Nachfolgestaaten wird für die Migrationsproblematik der Umgang mit ethnischen Minderheiten von Bedeutung sein. Die Diskriminierungen, denen die russischen Minderheiten in vielen Nachbarrepubliken ausgesetzt sind, sind nur ein Beispiel für die Brisanz dieser Probleme: Es ist zu erwarten, daß die russische Regierung, nicht zuletzt aus innenpolitischen Gründen der Rücksichtnahme auf nationalistische Kräfte, ihren außenpolitischen Einfluß geltend macht und vielleicht sogar zu militärischen Interventionen greift, um Landsleute zu schützen oder sogar zu evakuieren.

Ein wichtiger Punkt bei der Abschätzung von Wanderungspotentialen ist die Frage, welche Migrationserfahrungen eine Bevölkerung gemacht hat. Entgegen weitverbreiteter Vorstellungen hat es auf dem Gebiet der ehemaligen Sowjetunion immer schon erhebliche Wanderungen gegeben. Diese Binnenmigration war untrennbarer Bestandteil der staatlichen Industriepolitik; die industrielle Kolonisierung Sibiriens war nur durch eine ganz erhebliche räumliche Mobilität der Industriearbeiterschaft, die oft mehrfach während ihres Arbeitslebens den Wohnort wechselte, zu realisieren. Bis heute hat zudem die seit den sechziger Jahren zu beobachtende Abwanderung von Russen aus den zentralasiatischen Staaten nach Rußland sowie die Zuwanderung von Gastarbeitern in die russische Industrie angehalten. Zur Zeit schätzt man die Zahl der Gastarbeiter in Rußland, vor allem qualifizierte ukrainische Ingenieure und Techniker,

---

24 Angaben von Gerhard *Seewann* vom Südosteuropa-Institut in München, der aber auf die grundsätzliche Problematik solcher Umfragen hinweist.

25 Vgl. u.a. Roland *Götz*, Zur makroökonomischen Entwicklung in Rußland 1989-1995. Teil I: Sozialprodukt, Beschäftigung (*Aktuelle Analysen des Bundesinstituts für ostwissenschaftliche und internationale Studien*, Nr. 73) Köln 1994, S. 4 ff.

deren Einkünfte hier etwa das Fünffache der heimischen Einkünfte betragen, auf 500 000 bis 600 000.[26] Die potentiellen Zuwanderer aus dem ›Nahen Ausland‹ werden auf 25 Millionen Russen und weitere zwölf Millionen Russischsprachige geschätzt, von denen nach Angaben des 1992 zur Steuerung der Wanderungsbewegungen gegründeten Migrationsdienstes der Russischen Föderation bereits zwei Millionen zugewandert sind. Erwartet wird, daß weitere zwei bis sechs Millionen von ihnen während der nächsten sechs Jahre nach Rußland einwandern werden.[27] Derzeit leben zudem rund 640 000 Flüchtlinge aus den früheren Sowjetrepubliken in Rußland, wovon über die Hälfte aus Tadschikistan, Georgien und Aserbeidschan stammt. Hinzu kommt die Binnenmigration der ›Nordflüchtlinge'. Bewohner Sibiriens werden nach Mittelrußland in dem Maße rückwandern, wie die Überbesetzungen der sibirischen Industriebetriebe – die mit bis zu 40 Prozent angegeben werden – abgebaut werden und wie sich die dortige Versorgungslage mit Lebensmitteln, Brennstoffen und allgemein mit Subventionen verschlechtern wird. Dies könnte in den nächsten Jahren jährlich 200 000 bis 300 000 Menschen zur Rückwanderung nach Rußland, in die Ukraine oder ins Baltikum bewegen.[28] Hinzu kommt, daß die russische Regierung umfangreiche Umsiedlungen vornehmen will, die hauptsächlich entlassene Militärs betreffen sollen: Bis zum Jahr 2000 sollen elf Millionen Menschen vor allem in den Nicht-Schwarzerdegebieten Mittelrußlands, im Süden Sibiriens und im Süden des Fernen Ostens angesiedelt werden.[29] Einige der zentralasiatischen Nachfolgestaaten haben darüber hinaus auch eine umfangreiche illegale Zuwanderung von Chinesen zu verzeichnen; in Sibirien soll diese Zuwanderung von insgesamt etwa zwei Millionen Menschen bereits zu schwerwiegenden ethnischen Spannungen geführt haben.

Diese Binnenwanderungen sind auch für die Zuwanderungspotentiale nach Westeuropa relevant, weil sich möglicherweise Verdrängungsprozesse für die deutschstämmigen Minderheiten ergeben und diese wie die jüdische Minderheit zur Ausreiseoption greifen lassen. Dies ist zumindest für das südliche Westsibirien zu erwarten, wohin über die nichtbefestigten russischen Grenzen Chinesen und Kasachen einwandern und dort die Ansiedlungsbedingungen für die Deutschstämmigen verschlechtern. Die jüdische Minderheit wird von den russischen Behörden mit rund zwei Millionen angegeben, insgesamt könnten aber acht Millionen Menschen eine jüdische Abstammung für sich reklamieren. Nach offiziellen Angaben gibt es auf dem Gebiet der ehemaligen Sowjetunion 1,5 Millionen Deutschstämmige, Schätzungen sprechen vom Vierfachen. Es wird erwartet, daß sich bei der nächsten Volkszählung 15 Millionen Menschen einer anderen Nationalität zurechnen könnten als bei der letzten Erhebung, wenn ihnen diese ethnische Identifizierung Vorteile, etwa Ausreisemöglichkeiten, bieten würde.

---

26 Angaben von Bernd *Knabe* vom Bundesinstitut für ostwissenschaftliche und internationale Studien in Köln.

27 Vgl. u.a. Andrew *Higging*, Dreams Turn to Mud for Children at the Diaspora, in: *The Independent*, 18.5.1994.

28 Vgl. Deutsche Welle, Monitor-Dienst Osteuropa, 25.8.1994.

29 So die Auskunft des ehemaligen stellvertretenden russischen Premierministers Georgi *Chischa*, Leiter des Expertenrats der russischen Regierung für Umsiedlung, in: *Iswestija*, 1.6.1994.

Die künftigen Wanderungsbewegungen aus der ehemaligen Sowjetunion werden zudem davon abhängen, welche Menschenrechts- und Minderheitenpolitik in den Nachfolgestaaten verfolgt wird, ob ethnische Minderheiten diskriminiert werden, es zu militärischen Konflikten zwischen den Nachfolgestaaten kommen wird und wie mit den ökologischen Folgen der militärischen und industriellen Verwüstung vieler Gebiete umgegangen wird.

Nordafrika

Ein wichtiger mittelbarer wanderungsauslösender Faktor in den nordafrikanischen Ländern wird die künftige Bevölkerungsentwicklung sein. In diesen Staaten ist der demographische Übergang im Vergleich zum restlichen Afrika schon relativ weit fortgeschritten, die Geburtenraten liegen aber mit dem Doppelten bis Dreifachen der industrialisierten Länder immer noch sehr hoch.[30] Die mittelfristige Folge dieser hohen Geburtenzahlen zeigt sich in den Bevölkerungsprojektionen: Nach Schätzungen der ILO wird die Bevölkerung Marokkos und Tunesiens trotz der tendenziellen Abnahme der Geburtenhäufigkeit bis zum Jahr 2025 um 63 Prozent zunehmen, die ägyptische um 72 Prozent und die algerische um 99 Prozent. Dies wird in Algerien zu einer Zunahme der Erwerbsbevölkerung um ein Drittel, in den drei anderen Ländern um 19 Prozent führen. Die Maghreb-Staaten werden daher trotz sinkender Geburtenraten für die dann auf den Arbeitsmarkt drängenden Jugendlichen in erheblichem Umfang neue Arbeitsplätze schaffen müssen. Die Perspektivlosigkeit jugendlicher Arbeitsloser kann zu einem wichtigen Faktor künftiger Wanderungsbewegungen aus diesem Raum werden.

Ob sich ökonomisch motivierte Wanderungswünsche dieser in der Regel schlecht ausgebildeten und nicht über finanzielle Ressourcen verfügenden Jugendlichen in tatsächliche Wanderungen umsetzen werden, hängt von den Zutrittsmöglichkeiten ab, die die europäischen Staaten bieten. Dies gilt zwar selbstverständlich auch für Zuwanderungen aus anderen Regionen, aber in ganz besonderem Ausmaß für nordafrikanische Zuwanderer, weil diese in einigen europäischen Ländern über umfangreiche *communities* verfügen, die ihre Niederlassung unterstützen könnten. Die wichtigsten Herkunftsländer sind Marokko (ca. 1,1 Millionen Auswanderer), Algerien (630 000), Tunesien (300 000) und Ägypten (rund 30 000).[31] 1991 lebten 68 Prozent dieser Migranten in Frankreich; in Belgien, Italien und den Niederlanden jeweils 8 Prozent; in Deutschland 6 Prozent und in Spanien 2 Prozent. Ägypter haben sich fast ausschließlich in Italien niedergelassen, Algerier in Frankreich, Tunesier in Frankreich und Italien, Marokkaner hauptsächlich in Frankreich und Deutschland, allerdings auch mit starken Kolonien in den anderen Ländern. Signifikant ist die Zunahme der nordafrikanischen Zuwanderung in den südeuropäischen Ländern: In Italien hat sie

30 Vgl. UNFPA, Weltbevölkerungsbericht 1993, a.a.O. (Anm. 3), S. 44 ff.
31 Alle Zahlenangaben für 1991, in: OECD, SOPEMI. Trends in International Migration. Annual Report 1993, Paris 1994.

sich nach den offiziellen statistischen Angaben von 1981 bis 1991 verzwölffacht, in Spanien vervierzehnfacht. Wie stark sich diese Niederlassungsmuster bei künftigen Wanderungen reproduzieren werden, ist kaum vorherzusehen, nicht zuletzt, weil diese Zahlen keinen Aufschluß über die illegale Zuwanderung geben. Diese beträgt nach verschiedenen Schätzungen vor allem in Italien und Spanien ein Vielfaches der offiziellen Zahlen. Abhängen werden diese Zuwanderungen ganz entscheidend von den Zuwanderungsregelungen der Aufnahmeländer. So ist zu beobachten, daß die Zahl der algerischen Asylbewerber in Deutschland in den beiden letzten Jahren in dem Maße zugenommen hat, wie Frankreich, das traditionelle Aufnahmeland für diese Gruppe, die Bedingungen der Asylgewährung verschärft hat.[32]

Das Beispiel der Asylbewerber läßt vermuten, daß für die nordafrikanische Auswanderung politische und kulturelle Wanderungsfaktoren ein größeres Gewicht haben werden als die demographische und ökonomische Entwicklung. Zum einen ist zu erwarten, daß, bei einem weiteren Verlust innenpolitischer Stabilität und einer Verschärfung der Gewalttätigkeiten in Algerien, Bewohner der Konfliktgebiete in sichere Inlands- und Auslandsgebiete fliehen. Zum anderen ist bei einer weiteren Ausbreitung des islamischen Fundamentalismus, etwa bei einer politischen Machtübernahme entsprechender Kräfte, zu erwarten, daß laizistisch eingestellte Bevölkerungsteile mit starken kulturellen Bindungen an Europa wie etwa Algerier mit französischer Staatsbürgerschaft[33] die Länder verlassen.

Weitere Faktoren, die Auswanderungen forcieren könnten, sind ökologische Probleme, vor allem nachlassende Bodenerträge und eine Verschlechterung der Wasserversorgung, die in vielen Maghreb-Gebieten schon ein kritisches Stadium erreicht hat. Hinzu kommen möglicherweise Belastungen durch Zuwanderer aus den Sahel-Staaten, die noch in weitaus größerem Ausmaß von einer Verschlechterung der Lebensbedingungen betroffen sind. Wandern werden aber nicht in erster Linie die Armen, sondern die städtischen Eliten. Die Landbevölkerung könnte sich im übrigen durch fundamentalistisch-islamische Regime durchaus eine Verbesserung ihrer Lebensverhältnisse versprechen.

Herausforderungen und Chancen

Die Folgen von Migration sind immer ambivalent; einzelne Gebiete, Bevölkerungsgruppen und Gesellschaftsbereiche werden belastet, andere entlastet. Migration durchbricht auch klassische Unterscheidungen zwischen Innen- und Außenpolitik. Dies gilt zum einen für die politischen Akteure. Im Fall der EU ist dies besonders

32 Die Zahl algerischer Asylbewerber in Deutschland hat von 1 388 im Jahre 1991 auf 11 262 im Jahre 1993 zugenommen. Vgl. Hans-Ingo *von Pollern*, Die Entwicklung der Asylbewerberzahlen im Jahre 1993, in: *Zeitschrift für Ausländerrecht und Ausländerpolitik*, Nr. 1, 1994, S. 29-36; hier S. 30.

33 20 000 algerisch-französische Doppelstaatsbürger sind offiziell registriert, Schätzungen gehen aber von bis zu 100 000 Personen aus. Vgl. Catherine *Simon*, L'afflux des réfugiés d'Algérie inquiète les autorités françaises, in: *Le Monde*, 8.4.1994.

gut sichtbar, da unter anderem die Innenministerien Aufgaben wahrnehmen, die nach klassischem Verständnis in den Bereich der Außenpolitik und der Diplomatie fallen. Zum anderen bezieht sich die Verflechtung auf die Politikinhalte. So sind Wanderungen einerseits abhängig von außenpolitischen Zielsetzungen. Sowohl die Forcierung einer Auswanderung bestimmter Bevölkerungsgruppen als auch die Aufnahme von Migranten kann durch außenpolitische Überlegungen bestimmt sein. Diese außenpolitischen Gründe andererseits sind häufig innenpolitisch beeinflußt: Herkunftsländer können die Auswanderung zur Entlastung heimischer Arbeitsmärkte und zur Reduzierung von politischem Unruhepotential nutzen. Aufnahmeländer hingegen können Zuwanderung zulassen, weil aus innenpolitischen Gründen bestimmte Zuwanderungen erwünscht sind (Juden nach Israel) oder weil politisch organisierte Einwanderer früherer Epochen eine entsprechende Lobbyarbeit leisten wie etwa die Ukrainer in Kanada. Innenpolitische Gründe können sich aber auch gegenteilig auswirken, wenn eine außenpolitisch erwünschte Öffnung von Grenzen aufgrund von Vorbehalten der einheimischen Bevölkerung abgelehnt wird.

Diese Verschränkungen von innen- und außenpolitischen Gesichtspunkten zeigen, daß migrationspolitische Entscheidungen häufig strategische Weichenstellungen sind, die die internationale Stellung des Landes beeinflussen.

Arbeitsmarkt, demographische Entwicklung und Wirtschaftswachstum

Die Entwicklung der Arbeitsmärkte ist das Schlüsselthema der sozialpolitischen und ökonomischen Debatte über die Zukunft der europäischen Gesellschaften. In der öffentlichen Meinung ist, wie Meinungsumfragen immer wieder zeigen, der Arbeitsmarkt der Ort, an dem sich entscheidet, ob Zuwanderungen eine volkswirtschaftliche Be- oder Entlastung sind. Belastung ist dabei ein ambivalenter Begriff: Die Nicht-Integration von Zuwanderern in den Arbeitsmarkt – etwa von Asylbewerbern – wird kritisiert, weil die Aufenthaltskosten dann von den Einheimischen getragen werden müssen. Integrieren sich die Zuwanderer aber in den Arbeitsmarkt, wird dies ebenfalls kritisiert, weil sie angeblich als Arbeitsplatzkonkurrenten auftreten.

Eine grundlegende Frage ist, zu welchen Verdrängungsprozessen auf dem Arbeitsmarkt Zuwanderung führt. Das in den traditionellen europäischen Aufnahmeländern gültige Modell der Gastarbeiteranwerbung war, niedrig qualifizierte Arbeitskräfte zuwandern zu lassen, die entsprechend schlecht bezahlte Arbeitsplätze füllten, an denen einheimische Arbeitskräfte nicht mehr interessiert waren. Damit wurden zwar in den betroffenen Branchen zum Teil Modernisierungsprozesse verhindert, gleichzeitig bekamen einige der einheimischen Arbeitskräfte aber – versorgt mit staatlichen Ausbildungsprogrammen – Gelegenheit zum beruflichen Aufstieg.[34] Dies

---

34 Vgl. John P. *De Newt*/Klaus F. *Zimmermann*, Native Wage Impacts of Foreign Labor: A Random Effects Panel Analysis (Universität München: Münchener wirtschaftswissenschaftliche Beiträge, Nr. 93-19), München 1993; und Klaus F. *Zimmermann*, Ökonomische Konsequenzen der Migration für den heimischen Arbeitsmarkt, in: *Schweizerische Zeitschrift für Volkswirtschaft und Statistik*, Nr. 129, 1993, S. 283-301; hier S. 283.

trifft zumindest für künftige Zuwanderungen aus Osteuropa nicht zu, da potentielle Migranten in der Regel gut ausgebildet sind und zu ernsthaften Konkurrenten auch für angelernte Arbeiter, Facharbeiter und Techniker werden könnten.[35]

Für die Integration der künftigen Zuwanderungen in die Arbeitsmärkte wird von Bedeutung sein, welchen Bedarf die aufnehmenden Gesellschaften haben.[36] Hierfür ist die demographische Entwicklung der einheimischen Bevölkerung entscheidend. Für die Bundesrepublik etwa gehen mittlere Bevölkerungsprognosen bis zum Jahr 2030 von einem jährlichen Nettozuwanderungsbedarf von durchschnittlich 400 000 Personen aus, um die Erwerbsbevölkerung zu stabilisieren.[37] Ähnlich wird die Mehrzahl der Staaten der Europäischen Union in etwa fünfzehn Jahren erhebliche Zuwanderungen brauchen.[38] Bis dahin allerdings wird in vielen Bereichen das gegenteilige Bild, nämlich Arbeitslosigkeit, vorherrschen.

Sozialstaat

Jede Bevölkerungszunahme, also auch Zuwanderung, verursacht Staatsausgaben in Form von Geldleistungen (Kindergeld, Sozialhilfe und Wohngeld) und von Infrastrukturleistungen im Wohnungs-, Ausbildungs-, Verkehrs- und Gesundheitsbereich. Andererseits fließen dem Staat Einkommens- und Verbrauchssteuern zu. Je schneller die Zuwanderer erwerbstätig werden, desto schneller steigen nicht nur ihre Arbeitseinkommen und ihre Verbrauchsausgaben, sondern auch ihre Beiträge zu den Sozialversicherungen.

Für die Bundesrepublik liegen einige Berechnungen über den Zusammenhang von Sozialstaat und Zuwanderung vor.[39]

Das Rheinisch-Westfälische Institut für Wirtschaftsforschung schätzt, daß die Beschäftigung von 1,2 Millionen Zuwanderern in der Phase von 1988 bis 1992 im Jahr 1992 zusätzlich 90 000 Arbeitsplätze geschaffen, das Bruttosozialprodukt um 6 Prozent, die Unternehmereinkommen brutto um 10 Prozent und die Arbeitnehmereinkommen um 5 Prozent erhöht hat. Insgesamt habe die Zuwanderung in diesem Jahr zu einer Entlastung der öffentlichen Haushalte in Höhe von 14 Milliarden D-Mark geführt.

35 Selbst wenn aufgrund des wachsenden Bedarfs an solchen Arbeitskraften moglicherweise kein Anstieg der Arbeitslosigkeit zu erwarten ist, werden doch zumindest die Lohnzuwächse der Einheimischen nicht so hoch ausfallen wie ohne Zuwanderung. Vgl. Wolfgang *Ochel*/Kurt *Vogler-Ludwig*, International Migration: A New Challenge for the Industrialized Countries, in: *Tokyo Club Papers*, Nr. 6, 1993, S. 7-48; hier S. 21.

36 Vgl. zum Überblick u.a. Elmar *Hönekopp*, Migration from the East to Germany: Intensification of Immigration Trends without any Comprehensive Conception of Immigration Policy, in: Solon *Ardittis* (Hrsg.), The Politics of East-West Migration, London 1994, S. 116-125; hier: S. 120 f.

37 Vgl. Bernd *Hof*, Möglichkeiten und Grenzen der Eingliederung von Zuwanderern in den deutschen Arbeitsmarkt, in: *APZ*, Nr. B 48/94, 1994, S. 11-24; hier S. 21 ff.

38 Zum europäischen Vergleich siehe Bernd *Hof*, Europa im Zeichen der Migration. Szenarien zur Bevölkerungs- und Arbeitsmarktentwicklung in der Europäischen Gemeinschaft bis 2020, Köln 1993.

39 Zum europäischen Vergleich siehe Josef *Schmid*, Zuwanderung aus Eigennutz? Der demographische Aspekt des Einwanderungsbedarfes in den EU-Mitgliedstaaten, in: Werner *Weidenfeld* (Hrsg.), Das europäische Einwanderungskonzept, Gütersloh 1994, S. 89-124.

Diese Daten erlauben einige Prognosen zu den Wirkungen künftiger Zuwanderungen. Zum einen wird deutlich, wie stark die Be- und Entlastungen des Sozialstaats von der Struktur der künftigen Zuwanderung abhängen. Die bis in die Gegenwart für die Sozialversicherungssysteme sehr positiven Wirkungen der Zuwanderung sind eine Folge der günstigen Alterstruktur der bisherigen Zuwanderer und deren höherer Erwerbsbeteiligung. Im Bereich der aus sozialen, politischen und humanitären Gründen nicht zu verhindernden Zuwanderung – Familiennachzug, Aussiedlerzuzug, Aufnahme von Flüchtlingskontingenten – wird sich die Struktur der Zuwanderung nicht grundsätzlich verändern. Dies würde auch für zusätzlich akzeptierte Zuwanderungen gelten, etwa von angeworbenen Facharbeitern. Problematischer ist die zweite Bedingung, die Integration in den Arbeitsmarkt. Hier muß wahrscheinlich für die nächsten zehn Jahre von einer angespannten Situation ausgegangen werden, wobei die Zahl der den Zuwanderern zur Verfügung stehenden Arbeitsplätze in hohem Maße von Maßnahmen zur Flexibilisierung und zur Deregulierung der Arbeitsmärkte abhängen wird.

Völlig unklar ist hingegen, wie sich der Zuzug von illegalen Zuwanderern auf den Sozialstaat auswirken könnte. Da diese nicht sozialversicherungspflichtig beschäftigt wären, würden grundsätzlich die Erträge ihrer Beschäftigung privatisiert, nämlich von den Betrieben und Haushalten, die Kosten jedoch vergemeinschaftet. Allerdings wäre hier zu fragen, in welchem Umfang sie durch die von ihnen gezahlten Verbrauchsabgaben zur volkswirtschaftlichen Wertschöpfung beitragen.

Rückwirkungen auf die Außenbeziehungen der Bundesrepublik können sich hieraus ergeben, falls zur Füllung bestimmter Arbeitsmarktsegmente oder zur Stützung des Sozialstaats auf die Zuwanderung bestimmter Personengruppen gesetzt würde. Dann müßten Anwerbe- bzw. Zuwanderungsprogramme aufgelegt werden, was wie in den fünfziger und sechziger Jahren in enger Abstimmung mit den Herkunftsländern zu erfolgen hätte. Auch eine Reduzierung von unerwünschter illegaler Zuwanderung läßt sich nur bei einem Interessenausgleich mit den Herkunfts- und Transitländern erreichen.

Innere Sicherheit

Umfragen zeigen, daß in allen EU-Ländern eine Beeinträchtigung der inneren Sicherheit vor allem durch eine Zunahme von Ausländerkriminalität, Ausländerfeindlichkeit und Ausländerextremismus[40] befürchtet wird. Bemerkenswert ist, daß der hohe Stellenwert des Sicherheitsthemas oft nicht mit der tatsächlichen Kriminalitätsentwicklung korrespondiert.

Für das erste Halbjahr 1994 gab die Polizeiliche Kriminalitätsstatistik (PKS) bei einem Ausländeranteil an der deutschen Wohnbevölkerung von 8,5 Prozent den Anteil der ausländischen Tatverdächtigen mit etwa einem Drittel an. Dieser hohe

40 Vgl. hierzu den Beitrag von Hans-Georg *Wieck*.

Anteil, der in der öffentlichen Diskussion immer wieder als Indikator für die Gefährdung der inneren Sicherheit durch Ausländer gewertet wird, muß in mehrfacher Hinsicht differenziert werden. Zum einen ist zu vermuten, daß Ausländer zumindest in bestimmten Deliktgruppen häufiger ungerechtfertigt zu Tatverdächtigen werden als Deutsche, da ein wesentlich höherer Prozentsatz der deutschen Tatverdächtigen als der ausländischen angeklagt und auch verurteilt wird.[41] Zweitens sind ca. 20 Prozent der erfaßten Delikte Straftaten, die nur von Ausländern begangen werden können, etwa Verstöße gegen Aufenthaltsvorschriften. Drittens ist die Sozialstruktur ausländischer und deutscher Tatverdächtiger häufig nicht vergleichbar; sie sind in Risikogruppen häufiger vertreten. Viertens werden in der Bevölkerungsstatistik illegal anwesende Ausländer und ausländische Touristen nicht erfaßt, wohl aber in der PKS, was zu einer erheblichen Verzerrung führen dürfte.

Der Anteil der Ausländer an den Tatverdächtigen variiert stark nach Delikten und dem Aufenthaltsstatus.[42] Über ein Fünftel der nichtdeutschen Tatverdächtigen waren sich illegal aufhaltende oder reisende Ausländer. Ein erheblicher Teil der (vermuteten) Ausländerkriminalität ist also nicht immigrationsbezogen, sondern durch weitgehenden Wegfall der Grenzkontrollen im Binnenmarkt und größere Durchlässigkeit der Grenzen zu den mittel- und osteuropäischen Staaten bedingt. Dies gilt auch für die beiden Kriminalitätsbereiche mit besonders hohem Anteil ausländischer Tatverdächtiger, die organisierte Kriminalität (54,5 Prozent) und das Schlepperwesen (95 Prozent), zwei Bereiche, die nach Ansicht von Sicherheitsexperten eng miteinander verflochten sind.[43] Die Zahl der entdeckten Schleusungen hat sich in der Bundesrepublik 1992 und 1993 jeweils verdoppelt.[44] Mit zunehmender Überwachung der Grenzen zu den mittel- und osteuropäischen Nachbarländern bedienen sich die Schleuserorganisationen der offenen EU-Binnengrenzen.[45] Für illegale Einreisen von Kurden aus der Türkei nach Deutschland, die Asylanträge stellen wollen, wird immer häufiger der Weg über Bulgarien, Ex-Jugoslawien, Italien und dann über die Grenzübergänge Ventimiglia und Mühlhausen nach Frankfurt am Main gewählt. Die deutschen Grenzbehörden reagieren zunehmend durch Kooperationen mit Dienststellen in den

---

41 Vgl. Zentrum für Türkeistudien, Ausländer in der Bundesrepublik Deutschland. Ein Handbuch, Opladen 1994, S. 393, und vertiefend Ernst-Heinrich *Ahlf*, Ausländerkriminalität in der Bundesrepublik. Deutschland nach Öffnung der Grenzen, in: *Zeitschrift für Ausländerrecht und Ausländerpolitik*, Nr. 3, 1993, S. 132-138; hier S. 135 f.

42 So weist die PKS für 1993 den Anteil der Asylbewerber an den nichtdeutschen Tatverdächtigen mit 37,1 % aus, von denen allerdings die Mehrzahl wegen Bagatelldelikten, allein 42,3 % wegen Ladendiebstahls, registriert wurde. Überdurchschnittlich hoch war der Anteil ausländischer Tatverdächtiger etwa bei der Hehlerei von Kraftfahrzeugen (49,2 %), dem illegalen Handel mit Kokain (51 %), dem Menschenhandel (47,6 %) sowie dem Taschendiebstahl (73,6 %).

43 Jonas *Widgren*, Direktor des International Center for Migration Policy Development in Wien, schätzt die Preise für die Umgehung der restriktiven Einwanderungs- und Asylmöglichkeiten in den EU-Ländern je nach Distanz und Leistungen der Schlepperunternehmen auf 250 bis 25 000 US-Dollar. 1993 und 1994 wurde die Zahl der eingeschleusten Migranten in die EU auf 500 000 geschätzt. Vgl. Marlowe *Hood*, Trafficking in Humans: Big Business in Europe, in: *IHT*, 3.1.1995.

44 Vgl. Bundesministerium des Innern, Tätigkeitsbericht des Bundesgrenzschutzes 1993, Bonn 1994, S. 7.

45 Vgl. Dieter *Wenz*, Offene Grenze am Rhein, in: *Frankfurter Allgemeine Zeitung (FAZ)*, 12.1.1995.

Nachbarländern, etwa durch die Einrichtung von deutsch-französischen Kontaktdienststellen und durch Stichproben und Schwerpunktkontrollen im Hinterland. Nach Ansicht eines Inspektors der französischen Grenzpolizei werde dadurch hinter der Grenze wieder aufgebaut, was kurz zuvor an der Grenze abgeschafft wurde, nun allerdings zu sehr viel höheren Kosten. Sehr bedenklich ist die Folgekriminalität im Anschluß an die Einschleusung: da die Zuwanderer häufig nicht über die nötigen Mittel zur Begleichung ihrer Schulden bei den Schleppern verfügen, werden sie häufig von Opfern zu Tätern, indem sie zum Rauschgifthandel, zur Prostitution etc. gezwungen werden.

Das zweite große Thema des Komplexes Zuwanderung und Innere Sicherheit ist die Kriminalität gegen Ausländer. Laut Verfassungsschutzbericht nahm von 1991 bis 1993 die Zahl der registrierten fremden- und ausländerfeindlich motivierten Gesetzesverletzungen von 2 426 auf 6 712 zu, darunter die Gewalttaten von 1 438 auf 2 277. Seit Mitte des Jahres 1993 ist eine Abnahme der Gewalttaten, insbesondere von Brandanschlägen und Sachbeschädigungen mit Körperverletzung, aber eine Zunahme von Straftaten wie Nötigung, Propagandadelikte und Volksverhetzung zu beobachten. Die bislang vorliegenden Statistiken lassen erwarten, daß 1994 die Zahl der Straftaten wieder auf die Größenordnung von 1991 gesunken ist. Verschiedene Untersuchungen zeigen, daß es sich bei den Tätern überwiegend um (männliche) Jugendliche und Heranwachsende – nur ein Fünftel von ihnen ist älter als 25 – mit geringer formaler Schulbildung handelt. Etwa ein Fünftel gehört rechtsextremistischen Gruppen an, ein weiteres Fünftel Skinhead-Gruppen. Die Mehrheit dieser fremdenfeindlichen Gewalttäter hat zwar kein ideologisch geschlossenes rechtsextremes Weltbild, die Grenzen zum organisierten Rechtsextremismus und zum politischen Rechtsradikalismus sind aber fließend.[46]

Der dritte Aspekt von Zuwanderung und innerer Sicherheit ist der politische Extremismus von Ausländern. Nach Angaben des Verfassungsschutzes ist der Mitgliederstand von ausländischen extremistischen Organisationen in den letzten Jahren deutlich zurückgegangen, von über 100 000 im Jahre 1988 auf 38 950 im Jahre 1993, von denen zwei Drittel Türken und ein Sechstel Kurden waren. In diesem Zeitraum haben die links- und rechtsextremistischen Gruppen in erheblichem Umfang Mitglieder verloren, islamisch-fundamentalistische Gruppen hingegen leicht gewonnen. Nach Ansicht des Bundesinnenministeriums bedrohen trotz dieses Mitgliederschwundes extremistische Ausländervereinigungen nach wie vor die innere Sicherheit der Bundesrepublik erheblich, da eine Zunahme von politisch motivierten Gewalttaten ausländischer Extremisten festzustellen sei. So sei für den Zeitraum von 1991 bis 1993 eine Verdoppelung der Zahl der Terrorakte und anderer schwerer Gewalttaten und eine Vervierfachung der Zahl der sonstigen Gewalttaten zu beobachten gewesen.

Für die Gewalttaten waren laut Verfassungschutzbericht insbesondere Mitglieder der für einen unabhängigen kurdischen Staat kämpfenden »Arbeiterpartei Kurdistans«

46 Vgl. Bundesministerium des Innern, Verfassungsschutzbericht 1993, Bonn 1994, S. 75; sowie Tore *Björgo*/Rob *Witte* (Hrsg.), Racist Violence in Europe, Houndsmill 1993.

(PKK) verantwortlich.[47] Den extremistischen türkischen Gruppierungen im islamischen und nationalistischen Bereich konnten bislang keine Gewalttaten nachgewiesen werden. Insbesondere der »Verband der islamischen Vereine und Gemeinden« (ICCB) des mittlerweile verstorbenen Cemaleddin *Kaplan* fiel aber durch die Propagierung eines gewaltsamen Umsturzes der türkischen Rechtsordnung auf.[48] Größere Medienaufmerksamkeit fand die politische Betätigung von Vertretern der algerischen »Islamischen Heilsfront« (FIS), insbesondere des Chefs der FIS-Auslandsorganisation, Rabah *Kébirs*, der trotz des von den Meldebehörden auferlegten politischen Betätigungsverbotes mehrfach Stellung zum Bürgerkrieg in Algerien nahm.[49]

Trotz des großen Medienechos, die der ausländische Extremismus und die von den Anhängern ausgeübten Straftaten finden, muß mit Blick auf das Gefährdungspotential für die innere Sicherheit in Deutschland auf die Größenordnungen hingewiesen werden. Nur 0,6 Prozent der in Deutschland lebenden Ausländer sind Mitglieder in extremistischen Gruppen, und die Zahl der begangenen Straftaten war auch 1993 mit einem Anteil von 0,2 Prozent an der allgemeinen Gewaltkriminalität unbedeutend.

Generell kann jede künftige Zuwanderung aus Spannungsgebieten die Problematik des Ausländerextremismus verstärken. Es ist nicht auszuschließen, daß Extremisten einen Aufenthalt als Tourist, Asylbewerber oder auch als Einwanderer nutzen, um gewaltsame Aktionen in ihrem Herkunftsland vorzubereiten. Auch ist es möglich, daß hier anwesende Landsleute oder Institutionen mit konträren politischen Auffassungen zum Ziel solcher Aktionen werden. Die jüngsten Anschläge auf türkische Einrichtungen in Deutschland, die im Zusammenhang mit der türkischen Offensive im Nordirak und den Auseinandersetzungen zwischen fundamentalistischen und alevitischen Türken stehen, sind hierfür Anzeichen.

Denkbar ist auch, daß deutsche Einrichtungen zum Ziel werden könnten, falls die Bundesrepublik in den Augen der Extremisten politisch Stellung für das Gegenlager bezieht. Dies aber sind Spekulationen. Bislang hat weder der politische Umgang der Bundesregierung mit dem Militärregime in Algerien noch die deutsche Türkei-Politik zu entsprechenden Anschlägen auf Einrichtungen in Deutschland geführt. Die bestehenden Verfassungsschutzeinrichtungen und die Instrumente des Straf- sowie

---

47 Diese wurde am 26.11.1993 mit der Begründung einer erheblichen Beeinträchtigung deutscher Sicherheitsinteressen vom Bundesinnenministerium verboten, nachdem Anhänger der Partei Anschläge auf türkische Einrichtungen begangen hatten. Anschläge und gewalttätige interne Auseinandersetzungen werden auch der linksextremistischen türkischen, bereits seit 1983 in Deutschland verbotenen, »Revolutionären Linken« (Devrimci Sol) und der ebenfalls linksextremistischen »Türkischen Kommunistischen Partei/Marxisten-Leninisten« (TKP/M-L) zugeschrieben. Vgl. Eckart *Werthebach*, Politisch motivierte Gewalt wächst, in: *Das Parlament*, 15.4.1994.

48 Gewalttätige Auseinandersetzungen hat es in den letzten Jahren auch zwischen regimetreuen und regimefeindlichen Iranern und, mit der Verschärfung des Krieges im ehemaligen Jugoslawien, zwischen Kroaten, Serben und bosnischen Muslimen gegeben. Agitation und Propaganda für ihre politischen Ziele machten auch noch Anhänger der tamilischen »Liberation Tigers of Tamil Eelam« (LTTE) und für einen unabhängigen Staat im Punjab kämpfende Sikhs.

49 Im Januar 1995 leitete der Generalbundesanwalt ein Ermittlungsverfahren gegen Mitglieder der FIS wegen des Verdachts auf Bildung einer kriminellen Vereinigung ein, nachdem sich Verdachtsmomente erhärtet hatten, daß sie an einem Waffenschmuggel aus Osteuropa über Deutschland nach Algerien beteiligt gewesen sein könnten. Vgl. »Hinweise auf Waffenschmuggel«, in: *FAZ*, 19.1.1995.

des Ausländer- und Asylrechts können zwar nicht vollständig verhindern, daß politische Auseinandersetzungen mit Gewalt ausgetragen werden, daß zu Gewalttaten im Ausland aufgerufen wird oder daß hier lebende Zuwanderer bewaffnete Auseinandersetzungen in ihrem Herkunftsland logistisch, etwa durch Waffenschmuggel, unterstützen. Sie haben aber bislang verhindert, daß solche Aktivitäten zu einem ernsthaften Sicherheitsrisiko für Einheimische und Zugewanderte wurden.

Die außenpolitischen Folgen dieser Herausforderungen an die innere Sicherheit sind vielfältig. Die Kriminalität von Ausländern betrifft aus zwei Gründen die Außenbeziehungen der Bundesrepublik: Zum einen droht straffällig gewordenen Ausländern die Abschiebung. Diese aber verlangt eine entsprechende Kooperation mit den Herkunftsländern, da nur dann abgeschoben werden kann, wenn Reisedokumente vorliegen, die wiederum häufig nur nach intensiven diplomatischen Interventionen erhältlich sind. Zum anderen führt die Bekämpfung der grenzübergreifenden Kriminalität von Ausländern, beispielsweise im Drogenschmuggel und im Schlepperwesen, zu einer intensiven Zusammenarbeit mit den Strafverfolgungsbehörden in anderen Ländern, was diesen Aspekt der inneren Sicherheit zu einem außenpolitischen Thema macht.

Auch die Kriminalität gegen Ausländer hat außenpolitische Folgen. Die Bundesrepublik kann aufgrund der geschichtlichen Vorbelastung noch weniger als andere Staaten fremdenfeindliche Anschläge dulden. Rechtsradikalismus und Xenophobie in Deutschland werden im Ausland sehr aufmerksam registriert, und nicht nur aus historischer Verantwortung, sondern auch als ein exportorientiertes Land kann Deutschland sich eine Hinnahme oder Verharmlosung solche Exzesse nicht leisten.

Schließlich können die politischen Aktivitäten von Zugewanderten die auswärtigen Beziehungen der Bundesrepublik beeinflussen. Hierbei ist an die Reaktionen der Herkunftsländer zu denken, wenn Zuwanderer in der Bundesrepublik für politische Veränderungen in ihren Heimatländern kämpfen. Gleichzeitig wird auch die deutsche Politik gegenüber den Herkunftsländern in einigen Aspekten von der Rücksicht auf hier lebende Zuwanderer geprägt.

Äußere Sicherheit

Unmittelbare Auswirkungen auf die äußere Sicherheit der EU-Staaten – im Sinne eines drohenden Verlustes territorialer Souveränität – hätten künftige Zuwanderungen nur im Fall krisenhafter Massenfluchtbewegungen. Solche aber, vergleichbar etwa den Fluchtbewegungen im östlichen Afrika, sind realistischerweise nicht zu erwarten. Das jugoslawische Beispiel hat gezeigt, daß selbst in Fällen brutalster Bürgerkriegssituationen mit extrem hohem Abwanderungsdruck Zuwanderungen in die EU nur in begrenztem Umfang erfolgen. Entscheidend für die Realisierung von Fluchtabsichten ist eben nicht nur geographische Nähe, sondern auch die begründete Hoffnung der Flüchtlinge, in ihrem Zielgebiet Aufnahme zu finden. Davor aber haben – verglichen mit einigen afrikanischen, asiatischen und auch amerikanischen Staaten – die EU-

Staaten erhebliche Migrationsbarrieren in bezug auf die Grenzsicherung und auf ihre Aufnahmepolitik gesetzt.

Invasionsszenarien gehören also wohl eher ins Reich der Propaganda als in die realistische Politikanalyse. Dennoch sind mittelbare Zusammenhänge von Zuwanderung und der äußeren Sicherheit der EU-Länder denkbar. Diese werden deutlich, wenn man den traditionellen Begriff der (militärischen) Sicherheit durch einen erweiterten Sicherheitsbegriff mit politischen, ökonomischen, ökologischen und gesellschaftlichen Aspekten ersetzt.[50] Damit wird es möglich, einige besonders relevante Aspekte von Sicherheit zu erfassen, die in der bisherigen Analyse des Zusammenhangs von Migration und äußerer Sicherheit nicht ausreichend behandelt wurden.

Das wären erstens die Auswirkungen von Migration auf die Außenpolitik durch die Gefährdung der innenpolitischen Stabilität und des sozialen Friedens, also der innenpolitischen Voraussetzungen außenpolitischer Handlungsfähigkeit. Diese Binnenstabilität wird u.U. durch die Migrationsbelastung, jedenfalls aber durch die jeweilige Fähigkeit und Bereitschaft der betroffenen Gesellschaft, Neuankömmlinge aufzunehmen und zu integrieren, beeinflußt. Die Risiken, die nur zum Teil zuwanderungsbedingt sind, zum Teil schlicht in offenen Grenzen und größerer Bewegungsfreiheit in Gesamteuropa begründet liegen, sind überall in der EU erkennbar: die Ausbreitung von Fremdenfeindlichkeit, von rechtsradikalem Gedankengut, unter Umständen auch die Gefahr eines Imports ethnischer Konflikte und terroristischer Aktivitäten sowie einer Ausbreitung von Drogenhandel und organisiertem Verbrechen. Nicht zu unterschätzen sind auch die außenpolitischen und außenwirtschaftlichen Konsequenzen, die sich aus einer veränderten Wahrnehmung der Bundesrepublik im Ausland und aus der Gefährdung ihres außenpolitischen Ansehens durch den innerstaatlichen Umgang mit Migrationen ergeben können.[51]

Ein zweites Bündel von Auswirkungen betrifft die bilateralen außenpolitischen Beziehungen zwischen den Herkunfts- und den Zielländern der Migrationsbewegungen. Diese Probleme haben in einer Reihe von bilateralen Beziehungen – etwa zwischen der Bundesrepublik und Rußland oder zwischen Frankreich und Algerien – erhebliche Bedeutung erlangt. Flüchtlinge und Migranten können sowohl von den Ursprungs- wie den Empfängerländern für bestimmte außenpolitische oder außenwirtschaftliche Zielsetzungen instrumentalisiert werden. Bemühungen, Wanderungsbewegungen zu

---

50 Vgl. Walter L. Bühl, Gesellschaftliche Grundlagen der deutschen Außenpolitik, in: Karl *Kaiser*/Hanns W. *Maull* (Hrsg.), Deutschlands neue Außenpolitik, Band 1: Grundlagen, 2. Auflage, München 1995, S. 175-201. Ole *Waever* et al., Identity, Migration and the New Security Agenda in Europe, London 1993; sowie die grundlegenden Arbeiten von Myron *Weiner*. Stellvertretend Myron *Weiner*, Security, Stability and International Migration, in: *ders.* (Hrsg.), International Migration and Security, Boulder, Colo. 1993, S. 1-35.

51 Die Aufmerksamkeit der internationalen Öffentlichkeit nicht nur für die deutsche Asyl- und Migrationspolitik, sondern auch für rechtsradikale, fremdenfeindliche und antisemitische Gewalttaten ist sehr groß, wie die Medienberichterstattung regelmäßig zeigt. Nach einer Erhebung des Mannheimer Meinungsforschungsinstituts IPOS hatten 1993 28 % der US-amerikanischen Zeitungsberichte über Deutschland den Rechtsextremismus zum Thema, in der Washington Post sogar 40 % der Artikel. 52 % der Amerikaner hielten die Deutschen für Antisemiten, 41 % sahen im Wiedererwachen des Nationalsozialismus eine potentielle Gefahr. Vgl. Jörg *von Uthmann*, Die Ignoranz hat auch ihr Gutes, in: *FAZ*, 16.6.1994.

bewältigen, können die Zielländer dazu bringen, sich massiv in die inneren Belange der Ursprungsländer einzumischen, wie das etwa Italien mit der Stationierung von Soldaten in albanischen Hafenstädten bereits getan hat, um die Fluchtbewegungen von Albanern nach Italien unter Kontrolle zu bringen. Auch die Aufforderung des türkischen Präsidenten Süleyman *Demirel* im April 1994 an seine 1,8 Millionen in Deutschland lebenden Landsleute, die deutsche Staatsbürgerschaft anzunehmen und auf die türkische zu verzichten, kann als eine solche Einmischung angesehen werden. Auf Migrationsprobleme zurückzuführende Konflikte können schließlich bereits gespannte bilaterale Beziehungen weiter verschlechtern,[52] ja sie bis an die Grenze der militärischen Konfrontation belasten.[53] Entsprechende Befürchtungen wurden etwa für die Beziehungen zwischen Albanien und Griechenland laut, nachdem Griechenland mehrfach als Reaktion auf angebliche Diskriminierungen der griechischen Minderheit in Albanien Massenausweisungen der auf 300 000 geschätzten, illegal in Griechenland arbeitenden Albaner verfügt hatte. Dieses Beispiel, bei dem Albanien von jeder Ausweisungsaktion wegen des Ausbleibens der in Griechenland erwirtschafteten Devisen und wegen der extrem hohen Arbeitslosigkeit im eigenen Land wirtschaftlich hart getroffen wurde,[54] zeigt auch stellvertretend für viele andere, welche tiefgreifenden ökonomischen Wirkungen migrationspolitische Entscheidungen vor allem für die Herkunftsländer haben können.[55]

Drittens schließlich ergeben sich aus der Wanderungsproblematik Rückwirkungen für die europäische Integration und die Europäische Union. Auf der einen Seite birgt die Thematik zentrifugale Kräfte für die Zukunft der Gemeinschaft: Die Bundesrepublik und die mediterranen EU-Länder werden in ihren außenpolitischen Orientierungen und Aktivitäten bis zu einem gewissen Grad fast zwangsläufig auseinanderstreben. Die französische Regierung kündigte an, ihre Ratspräsidentschaft zu einem stärkeren finanziellen Engagement der EU zugunsten der südlichen und östlichen Mittelmeeranrainer zu nutzen. Nach der grundsätzlich vereinbarten Einbeziehung der mittel- und osteuropäischen Reformländer in die Gemeinschaft sei nun eine Hinwendung zu den Mittelmeerländern erforderlich, damit im Süden keine Zone der Instabilität entstehe.

Auf der anderen Seite bergen diese Herausforderungen sowie die Notwendigkeit gemeinsamer europäischer Regelungen zugleich auch positive Impulse für eine Vertiefung der europäischen Integration. Mittlerweile werden die Grenzen der bislang

---

52 Ein immer wieder zu beobachtendes Beispiel hierfür ist die Beschwerde über die Gewährung politischen Asyls an Regimegegner. So beschwerte sich die algerische Regierung mehrfach bei der Bundesregierung über die Asylgewährung für Rabah *Kébir*.

53 Im Januar 1994 kündigte der georgische Präsident *Schewardnadse* an, das nach Unabhägigkeit strebende Abchasien durch einen Marsch von Millionen Georgiern wieder mit Georgien zu vereinen. Vgl. Schewardnadse plant Marsch von Millionen nach Abchasien, in: *FAZ*, 7.1.1994.

54 Vgl. »Eiszeit zwischen Athen und Tirana«, in: *Neue Zürcher Zeitung*, 28.8.1994.

55 Katastrophale Folgen hatte u.a. auch die Ausweisung von palästinensischen Gastarbeitern aus den Golfstaaten in der Folge des Zweiten Golfkriegs, die Jordanien nicht nur in eine schwere Haushaltskrise stürzte, sondern wegen der nicht vorhandenen Infrastruktur auch zu erheblichen innenpolitischen Problemen führte.

von den EU-Ländern präferierten bilateralen Abkommen zur Regelung ihrer Zuwanderungsprobleme sichtbar. Die verwirrende Vielzahl dieser bilateralen Regelungen macht es zunehmend nötig, auch aus Effizienzgründen multilaterale Regelungen zu finden. Dabei werden neue Verfahren zum Ausgleich nationaler Partikularinteressen zu finden sein, die möglicherweise auch als Modelle für andere Bereiche der europäischen Integration dienen können.

Eine vierte Dimension der äußeren Sicherheit betrifft die indirekten Rückwirkungen von Flüchtlings- und Migrationsbewegungen auf die bundesdeutsche und die europäische Außen- und Sicherheitspolitik. So könnten krisenartige Bevölkerungsbewegungen über nationale Grenzen hinweg – oder auch innerhalb nationaler Grenzen – zur politischen Destabilisierung von für die Bundesrepublik bzw. für die Europäische Union besonders bedeutsamen Regionen führen und damit vitale Sicherheitsinteressen gefährden. Zu denken ist hierbei insbesondere an die Gefährdung der politischen und wirtschaftlichen Stabilität Polens, der Tschechischen und der Slowakischen Republik sowie Ungarns, aber auch die Risiken einer regionalen Ausbreitung von Instabilität in Nordafrika.

In diesem Zusammenhang ist zu fragen, ob in der bisherigen deutschen Migrationspolitik Aspekte der Stabilität benachbarter Regionen hinreichend berücksichtigt worden sind. Insbesondere die Verhandlungen mit Polen und der Tschechischen Republik über Rückübernahmeübereinkommen haben vielfach die Einschätzung aufkommen lassen, die Bundesrepublik schiebe ihre Zuwanderungsprobleme durch Zahlung erheblicher Mittel in Länder ab, die darauf nicht vorbereitet sind, die aber größten Bedarf an den Finanzhilfen hätten. Wären diese Befürchtungen berechtigt, bestände tatsächlich ein Primat von innenpolitischen Zielsetzungen der Sicherheit und Ordnung auf deutschem Territorium gegenüber außenpolitischen Zielsetzungen der Herstellung von regionaler Stabilität. An diesem Punkt weisen einige Kritiker auch auf die Aufgabenteilung und Ressortzuständigkeit der deutschen Migrationspolitik hin, nach der das Innenministerium in vielen zwischenstaatlichen Vertragsverhandlungen federführend ist. Diese Frage nach den institutionellen Aspekten der Migrationspolitik, vor allem die Frage, welchen Anteil welche Ressorts an der Migrationspolitik haben, ist von erheblicher Bedeutung. Nicht nur weil Ressortpolitik immer auch einer gewissen Eigenlogik folgt, die nicht gleichzeitig auch die beste Politik im Allgemeininteresse ist, sondern auch weil hierbei möglicherweise Reibungsverluste entstehen.

Eine sehr wichtige außenpolitische Frage im Zusammenhang mit den bilateralen Rückübernahmeübereinkommen ist schließlich, ob die Asylpolitik der europäischen Staaten, vor allem die Definition »sicherer Drittstaaten«, zu einer tendenziellen Auflösung des internationalen Flüchtlingsregimes führt, dessen völkerrechtlicher Kern die Genfer Flüchtlingskonvention und dessen institutioneller Rahmen der UNHCR ist. Andererseits ist auch wichtig zu klären, ob sich möglicherweise durch die zunehmenden bilateralen migrationspolitischen Vereinbarungen zwischen Herkunfts- und Aufnahmeländern ein internationales Migrationsregime entwickelt, das bislang völkerrechtlich nur rudimentär verankert ist und institutionell nur in Teilaspekten geregelt wird.

Fazit

Auch in den nächsten Jahrzehnten werden die heute zu beobachtenden Wanderungsfaktoren wirksam sein. Möglicherweise werden einige dieser Faktoren an Bedeutung verlieren, etwa ökonomische Abwanderungsfaktoren für die mittel- und osteuropäischen Länder, falls sich deren wirtschaftliche Verhältnisse im bisherigen Tempo weiter verbessern. Politische Druckfaktoren wie Krisen und Konflikte könnten hingegen in vielen Weltregionen bedeutsamer werden. Für die Länder der EU ist die Gefahr von Massenzuwanderungen durch Fluchtbewegungen aus politischen Krisengebieten – und nur diese Wanderungsform könnte realistisch betrachtet krisenhafte Ausmaße annehmen – zwar nicht vollständig auszuschließen, aber doch unwahrscheinlich. Nicht, weil keine Krisengebiete vorhanden wären, sondern weil alle Erfahrungen mit Wanderungsbewegungen in der jüngeren Vergangenheit gezeigt haben, wie schwer sich politische Katastrophen auch in der unmittelbaren Nachbarschaft in Fluchtbewegungen in die EU umsetzen. Der Grund sind einerseits die Abwanderungsbarrieren in den Herkunftsgebieten, die finanzieller, transporttechnischer oder auch mentaler Art sein können, andererseits die rechtlichen und praktischen Zuwanderungsbarrieren, die die EU-Staaten errichtet haben, angefangen bei Beförderungsauflagen für Fluggesellschaften bis hin zu Grenzsicherungen. Selbst wenn es noch einmal zu krisenhaften Massenzuwanderungen im Umfang der jugoslawischen Flüchtlingstragödie in die EU-Länder käme, dürfte bei einem innereuropäischen Lastenausgleich, der die Verantwortung für die Aufnahme nicht einzelnen Ländern aufbürdet, die Handlungsfähigkeit der Mitgliedsländer nicht überschritten werden.

Zu erwarten ist aber, daß Zuwanderungen in die EU in den nächsten Jahrzehnten generell erheblich zunehmen werden. Diese werden nicht mit spektakulären Bildern verbunden sein, sondern kontinuierlich und in steigendem Umfang erfolgen. Es wird sich hierbei zum einen um Zuwanderungen handeln, die die EU-Länder aus humanitären, politischen und sozialen Gründen befürworten, etwa politische Flüchtlinge, Volkszugehörige und nachziehende Familienangehörige von Einwanderern früherer Perioden, andererseits um solche, die die Länder aus demographischen und ökonomischen Gründen brauchen, etwa Zuwanderer, die bestimmte Alters- oder Qualifikationsmerkmale haben. Zu diesen legalen Zuwanderungen werden noch illegale kommen, die die aufnehmenden Länder nicht verhindern wollen oder können, weil Illegale möglicherweise eine wichtige ökonomische Rolle spielen oder weil geschlossene Grenzen zu den Herkunftsregionen politisch nicht erwünscht sind.

Ob diese Zuwanderungen zu den oben beschriebenen Risiken und Chancen gehören, ist nicht naturgegeben, sondern hängt von politischen Antworten auf diese Herausforderungen ab. Migration ist, wie jedes soziale Geschehen, grundsätzlich konfliktreich, da individuelle und kollektive Interessen zum Teil sehr tiefgreifend berührt werden.

Das macht Migrationspolitik langwierig und schwierig, und gleichzeitig auch so attraktiv für schnelle parteipolitische Profilierung: Die aber darf auf keinen Fall die künftige Politik bestimmen, wenn den aufgezeigten Herausforderungen in verantwortlicher Weise begegnet werden soll.

RÜSTUNGS- UND ZERSTÖRUNGSPOTENTIALE ALS HERAUSFORDERUNG DER INTERNATIONALEN POLITIK

Harald Müller

Das Proliferationsproblem nach dem Ende des Ost-West-Konflikts: Plus ça change ....

Eine der am häufigsten gehörten Feststellungen über die gegenwärtige Weltlage lautet, nach dem Ende des Ost-West-Konflikts sei die Proliferationsgefahr größer denn je zuvor; die Kontrollfähigkeit der vormaligen Bündnisvormächte sei in den Konfliktregionen der »Dritten Welt« geschwächt, die dortigen Gelüste, Sicherheit oder Macht auf dem Wege über Massenvernichtungswaffen zu erwerben, seien enthemmt. Diese Überlegungen sind falsch. Was sich geändert hat, ist vielmehr die Aufmerksamkeit, die Politik, Medien und auch die »strategic community« dem Proliferationsthema schenken. Im Sachbereich selbst sind die Verhältnisse erstaunlich stabil geblieben.

Alle Kernwaffenprogramme, die uns heute in Drittweltstaaten beunruhigen, nahmen ihren Anfang während des Ost-West-Konflikts.[1] Das gleiche gilt für die Anstrengungen, chemische und biologische Waffen zu erwerben. Auch hier sind seit Mitte der achtziger Jahre keine neuen Kandidaten hinzugetreten. Schließlich sind bei den ballistischen Raketen zwar in den letzten Jahren Veränderungen in der Reichweite erfolgt, aber eben wieder in denselben Ländern, die FROGs und SCUDs noch von der alten Sowjetunion erworben oder seit langem an eigenen Weltraum- oder militärischen Raketenprogrammen gearbeitet haben.

Auf der anderen Seite können wir feststellen, daß einige Länder aus dem Rennen ausgeschieden sind und die Regime, die der Nichtverbreitung dieser Waffen dienen, Fortschritte verzeichnen. Südafrika hat – nach Mehrheitsmeinung der Experten – seinen Kernwaffenstatus freiwillig aufgegeben.[2] Brasilien und Argentinien haben ihr Spaltmaterial internationalen Kontrollen unterstellt und – wie auch Chile – den Tlatelolco-Vertrag in Kraft gesetzt. Weißrußland und Kasachstan sind dem Nichtverbreitungsvertrag beigetreten, und die Ukraine steht unter wachsendem Druck, diesen Schritt ebenfalls zu vollziehen. Die Waffenprogramme Iraks wurden gewaltsam beendet und stehen unter Kontrolle der United Nations Special Commission on

1 Vgl. die diversen Publikationen von Leonard S. *Spector*, Nuclear Proliferation Today, Washington, D.C. 1984; *ders.*, The New Nuclear Nations (The Spread of Nuclear Weapons, 1985), New York 1985; *ders.*, The Undeclared Bomb (The Spread of Nuclear Weapons, 1987/1988), Cambridge, Mass. 1988; Leonard *Spector*/Jacqueline R. *Smith*, Nuclear Ambitions (The Spread of Nuclear Weapons, 1989-1990), Boulder, Colo./San Francisco/Oxford 1990.

2 Vgl. eine gründliche Analyse bei David A. V. *Fischer*, Reversing Nuclear Proliferation: South Africa, in: *Security Dialogue*, Nr. 3, 1993, S. 273-286.

Iraq (UNSCOM) und der Internationalen Atomenergie-Organisation (IAEO). Die Chemiewaffenkonvention liegt zur Unterzeichnung vor, das Safeguards-Programm des Nuklearen Nichtverbreitungsvertrags (NNV) wurde verbessert, und die B-Waffen-Konvention wird demnächst erstmals ein – wenn auch wohl nicht vollkommenes – Verifikationssystem erhalten. Das Raketentechnologie-Kontrollregime hat weitaus mehr Mitglieder angezogen, die Parameter der zu kontrollierenden Güter wurden erweitert.

Ähnlich, wenn auch nicht völlig gleich, stellt sich die Lage bei der Verbreitung moderner konventioneller Waffen dar. Hier ist seit dem von Michail *Gorbatschow* eingeleiteten Tauwetter ein dramatischer Rückgang im internationalen Waffenhandel zu verzeichnen, der mit zwei Ausnahmen alle Weltregionen betrifft. Zwar importieren der Nahe Osten und Lateinamerika immer noch viele Waffen; jedoch sind die Mitte der achtziger Jahre ermittelten Daten in den letzten Jahren bei weitem unterschritten worden.[3] Mit dem UN-Waffenregister liegt erstmals eine, wenn auch bescheidene, auf Transparenz abzielende Rüstungskontrollmaßnahme auf diesem Gebiet vor.[4]

Zwei Regionen sind untypisch: In Ostasien hat sich der Anstieg der Rüstungsausgaben fortgesetzt, in Südostasien hat er sich beschleunigt. Dies ist in beiden Regionen eine Folge des globalen Systemwandels. Die Schutzfunktion der Vormächte wird als nicht mehr (völlig) verläßlich wahrgenommen und d·ırch die Modernisierung/Vergrößerung der eigenen Streitkräfte kompensiert. Dieser Effekt ist anderswo jedoch nicht zu verzeichnen.

Dennoch: Grund zur Unruhe

Der Weiterverbreitung von Massenvernichtungswaffen und dem Waffenhandel daher mit großer Gelassenheit zu begegnen, wäre aber eine vorschnelle und gefährliche Reaktion, und zwar aus drei Gründen. Zum einen sind auch die »traditionellen« Proliferationsprobleme trotz aller Bemühungen noch bei weitem nicht befriedigend unter Kontrolle. Zum anderen bringen nun nicht die geopolitischen, aber eben die administrativen, sozialen und technischen Folgen des Zerfalls der Sowjetunion erhebliche Unsicherheiten mit sich, die die physische Sicherheit sensitiver Materialien und Technologien sowie deren Transfer betreffen.[5] Darüber hinaus läßt die verzweifelte wirtschaftliche Lage in der ehemaligen Sowjetunion erwarten, daß die Ausfuhr zumindest konventioneller Militärgüter mit Priorität gefördert werden wird, um harte Devisen erwirtschaften zu können.

---

3 Vgl. Stockholm International Peace Research Institute (Hrsg.), SIPRI-Yearbook 1993, Oxford 1993, S. 417.

4 Vgl. Edward J. *Laurance*, The UN Register of Conventional Arms: Rationales and Prospects for Compliance and Effectiveness, in: *The Washington Quarterly*, Frühjahr 1993, S. 163-172.

5 Vgl. William C. *Potter*, Nuclear Exports from the Former Soviet Union: What's New, What's True, in: *Arms Control Today*, Nr. 1, 1993, S. 3-10; Kirill *Belyaninov*, Nuclear Nonsense, Black-Market Bombs, and Fissile Flim-Flam, in: *Bulletin of the Atomic Scientists*, Nr. 2, 1994, S. 44-50.

Ein weiterer, nicht zu unterschätzender Faktor wird in Zukunft das Vorhandensein neuer Lieferländer darstellen; China und andere asiatische Staaten, deren Industrialisierung erfolgreich verlief, sind bereits dabei oder in naher Zukunft in der Lage, Güter, die zivilen und militärischen Zwecken dienen können (Dual-Use-Güter), in einer breiten Palette anzubieten. Diese Lieferanten sind noch durch wenige oder gar keine exportkontrollpolitischen Einschränkungen gebunden.[6]

Drittens sind wir mit dem Problem konfrontiert, daß das Gewaltmonopol von Staaten in zweierlei Hinsicht nicht mehr gewährleistet ist: Einmal zerfallen Staaten von so unterschiedlichem Zuschnitt wie die Sowjetunion, Jugoslawien, die Tschechoslowakei, Somalia und Äthiopien. In einigen Fällen hat dies zur Etablierung nichtstaatlicher politischer Strukturen geführt (»warlords« in Somalia, anscheinend nicht völlig unter zentraler Kontrolle stehende Milizen in Bosnien). Solche Strukturen könnten auch in zerfallenden Kernwaffenstaaten, Schwellenländern oder in Ländern entstehen, die über chemische bzw. biologische Waffen verfügen. Welche Ziele nichtstaatliche Akteure mit Massenvernichtungswaffen verfolgen würden oder könnten, wurde bislang nicht untersucht und entzieht sich zunächst den herkömmlichen Instrumenten strategischer oder Rüstungskontrollanalyse.

Dies gilt gleichfalls für die zweite Variante, den gezielten Erwerb solcher Waffen (oder auch waffenfähiger Substanzen) durch subnationale Gruppen, seien sie terroristischen oder kriminellen Zuschnitts.[7] Der Autoritätszerfall in der ehemaligen Sowjetunion verstärkt diese Gefahr, obwohl es bis zum gegenwärtigen Zeitpunkt keine Evidenz dafür gibt, daß dort Kernwaffen oder kritische Mengen von Waffenmaterial entwendet und in den illegalen Handel gebracht worden sind.[8] Freilich zeigte das Auftauchen von geringen Mengen Plutonium und hochangereichertem Uran in unbefugten Händen im Sommer 1994, daß die Materialkontrolle in der ehemaligen Sowjetunion nicht mehr vollständig funktioniert.

Alle Instrumente für den Umgang mit der Problematik der Weiterverbreitung von Massenvernichtungswaffen haben sich in der Auseinandersetzung mit dem Problem staatlicher Proliferation entwickelt. Zwar gibt es seit geraumer Zeit nationale Konzepte der »nuklearen Nachsorge« für den Fall, daß terroristische oder kriminelle Vereinigungen Kernwaffen stehlen oder Spaltmaterial in ihren Besitz bringen. Für den politischen Umgang mit erfolgreicher, durch Repressivmaßnahmen nicht verhinderbarer oder unmittelbar reversibler subnationaler Proliferation gibt es jedoch kein überzeugendes Rezept.

---

6 Zu China vgl. Weixing *Hu*, China's Nuclear Export Controls: Policy and Regulations, in: *The Nonproliferation Review*, Winter 1994, S. 3-10; zur allgemeinen Problematik vgl. William C. *Potter*/Harlan W. *Jenks*, The International Missile Bazaar: The New Suppliers' Network, Boulder, Colo. 1994.

7 Vgl. Bernard J. *O'Keefe* et al., Report of the International Task Force on Nuclear Terrorism, Washington, D.C. 1986.

8 Vgl. Mark *Hibbs*, Russian Weapons Plutonium Storage Termed Unsafe By Minatom Official, in: *Nucleonics Week*, Nr. 17, 1994, S. 1-7.

Proliferation durch Staaten: Bilanz und Ausblick

Die staatlichen Proliferationsvorgänge, soweit Massenvernichtungswaffen betroffen sind, konzentrieren sich auf drei konfliktträchtige Regionen:
- den Nahen und Mittleren Osten mit Nordafrika und dem Persischen Golf
- Südasien mit seiner indisch-pakistanischen Rivalität
- Ostasien

Diese drei Regionen sind gekennzeichnet durch eine langwierige zwischenstaatliche Konfliktgeschichte, die mit bewaffneten Auseinandersetzungen durchsetzt ist. Sie unterscheiden sich durch die Komplexität der Verflechtungen. Der Nahe/Mittlere Osten enthält eine Fülle zwischenstaatlicher, interner und transnationaler Konflikte (überlappende Ethnien und Religionsgemeinschaften); entsprechend sind die Proliferationswettläufe multilateral oder präziser formuliert: Es existieren mehrere miteinander verschränkte bilaterale Rivalitäten.

Dabei ragt zunächst der arabisch-israelische Konflikt mit seinen besonders gewaltträchtigen Dyaden Israel-Syrien und Israel-Irak heraus. Unter Proliferationsgesichtspunkten müssen auch die geographisch voneinander entfernteren Dyaden Israel-Libyen und Israel-Iran berücksichtigt werden, zumal Iran sich anschickt, die Rolle Iraks als protonukleares Gegengewicht zu Israel übernehmen zu wollen. An zweiter Stelle steht das Ringen um die Hegemonie am Persischen Golf, in der das Kräftemessen zwischen Iran und Irak auch in den bevölkerungsarmen Golfstaaten einen Anreiz zum Erwerb fortgeschrittener Bewaffnung hervorgerufen hat. Dies drückt sich maßgeblich in modernsten konventionellen Rüstungsgütern (AWACS-Kampfflugzeuge, Luftabwehr) aus, hat aber seitens Saudi-Arabiens zum Ankauf chinesischer CSS-2-Mittelstreckenraketen geführt, die einen militärischen Nutzen – angesichts ihrer mangelnden Zielgenauigkeit – eigentlich nur hätten, wenn sie mit einem unkonventionellen Sprengkopf versehen wären. Innerarabische Führungsrivalitäten paaren Syrien/Irak, Ägypten/Libyen und – weiter entfernt – Algerien/Marokko gegeneinander. Der islamistische Sudan bleibt eine Quelle von Instabilität an der ägyptischen Südflanke, die durch die Konnektion Khartoums mit Iran Anschluß an das Proliferationsgeschehen gewinnt.[9]

Der Konflikt in Südasien ist eindeutig bilateral, hat aber durch die indisch-chinesische Rivalität einen wesentlichen Mitspieler außerhalb der eigentlichen Region. Hieraus ergibt sich ein gordischer Knoten für die Nichtverbreitungspolitik. China ist anerkannter Kernwaffenstaat; Indien verweigert sich mit Hinweis auf diesen Status des größeren Nachbarn allen Versuchen, das Problem durch auf den Subkontinent begrenzte, regionale Regelungen zu lösen oder sich globalen Rüstungskontrollverträgen anzuschließen, die zwischen Indien und China unterscheiden. Pakistan hat seine Bereitschaft zu solchen Schritten erklärt, aber eben nur im Verein mit Indien.

---

9 Vgl. Ephraim *Karsh*/Martin *Navias*/Philip *Sabin* (Hrsg.), Non-Conventional Weapons Proliferation in the Middle East, Oxford 1993, und Shai *Feldman*, Arresting Weapons Proliferation, in: Shlomo *Gazit* (Hrsg.), The Middle East Military Balance 1992-1993, Tel Aviv 1993, S. 93-119.

Der »low-intensity-war«, der nun schon seit einiger Zeit in Kaschmir ausgefochten wird, führt zu einer brisanten Lage. Externe Beobachter fürchten, ein Krieg liege im Bereich des Möglichen und könne nuklear eskalieren. Die beiden Rivalen ihrerseits erklären solche Befürchtungen für übertrieben und behaupten, sie steuerten auf stabile Abschreckung zu.[10]

In Ostasien liegt das Problem ganz überwiegend in der Regimestruktur Nordkoreas. Es zeigt alle Symptome stalinistischer Paranoia und fügt sich nicht in die international üblichen Gepflogenheiten von Diplomatie und Völkerrecht ein. Aufgrund seiner Intransparenz ist kaum auszumachen, was die Fähigkeiten, Absichten und Ziele der Diktatur sind. Die Einschätzungen der nuklearen Fähigkeiten schwanken zwischen ein bis zwei bereits fertiggestellten Kernwaffen und der Aussage, der Stand der Technik lasse auf absehbare Zeit ohne externe Hilfe keine Atomwaffenproduktion zu. Außer Frage steht die umfangreiche chemische Bewaffnung der nordkoreanischen Armee sowie ein quantitativ und zunehmend auch qualitativ beeindruckendes Raketenarsenal, das sich vom Kurzstrecken- zusehends in den Mittelstreckenbereich ausweitet. Ein offensives biologisches Waffenprogramm wird vermutet. Die Interpretationen der politischen Motive und Ziele umfassen a) eine genuine Paranoia gegen eine eingebildete externe Bedrohung, b) ein »Pokern« um den maximalen Preis, der sich aus den USA herausholen läßt, c) die Provokation und Aufrechterhaltung externen Drucks, um die Bevölkerung in einem schwierigen und unsicheren dynastischen Übergang zugunsten des Regimes zu mobilisieren.[11] Welche Deutung auch immer richtig ist, es läßt sich vermuten, daß mit einem dortigen Systemwandel andere, proliferationsfreie Formen regionaler Sicherheitspolitik trotz unbestreitbarer Gleichgewichtsprobleme eine durchaus gute Chance hätten.

Die Triebkräfte hinter den Proliferationsprozessen lassen sich eindeutig unterscheiden:

- Im Vordergrund stehen Sicherheitsprobleme (Indien versus China, Pakistan versus Indien, Israel versus arabische Staaten, Syrien versus Israel und Irak, Iran versus Irak).
- Die problematischsten Fälle betreffen den Regimetyp des unberechenbaren Staates (»crazy state«) mit erratischer, zumeist stark personalisierter Führung, internen Legitimitätsproblemen, politisch expansiven Ambitionen, die die vorhandenen Kräfte übersteigen, und einer totalitären Regierung (Nordkorea, Iran, Irak, Libyen).
- Status- und Prestigefaktoren spielen eine Verstärkerrolle (Indien), sind aber als Proliferationsmotivation bestenfalls sekundär.[12]

10 Vgl. Chris *Smith*, Security, Sovereignty, and Nuclear Weapons in South Asia (Faraday Papers, Nr. 20), London 1993; der Beitrag verdankt viel Hintergrundinformation dem noch unpublizierten Papier von Citha *Maaß*, Kernwaffen und regionale Sicherheit: Südasien.

11 Vgl. Peter *Hayes*, What North Korea Wants, in: *The Bulletin of the Atomic Scientists*, Nr. 10, 1993, S. 8-10; vgl. Paul *Bracken*, Nuclear Weapons and State Survival in North Korea, in: *Survival*, Nr. 3, 1993, S. 137-153.

12 Vgl. Jozef *Goldblat* (Hrsg.), Nuclear Proliferation. The Why and the Wherefore, London 1985; vgl. *Müller* (Hrsg.), A European Nonproliferation Policy. Prospects and Problems, Oxford 1987, S. 31-71.

Proliferationsgelüste entstehen also nicht als natürliches Beiwerk politischer Entwicklungen; sie sind kein notwendiges Attribut von Nationalstaaten, sondern finden sich dort, wo langwierige Konflikte immer wieder zum Krieg drängen und/oder wo totalitäre Diktaturen exzentrische politische Ziele verfolgen. Beide Rahmenbedingungen scheinen im übrigen miteinander zusammenzuhängen, da sich unberechenbare Staaten vorzugsweise in Regionen mit virulenten Konflikten etablieren.[13]

Als proliferationspolitische Herausforderungen lassen sich demgemäß definieren:

- Wege und Mittel zu finden, um extern Befriedungsprozesse in den Konfliktregionen zu fördern;
- Strategien zu entwickeln, um unberechenbare Regime zu isolieren, den Technologietransfer an sie zu verlangsamen, gegenüber ihren militärischen Optionen Containment zu betreiben, bei Gefahr im Verzug über präemptive Optionen zu verfügen sowie gleichzeitig den internen Wandel nach Kräften zu begünstigen.

Rüstungstrends und Weltpolitik: eine Einschätzung der Folgen

Es wird häufig angenommen, daß die Weiterverbreitung von Massenvernichtungswaffen (MVW) weitreichende Auswirkungen auf die Struktur des Weltsystems nehmen werde. Dieser Annahme sollte mit solider Skepsis begegnet werden. Betrachtet man die politische Wirksamkeit von Kernwaffen in der Vergangenheit – die der etablierten Nuklearmächte ebenso wie die der Proliferanten –, so ist vor allem bemerkenswert, daß der Kernwaffenbesitz keinen gravierenden Machtzuwachs mit sich brachte.[14] Die Bipolarität der Weltpolitik beruhte ganz überwiegend auf konventionellen Ressourcen der Macht – Geographie, Bevölkerungszahl, Technologie, Wirtschaftskraft, Organisation, konventionelle Bewaffnung und Machtprojektion. Die Kernwaffen neutralisierten sich allenfalls wechselseitig. Bezeichnenderweise hat die Supermacht Sowjetunion die Kräfteverschiebung in zentralen Bereichen (Technologie, Wirtschaftskraft, konventionelle Militärmacht) nicht verkraftet, obwohl das Nukleararsenal unverändert blieb. Den relativen Abstieg der früheren Weltmächte Frankreich und Großbritannien haben auch deren Kernwaffenarsenale nicht verhindern können.

Gleiches läßt sich von den Proliferanten sagen. Israels Position wird hauptsächlich durch seine überlegenen konventionellen Streitkräfte bestimmt. Indiens Gewicht in der Weltpolitik hat sich nach 1974 eher verringert; wenn das Land nun wieder aufholt, so wegen seiner wirtschaftlichen Reformen und seiner erwiesenen Fähigkeit, konventionelle militärische Macht in die Region Südasien zu projizieren. Pakistan schließlich hat durch seine Kernwaffenfähigkeit gar kein Gewicht gewonnen. Am drastischsten ist die politische Wirkungslosigkeit des Kernwaffenbesitzes jedoch vom früheren Apartheid-Regime Südafrikas demonstriert worden.

---

13 Vgl. Yehezkel *Dror*, Crazy States. A Counterconventional Strategic Problem, Lexington 1971.

14 Vgl. John *Mueller*, The Essential Irrelevance of Nuclear Weapons: Stability in the Postwar World, in: *International Security*, Nr. 2, 1988, S. 55-79.

Anders verhält es sich mit der Verbreitung fortgeschrittener konventioneller Militärtechnik, wenn es den Empfängern gelingt, diese erfolgreich in Doktrin, Führung und Ausbildung der eigenen Streitkräfte zu integrieren.[15] Dies gilt für den modernen Kampf der verbundenen Waffen und für die Fähigkeit zur Machtprojektion. Beide Aspekte geben, wie die Beispiele Israel und Indien zeigen, politisch wirksam nutzbare militärische Fähigkeiten an die Hand, um innerhalb der eigenen Region Vormachtstellungen zu erringen und zu behaupten. Die weltpolitische Konstellation ändert sich damit jedoch vorerst nicht, da es den USA auf absehbare Zeit gelingen dürfte – wenn auch freilich vielleicht mit steigenden Kosten und Verlusten –, sich gegenüber regionalen Vormächten konventionell durchzusetzen.[16]

Die Wirkung von Massenvernichtungswaffen auf *regionale* Balancen ist abstrakt kaum abzuschätzen. Es ist möglich, daß sich stabile Abschreckungsdyaden bilden. Unter welchen Umständen ist jedoch nicht abschließend geklärt. Es wäre in jedem Falle fahrlässig und durch die empirische Basis des Ost-West-Konflikts nicht gedeckt, einer Universalisierung des Abschreckungskonzepts das Wort zu reden.[17] Der Ost-West-Konflikt war ein verhältnismäßig »weicher« Konflikt, dem die Attribute der proliferationsbedrohten Regionen fehlten: keine direkten Grenzen der Hauptkontrahenten, keine wechselseitigen territorialen Ansprüche, keine direkte wirtschaftliche Rivalität um knappe Ressourcen, keine ethnischen oder religiösen Konflikte, keine militante Irredenta, keine bitteren Erfahrungen blutiger Kriege gegeneinander. Zudem erhöhte die stabile politische Struktur beider Supermächte die Berechenbarkeit und die Aussicht auf die Rationalität der Gegenseite. Die Konfliktstrukturen in den Proliferationsregionen sind anders gelagert.[18] Daher ist es eher wahrscheinlich, daß MVW in diesen Politikkontexten und Konfliktformationen eine unterschiedliche Wirkung erzielen, so daß auch eine destabilisierende, die Feindschaft zwischen den Kontrahenten verschärfende Wirkung in Rechnung gestellt werden muß.[19]

Damit besteht jedoch die reale Möglichkeit, daß neben Chemiewaffen auch die beiden anderen, in ihren Schadenswirkungen weitaus gravierenderen MVW-Typen, biologische Waffen und Kernwaffen, zum Einsatz kommen könnten. Sollte sich dies bewahrheiten, so wären die zu erwartenden weltpolitischen Folgen allerdings weitaus tiefgreifender als die der bloßen Proliferation. Ein Einsatz von atomaren und biologischen Waffen (AB-Waffen) würde ein virtuelles Tabu brechen und – so steht zu vermuten – angesichts der katastrophalen Folgen zu verstärkten internationalen

15 Vgl. Henry D. *Sokolski*, Nonapocalyptic Proliferation: A New Strategic Threat? in: *The Washington Quarterly*, Frühjahr 1994, S. 115-127.

16 Vgl. hierzu Jeffrey D. *McCausland*, The Gulf Conflict: A Military Analysis (IISS, Adelphi Papers, Nr. 282), London 1993.

17 Vgl. Kenneth N. *Waltz*, The Spread of Nuclear Weapons: More May Be Better (IISS, Adelphi Papers, Nr. 171), London 1981; vgl. Shai *Feldman*, Israeli Nuclear Deterrence: A Strategy for the 1980s, New York 1982.

18 Vgl. auch Karl Kaiser, Atomare Abschreckung und Nichtverbreitung von Kernwaffen. Wandlungen der modernen nuklearen Weltordnung, in: *EA*, 17/1988, S. 481-490.

19 Zum Konzept der Konfliktformation vgl. Dieter *Senghaas*, Konfliktformationen im Internationalen System, Frankfurt a.M. 1988.

Anstrengungen führen, um Ausbreitung und Einsatz dieser Waffen zu begrenzen. Der Druck, bestehende NV-Regime auszubauen, würde den bereits erheblichen Aktivitätsgewinn nach dem Golfkrieg noch übertreffen.

Hier war bisher von regionalen MVW-*Wettläufen* die Rede. Von einem Waffen*monopol* gingen freilich andere Wirkungen aus. Das Erpressungspotential eines MVW-Monopolisten ist als erheblich einzuschätzen, wenn die politischen Zielsetzungen nicht rein defensiv, sondern expansiv-aggressiv ausgerichtet sind. Die unvermeidliche Folge wäre entweder der Versuch bedrohter Nachbarstaaten, durch eigene MVW-Programme diese Drohung zu neutralisieren oder Bündnisse mit außerregionalen MVW-Besitzern zu schließen. Die amerikanische Präsenz im Persischen Golf sowie in Ostasien ist so zu deuten. Die Proliferation kann daher zu einer neuen regionalen Bündnisdynamik führen, die ihrerseits Auswirkungen auf weltpolitische Konstellationen haben könnte. Solange allerdings der globale amerikanische Vormachtstatus unbestritten bleibt, sind gravierende weltpolitische Folgen nicht zu erwarten.

Es kann daher die These gewagt werden, daß die Weiterverbreitung von Massenvernichtungswaffen keine *strukturellen* Folgen für die Weltpolitik haben wird. Diese wird weiterhin bestimmt werden von der Problemlösungsfähigkeit der Staaten und Staatengemeinschaften gegenüber wirtschaftlichen und – zunehmend – ökologischen Herausforderungen sowie von der Fähigkeit und Bereitschaft, militärische Macht weit von den eigenen Grenzen zu projizieren. In beiderlei Hinsicht wird die Ausnahmestellung der USA auf absehbare Zeit bestehen bleiben. Wirtschaftlich/ökologisch werden nur Japan, mit größten Anstrengungen auch die EU, mit den USA mithalten können. Was die Machtprojektion angeht, stehen den USA keine Partner, sondern bestenfalls Juniorpartner oder Hilfskräfte zur Seite.

Risiken und Bedrohungen

Weltpolitisch bedeutsam wäre es, wenn die Fähigkeit der USA und ihrer Verbündeten zur selektiven Machtprojektion durch die Weiterverbreitung von MVW eingeschränkt würde, wie dies eine Reihe von Beobachtern annimmt. Denn in diesem Fall hätte die Proliferation weitreichende Folgen für die operative Seite von Außenpolitik und militärischer Machtprojektion. Die entscheidenden Parameter sind die Erpreßbarkeit komplexer moderner Industriegesellschaften sowie die Risikobereitschaft von Demokratien bei militärischen Einsätzen, die nicht unmittelbar der Landes- oder Bündnisverteidigung dienen.

Proliferatoren, d. h. Staaten/Akteure, die der Weiterverbreitung von MVW überführt wurden und durch eine Intervention bedroht würden, könnten eine abschreckende Gegendrohung gegen das Territorium des Interventen richten. Das setzt voraus, daß die dafür erforderlichen Trägermittel – im wahrscheinlichsten Fall der USA sind interkontinentale Strecken zu überbrücken – vorhanden wären. Auf absehbare Zeit würde wohl nur Indien hierzu in der Lage sein. Ob Nordkorea seine Raketenprojekte in den nächsten Jahrzehnten in Richtung auf eine glaubwürdige interkontinentale Drohung hin ausbauen kann, bleibt abzuwarten. Die übrigen »Kandidaten« weisen in der Raketentechnologie noch größere Rückstände auf.

Damit wird das Augenmerk auf den unkonventionellen Transport von MVW gelenkt. Erstaunlicherweise hat sich hier die Diskussion von Bedrohungen und Abwehrmaßnahmen fast ausschließlich auf den »nuklearen Terrorismus« konzentriert. Weitaus ernster ist jedoch die Gefahr von staatsgelenktem Terrorismus mit biologischen Waffen (BW) zu nehmen. Biologische Waffen sind den Nuklearwaffen als Instrument staatsgelenkten Terrors in allen einschlägigen Dimensionen – Leichtigkeit und Heimlichkeit der Produktion, des Transports, des Einschmuggelns sowie des Ausbringens im Zielgebiet – überlegen. Selbst die wirksamste Einsatzart – Spraykanister von einem Flugzeug aus – läßt sich auf dem Territorium des Opfers mit allgemein zugänglichen Dual-Use-Mitteln bewerkstelligen.[20]

Eine Abschreckungserpressung dieses Ausmaßes würde demokratische Staaten vor eine enorme Belastungsprobe stellen, deren Ausgang ungewiß wäre. Die Ausführung einer Interventionsdrohung hätte unter Umständen Hunderttausende von Todesopfern im eigenen Land zur Folge. Gleichfalls schwer wöge jedoch der zu erwartende Nachahmungseffekt durch andere Feindstaaten. Ein Nachgeben würde daher die Risiken unter Umständen nicht mindern, sondern eher noch steigern. Gegenwärtig gibt es gegen diese Drohung kein anderes Konzept als die Vergeltungsdrohung mit Kernwaffen, die jedoch abnehmende Plausibilität besitzt. Langfristig werden Demokratien vor der Frage stehen, ob eine derartige Erpressung eine präventive Repression rechtfertigt. Sollten demnach Regime, die im Verdacht stehen, nach MVW zu streben oder diese zu besitzen und denen aufgrund ihres allgemeinen Verhaltens zugetraut wird, zu erpresserischen Einsätzen dieser Waffen fähig zu sein, beseitigt werden? Dies würde eine äußerst weitreichende Auslegung der Erklärung des UN-Sicherheitsrats vom 31. Januar 1992 bedeuten, wonach die Verbreitung von MVW eine »Bedrohung für Frieden und internationale Sicherheit« darstelle. Gegenwärtig ist eine solche Interpretation wohl weder im Sicherheitsrat noch unter den Demokratien konsensfähig. Dennoch wird diese Frage mittelfristig auf der internationalen Tagesordnung stehen.

Eine MVW-Drohung minderer Reichweite beträfe die intervenierenden Truppen. Auch dieses Potential ist nicht zu unterschätzen, da in Demokratien die Neigung, ihre Soldaten – die schließlich »Bürger in Uniform« sind – in gefahrenreiche Abenteuer zu schicken, immer geringer wird. Die Risiken, Truppen in eine MVW-Umwelt zu schicken, steigen unverhältnismäßig, wie bereits der Golfkrieg gezeigt hat.[21]

Die taktische Luft- und Raketenverteidigung ist ein vordergründig plausibles Gegenmittel, das ein beträchtliches politisches Momentum hinter sich hat. Es beantwortet jedoch drei wesentliche Fragen nicht. Erstens, welche Mittel stehen bei einem Einsatz von MVW bereit, bevor das mobile Abwehrsystem installiert ist, während der

---

20 Vgl. U.S. Congress, Office of Technology Assessment, Technologies Underlying Weapons of Mass Destruction, Washington, D.C. 1993, S. 113 ff.

21 Vgl. *McCausland*, a.a.O. (Anm. 16), S. 65; vgl. Eric H. *Arnett*, Deterrence After Nuclear Proliferation: Implications for Nuclear Forces and Defense Spending, in: *The Nonproliferation Review*, Winter 1994, S. 10-17.

ersten, höchst verwundbaren Phase einer Intervention sowie später bei amphibischen und Luftlandeoperationen. Zweitens bietet ein solches System keinen Schutz gegen Artillerie jeglicher Reichweite. Dies wird relevant, wenn sich Truppen in Frontlinien hinreichend nah gegenüberliegen oder wenn Verbände in offensiven Operationen in die Reichweite feindlicher Artillerie geraten. Drittens wirken Abwehrsysteme statistisch, nicht absolut. Das Risiko eines Treffers bleibt immer bestehen. Dieses Risiko ist bei konventionellen Waffen tragbar, bei nichtkonventionellen Drohungen jedoch wahrscheinlich nicht.[22]

Es ist unumgänglich, auf der Ebene der sicherheitspolitischen Doktrin Abschreckungs-/Vergeltungsoptionen gegen den Ersteinsatz von MVW zu durchdenken. Nachdem durch die globale Ächtung von biologischen und chemischen Waffen eine gleichartige Gegendrohung beim Einsatz dieser Waffen entfällt, ist die Androhung eines nuklearen Einsatzes eine gängige Überlegung.[23] Dies ist jedoch aus drei Gründen weder ratsam noch plausibel. Zum einen wäre ein solches Vorgehen von der öffentlichen Meinung in den Demokratien wohl kaum mehr gedeckt. Die Zustimmung für Interventionseinsätze läßt sich nur noch über die Kritik an Diktatoren erzielen, nicht über die Mobilisierung ethnischer Vorurteile (»the huns«, »der Russe«). Die Differenzierung zwischen (verbrecherischer) politischer Führung und (unschuldiger) Zivilbevölkerung ist daher geboten, so wie der nichtdiskriminierende Angriff gegen Nonkombattanten auch völkerrechtlich untersagt wird. Kernwaffen sind jedoch von ihrer Natur her nichtdiskriminierend. Die Rede von rein militärischen Einsätzen stellt in den allermeisten Fällen eine bewußte Irreführung dar, da sie über »Kollateralschäden« hinweggeht.[24] Vergleicht man den entsetzten Aufschrei über einige hundert tote Zivilisten nach der irrtümlichen Bunker-Beschießung in Bagdad mit der weitreichenden öffentlichen Zustimmung zu den Bombenangriffen gegen Dresden, Hamburg, Hiroshima und Nagasaki, so wird deutlich, daß sich die Haltung der Öffentlichkeit in dieser Frage gewandelt hat. Eine Interventionsstrategie, die sich auf nukleare Abschreckungsdrohungen stützt, wird daher keine Zustimmung finden.

Der zweite Grund ist die politische Weltöffentlichkeit, für die grosso modo die gleiche Einschätzung gilt. Interventionen müssen sich auf einen globalen Konsens stützen; dieser wird jedoch durch die Nukleardrohung oder gar den Nukleareinsatz untergraben und zerstört. Diese Überlegungen sind nicht aus der Luft gegriffen. Bei Simulationsübungen in den USA zeigten die Teilnehmer eine bemerkenswerte Scheu, Kernwaffen selbst zur Vergeltung gegen ABC-Erstschläge in Interventionsszenarien einzusetzen.[25]

---

22 Vgl. Bernd W. *Kubbig*/Harald *Müller*, Nuklearexport und Aufrüstung. Neue Bedrohungen und Friedensperspektiven, Frankfurt a.M. 1993, S. 35-68.

23 Vgl. George H. *Quester*/Victor A. *Utgoff*, Redefining Extended Deterrence, in: *The Washington Quarterly*, Frühjahr 1994, S. 103-114.

24 Ein Musterbeispiel hierfür ist Emmet E. *Stobbs* Jr., Tactical Nuclear Weapons: Do They Have a Role in the US Military Strategy?, in: The Director's Series on Proliferation (Lawrence Livermore National Laboratory), Nr. 3, 5.1.1994, Berkeley, Cal. 1994, S. 1-14.

25 Vgl. Lewis A. *Dunn*, Containing Nuclear Proliferation (IISS, Adelphi Papers, Nr. 262), London 1991, S. 73.

Drittens läuft die Ausweitung des Abschreckungsauftrags auf eine Aufwertung der Kernwaffen hinaus, die der aus NV-politischen Gesichtspunkten höchst willkommenen Strategie der »nuklearen Deemphasis« entgegensteht. Die Motivation zum Erwerb von Kernwaffen wird gestärkt, nicht vermindert, wenn sie als legitime Gegenmittel gegen andere MVW gelten.[26] Man kommt daher um Paul *Nitzes* Schlußfolgerung nicht herum, daß die vorrangigste Planungs- und Beschaffungsaufgabe darin besteht, glaubwürdige Mittel konventioneller Vergeltung bereitzustellen.[27] Die Interventionsstreitkräfte der Demokratien brauchen auch gegen die Besitzer von MVW eine – konventionelle – Eskalationsdominanz. Hinzukommen muß die politische Eskalationsmöglichkeit. International legitimierte Interventionen haben typischerweise einen eng begrenzten Auftrag: Herstellung des Status quo ante oder Bewahrung des Status quo. Es sollte als generalisiertes Prinzip erklärt und im Einsatzfall präzise bestätigt werden, daß bei der Drohung mit oder dem Einsatz von MVW die Begrenzung aufgehoben ist: Danach würde der Auftrag auf Beseitigung des Proliferator-Regimes lauten und die militärischen Operationen erst beendet sein, wenn dieses Ziel erreicht und die für Drohung und Einsatz Verantwortlichen persönlich zur Rechenschaft gezogen wurden. Erst wenn diese Drohung durch glaubwürdige militärische Mittel untermauert wird, würde aus der Sicht des beschuldigten Regimes die Proliferation von MVW eine tatsächlich bedrohliche Eskalation nach sich ziehen.

Unbestreitbar ist, daß sich aus der selektiven Proliferation an unberechenbare, instabile und potentiell aggressive Regime eine neue Qualität von Risiken für die politischen Entscheidungen und operativen Überlegungen mit Blick auf Interventionen und angemessene Reaktionen bei Abschreckungs-Erpressungen ergibt. Freilich lassen sich für die erste Herausforderung Gegenmittel entwickeln. Die zweite weist auf die grundsätzliche weltordnungspolitische Frage hin, ob in einer Welt schneller technologischer Diffusion und angesichts der Zerstörungskraft moderner Waffen intransparente, aggressive und totalitäre Regime unter Berufung auf das Prinzip der Souveränität noch ein Existenzrecht beanspruchen können. Diese Frage betrifft die Zukunft der Staatenwelt, insbesondere die Institution der Souveränität, weitaus grundsätzlicher als der eingeschränkte Bereich der Proliferation. Sie kann daher in unserem Kontext hier nicht abschließend beantwortet werden.[28]

Risiken und Bedrohungen aus der Sicht der Bundesrepublik

Die Bundesrepublik Deutschland ist von den genannten Proliferationsrisiken zunächst nur mittelbar betroffen. Keiner ihrer Nachbarn zählt zur Kategorie potentieller

26 Vgl. U.S. Congress, Office of Technology Assessment, Proliferation of Weapons of Mass Destruction. Assessing the Risks, Washington, D.C. 1993, S. 73 f.
27 Vgl. Paul H. *Nitze*, Replace the Nuclear Umbrella, in: *International Herald Tribune*, 19.1.1994.
28 Vgl. Dieter *Senghaas*, Wohin driftet die Welt? Über die Zukunft friedlicher Koexistenz, Frankfurt a.M. 1994, S. 170-188 und S. 185-188.

Aggressoren. Die greifbarste Gefahr besteht gegenwärtig in der radioaktiven Verseuchung deutscher Bürger durch geschmuggeltes strahlendes Material, das aus kerntechnischen Anlagen der früheren Sowjetunion von kriminellen Laien, zunehmend auch von organisierten Banden, in den Westen verbracht wird. Sollte der Zerfall der staatlichen Autorität und der Qualität der Sicherheitsorgane in dieser Region nicht angehalten werden, so werden sich die deutschen Sicherheitsorgane darauf einstellen müssen, daß womöglich auch signifikante Mengen von waffenfähigem Material deutschen Boden erreichen können. Es bleibt abzuwarten, ob die russischen Anstrengungen, ausgelöst durch die spektakulären Schmuggelfälle im Sommer 1994, ausreichen, um die Gefahr wieder zu bannen.

Von den eigentlichen Proliferationsvorgängen betrifft das Schicksal der in der Ukraine stationierten Kernwaffen Deutschland am meisten. Die nuklearen Risiken im russisch-ukrainischen Verhältnis, die die gegenwärtig noch ungeklärte Zukunft dieser Sprengköpfe mit sich bringt, wirken auf die weitere Sicherheitslage in der KSZE-Region ein und beeinflussen somit deutsche Sicherheit auch, wenn die Ukraine keinen Streit mit Deutschland hat.

Proliferation an der südlichen Peripherie bedroht die Bundesrepublik zwar nicht unmittelbar, aber als Bündnispartner der europäischen Anrainer des Mittelmeers, einschließlich – ganz besonders – der Türkei, die in unmittelbarer Nachbarschaft zur proliferationsträchtigen Region des Mittleren Ostens gelegen ist und deren nationale Sicherheit von den MVW-Programmen der dortigen Regierungen direkt in Mitleidenschaft gezogen wird. Auch diese »Einbindung« der Bundesrepublik in die Sicherheitsprobleme der südlichen Bündnispartner sollte freilich mit einer gewissen Gelassenheit bewertet werden. Ein manifester Konflikt zwischen ihnen und ihren islamischen Nachbarn ist so wahrscheinlich nicht. Auch sind die MVW-Programme in den kritischsten Bereichen – BW und AW – nirgendwo so weit fortgeschritten, daß Gefahr im Verzuge wäre. Diese Aussage gilt unter der Voraussetzung, daß die Sicherheitsratsresolutionen 707 und 715 gegenüber Irak konsequent und auf Dauer ausgeführt und von den Lieferländern nicht erneut untergraben werden.

Gegenüber der real existierenden Gefahr von Chemiewaffen verfügen die Streitkräfte, die allenfalls bei einem Hilfeersuchen betroffen wären, über ausreichende Gegenmittel. Die Krisenreaktionskräfte wären allerdings in besonderem Maße auf diese Missionen hin zu trainieren. In den ersten Jahren des 21. Jahrhunderts könnte die Aufgabe der Bündnisverteidigung – sollte es unerwarteterweise zu einem militärischen Angriff auf das Bündnisgebiet kommen oder bei einem Einsatz von deutschen Soldaten unter Aufsicht der UN – auch den Einsatz in einer AW- oder BW-Umgebung verlangen, mit allen darin enthaltenen erheblichen Risiken und Anforderungen. Dies ist freilich eine Konditionalaussage; sie gilt nur unter der Voraussetzung, daß es nicht gelingt, die MVW-Programme der Anrainerregionen weiterhin zu verzögern, wenn nicht zu unterbinden, und daß dort keine politischen Veränderungen eintreten, die den Appetit auf eine derartige Bewaffnung schwinden lassen.

Bei einem vermehrten Einsatz deutscher Soldaten bei UN-Missionen stellt sich das Problem, daß sie gleichwertig bewaffneten Gegnern gegenüberstehen könnten. Daraus ergeben sich neue Anforderungen an die deutsche Rüstungsexportpolitik. Sie wird gegenwärtig überwiegend unter industrie- und europapolitischen Gesichtspunkten diskutiert: Die seit 1982 geltenden, angeblich allzu strikten Grundsätze setzten die deutsche Wehrindustrie angesichts schrumpfender Märkte unter einen unerträglichen Wettbewerbsdruck und machten es zusehends schwerer, in die erwünschten Industriekooperationen innerhalb der Europäischen Union (EU) einzutreten. Die neuen Missionen der Streitkräfte sollten jedoch im Gegenteil zu einer neuen Diskussion innerhalb der EU führen, ob nicht unionsweit eine weitaus größere Zurückhaltung beim Transfer fortgeschrittenster Rüstungsgüter angezeigt wäre. Die Erfahrungen aus dem Golfkrieg sprechen Bände.[29] Es ist nicht zu rechtfertigen, kurzfristige industrielle Interessen über Leib und Leben der Soldaten zu stellen, jedenfalls dann nicht, wenn man – wie die Regierungen aller führenden EU-Mitgliedsländer – militärische Out-of-area-Einsätze für eine wesentliche Aufgabe der Streitkräfte hält.[30] Es läßt sich prognostizieren, daß die Zustimmung zu den ohnehin umstrittenen Auslandseinsätzen der Bundeswehr drastisch sinken wird, wenn die Möglichkeit vor Augen tritt, daß deutsche Soldaten durch deutsche Waffen sterben könnten.

Am gravierendsten ist die Gefahr des Terrorismus einzustufen, weil hier die Möglichkeiten der Abwehr begrenzt sind. Als Verbündeter der Vereinigten Staaten, als NATO- und EU-Mitglied, als Teilnehmer an UN-Aktionen oder aufgrund außenpolitischer Positionen (z. B. Jugoslawien-Politik) kann das Land auch dann Zielscheibe von Fanatikern oder kalkulierter, regierungsgesteuerter terroristischer Aktionen werden, wenn es selbst nicht unmittelbar Konfliktpartei ist. Die große Zahl von Vorfällen, in denen radioaktives Material nach Deutschland verbracht wurde, ist ein Menetekel. Zwar sind die Sicherheitsdienste bislang mit diesem Ärgernis fertig geworden und haben den Schmugglern so erfolgreich Fallen gestellt, daß sogar der Verdacht geäußert wurde, außer ihren Beamten gebe es keine wirklichen Interessenten für das Material. Es darf jedoch nicht übersehen werden, daß der Wunsch der Schmuggler, das Material zu verkaufen, eine Rolle gespielt hat. Dies ist bei Terroristen natürlich nicht der Fall. Wie oben bereits ausgewiesen, stellt vor allem der Terrorismus, der sich biologischer Waffen bedient, für die fernere Zukunft eine enorme Gefahr dar. Die Ausrichtung der Dienste auf dieses Risiko kann sicherlich die Chancen verbessern, solche Aktionen im Vorfeld zu vereiteln. Eine Gewähr hierfür gibt es jedoch nicht. Erneut stellt sich die Frage, ob die internationale Gemeinschaft Staaten unter sich wird dulden können, die eine Kombination von Intransparenz, externer Ambitionen, geächteter MVW-Programme und Terrorismus-Unterstützung betreiben.

---

29 Vgl. den Beitrag von Bassam *Tibi* in diesem Band.

30 Vgl. Harald *Bauer* et al., Arms and Dual-Use Exports from the E.C.: A Common Policy for Regulation and Control, London 1992.

Regime unter Stress: internationale Bemühungen zur Eindämmung der Proliferation

Zunächst gilt es, den unterschiedlichen Sachstand in den internationalen Regimen zu würdigen, die für die Eindämmung der Weiterverbreitung von Massenvernichtungswaffen, Raketen und konventionellen Waffen eingerichtet worden sind oder eingerichtet werden.

Das nukleare Nichtverbreitungs-Regime

Das bei weitem entwickeltste nukleare Nichtverbreitungsregime[31] verfügt mit dem NVV über ein bei allen Schwächen bewährtes völkerrechtliches Instrument und mit der IAEO über eine erfahrene Organisation, die bemerkenswerte Anstrengungen unternommen hat, um die im Fall Irak entdeckten Schwächen zu beseitigen. Kurzfristig wurde das bestehende Verifikationssystem verbessert durch die Revitalisierung der »Sonderinspektionen«, ein globales Meldesystem für nuklearbezogene Transfers, den Zugang zu geheimdienstlicher und sonstiger Information, durch eine umfassendere Aufgabenstellung an die Inspektoren sowie durch die Einrichtung von Länderbüros, die alle zugänglichen Informationen über »ihre« Staaten sammeln und von den Inspektoren umfassend Berichte über proliferationsrelevante Wahrnehmungen in den inspizierten Ländern erhalten.[32] Langfristig wird an einer Reform der Safeguards gearbeitet, die eine Verminderung der Routineinspektionen bei erhöhter Transparenz, die Einpassung von »environmental sampling« (Entnahme von Umweltproben in den inspizierten Ländern) sowie eine »neue Inspektionskultur«, d. h. »aggressiveres« Inspektionspersonal, ins Auge faßt.[33]

Nukleare Exportkontrollen sind beträchtlich verstärkt worden, ihre Koordination hat sich in Zügen einer rudimentären internationalen Organisation angenähert.[34] Ergänzende Maßnahmen, die den Zusammenhalt der Regimeparteien verbessern sollen – Teststopp und Sicherheitsgarantien – sind in Verhandlung bzw. in der Diskussion. Der amerikanische Vorschlag einer vertraglichen Beendigung der Spaltstoffexplosion für explosive Zwecke und außerhalb von Safeguards zielt auf erhöhte Transparenz in Rußland und China und auf die Beendigung des quantitativen Ausbaus der israelischen, indischen und pakistanischen Arsenale.[35]

---

31 Vgl. *Müller*, Regimeanalyse und Sicherheitspolitik. Das Beispiel Nonproliferation, in: Beate *Kohler-Koch* (Hrsg.), Regime in den internationalen Beziehungen, Baden-Baden 1989, S. 277-313.

32 Vgl. Eric *Chauvistré*, The Future of Nuclear Inspections, in: *Arms Control Today*, Nr. 2, 1993, S. 23-64.

33 Vgl. *IAEA Bulletin*, Nr. 1, 1994, S. 46.

34 Vgl. Harald *Müller*/Lewis A. *Dunn*, Reform of the System of Nuclear Export Controls, in: Nuclear Export Controls and Supply Side Restraints: Options for Reform (PPNN Study, Nr. 4), Southampton 1993, S. 1-19, und Tadeusz *Strulak*, The Nuclear Suppliers Group, in: *The Nonproliferation Review*, Herbst 1993, S. 2-10.

35 Vgl. White House Fact Sheet on President Clinton's Nonproliferation and Export Control Policy, abgedruckt in: *PPNN Newsbrief*, Nr. 23, 1993, S. 23 f.

Die Vitalität des Regimes erweist sich nicht nur an der stetigen Zunahme seiner Mitglieder. Seit 1990 traten u. a. die beiden bislang abseits stehenden Kernwaffenstaaten Frankreich und China sowie die Schwellenländer Südafrika (NVV), Argentinien und Brasilien (Vertrag von Tlatelolco) bei. Viel bemerkenswerter aber ist die Einpassung der Nachfolgestaaten der Sowjetunion mit Kernwaffen auf ihrem Territorium, Weißrußland und Kasachstan, denen die Ukraine wahrscheinlich demnächst folgen wird.

Zugleich steht das Regime jedoch vor seiner bislang größten Herausforderung. Der Fall Irak hatte das Problem der vertragsuntreuen Parteien drastisch vor Augen geführt. Als Nebenprodukt ihres Sieges im Golfkrieg konnte die internationale Gemeinschaft diesen Fall beilegen. Die weitreichende militärische Kontrolle über das besiegte Land erlaubte die Demontage und Zerstörung der Massenvernichtungswaffen-Bestände und ihrer Herstellungsanlagen. Der Fall Nordkorea freilich zeigt, daß sich dieses Vorgehen nicht generalisieren läßt. Zwar hat der UN-Sicherheitsrat im Gefolge des Golfkonflikts die Stellungnahme abgegeben, die Weiterverbreitung von Massenvernichtungswaffen, vor allem der Bruch bestehender Verpflichtungen, sei eine Bedrohung von Frieden und Sicherheit, und hat damit den Weg zu Maßnahmen unter Kapitel VII der Charta eröffnet. Nordkorea zeigt jedoch, daß dieser Weg im Einzelfall nicht leicht zu beschreiten ist. Sanktionen wirken grundsätzlich nicht ohne das Einverständnis und die Mitarbeit der Nachbarn; dies gilt im übrigen auch für militärische Einsätze, die die Entwaffnung des Delinquenten erzwingen sollen. Gerade die Nachbarn eines »Paria-Staates« hegen aber völlig zu Recht die Besorgnis, die in die Ecke getriebene Diktatur könnte letztlich ziellos und gewaltsam um sich schlagen. Auf der koreanischen Halbinsel ist dabei die erstrangige Sorge keineswegs ein Atomschlag aus Pjöngjang, sondern viel eher die umfangreiche konventionelle und chemische Bewaffnung der überdimensionierten nordkoreanischen Armee. Es kommt daher nicht von ungefähr, daß alle Nachbarn der kommunistischen Monarchie – China, Südkorea, Japan und Rußland – zur Behutsamkeit mahnen. Dies engt den Verhandlungsspielraum der USA, die bislang einmal mehr für die internationale Gemeinschaft handeln (müssen), erheblich ein.

Es handelt sich hier nicht um einen Einzelfall, der nicht verallgemeinert werden kann. Die Konstellation kann sich durchaus wiederholen, beispielsweise in Iran. Dabei arbeitet die Zeit nicht für das NV-Regime. Geduldige Verhandlungen bieten dem Proliferator die Möglichkeit, sein Programm erfolgreich zu beenden bzw. seine Arsenale auszubauen. Dennoch besteht kaum eine andere Möglichkeit, als beharrlich zu verhandeln, den neuerworbenen Status nicht anzuerkennen und den Regelbrecher schrittweise zu isolieren. Denn nicht zuletzt gibt es erhebliche praktische Probleme bei militärischen Einsätzen gegen emergente Waffenprogramme: angefangen von der verläßlichen Lokalisierung von Waffen und Anlagen über eine Dosierung der Einsätze gemäß der Regel der Verhältnismäßigkeit der Mittel bis hin zur Diskriminierung zwischen militärischem Ziel und Kollateralschaden in der Zivilbevölkerung. Dies bedeutet nicht, daß die NV-Regime auf Sanktionen verzichten könnten, die als letzte Stufe auch militärische Maßnahmen umfassen. Für letztere wird sich nur in

Ausnahmefällen ein hinreichender Konsens bilden lassen, und die Erfolgsaussichten sind gering.[36]

Die Chemiewaffenkonvention

Als letztes Instrument wurde 1993 die Chemiewaffenkonvention zur Unterzeichnung aufgelegt. Diese Verzögerung ist um so bedeutsamer, als die technischen Barrieren gegen die chemische Proliferation relativ gering sind; eine rudimentäre Chemieindustrie reicht zu ihrer Herstellung aus. Gerade deshalb ist ein globaler Konsens gegen diese Waffen besonders wichtig, da hier Exportkontrollen eine verhältnismäßig geringe Breitenwirkung haben. Im Unterschied zum nuklearen NV-Regime ist die Chemiewaffenkonvention (CWC) jung und unerprobt, ja, sie ist noch nicht einmal in Kraft getreten. Dennoch enthält die Konvention ein erhebliches Innovationspotential.[37] Da die Materialflüsse der chemischen Industrie bei weitem zu variantenreich sind, um eine lückenlose Kontrolle zu ermöglichen, kam im Unterschied zum nuklearen Bereich eine Flußkontrolle nicht in Frage. Der Verifikationsapparat der Konvention ist daher weitaus mehr auf Stichproben nach dem Zufallsprinzip ausgelegt, wobei der höchste Abschreckungswert im Instrument der Verdachtskontrollen liegt, die jeder Mitgliedstaat bei vertretbarem Anfangsverdacht verlangen kann. Wie dieses Instrument sich in der Praxis bewährt, bleibt abzuwarten. Die berechtigten Schutzinteressen von Industrie und militärischen Einrichtungen außerhalb des Konventionsgegenstandes haben die Verhandlungspartner dazu geführt, die Zugangsrechte im Einzelfall zwischen Inspektionsteam und betroffenem Staat aushandeln zu lassen, wobei der Inspektionszweck freilich erreicht werden soll. Es ist jedoch nicht ausgeschlossen, daß auch unter diesem Regelwerk »nordkoreanische Situationen« eintreten könnten.

Die Vertragspartner haben eine gewisse Versicherung in Form eines deutlichen Kooperationsgefälles zwischen sich und den Außenstehenden in die Konvention eingebaut. Wer der Konvention nicht beitritt, wird zum internationalen Chemikalienhandel schwerer Zutritt finden und auch bei den Ausrüstungen diskriminiert werden. Überdies sind – angesichts der Bedeutung der chemischen Industrie – die vertragseigenen Sanktionen nicht geringzuschätzen: Auch ohne Rekurs auf den Sicherheitsrat können die Vertragsparteien einen sich regelwidrig verhaltenden Partner mit völligem Kooperationsentzug bestrafen. Nützlich sind auch die Sicherheitsgarantien gegen den Chemiewaffeneinsatz. Die Vertragsparteien haben sich zu gegenseitiger Hilfe verpflichtet, die technische, medizinische und finanzielle Unterstützung, die Überlassung von Schutzgerät und gegebenenfalls auch militärische Hilfe einschließen kann. Ein Fonds (leider nur auf freiwilliger Basis) soll sicherstellen, daß im Notfall auch Mittel bereitstehen. Der »Organization for the Prevention of Chemical Weapons« (OPCW) obliegt es, die Einzelheiten auszuarbeiten.

---

36 Vgl. hierzu Matthias *Dembinski*/Alexander *Kelle*/Harald *Müller*, NATO and Nonproliferation: A Critical Appraisal (HSFK, PRIF Report, Nr. 33), Frankfurt a.M. 1994.

37 Vgl. Thomas *Bernauer*, The End of Chemical Warfare, in: *Security Dialogue*, Nr. 1, 1993, S. 97-112.

Der Chemiewaffeneinsatz ist tatsächlich der kritische Fall für das NV-Regime. Die Entdeckungswahrscheinlichkeit ist geringer als beim nuklearen Regime, da die Umgehungsmöglichkeiten breiter variieren. Erfahrungsgemäß besteht bei Chemiewaffen eine größere Versuchung, sie auch einzusetzen. Die Tabuschwelle liegt weitaus niedriger als bei atomaren und wohl auch biologischen Waffen. Insofern muß die Abschreckung gegen einen Chemiewaffeneinsatz weitaus deutlichere Konturen gewinnen als die Chemiewaffen-Konvention sie derzeit bietet. Die Drohung, im Falle eines solchen Einsatzes zum bedingungslosen Kampf bis zur Bestrafung der Verantwortlichen und zur Beseitigung des fraglichen Regimes überzugehen, erscheint als probates Mittel. Eine entsprechende politische Selbstbindung der wichtigsten Mitgliedstaaten wäre wünschenswert.

Die Konvention über biologische Waffen

Dies gilt auch für die Konvention über biologische Waffen (BWC), die älter ist als die CWC, jedoch weitaus weniger differenziert als das nukleare und das Chemiewaffenregime.[38] Vor allem fehlt es an Verifikationsmaßnahmen und an einer festgelegten Verfahrensweise bei Vertragsbrüchen oder bei entsprechenden Verdachtsmomenten. Jeder Mitgliedstaat kann sich direkt an den Sicherheitsrat wenden, ein nicht unbedingt praktikables Verfahren. Zumindest bei der Verifikation steht eine Änderung an. Nach zweijähriger Arbeit hat die Verifikations-Experten-Gruppe (VEREX) einen Katalog möglicher Maßnahmen vorgelegt, die von reinen Transparenzinstrumenten bis zur Entnahme von Umweltproben und zu Verdachtsinspektionen reichen. Eine Vorbereitungskonferenz im Herbst 1994 legte den Grundstein für eine außerordentliche Konferenz der Vertragsparteien im Jahre 1995, die die Verabschiedung eines Verifikationsprotokolls zur Aufgabe hat.[39]

Die Kritik an allen derartigen Versuchen, Verifikation in die BWC einzubeziehen, stützt sich auf die geringe Entdeckungswahrscheinlichkeit aufgrund des inhärenten Dual-Use-Charakters der biologischen Forschung und der biogenetischen Industrie.[40] Diese Kritik übersieht jedoch, daß hier nicht die Standards amerikanisch-sowjetischer Rüstungskontrollvereinbarungen angelegt werden dürfen. Es geht darum, die Schwelle der Entdeckungswahrscheinlichkeit zu erhöhen. Dazu sind die vorgeschlagenen Maßnahmen geeignet. Damit erhält das Regime – trotz zweifellos fortbestehender erheblicher Umgehungsmöglichkeiten – erstmals eine eingebaute Abschreckung.

Auch hier liegen die gravierenden Probleme bei der Durchsetzung der Regimetreue. Die Schwierigkeiten, das russische BW-Programm zu beenden, sind sicher ein Sonderfall. Die Fortführung dieses Programms durch widerspenstige Militärs und Wissenschaftler gegen ausdrückliche Weisung der Regierung zeigt aber die

38 Vgl. Harald *Müller*/Wolfgang *Kötter*, Das Nichtverbreitungsregime für biologische Waffen. Stand und Aussichten (HSFK-Report Nr. 5), Frankfurt a.M. 1992.

39 Vgl. Graham S. *Pearson*, Biological Weapons: A Priority Concern, in: The Director's Series on Proliferation, a.a.O. (Anm. 24), S. 41-58.

40 Vgl. Kathleen C. *Bailey*, Problems with Verifying a Ban on Biological Weapons, in: ebd., S. 59-63.

Problematik, wenn sich beim Verfall von staatlicher Autorität hochqualifizierte Experteneinheiten verselbständigen, sei es, daß sie sich politisieren, kommerzialisieren oder kriminalisieren. Gerade im Bereich der biologischen Waffen ist diese Möglichkeit aufgrund der geringen Personenzahl und der überschaubaren Technik besonders ernst zu nehmen. Die in die Konvention eingebaute Verpflichtung, die Ächtung dieser Waffen durch innerstaatliche Gesetzgebung sicherzustellen – und gegebenenfalls durch Zwangsmaßnahmen auch durchzusetzen –, verdient deshalb mehr Aufmerksamkeit der Vertragsparteien und sollte bei der nächsten Überprüfungskonferenz einer der Arbeitsschwerpunkte sein.

Daneben bleibt das Problem der Produktion biologischer Waffen in Staaten bestehen, die sich terroristischer Gruppen bedienen. Hier ist das Regime eindeutig überfordert. Nur ein breiterer Ansatz, der simultan gegen Terrorismusunterstützung und Massenvernichtungswaffen vorgeht, könnte hier Abhilfe schaffen. Hierzu sind – abgesehen von höchst selektiven unilateralen Maßnahmen der USA – keine Ansätze vorhanden.

Das Raketentechnologie-Kontrollregime

Das Raketentechnologie-Kontrollregime (MTCR) ist eigentlich kein Regime, sondern ein bloßes Kartell.[41] Die Kartellmitglieder legen den Nichtmitgliedern Restriktionen auf, die für sie selbst nicht gelten, zumindest nicht für alle. Daß die Besitzer von Interkontinentalraketen Neuzugängen wie Argentinien und Ungarn den Zutritt verwehrt haben, bis deren letzte Rakete beseitigt war, ist paradox. Das Regime beruht nur auf Verweigerung, es gibt – im Unterschied zu den ABC-Regimen – keinerlei positive Anreize, obwohl die zivile Bedeutung der Raketentechnik (Weltraumexploration, Satelliten etc.) als hoch einzustufen ist. Daß sich die Dritte Welt für das MTCR nicht erwärmen will, sollte deshalb nicht verwundern. Nicht von ungefähr hat man das MTCR nicht in eine Rechtsform gegossen.[42]

Dem Regime liegt der vernünftige strategische Gedanke zugrunde, daß ballistische Raketen aufgrund ihrer Geschwindigkeit, der mangelnden Abwehrmöglichkeiten und der wachsenden Zielgenauigkeit Krisensituationen destabilisieren, da sie besonders gut für Überraschungsangriffe geeignet sind.[43] Hinzu kommt der amerikanische Hintergedanke, daß nur ein Raketenangriff US-Territorium ernsthaft gefährden kann. Bleibt die Zahl der Langstreckenraketen-Besitzer gering, kommt dies der Sicherheit der USA zugute.

---

41 Vgl. Deborah A. *Ozga*, A Chronology of the Missile Technology Control Regime, in: *The Nonproliferation Review*, Winter 1994, S. 66-93, und Zachary S. *Davis*, Nonproliferation Regimes. Policies to Control the Spread of Nuclear, Chemical and Biological Weapons and Missiles, Washington, D.C. 1993.

42 Vgl. Jozef *Goldblat*, Arms Control. A Guide to Negotiations and Agreements, London/Thousand Oaks, Cal./Neu Delhi, 1994, S. 89-91.

43 Vgl. U.S. Congress, Office of Technology Assessment, Technologies, a.a.O. (Anm. 20), S. 197-255.

Der extrem diskriminierende Charakter des MTCR macht aber bereits den mittelfristigen Erfolg fraglich. Ballistische Raketen sind bereits breit gestreut, und eigenständige Produktionstechnik existiert – wenn auch in unterschiedlicher Qualität – in Brasilien, Libyen, Südafrika, Ägypten, Israel, Iran, Irak, Pakistan, Indien, Süd- und Nordkorea, Taiwan und der Ukraine. China und Rußland gehören dem MTCR nicht an, haben aber erklärt, sich an seine Regeln halten zu wollen. Über diese Regeln gibt es jedoch immer wieder heftige Auseinandersetzungen mit Washington. Eine solide Basis besteht also nicht.

Wie ließe sich das Regime umgestalten? Ein radikaler Vorschlag war das Verbot aller ballistischen Raketen.[44] Angesichts der erwähnten amerikanischen Sicherheitsinteressen ist es nicht auszuschließen, daß dies dereinst die Position der USA werden könnte, wenn auch momentan schwer vorstellbar ist, daß Amerika auf seine U-Boot-gestützten Langstreckenraketen verzichten wird. In diesem Falle müßte den Ländern, die freiwillig auf die zivile Nutzung der Raketentechnik verzichten, der Zugang zu kommerziellen Weltraumdiensten zu Vorzugsbedingungen geöffnet werden. Staaten mit aktiven Weltraumprogrammen würden den zivilen Charakter ihrer Aktivitäten gegebenenfalls gegenüber einer internationalen Behörde demonstrieren müssen. Terrestrische ballistische Tests wären untersagt. Von einer solch radikalen Umgestaltung des MTCR ist man noch weit entfernt, obwohl dessen Mitglieder sich Gedanken über die Diskriminierungsproblematik machen.

Regelungen bei den konventionellen Waffen

Gänzlich unzureichend stellt sich die Lage im Bereich der konventionellen Waffentransfers dar. Sie werden von den größeren Lieferländern als Angelegenheit nationaler Politik behandelt. Schrumpfende Märkte bei steigenden Stückkosten, politische Beziehungen zu Verbündeten bzw. wichtigen regionalen Partnern oder reine Handels- oder Beschäftigungspolitik spielen dabei eine Rolle. Dies gilt in besonderem Maße für Frankreich und Großbritannien, die führenden Rüstungsexporteure der Europäischen Union, die es – abgesehen von den allgemein gehaltenen und nicht überprüfbaren Luxemburger Exportgrundsätzen – nicht fertiggebracht hat, die Ausschlußklausel des Artikel 223 der Römischen Verträge zugunsten einer gemeinsamen Rüstungsexportpolitik zu überwinden.[45] Auch die amerikanische Position ist nicht hilfreich. Die USA fordern zwar Zurückhaltung und initiieren von den fünf Ständigen Mitgliedern des UN-Sicherheitsrats (P-5) über die Gruppe der sieben wichtigsten Industrieländer (G-7) bis zum NATO-Kooperationsrat Gespräche über das Thema, haben sich aber selbst zum größten Rüstungsexporteur gemausert und Rußland weit hinter sich gelassen. Angesichts dieser Praxis stoßen Washingtons Mahnungen in China und auch im zunächst durchaus willigen Rußland auf zunehmende Skepsis.

---

44 Vgl. Alton *Frye*, Zero Ballistic Missiles, in: *Foreign Policy*, Nr. 88, Herbst 1992, S. 3-20.
45 Vgl. *Bauer*, a.a.O. (Anm. 30).

Das konventionelle Waffenregister der Vereinten Nationen ist ein nützlicher erster Schritt, auf dem globalen Waffenbasar Transparenz zu schaffen, aber nicht mehr. Überhaupt stellt sich die Frage, ob globale Grundsätze das geeignete Mittel sind, mit der Ausbreitung fortgeschrittener konventioneller Waffen fertigzuwerden. Art. 51 der UN-Charta gibt den Staaten das Recht auf Selbstverteidigung, d. h. aber auch der dazu erforderlichen Mittel. Was »Überrüstung« ist, läßt sich – außer im Extremfall der »Parias« – von außen legitimerweise nicht festlegen. In anderen Worten, Vereinbarungen der Lieferländer haben nur Sinn in Ergänzung zu regionalen Abmachungen nach dem Muster des Vertrags über konventionelle Streitkräfte in Europa (KSE). Sind von den Ländern einer Region Obergrenzen für die Bewaffnung einmal festgelegt, so besitzen die Lieferanten einen klaren Maßstab für ihre Geschäfte. Ein verläßliches Waffenregister, das Eigenproduktion und Bestände einschließt, diente dann der Überprüfung der Handelsströme und der Vertragstreue sowohl der Lieferländer als auch der regionalen Empfänger. Verifikationsmaßnahmen fielen – wie bei KSE – den regionalen Partnern zu.

Globale und regionale Regelungen

Diese Überlegungen weisen darauf hin, daß bei der Bewältigung des Proliferationsproblems neben dem Problem der Regime-Durchsetzung (enforcement) die Verklammerung globaler und regionaler Regimebestandteile eine zentrale Stellung einnehmen wird. Dabei ist das gerade diskutierte Konzept regionaler Regelungen im konventionellen Bereich – ein weitgehend ungenutztes Mittel – möglicherweise der Schlüssel, um auch weite Teile der MVW-Problematik in den Griff zu bekommen.[46] Sicherheitsbedürfnisse, die häufig aus regionalen Ungleichgewichten oder außer Kontrolle geratenen regionalen Rüstungswettläufen resultieren, sind oftmals das wichtigste Motiv für MVW-Programme. Damit sollen Konfliktlagen, die der Rüstungspolitik der Staaten zugrunde liegen, nicht heruntergespielt werden. Rüstungskontrollmaßnahmen sind jedoch geeignet, die riskantesten Auswirkungen des aus dem Konflikt resultierenden Sicherheitsdilemmas einzudämmen. Wo sie erfolgreich mit einem breiteren Konfliktlösungs- und Friedensprozeß verzahnt werden, werden sie zu einem unerläßlichen Bestandteil regionaler politischer Stabilität. Deshalb sind vereinbarte Obergrenzen, operative Einschränkungen und Transparenzmaßnahmen für den konventionellen Bereich ganz besonders wichtig. Letztlich stellen sie langfristig eine Voraussetzung für das Überleben und die Stabilisierung der Nonproliferationsregime dar.

Darüber hinaus sind regionale Regelungen auch für MVW aus zweierlei Gründen empfehlenswert. Zum einen werden in besonders konfliktträchtigen Regionen Transparenz- und Verifikationsanforderungen über den global konsensfähigen Standard

46 Vgl. Jayantha *Dhanapala* (Hrsg.), Regional Approaches to Disarmament: Security and Stability, Aldershot usw., 1993, und John *Simpson*, Regional Approaches offer Nonproliferation Benefits, in: *Atom*, September/Oktober 1993, S. 29-32.

hinausgehen. Für legitime nukleare Aktivitäten im Nahen und Mittleren Osten beispielsweise dürfte über das Inspektionssystem der IAEO hinaus regionale Verifikation mit erweiterten Zugangsrechten zum Tragen kommen.[47] Zum anderen entlastet die Tätigkeit regionaler Organisationen im Sinne einer Subsidiaritätsregelung die globalen Organe wie beispielsweise im Partnerschaftsabkommen zwischen der IAEO und der Europäischen Atomgemeinschaft (EURATOM) vom April 1992. Den weltweiten Organisationen wird es dadurch möglich, Ressourcen zu sparen und sich auf die kritischen Fälle bzw. die noch unbefriedeten Regionen zu konzentrieren.

Insoweit ist die Vermehrung regionaler Regime nur folgerichtig. Sie sind vor allem im Bereich der nuklearen Nonproliferation von wachsender Bedeutung. Das älteste regionale Instrument der »Dritten Welt«, der Vertrag von Tlatelolco, hat durch die Inkraftsetzung durch Argentinien und Chile neue Bedeutung gewonnen; Brasilien und wohl auch Kuba werden bald folgen. Neben dem Rarotonga-Vertrag (Südpazifik) wird demnächst als weitere kernwaffenfreie Zone der ganze afrikanische Kontinent folgen.[48]

Gilt der Hinweis auf die Subsidiarität für das Verhältnis regionaler und globaler Regelungen, so ist das Prinzip auch zwischen den verschiedenen Regimen anzuwenden. Der häufig gehörte Ruf nach dem »Superregime«, in das die bestehenden Regime integriert werden sollten, ist nichts weiter als ein Plädoyer für die Anwendung des Parkinsonschen Gesetzes. Die Regime sind auf die besonderen technischen und politischen Gegebenheiten des jeweiligen Gegenstandsbereichs zugeschnitten. In einer Superorganisation gehen diese Besonderheiten verloren. Zwischen die sachkundigen Operateure und die politische Leitungsebene schieben sich teure (weil im UN-System hochbezahlte) und sachlich eigentlich unnötige Leitungsebenen. Sieht man sich die Belastung der Organisationsspitze der IAEO an, so ist unerfindlich, wie ohne Substanzverlust der Generaldirektor/die Generaldirektorin einer solchen Superorganisation noch politisch agieren können sollte. Von den eigentlichen Vorgängen, zu denen sie sich politisch äußern soll, kann die Leitungsebene jedenfalls nur noch ein rudimentäres Verständnis haben. Eine Verbesserung wäre dies nicht, dafür würde es mehr Geld kosten.[49]

Damit ist natürlich keinem unverbundenen Nebeneinander der Regime-Organisationen das Wort geredet. Im Gegenteil, horizontale Koordination ist nicht nur zwischen den Leitungsebenen, sondern auch zwischen den Verifikationsabteilungen dringend geboten. Nur so läßt sich das getrennte Wissen in ein Frühwarnsystem integrieren. Aber dies müßte eine wirkliche horizontale Koordination zwischen selbständigen Organisationen sein.

47 Vgl. United Nations, Study on Effective and Verifiable Measures Which Would Facilitate the Establishment of a Nuclear-Weapon-Free Zone in the Middle East, Document A/45/435, New York 1990.

48 Vgl. *IAEA Bulletin*, Nr. 1, 1994, S. 49 f.

49 Vgl. Georg *Alexandrowicz* et al. (Hrsg.), Disarmament's Missing Dimension: A UN Agency to Administer Multilateral Treaty (Canadian Papers in Peace Studies, Nr. 1), Toronto 1990; für eine kritische Diskussion des Vorschlags vgl. Leonard S. *Spector*/Virginia *Foran*, Preventing Weapons Proliferation. Should the Regimes Be Combined?, Muscatine, Iowa 1992.

Die politische Bündelung muß dort erfolgen, wo die Entscheidungen getroffen werden, also beim Sicherheitsrat und – vorbereitend – beim Generalsekretariat. Der UN-Generalsekretär braucht eine Organisationseinheit, die die einlaufenden Berichte und Anforderungen aus den Regimeorganisationen kompetent kondensieren und bewerten kann. Eine solche Einheit ist gegenwärtig nicht vorhanden, die Kapazität des Abrüstungsbüros reicht für diese Aufgabe nicht aus.

Proliferation ist kein Nord-Süd-Konflikt

Nichtverbreitungsregime arbeiten auf Konsensbasis. Ihre Grundlage ist nicht – wie häufig fälschlich angegeben wird[50] – die Verweigerungspolitik von Exporteuren, sondern vielmehr der freiwillige Verzicht aller oder des überwiegenden Teils der Regimepartner. Nur der Konsens der vielen ermöglicht es, die Außenstehenden oder die Regelbrecher zu isolieren und durch Druck und Verhandlungen zu einer Änderung ihrer Haltung zu bewegen. Ein brüchiger Konsens oder ein Disput zwischen den Regimemitgliedern ermöglicht es den Böswilligen, hinter gutgläubigen Dissidenten Deckung zu nehmen. So konnten sich Inder und Pakistani darauf verlassen, daß die Blockfreien ihre Namensnennung in Schlußdokumenten von NVV-Überprüfungskonferenzen verhindern würden, da ihre Hauptziele Israel und Südafrika sowie die vermeintlich unzureichende Vertragserfüllung seitens der Kernwaffenstaaten waren.

Trotz der wachsenden Einsicht vieler Entwicklungsländer, wie relevant die Nichtverbreitung auch für ihre eigene nationale Sicherheit ist, ist der Konsens in den diversen Regimen paradoxerweise in steigendem Maße gefährdet. Schuld daran sind weitgehend unzureichende Anstrengungen des Westens, ihre Partner aus dem Süden frühzeitig in die Anstrengungen zur Stärkung der Regime einzubeziehen. Verschärfungen in den Verifikationsbestimmungen des nuklearen Nichtverbreitungsregimes sowie sämtliche Reformen in der Exportkontrollpraxis waren eine rein »nördliche«, zumeist westliche Angelegenheit. Die fahrlässige Rede von einer Verschiebung von CoCom aus der West-Ost- in eine Nord-Süd-Richtung tut ein übriges, um das Mißtrauen selbst engagierter NV-Befürworter in der sogenannten »Dritten Welt« zu steigern. Die sich aus diesem Dissens ergebende Bedrohung der NV-Bemühungen ist zwar weniger spektakulär als Fälle wie Irak und Nordkorea, ihre Gefahr darf aber auf gar keinen Fall gering geschätzt werden, vermindert sie doch die Chancen, das Regime gegen derartige »Ausreißer« robust zu halten.

---

50 Vgl. z. B. Joseph *Di Chiaro* III and Edward J. *Laurance*, Nuclear Weapons in a Changing World: Consequences for Development, in: *The Nonproliferation Review*, Winter 1994, S. 27-42.

SCHLUSS

Die Weiterverbreitung von Massenvernichtungswaffen wird auf die Weltpolitik kaum strukturbildend wirken. Eher verstärken sich die schon länger festgestellten Trends von »Autonomisierung« und »Chaotisierung« von Regionalkonflikten.[51]

Die gegenwärtigen und abschätzbaren Trends der Waffenproliferation stellen die Völkergemeinschaft und die deutsche Außenpolitik vor folgende Herausforderungen:

- Es existiert kein ausreichendes System der Frühwarnung, das die vorhandenen Informationen über Proliferationsvorgänge bündelt und verläßlich bewertet. Die Erkenntnisse bleiben national und bereichsspezifisch zersplittert.
- Während sich in Verifikation und Exportkontrollen merkliche Verbesserungen ergeben haben, liegt die Aufgabe der Vertragsdurchsetzung noch im argen. Hier gibt es genuine Probleme, die sich aus undeutlicher Sachstandserkenntnis sowie aus den durch die Proliferation veränderten Risikokalkülen der übrigen Staaten in der betroffenen Region ergeben. Als weitere Schwierigkeit treten die Entscheidungsverfahren des Sicherheitsrats – Veto der P-5 – hinzu.
- Gegen das künftige Risiko eines mit biologischen Waffen geführten Terrorismus, ob staatlich unterstützt oder nicht, gibt es kein absehbares verläßliches Gegenmittel.
- Die Ausbreitung fortgeschrittener konventioneller Waffen ist ein weitgehend ungeregelter Bereich. Dies wiegt um so schwerer, als regionale konventionelle Ungleichgewichte eine wirkungsmächtige Motivation für die Beschaffung von Massenvernichtungswaffen darstellen. Das Waffenregister ist nur ein erster, höchst bescheidener Anfang.
- Größere Anstrengungen sind daher nötig, um regionale Rüstungskontrollregelungen zu schaffen und sie mit den globalen Regimen zu verzahnen. Versuche, eine Superstruktur für die NV-Regime zu schaffen, führen in eine (teure) Sackgasse.
- Die Festigung eines Konsenses zwischen Nord und Süd über Proliferationsfragen und angemessene Maßnahmen zur Stärkung der Regime und zur Behandlung akuter Krisen ist eine unerläßliche Voraussetzung für das Wirken der Regime. Dieser Konsens bleibt gefährdet, solange Regimepolitik im wesentlichen zwischen den führenden Staaten des »Nordens« ausgehandelt wird.

51 Dieter *Senghaas*, Regionalkonflikte in der internationalen Politik, in: *ders.* (Hrsg.), Regionalkonflikte in der Dritten Welt. Autonomie und Fremdbestimmung, Baden-Baden 1989, S. 11-28; hier S. 20-23.

TRANSNATIONALE GEFÄHRDUNGEN DER INTERNATIONALEN SICHERHEIT

Hans-Georg Wieck

Einleitung

Die Bundeswehr verabschiedete am 8. September 1994 in Anwesenheit des Bundeskanzlers sowie der Regierungs- und Staatschefs der Berlinmächte mit einem Großen Zapfenstreich vor dem Brandenburger Tor die Berlin-Brigaden der drei Schutzmächte Frankreich, Großbritannien und der USA. Am gleichen Tage trafen sich die Innen- und Justizminister der Mitgliedstaaten der Europäischen Union (EU) in Berlin mit ihren Amtskollegen aus Mittel- und Osteuropa (Bulgarien, Polen, Rumänien, Slowakei, Tschechien und Ungarn) sowie aus den USA, der Schweiz und Kanada, um die Zusammenarbeit bei der Bekämpfung der internationalen Kriminalität zu verbessern. Sie verabschiedeten die »Berliner Erklärung« mit einem Katalog von Maßnahmen gegen den illegalen Handel mit Rauschgift, Schleuserkriminalität und Verschiebung von Kraftfahrzeugen.

Diese beiden Ereignisse am 8. September 1994 in Berlin markieren den Paradigmawechsel auf dem Gebiet der internationalen Sicherheit. Die Berlinschutzmächte, die mehr als 40 Jahre hindurch die Lebensfähigkeit und Freiheit Westberlins gegenüber der sowjetischen ideologischen und militärischen Bedrohung garantierten, haben ihren Auftrag erfolgreich erfüllt. Das zeitgleiche Treffen der Innen- und Justizminister aus 22 Ländern und die Verabschiedung der »Berliner Erklärung« verdeutlichen das Aufkommen neuer schwerwiegender, aber andersartiger Gefährdungen der internationalen Sicherheit.

Die Sicherheit der Bundesrepublik wie die vieler anderer Staaten wird nach dem Ende des Ost-West-Konflikts zunehmend bedroht durch internationalen und nationalen Terrorismus, durch grenzüberschreitende organisierte Kriminalität, durch Rauschgifthandel und Geldwäsche sowie durch transnationale Kriminalität aus den Gebieten der früheren Sowjetunion und aus den mittel- und osteuropäischen Staaten.

Internationaler und nationaler Terrorismus

Der Terminus »Terrorismus« bezeichnet hier Aktivitäten, die sich auf Planung und Durchführung von illegalen Gewaltakten durch Organisationen (temporären oder dauerhaften Charakters) beziehen, die national oder grenzüberschreitend kooperieren und konspirativ arbeiten, um mit diesen Gewaltakten eigene politische Ziele oder die ihrer Auftraggeber zu erreichen. Eine einvernehmliche Definition des Begriffs

»Terrorismus« ist den Mitgliedstaaten der Vereinten Nationen bislang nicht gelungen, betrachten doch manche Staaten Gewaltakte gegen koloniale oder rassendiskriminierende Regierungen oder für die staatliche Selbständigkeit von Völkern als legitime Mittel des Befreiungskampfes. Seit der tragisch verlaufenen Geiselnahme von israelischen Teilnehmern der Olympischen Spiele in München im Jahre 1972 gehören terroristische Gewaltakte im Sinne der Definition dieser Untersuchung leider zur Tagesordnung im nationalen und internationalen Geschehen.

Geographisch und zielsetzungsbezogen lassen sich folgende Hauptgruppen von national und international operierenden terroristischen Organisationen unterscheiden:

1. Links- und rechtsradikale revolutionäre Gruppen, deren Ziel es ist, den demokratisch-liberalen Staat gewaltsam, also revolutionär oder durch staatsstreichähnliche Aktionen, zu stürzen. Hierzu gehören in Deutschland der harte Kern der »Rote-Armee-Fraktion« (RAF), dem zehn bis 15 Personen zuzurechnen sind, und dessen Sympathisantenumfeld (etwa 200 Personen) sowie linksradikale, nicht flächendeckend organisierte Gruppierungen (früher »revolutionäre Zellen«), die zur Gewaltanwendung bereit sind. Insgesamt umfaßt das linksextremistische Potential in Deutschland etwa 30 000 Personen, darunter 6 000 »Anarchisten«, von denen etwa 5 000 als »Autonome« grundsätzlich die Anwendung von Gewalt zur Durchsetzung ihrer Ziele befürworten.

Mit dem Zusammenbruch der sozialistisch-kommunistischen Systeme und der Diskreditierung gewaltsam durchgesetzter sozialistischer Regime sind linksradikale revolutionäre Gruppierungen in Beweisnot geraten. Aber die »natürlichen« Schwächen des demokratischen Systems und der sozialen Marktwirtschaft (Arbeitslosigkeit, soziale Abstufung) bieten immer wieder Nährboden für revolutionäre Parolen und gewaltsame Handlungen. Waren Terror- und Gewaltaktionen von Linksradikalen nach der deutschen Vereinigung zunächst zurückgegangen, haben sie 1993/94 wieder zugenommen. Dabei profiliert sich die linksextremistische Szene vor allem im konfrontatorischen und auch Gewaltanwendung nicht ausschließenden »Kampf gegen den wiederauflebenden Faschismus und Rassismus«. Am 6. März 1994 hat die RAF-Kommandoebene die Politik der »bewaffneten Aktion« zugunsten des Aufbaus der »Gegenmacht von unten« abgelöst. Wird das mehr als ein Wortspiel sein? Gleichzeitig existiert eine ideelle Gesinnungsgemeinschaft mit gleichgerichteten Gruppierungen in Italien (Brigate rosse) und Frankreich (Action Directe). Nur läßt sie sich aus Gründen der Abschirmung und der Gefährdung durch Unterwanderung kaum in gemeinsam geplante und parallel durchgeführte Aktionen umsetzen, obwohl auch dies gelegentlich versucht wurde. Hilfeleistungen erfolgten im Einzelfall.[1]

Während die deutsche terroristische Szene Jahrzehnte durch linke revolutionäre Zentren bestimmt wurde, wächst seit einigen Jahren in Deutschland eine rechtsradikale Szene heran, die mit ihrer Ausländerfeindlichkeit und mit militanten Aufrufen das

1 Vgl. Martin *Lotz*, Die transnationale »Phalanx« und Zusammenarbeit der Staaten gegen den Terrorismus. Modelle, Aufgaben und Ziele, in: Polizeiwissenschaftliche Abhandlungen, Die teuflische Heirat des internationalen Terrorismus mit dem organisierten Verbrechen, o.O. 1990, S. 81-105; sowie Phil *Williams*, Transnational Criminal Organisations and International Security, in: *Survival*, Nr. 1, 1994, S. 96-113.

politische Klima in Deutschland vergiftet. Dabei unterscheiden sich ihre Methoden in vielem von den bewußt konspirativ geplanten und auf terroristische Akte abzielenden Manifestationen der militanten linken Szene der Vergangenheit.

Rechtsradikalismus präsentiert sich in offener Gewaltanwendung gegen ideologische Zielgruppen und ihre Mitglieder. 1993 gab es 20 Tötungsdelikte (1992 starben sechs Menschen). Dazu kommen Brandanschläge, Körperverletzung sowie verbale und propagandistische Aktivitäten rechtswidrigen Charakters. Aus dem Ausland kommendes Material (NSDAP/AO) propagiert in Schriften über »Wehrsportaktivitäten« die Vorbereitung von Terroranschlägen gegen jüdische Einrichtungen, gegen Konzerne mit ausländischen Beschäftigten und Anschlägen auf politische Gegner. Es wird ein politisches Klima geschaffen, in dem die Anwendung von Gewalt, wenn auch schon nicht als legal, so doch als legitim empfunden werden soll. Von dort ist die Umsetzung von Ausländerfeindlichkeit in konkrete Gewaltakte nicht mehr weit. Folgerichtig sind vom Bundesminister des Inneren seit 1992 mehrere rechtsextreme Vereinigungen, darunter die Nationalistische Front, die Deutsche Alternative und die Nationale Offensive sowie auf Landesebene mehrere regionale Organisationen verboten worden.

In diesem Milieu gibt es auch Berührungspunkte zu meist von Jugendlichen betriebenen »Subkulturen«. Skinheads, zunächst unpolitisch, wechseln je nach Stimmungslage ihre Bereitschaft zur Identifizierung mit links- oder rechtsradikalen Gruppierungen. Gewaltbereitschaft und Gewaltanwendung gegen »Feinde« werden als Ausdruck von Männlichkeit und als Manifestation der eigenen Gruppenidentität empfunden.[2]

Auch der nationalistisch oder ethnisch verankerte Terrorismus ist inzwischen zu einem europäischen Phänomen geworden. Es zeigt sich im spanischen Baskenland, in Nordirland, wo es jetzt eine Chance zur Überwindung von Haß und Gewalt gibt, auf Korsika und vor allem unter den Kurden in der Türkei. In Deutschland gab es 1993 etwa 60 extremistisch einzustufende politische Vereinigungen von Ausländern mit mehr als 40 000 Mitgliedern. Sie machen etwa 0,6 Prozent der 6,5 Millionen Ausländer in Deutschland aus. Über 300 Gewaltakte und andere Gesetzesverletzungen dieser Gruppierungen wurden strafrechtlich verfolgt. Ein Gewaltpotential ist bei Ausländerorganisationen vor allem dann festzustellen, wenn in den Heimatländern bürgerkriegsähnliche Verhältnisse herrschen oder politische Gegner bestehender Regierungsverhältnisse im Ausland schlag- und finanzkräftige Oppositionsgruppen aufbauen wollen. Der im Ausland agierende Zweig der kommunistisch orientierten »Arbeiterpartei Kurdistans« (PKK) z.B. unternimmt terroristische Akte gegen Einrichtungen seines Gastlandes und gegen Angehörige des eigenen Volkes.

Die PKK strebt einen autonomen Status, wenn nicht einen von der Türkei unabhängigen Kurdenstaat an, und setzt dabei skrupellos die in Deutschland und anderen westeuropäischen Staaten (Frankreich, Belgien) lebenden Kurden für ihre Zwecke

2 Vgl. Gerhard *Fricke*, Rechtsterrorismus – Kriminalitätslagebild – Prognose, Vortrag vor der Polizeifachschule Münster-Hiltrup, 1994.

ein. Sie werden zu finanziellen Abgaben, ja zum Teil auch zu Diensten in den kurdischen bewaffneten Kräften herangezogen. In Deutschland hat die PKK etwa 6 000 Mitglieder. Auf Zypern und im Libanon gibt es seit langem Ausbildungszentren; Operationsbasen bestehen in Syrien und im Irak. Ungeachtet des Verbots der PKK in Deutschland nach den gewaltsamen Straßenblockaden im November 1993 setzen kurdische Organisationen ihre Aktionen in Europa zugunsten des Kampfes in der Türkei fort.

Daneben gibt es auch gewaltsame Auseinandersetzungen zwischen anderen radikalen türkischen Gruppierungen in Deutschland. In ähnlicher Weise sieht sich Frankreich dem Mißbrauch seines Territoriums durch gewaltsame Konflikte zwischen algerischen radikalen und gemäßigten Organisationen ausgesetzt. Bekannt ist vor allem die sunnitisch-extremistische »Islamische Heilsfront« (FIS). Politisch motivierte Gewalttaten, vor allem von Kurden, Türken, Iranern (Verfolgung des Schriftstellers Salman *Rushdie* und seiner Verleger) und Arabern sowie von südosteuropäischen Volksgruppen weisen eine steigende Tendenz auf. Brand- und Sprengstoffanschläge sowie Tötungsdelikte sind häufig ebenso festzustellen wie Gesetzesverletzungen bei der Durchsetzung nicht genehmigter öffentlicher Demonstrationen.[3]

2. Neben dem ideologisch oder ethnisch bestimmten gewaltsamen Kampf des links- und rechtsextremistischen Terrorismus gegen die demokratischen Staaten in Europa muß der arabisch-islamische und der iranisch-islamische Terrorismus als die nachhaltigste transnationale Bedrohung terroristischen Charakters angesehen werden. Zu den bekanntesten Gruppierungen gehören:

- Hisb'Allah (Partei Gottes) mit iranisch-arabischem Hintergrund und dem Operationszentrum im syrisch kontrollierten Libanon. Die in Deutschland wegen verschiedener Gewaltakte verurteilten Gebrüder Ali Abbas und Mohammed Ali *Hamadei* gehören dieser Gruppierung an.
- Abu *Nidal*, Chef einer wahlweise mit Libyen und mit Syrien zusammenarbeitenden terroristischen Organisation mit Operationsbasis im syrisch beherrschten Libanon.
- Die militanten Flügel der Palästinensischen Befreiungsorganisation (PLO), z.B. die Volksfront für die Befreiung Palästinas (PFLP) sowie die Demokratische Front für die Befreiung Palästinas (DFLP). Die PLO selbst hat in Verbindung mit den jüngsten Verträgen über die palästinensische Selbstverwaltung in Gaza und Jericho dem Terrorismus abgeschworen. Die Terrororganisationen PFLP und DFLP bestehen jedoch fort und tragen den Friedensprozeß nicht mit.

Ferner gibt es außerhalb der PLO-Strukturen terroristische palästinensische Organisationen, meist mit Sitz im Libanon, die den Kampf gegen den Friedensprozeß mit gewaltsamen Mitteln fortsetzen. Zu nennen ist der militante Zweig der palästinensisch-islamischen Widerstandsbewegung (Hamas) und des Heiligen palästinensisch-islamischen Krieges (PIJ).

3 Vgl. Bundesministerium des Innern (Hrsg.), Verfassungsschutzbericht 1993, Bonn 1994.

Die als Hauptgegner der arabischen und islamischen Ziele deklarierten Länder, USA und Israel, haben in größerem Umfang als die europäischen Mächte polizeiliche und gerichtliche Mittel eingesetzt, um sich zu schützen. Die Terroristen versuchten deshalb, israelische und US-amerikanische Ziele in Europa zu treffen. Das gelang in vielen Fällen. Das Attentat in München gegen die israelische Mannschaft bei den Olympischen Spielen 1972 und der Absturz der PanAm-Maschine auf dem Wege von London nach New York über Lockerbie/Schottland sind zwei markante Beispiele für diese Politik der Terrororganisationen.[4] Vereinzelt waren die terroristischen Extremisten auch in den USA selbst »erfolgreich«, so beispielsweise beim Sprengstoffattentat im World Trade Center in New York am 26. Februar 1993, bei dem ein islamischer Hintergrund vermutet wird.

Die Lage kann gegenwärtig, trotz erster Erfolge auf dem Weg zu einer dauerhaften Aussöhnung zwischen dem palästinensischen und dem israelischen Volk, nicht als entspannt angesehen werden. Die terroristischen Netze mit unbehinderten Operationsbasen, meist im Libanon, bestehen fort, nicht selten auch in Verbindung mit illegalem Rauschgiftanbau und -handel. Dabei zögern auch einige staatliche Regime nicht, sich dieses Gewaltpotentials »aus gegebenem Anlaß« zu bedienen. Staatsterrorismus wird vor allem Libyen, Syrien, Irak, Iran, Pakistan, Nordkorea und in der Vergangenheit der PLO, die ja bekanntlich Anspruch auf staatliche Anerkennung erhob, zur Last gelegt. Die frühere DDR unterstützte terroristische Organisationen und der Sudan bot Zuflucht.

Grenzüberschreitende organisierte Kriminalität

Im Jahre 1993 sind in Deutschland von den Polizeidienststellen 6,7 Millionen Straftaten registriert und den Strafverfolgungsbehörden übergeben worden. Die Vergehen in Verbindung mit unbaren Zahlungsmitteln (»Plastik«-Geld) stiegen um mehr als 20 Prozent gegenüber dem Vorjahr an; Straftaten gegen Ausländer- und Asylverfahrensgesetze um 40 Prozent. Die gemeldeten Straftaten aus den alten Bundesländern insgesamt weisen eine Steigerung um 2,7 Prozent gegenüber dem Vorjahr auf. Diese Statistiken enthalten jedoch keine Daten über organisierte und grenzüberschreitende Kriminalität; die Meinungen über das Ausmaß dieses neuen Phänomens gehen daher auseinander.

Diese professionelle Kriminalität beruht nicht auf der Planung eines einzelnen, sondern stellt das Ergebnis der Aktionsplanung krimineller transnational operierender Ringe dar. Einzelne kriminelle Akte sind in eine gesamte Operationsplanung eingebettet, die Unterschiede in der Rechtslage in einzelnen Staaten, einschließlich der Strafverfolgung, in ihr Kalkül aufnimmt. Diese kriminellen Organisationen steuern kriminelle Akte je nach Lage bei Absatz und Beschaffung. Das gilt vor allem für den illegalen Drogenhandel.

4 Ferner existierte eine Zusammenarbeit mit der Rote-Armee-Fraktion (Ausbildung, Waffen, Sprengmittel).

Für das Jahr 1992 haben Polizei und Justiz ein bundesweites Lagebild »Organisierte Kriminalität« erarbeitet, aus dem sich Anhaltspunkte für das Bedrohungspotential ergeben.[5] Bei dieser Untersuchung hat man 60 000 Einzeldelikte 600 vermuteten kriminellen Großoperationen sowie der grenzüberschreitenden organisierten Kriminalität zugeordnet und versucht, daraus fundierte Erkenntnisse über ihre Strukturen zu gewinnen. Bei den Einzeldelikten standen Vermögens- und Fälschungsdelikte im Vordergrund. Bei 40 Prozent der Delikte spielte Rauschgiftkriminalität eine Rolle. Gewaltdelikte machten etwa 2 Prozent aus. Nur 20 Prozent der Verfahren haben begrenzt regionale deutsche Bezüge. Bei 60 Prozent der Verfahren wurden internationale Bezüge festgestellt, und zwar mit 70 involvierten Ländern. Die Schadenssumme der 60 000 Einzeldelikte beläuft sich auf mehr als eine Milliarde D-Mark. Von den etwa 8 000 Tatverdächtigen hatte knapp die Hälfte die deutsche Staatsangehörigkeit. Mit mehr als 50 Prozent liegt der nichtdeutsche Anteil erheblich über dem Ausländeranteil an der registrierten Gesamtkriminalität (30 Prozent). Bei fast 140 Komplexen (aus der Gesamtzahl von 600 Komplexen organisierter Kriminalität) wurde Einflußnahme, bzw. versuchte Einflußnahme auf Politik, Medien, öffentliche Verwaltung, Justiz und Wirtschaft festgestellt. Es gibt durchaus Schwerpunkte regionalen Charakters bei der internationalen Verknüpfung: immerhin 50 Gesamtkomplexe werden der italienischen Mafia zugerechnet.

Bei den nichtdeutschen Tatverdächtigen im Jahre 1993 waren türkische Staatsangehörige mit mehr als 15,8 Prozent, Staatsangehörige aus dem früheren Jugoslawien mit 16,1 Prozent und italienische Staatsangehörige mit 3,6 Prozent beteiligt. Die italienische Mafia betrachtet Deutschland als Rückzugs- und Ruhefeld sowie als Aktionsraum. Stärker als in der Vergangenheit muß sich das Augenmerk auf Mafiastrukturen in Mittel- und Osteuropa einschließlich des Territoriums der früheren Sowjetunion richten. Der stellvertretende russische Innenminister General Michail *Yegorow* teilte amtlichen deutschen Stellen mit, daß mehr als 200 russische Mafiaorganisationen grenzüberschreitend in westeuropäischen Ländern tätig sind, darunter 50 Organisationen in Deutschland.

Rauschgifthandel und Geldwäsche

Transnational organisierte Kriminalität wird vor allem mit Drogenhandel und Geldwäsche assoziiert. Heute sind solche Mafiaorganisationen aber auch in den Bereichen Verschiebung von Kraftfahrzeugen, Falschgeld (Banknoten und unbares »Plastik«-Geld), Waffen, Nuklearmaterial und Menschenhandel aktiv. Neben den Mafiaorganisationen aus den klassischen Drogenhandelsländern Lateinamerikas existieren weitmaschig operierende Organisationen in China, Rußland, Japan, Mittelosteuropa

5 Vgl. Hans-Ludwig *Zachert*, Organisierte Kriminalität in Deutschland, in: Probleme unserer Zeit (Schriftenreihe der Limburger Gesellschaft für Recht, Wirtschaft und Politik), Heft 1, 1993. Vgl. auch *Bulletin* (Presse- und Informationsamt der Bundesregierung), Polizeiliche Kriminalstatistik für 1993, Nr. 50, 30.5.1994.

und Süditalien sowie auf dem Balkan. Drogenhandel und die damit verbundene Geldwäsche sind insgesamt das wichtigste Aktionsfeld transnational operierender Netze organisierter Kriminalität.

Die Menge der für den illegalen Handel verfügbaren Drogen ist praktisch unbegrenzt. Nach Angaben der Weltgesundheitsorganisation (WHO) wurden 1991 mehr als 225 000 Tonnen Kokablätter produziert – vorzugsweise für den Markt in Nordamerika. Aber Rauschgift breitet sich zunehmend auch in Europa aus; Drogenkartelle bereiten zudem die Märkte in Australien und Afrika auf. Die Zahl der Erstkonsumenten in Deutschland nimmt weiterhin zu. Es gab einen leichten Rückgang bei der Zahl der Drogentoten (1 738 Menschen im Jahre 1993 verglichen mit knapp über 2 000 Menschen im Jahre 1992). Die Zahl der Rauschgiftdelikte stieg von etwa 1 000 erfaßten Fällen im Jahre 1965 auf über 120 000 Fälle im Jahre 1993; in den neuen Bundesländern sind Drogendelikte noch nicht verbreitet. Darüber hinaus nehmen Gewaltandrohung und -anwendung in der Drogenkriminalität zu: 1993 um 70 Prozent gegenüber 1992. Man geht davon aus, etwa zehn Prozent der nach Deutschland illegal verbrachten Betäubungsmittel durch Zoll- und Polizeikontrollen sicherstellen zu können. Das waren 1965 noch rund 45 kg Cannabis, im Jahre 1993 dagegen mehr als 11 000 kg, etwa 1 000 kg Heroin, rund 1 000 kg Kokain, etwas mehr als 100 kg Amphetamin. Im Jahre 1992 gelang die Sicherstellung von drei Tonnen des in Lettland mit Grundstoffen aus Tschechien hergestellten Amphetaminderivats Methylendioxyamphetamin (MDA), das für den Markt in den Niederlanden bestimmt war. Der transnationale Charakter der Drogenkriminalität läßt sich auch aus dem hohen Anteil von nichtdeutschen Tatverdächtigen, der über 50 Prozent ausmacht, auf diesem Gebiet ablesen.[6]

Die Öffnung der Grenzen zu und Handelsaustausch mit Mittel- und Osteuropa, Rußland sowie den anderen Nachfolgestaaten der Sowjetunion hat dem illegalen internationalen Drogenhandel auch diese Routen zu den europäischen Absatzgebieten geöffnet, ganz abgesehen davon, daß in diesen Staaten Anbaukapazitäten für pflanzliche Betäubungsmittel vorhanden sind: Cannabis, Marihuana, Opium.

Nach wie vor gelten die kolumbianischen Drogenkartelle (Medellin und Cali) als die mächtigsten Organisationen. Etwa 100 000 Menschen arbeiten in der kolumbianischen Kokainproduktion. Seit 1981 gibt es Zusammenschlüsse, deren Aktivitäten sich auf alle Stufen der Betäubungsmittelkriminalität erstrecken: vom Anbau der Kokapflanze in Peru und Bolivien (etwa 270 000 Hektar Anbaufläche) über den Transport der Blätter oder Kokapaste und deren chemische Verarbeitung bis zur Herstellung von Kokain selbst und der Verschiffung auf den amerikanischen Markt einschließlich der Verteilung in die Abnehmernetze. Mit Ausnahme des Anbaus und des »Einzelhandels« kontrollieren die beiden Kartelle alle Stufen der Be- und Verarbeitung, des Transports und der Vermarktung. Die Kokablätterernte eines Jahres reicht zur Herstellung von etwa 900 Tonnen Kokain aus. Der Großhandelspreis dieser

6 Ausländer sind am illegalen Handel mit Kokain mit 51 % und Heroin mit 45,5 % beteiligt. Vgl. Bulletin, a.a.O. (Anm. 5).

Menge liegt bei zehn Milliarden US-Dollar. Der Einzelhandelsumsatz beträgt etwa 50 Milliarden US-Dollar. Allein in den USA mit etwa 26 Millionen Drogenkonsumenten werden jährlich mehr als 25 Milliarden US-Dollar für Kokainkonsum ausgegeben. Das Calikartell hat jetzt auch die Heroinproduktion aufgenommen und drängt damit auf den europäischen Markt. In Europa – in den ersten drei Monaten des Jahres 1994 wurden rund 11 Tonnen Kokain beschlagnahmt – erzielen die Kartelle mit Kokain sogar höhere Gewinne als in den USA. Hauptzentren der Opiumherstellung sind die Länder im »Goldenen Dreieck« mit Birma (heute Myanmar) als Hauptproduzenten – etwa 70 Prozent der rund 2 200 Tonnen Opium kommen aus dieser Region – und die Länder des »Goldenen Halbmonds«, Afghanistan, Pakistan und Iran. Dort werden 5 500 Tonnen Opium hergestellt. Dazu gesellen sich jetzt Staaten der früheren zentralasiatischen Sowjetrepubliken, vor allem Usbekistan, Turkmenistan und Tadschikistan mit einer jährlichen Produktion von 1 200 Tonnen. Cannabis wird auch in den europäischen Nachfolgestaaten der Sowjetunion hergestellt. In Rußland gibt es z.B. eine Anbaufläche von rund 2,5 Millionen Hektar; 1993 wurden fast 40 Tonnen Rauschgift beschlagnahmt. Fast die Hälfte aller Drogen, die auf den deutschen Markt kommen, stammen vom Territorium der früheren Sowjetunion.

1991 beklagten die USA etwa 6 600 Drogenopfer. Zum Vergleich: In Deutschland starben 1992 fast 2 000 Menschen infolge Drogenmißbrauchs. Die Erfolge der amerikanischen staatlichen Gegenmaßnahmen sind bislang begrenzt; dies gilt auch für die Effizienz der internationalen Zusammenarbeit.

Für die internationale Sicherheit sind die Verknüpfungen der Drogenmafia mit terroristischen Organisationen und deren politischen Auftraggebern auf nationaler und internationaler Ebene sowie die Umwandlung der finanziellen Gewinne in »legales Geld« (»money laundering«, »white washing«) von erheblicher Bedeutung. Das Medellinkartell z.B. versuchte 1988, erhebliche Mengen von Handfeuerwaffen illegal nach Kolumbien einzuführen. Aufklärung und Bekämpfung der Bemühungen von Mafiaorganisationen, aber auch von individuellen Händlern, das illegale Geld »reinzuwaschen«, sind außerordentlich schwierig und können bis heute sicher nur einen Bruchteil der Geldmenge erfassen, die in Bewegung ist.[7] Zu den sich teilweise überschneidenden Maßnahmen der amerikanischen Geheimdienste und Strafverfolgungsbehörden (z.B. Drug Enforcement Agency) gehört es, die kolumbianischen Kartelle zu »penetrieren«, um die finanziellen Transaktionen bei der Geldwäsche und beim Einsatz der finanziellen Gewinne für die geschäftlichen oder auch politischen Ziele der Kartelle aufzudecken.

Die Geldwäsche wird nicht mehr von den Kartellen selbst durchgeführt, sondern auf dem Wege der »Ausschreibung« vergeben. Die Agenten garantieren die Auszahlung in Landeswährung oder Importware in Kolumbien und erhalten in den USA den Dollargegenwert, den sie dann auf eigenes Risiko und zum eigenen Nutzen »reinzuwaschen« haben. Im Oktober 1992 kam man in Luxemburg einem »Geldwechsler« auf die Spur (Franklin *Jurado*), der unter Einsatz von mehr als 100

7 Vgl. Ann *Woolner*, Washed in Gold, o.O. 1994.

Konten in 16 verschiedenen Ländern die Geldwäsche des Kokaingeldes vornahm. Die Operationen setzen die genaue Kenntnis der Banken- und Bankenaufsichtsgesetze voraus, gelegentlich auch die partielle Korrumpierung von Personen in Bankinstituten; Fristen, die zwischen der Plazierung des Geldes bei einer Bank und deren Registrierung bei den Bankaufsichtsbehörden liegen, werden skrupellos ausgenutzt. Das »legalisierte« Geld landet dann oft bei Investmentfonds in Europa oder in den USA.[8]

Transnationale Kriminalität aus Mittelosteuropa und aus dem Gebiet der früheren Sowjetunion

Die politischen und sozio-ökonomischen Transformationsprozesse auf dem Gebiet der ehemaligen UdSSR sowie in den mittel- und osteuropäischen Staaten, aber auch in Südeuropa, und das enorme Wohlstandsgefälle zwischen diesen Ländern und dem klassischen »Westeuropa« haben zu einer enormen Ausweitung der organisierten und transnational arbeitenden Kriminalität geführt. Betätigungsfelder sind Raub und Diebstahl von Kraftfahrzeugen (Kfz) und deren Verkauf in Mittel- und Osteuropa und der Gemeinschaft Unabhängiger Staaten (GUS). Hinzu kommt im gesamten mittel- und osteuropäischen Raum die Herstellung und Vermarktung von Falschgeld – D-Mark und US-Dollar gelten als stabile Zahlungsmittel – sowie die Korrumpierung des unbaren Geldverkehrs. Auch die Drogenszene nimmt in der organisierten Kriminalität Osteuropas mit grenzüberschreitender Dimension zu. Schließlich spielen Menschenhandel von Ost nach West (Frauen, Arbeitskräfte) sowie Waffenhandel und illegaler Handel mit radioaktiven Stoffen eine unrühmliche Rolle.

Die russische Regierung räumt dem Kampf gegen die organisierte Kriminalität hohe Priorität ein. In demonstrativer Offenheit berichtet sie über das Ausmaß von Mafiaaktivitäten und über die Anstrengungen zur Eindämmung der Gefahren. Nach offiziellen russischen Angaben ist die Zahl der kriminellen Vereinigungen von rund 750 im Jahre 1990 auf über 5 700 im Jahre 1994 angewachsen. Etwa 1 000 kriminelle Organisationen bestehen in den anderen Nachfolgestaaten der Sowjetunion. Mehr als 100 000 Menschen sind in den Banden tätig. 200 große, besonders gefährliche Organisationen unterhalten Verbindungen ins Ausland, und zwar in 40 Länder: Sie kooperieren in den USA mit La Cosa Nostra, einer berüchtigten kriminellen Vereinigung von etwa 25 Großfamilien mit 2 000 Mitgliedern, in Italien mit der sizilianischen Mafia und mit der im Raum Neapel aktiven Camorra sowie mit Banden in den anderen Nachfolgestaaten der früheren Sowjetunion und in Mittel- und Osteuropa. Verbindungen gibt es auch zu den zahlreichen chinesischen Mafiaorganisationen. Russische »Mafiabosse« haben sich im November 1992 mit Vertretern des Medellinkartells in Rußland getroffen. Diese ausländischen Kontakte dienen vor allem der Errichtung von sicheren Transportwegen für den Drogenhandel.

---

8 Vgl. David *Andelmann*, The Drug Money Maze, in: *Foreign Affairs*, Nr. 4, 1994, S. 94-108.

Besonders bedrohlich ist, daß – Berichten der russischen Nachrichtenagentur TASS vom 16. Juni 1994 zufolge – kriminelle Gruppierungen im Regierungsapparat selbst Korruptionsnetze aufgebaut haben, vor allem in den Sektoren Lizenzen, Privatisierung, staatliche Auftragserteilung, Quotierung von Ex- und Importen sowie im Bereich der Bodenreform. Etwa 40 000 russische Firmen, staatliche wie private, werden von Mafiaorganisationen beherrscht. Darunter sind auch viele Banken und ebenso deutsche in Rußland ansässige Firmen. Zur russischen Mafia gehören u.a. folgende Verbindungen: Ljuberetskaja-, Slontsewskaja-, Puschkinskaja- und die Podolskaja-Gruppe. Jede von ihnen hat etwa 300 Mitglieder. Die Zahl der in Moskau und außerhalb operierenden Gruppierungen mit kaukasischem Hintergrund geht in die Dutzende (Tschetschenen, Georgier, Armenier, Inguschen, Osseten etc.). Die heutigen Mafiastrukturen gehen zum Teil auf die »second economy« zurück, die sich zu Zeiten der Sowjetunion ausgebreitet hatte.

Bei Auseinandersetzungen mit Mafiaorganisationen hatte die russische Polizei im Laufe des Jahres 1993 bereits 183 Tote und über 500 Verletzte zu beklagen. Im ersten Halbjahr 1994 lag die Zahl der Opfer bereits bei über 100 Toten. Mafiakriminalität macht vor Ausländern in Rußland und anderen GUS-Staaten nicht halt, gleichzeitig ist Deutschland Operationsgebiet von etwa 50 russischen kriminellen Vereinigungen.[9]

Neben der Drogenkriminalität entwickelte sich der internationale Handel mit gestohlenen Kraftfahrzeugen zu dem bedeutendsten Betätigungsfeld der internationalen Kriminalität. Die Hälfte der jährlich in Deutschland gestohlenen Kraftfahrzeuge (120 000 Kfz) wird nach Angaben des Bundeskriminalamts unwiederbringlich ins Ausland verschoben. Der jährliche Schaden beläuft sich auf mehr als 1,5 Milliarden D-Mark. Bei räuberischer Erpressung (»car jacking«) fallen dem Täter in der Regel auch die Autopapiere in die Hände. Dabei wird Diebstahl auf dem Weg der »Anmietung« zu einer immer gängigeren Methode der Kraftfahrzeugkriminalität. Abnehmer sind Märkte im Nahen und Mittleren Osten; Mittel- und Osteuropa ist bevorzugtes Transitgebiet. Die Seehäfen am Schwarzen Meer werden für die Verschiffung nach Odessa und auf den ukrainischen Markt genutzt.[10]

In jüngster Zeit sind darüber hinaus vermehrt radioaktive Materialien, wie schon seit langem befürchtet, auf den illegalen Ost-West-Märkten erschienen. Als potentielle Abnehmer werden nukleare Schwellenländer – eine eher unwahrscheinliche Möglichkeit – und vor allem terroristische Organisationen vermutet, die versuchen könnten, sich dieses Materials in erpresserischer Absicht zu bemächtigen.[11] Im Zuge der Reformprozesse in der Sowjetunion und des Abbaus von Teilen des industriell-militärischen Komplexes hatte es internationale Bestrebungen gegeben, innerhalb und außerhalb der Sowjetunion zivile Beschäftigungsmöglichkeiten für Nuklear- und Raketenspezialisten zu schaffen. Es wird vermutet, daß die radioaktiven Materialien,

---

9 Im Jahre 1994 wurden gegen mehr als 50 amerikanische Staatsangehörige Gewaltakte verübt.

10 Vgl. Hans-Ludwig *Zachert*, Organisierte Kriminalität in einem Europa offener Grenzen (Pressestelle des Bundeskriminalamtes Wiesbaden), Vortrag Mai 1993.

11 Vgl. den Beitrag von Harald *Müller* in diesem Band.

die jetzt in Europa angeboten werden und die, wenn auch nur in kleinen Mengen, hochangereichertes Plutonium umfassen, aus sowjetischen Beständen stammen.

Am 10. Mai 1994 wurden in Tengen, Süddeutschland, geringe Mengen radioaktiven Materials, das zu einem Fünftel aus fast hundertprozentig reinem Plutonium 239 bestand (Qualität für Wasserstoffsprengsätze), beschlagnahmt. Am 10. August 1994 wurde eine etwas größere Menge von nicht hundertprozentig reinem Plutonium 239 im Gepäck von ausländischen Passagieren eines Lufthansafluges Moskau/München entdeckt. Eine weitere Beschlagnahme von radioaktivem Material erfolgte in Bremen am 12. August 1994. Im Jahre 1991 gab es 41 Verdachtsfälle, im Jahre 1992 immerhin 159, 1993 insgesamt 241 und in den ersten sechs Monaten des Jahres 1994 bereits 90 Fälle. Die Lage bleibt unübersichtlich. Vor diesem Hintergrund ist die Veröffentlichung des Berichts »Proliferation Issues« durch den russischen Auslandsnachrichtendienst im Jahre 1993 zu verstehen, in dem auf die Risiken der nuklearen Erpressung durch terroristische Organisationen hingewiesen wird.[12] Es wird impliziert, daß die russischen Behörden alles Erforderliche zur Kontrolle des eigenen nuklearen Potentials und zur Unterbindung illegaler Abflüsse unternehmen.

In der Tat hat sich das Netz der Zusammenarbeit zwischen russischen Behörden und denen westlicher Länder sowie im Rahmen der Internationalen Atomenergiebehörde (IAEO) in jüngerer Zeit erheblich verbessert.[13] Der Sprecher der IAEO stellte am 28. August 1994 fest: »Die Angelegenheit ist gravierend, aber nicht sehr gravierend. Gravierend wegen der Qualität des angebotenen Materials, aber nicht gravierend, weil es kein Anzeichen dafür gibt, daß hier organisierte, transnationale Kriminalität am Werke ist.«[14]

Aufgaben deutscher Politik und die Rolle der deutschen Aussenpolitik

Im Vertrag von Maastricht über die Europäische Union wurden erste Vereinbarungen über eine künftige Zusammenarbeit der Regierungen auf den Gebieten der Innen- und Rechtspolitik getroffen: Im Wege der Koordinierung sollen Innen- und Rechtspolitik schrittweise »europäisiert« werden, vor allem die Asylpolitik, die Vorschriften für das Überschreiten der Außengrenzen der Mitgliedstaaten sowie die Einwanderungspolitik und die Politik gegenüber Staatsangehörigen dritter Länder.

Ferner sollen illegale Einwanderung, illegaler Aufenthalt und illegale Arbeit von Staatsangehörigen dritter Länder auf dem Territorium der Mitgliedstaaten wirksam unterbunden sowie Drogenabhängigkeit und Betrügereien internationalen Ausmaßes

---

12 Vgl. Foreign Broadcasting Information Service, Russian Federation »Foreign Intelligence Report: A New Challenge After the Cold War: Proliferation of Weapons of Mass Destruction« (IPRS-TND 93-007), o.O. 1993.

13 Anhörung des Unterausschusses »Terrorismus, Drogen und internationale Kriminalität« des US-Senats-Ausschusses für Internationale Beziehungen vom 20. April und 25. Mai 1994. Erklärungen des CIA-Direktors James *Woolsey*, des BKA-Präsidenten Hans-Ludwig *Zachert* und des stellvertretenden russischen Innenministers, General Michael *Yegorow*.

14 Theft of Nuclear Material – Did Germans overstate Danger?, in: *International Herald Tribune*, 29.8.1994.

bekämpft werden. Die Zusammenarbeit auf dem Gebiet des Zivil- und Strafrechts sowie die der Polizei bei der Bekämpfung des Terrorismus, des illegalen Drogenhandels und sonstiger Formen schwerwiegender internationaler Kriminalität soll intensiviert werden. Die Regierungen sollen sich auf diesen Gebieten im Ministerrat konsultieren und gegenseitig unterrichten. Gemeinsame Standpunkte und gemeinsame Maßnahmen können vereinbart, auch Abkommen ausgearbeitet und zur Ratifikation vorgelegt werden. Das Europäische Parlament soll beratend hinzugezogen werden. Ein Europäisches Polizeiamt (EUROPOL) wird als unionsweites System für den Austausch von Informationen unter der Leitung eines deutschen Experten aufgebaut.[15]

Die Ausweitung der europäischen Zusammenarbeit im Rahmen der Europäischen Union auf die Gebiete der inneren Sicherheit und der Rechtspolitik ergibt sich nicht nur aus den politischen Zielsetzungen der europäischen Einigung, sondern auch aus den Zwängen der inneren und äußeren Sicherheitslage. Mit nationalen Mitteln ist den Bedrohungen des internationalen Terrorismus und der grenzüberschreitenden organisierten Kriminalität (Drogenhandel, Verschiebung von Kraftfahrzeugen, Geldwäsche, Menschenhandel, Schmuggel von Nuklearmaterial) nicht mehr wirksam beizukommen. Regional integrierte und international betriebene Zusammenarbeit ist erforderlich, um den Gefahren wirksam begegnen zu können, die sich aus dem bestehenden Wohlstandsgefälle in Europa und den Folgen der sozio-ökonomischen Transformationsprozesse in Mittel- und Osteuropa mit entsprechend schwachen Regierungen ergeben.

Die europäische Zusammenarbeit bei der Bekämpfung der internationalen Kriminalität geht auf das Jahr 1976 zurück, als die Innen- und Justizminister der damals neun EG-Mitgliedstaaten ein Arbeitsprogramm zur Verbesserung der Zusammenarbeit im Bereich der inneren Sicherheit verabschiedeten: TREVI (Terrorism, Radicalism, Extremism, Violence, International). Zwei Arbeitsgruppen, die halbjährlich tagen und über die Zusammenarbeit bei der Terrorismusbekämpfung in politischer und fachlicher Hinsicht (Arbeitsgruppe 1) sowie über die Intensivierung des Informationsaustausches im polizeitechnischen Bereich (Arbeitsgruppe 2) beraten, wurden eingesetzt. Seit 1976 arbeitet die TREVI-Gruppe mit den USA, Kanada, Norwegen, Schweden, der Schweiz, Österreich und Marokko zusammen. Das Schengener Abkommen von 1985, durch das die Grenzkontrollen an den Binnengrenzen der Teilnehmerstaaten aufgehoben wurden und das damit Auswirkungen auf die Sicherheit der einzelnen Länder hat, wurde in der TREVI-Gruppe erörtert.

Die Wirklichkeit entspricht nicht immer den verabredeten Grundsätzen der Zusammenarbeit. Die Hindernisse sind administrativer sowie sprachlicher Natur. Hinzu kommen Unterschiede zwischen den jeweiligen nationalen Rechtsordnungen. Zusätzliche Anstrengungen wurden notwendig. Daher wurde 1990 ein Zusatzabkommen geschlossen. Italien, Spanien und Portugal traten als weitere Mitglieder dem Schengener Abkommen bei. Griechenland erhielt Beobachterstatus. In Straßburg kam es

15 Dänemark hat die im Maastrichter Vertrag auf diesen Gebieten festgelegten Verpflichtungen für sich nicht akzeptiert.

auf Grund der ergänzenden Absprachen zum Aufbau des Schengener Informationssystems (SIS), dem die nationalen Informationszentren als Partner gegenüberstehen und somit den Schengener Verbund ermöglichen. Dieses Informationssystem ermöglicht die Erfassung grenzüberschreitender Aktivitäten von organisierter Kriminalität. Die Grenze als »Hemmschwelle« bleibt an den Außengrenzen der Partner des Schengener Abkommens selbstverständlich bestehen. Mit dem Abschluß des Maastrichter Vertrags wurden weitere Stufen der Zusammenarbeit erklommen – mühsam, aber in die richtige Richtung. Die Harmonisierung der Rechtsordnungen, einschließlich des Strafrechts und der Strafprozeßordnungen, wurde eingeleitet. Die deutsche Regierung konnte die Errichtung eines Europäischen Kriminalpolizeilichen Zentralamtes nicht erreichen, aber mit der neuen Organisation EUROPOL wurde ein erster Schritt getan. Letztlich wird es auf die Bündelung, wenn nicht Integration von nationalen Befugnissen in einem Europäischen Kriminalamt hinauslaufen.

Für die deutsche Außenpolitik ergibt sich aus der neuen Dimension transnationaler Gefährdungen in den Bereichen der äußeren und inneren Sicherheit durch Terrorismus und organisierte Kriminalität ein ganzes Bündel von besonderen Aufgaben:

1. Beobachtung und Analyse, vor allem bei den Verknüpfungen von äußerer und innerer Sicherheit. Voraussetzung für eine erfolgreiche nationale Arbeit und internationale Kooperation ist der umfassende und unverzügliche Informationsaustausch. Auch grenzüberschreitende Observation gehört zu den unverzichtbaren Voraussetzungen für nachhaltige Erfolge.

2. Überprüfung und Verdichtung der internationalen Zusammenarbeit durch gemeinsame im Rahmen der Vereinten Nationen ausgehandelte Konventionen und Abkommen (Kontrolle spaltbaren Materials; Bekämpfung des illegalen Drogenhandels; internationale Bankaufsicht im Kampf gegen Geldwäsche; Diebstahlsicherung von Kraftfahrzeugen).

3. Weiterführung der in Maastricht 1991 vereinbarten Ansätze zur Koordinierung, Harmonisierung und schließlich Integration von nationalen Institutionen auf den Gebieten der inneren Sicherheit.

4. Angesichts der vielfältigen Ströme organisierter Kriminalität innerhalb des mittel- und osteuropäischen Raumes und auf dem Gebiet der früheren Sowjetunion und von dort nach Deutschland hinein sowie in den Raum der Europäischen Union ist die Zusammenarbeit mit den Einrichtungen der inneren Sicherheit und den Strafverfolgungsbehörden der Länder des früheren Ostblocks von hoher fachlicher und auch politischer Bedeutung. Dazu mögen auch Ausbildungskomponenten gehören. Diese Fragen sollten einen hohen Rang in den bilateralen Beziehungen und der Zusammenarbeit haben. Erfolgreiche Mafiabekämpfung in der GUS und in Mittel- und Osteuropa hat einen hohen Stellenwert auch für die Ausweitung der Wirtschaftsbeziehungen, ganz zu schweigen von der Verbesserung der inneren Sicherheit in Deutschland, insbesondere in den neuen Bundesländern.

UMWELTKRISEN UND INTERNATIONALE SICHERHEIT

Hans Joachim Schellnhuber und Detlef F. Sprinz

States have, in accordance with the Charter of the United Nations and the principles of international law, the sovereign right to exploit their own resources pursuant to their own policies, and the responsibility to ensure that activities within their jurisdiction or control do not cause damage to the environment of other states beyond the limits of national jurisdiction.

Principle 21
United Nations Conference on the Human Environment
(Stockholm, 1972)

EINLEITUNG

Durch das jähe Ende des Kalten Krieges zwischen unterschiedlichen Gesellschaftsentwürfen wird der Blick frei für einen viel umfassenderen Gegenwartskonflikt, nämlich die Krise zwischen der Menschheit als Ganzes und ihrer natürlichen Umwelt. Die sich bereits vollziehenden oder unmittelbar bevorstehenden Veränderungen unserer globalen Lebensgrundlagen stellen eine lange Zeit verdrängte Herausforderung dar, deren Bewältigung die Anspannung aller zivilisatorischen Kräfte erfordern dürfte.

Doch trägt die Konfrontation zwischen Anthroposphäre und Ökosphäre nicht zugleich den Keim für neue Bedrohungen der internationalen Sicherheit in sich? Schließlich sind Ursachen und Folgen der Umweltzerstörung geographisch außerordentlich inhomogen verteilt; insbesondere könnte die schwindende Ost-West-Polarität als Nord-Süd-Front wiedererstehen. Diese Problematik soll zunächst durch einige Schlaglichter erhellt werden.

1994 spielte sich im ostafrikanischen Kleinstaat Ruanda eine Tragödie mit allen Symptomen des Genozids ab. Als Erklärung für das Unbegreifliche werden vom *konservativen* politischen Lager ethnische Spannungen, von *fortschrittlicher* Seite dagegen die durch ein repressives Regime verstärkten Gegensätze zwischen Schichten und Klassen ins Feld geführt. Diese Faktoren dürften jedoch nur in Verbindung mit der ruandischen *Umweltkrise* eine solch beispiellose Sprengkraft entwickelt haben.

Ruanda war – vor den Massakern – mit annähernd 300 Einwohnern pro Quadratkilometer eines der am dichtesten besiedelten Länder der Erde. Die weltweit dritthöchste Geburtenrate hatte für ein rasantes Bevölkerungswachstum, von etwa 3 Millionen im Unabhängigkeitsjahr 1962 auf über 7 Millionen Einwohner Anfang 1994, gesorgt. Dem verfügbaren Ackerland wurden mit allen Instrumenten der »Grünen Revolution« (z. B. Bewässerungstechniken, Traktoren mit tiefem Pflug, Nitratdünger u. a.) hohe Erträge abgerungen, was zur Auslaugung der Böden und großflächiger Erosion führte. Die durch Realteilung für Söhne gleichzeitig immer weiter schrumpfenden Parzellen – im Durchschnitt schließlich weniger als ein halber Hektar pro Familie – konnten die Subsistenz der Ruander, Hutu wie Tutsi, nicht mehr garantieren.[1] Der Mangel an Umweltressourcen verwandelte das Land langsam, aber stetig in ein Pulverfaß.

Die nun erfolgte Explosion der Gewalt bedeutet jedoch keineswegs nur eine Binnentragödie mit apokalyptischer Dramaturgie, sondern eine ernste Sicherheitsbedrohung für die ganze ostafrikanische Region: Burundi und Uganda sind als Basen der FPR-Rebellen ohnehin tief in den Konflikt verwickelt. Das Nachbarland Tansania hat inzwischen über 350 000 Flüchtlinge aufgenommen; weitere riesige Migrationsströme orientierten sich in Richtung Zaire. Die Einwanderer bringen neue ethnische Spannungen, verschärften Kampf um die auch in den Anrainerstaaten spärlichen Umweltgüter, vor allem Wasser, Elendskriminalität, ansteckende Krankheiten und vielleicht auch nonkonformistisches Gedankengut mit sich. Durch die quälend langsame Realisierung des UN-Engagements kann Ruanda sogar zu einem erneuten und möglicherweise prägenden Lehrstück für die Möglichkeiten der internationalen Sicherheitspolitik werden.

Umweltinduzierte Konflikte mit massiven zivilen und militärischen Auswirkungen stellen in der jüngsten Geschichte keine Seltenheit dar. Beispielsweise sind Krieg und Frieden im Nahen Osten aufs engste mit der Konkurrenz um das Süßwasser verknüpft. Der frühere israelische Verteidigungsminister Moshe *Dayan* bekannte nach dem erfolgreichen Sechs-Tage-Krieg von 1967 die wahren Motive für den Präventivschlag seiner Armee: Ausschlaggebend für den Angriff war die Erkenntnis, daß Syrien und Jordanien im Rahmen einer von Ägyptens Präsident Gamal Abdel *Nasser* entworfenen Strategie planten, Israel von den Wasserquellen außerhalb seines Territoriums abzuschneiden.[2]

Gegenwärtig existieren weltweit mindestens zehn Brennpunkte grenzüberschreitender Wasserkonflikte,[3] wie z. B. die syrisch-türkische Auseinandersetzung um den Atatürk-Staudamm mit seinen einschneidenden Wirkungen auf die Durchflußstärke des Euphrat in den stromabwärts gelegenen Ländern. Und der nun endlich in Gang gekommene Prozeß des politischen Ausgleichs zwischen Israel einerseits und den Palästinensern bzw. den arabischen Nachbarstaaten andererseits wurde bis Oktober 1994 durch ungeklärte künftige Zugangsrechte zum Jordan und zum Grundwasser des unter das Gaza-Jericho-Abkommen fallenden Territoriums gehemmt.

In Zukunft wird die Umweltproblematik jedoch mit hoher Wahrscheinlichkeit eine noch umfassendere Dimension der internationalen Sicherheit, nämlich die globale, tangieren: Insbesondere kann der durch die zivilisationsgetriebene Veränderung der Erdatmosphäre provozierte Klimawandel eine Flut von Folgewirkungen auslösen, die von vermehrten Desastern wie Wirbelstürmen oder Springfluten bis hin zu militärischen Konflikten zwischen »Gewinner- und Verliererländern« reichen.

1 Vgl. Hartmut *Dießenbacher*, Söhne ohne Land, in: *Der Spiegel*, Nr. 21, 1994, S. 146-148.
2 Vgl. Norman *Myers*, Ultimate Security: The Environmental Basis of Political Stability, New York 1994.
3 Vgl. Wolf *Oberlin*, Krieg ums Wasser, in: *FOCUS*, Nr. 7, 1994, S. 108-113.

Um einer solchen Entwicklung doch noch vorzubeugen, wurde auf der UN-Umwelt- und Entwicklungskonferenz (United Nations Conference on Environment and Development, UNCED) 1992 in Rio de Janeiro die sogenannte Klimarahmenkonvention von 155 Staaten unterzeichnet. Das für das Inkrafttreten erforderliche Quorum von 50 Ratifikationen war am 21. Dezember 1993 erfüllt. Für die erste Vertragsstaatenkonferenz vom 28. März bis zum 7. April 1995 in Berlin wurden zentrale Weichenstellungen für den Umsetzungsprozeß erwartet: Überprüfung der Konventionsverpflichtungen, gemeinsame Implementierung, Berichterstattung, Verifikation und Finanzmechanismen sowie mögliche Folgeabkommen. Die Vertragsparteien konnten sich jedoch u.a. nur darauf verständigen, bis 1997 ein neues substantielles CO_2-Reduktionsabkommen zu erarbeiten.

Der weiterhin als Maßstab dienende Artikel 2 der Klimarahmenkonvention dürfte – auch über das für 1997 zu erwartende *relativ* bescheidene Reduktionsabkommen hinaus zu tiefgreifenden Konsequenzen für die gesellschaftliche Wirklichkeit der Unterzeichnerländer führen: Um die Forderungen dieses Artikels dem Inhalt nach zu erfüllen, müßten die Emissionen treibhauswirksamer Gase weltweit nämlich – ab sofort – um 70 bis 80 Prozent reduziert werden.[4] Dies scheint ohne eine technische Revolution völlig ausgeschlossen. Doch selbst weniger ehrgeizige und damit ökologisch unzureichende Sollgrößen werden die Gegensätze zwischen den Besitzstandswahrungsstrategien der OECD-Länder, den Absatzinteressen der OPEC und den Entwicklungsbedürfnissen der »Dritten Welt« scharf hervortreten lassen.

Mit anderen Worten: Nicht erst das Eintreten globaler Umweltdegradation, sondern bereits die politischen Prozesse der Vermeidung entsprechender Schädigungen unserer gemeinsamen Lebensgrundlagen können zu erheblichen Spannungen innerhalb der Staatengemeinschaft führen – mit nachteiligen Folgen für die Stabilität der internationalen Beziehungen.

Nach diesen Illustrationen zur engen Verzahnung von Umwelt- und Sicherheitsproblemen auf lokaler, regionaler und globaler Ebene soll der Komplex im folgenden genauer analysiert werden. Hauptziel wird es sein, das Thema durch eine möglichst vollständige Klassifikation der möglichen Krisenszenarien zu strukturieren. Daraus sollen dann die in diesem Zusammenhang relevanten Herausforderungen für die deutsche Außenpolitik abgeleitet werden. An dieser Stelle sei darauf hingewiesen, daß eine umfassende und abschließende Behandlung des Problemkreises im Rahmen dieses Artikels bedauerlicherweise unmöglich ist: Dazu ist der Gegenstand zu vielschichtig, der allgemeine Daten- und Hypothesenvorrat zu klein und das Forschungsgebiet zu neu.

4 Vgl. Intergovernmental Panel on Climate Change (IPCC), Climate Change: The Second IPCC Scientific Assessment, o.O. 1995.

Natürliche Umweltkrisen und internationale Sicherheit

Die Geschichte der menschlichen Zivilisation ist im wesentlichen ein Epos über die Emanzipation von der Natur, geprägt vom Streben, Kontrolle über die eigenen Existenzbedingungen zu erringen. Die Menschheit hat dabei immer größere Segmente des Planeten Erde in »Umwelt« – und beträchtliche Teile davon wiederum in Müll – verwandelt. Doch die Herrschaft über stetig wachsende Räume ist immer wieder durch entsetzliche Rückschläge wie Vulkanausbrüche, Erdbeben, Sturmfluten, Dürrekatastrophen, Seuchenzüge und Schädlingsinvasionen in Frage gestellt worden.

Nun ist die durch solche Ereignisse ausgelöste menschliche Not schon an sich eine starke Quelle von Konflikten. Wenn aber diese Not darüber hinaus sehr inhomogen verteilt ist, so daß sie räumlich mit relativem Wohlergehen kontrastiert, dann wird sie zu einer gewaltigen Antriebskraft, die ganze Völker in Bewegung zu setzen vermag. So kann man davon ausgehen, daß die verwirrenden Wanderungszüge germanischer und anderer Stämme, welche auf den Ruinen des römischen Imperiums die Fundamente des heutigen Europas schufen, zumindest teilweise massiven Veränderungen der Umweltbedingungen folgten. In ähnlicher Weise werden die Invasionswellen asiatischer Reitervölker, die das Abendland in unregelmäßigen Abständen erschütterten, erklärt.[5]

Der Leser möge nun fünf Jahrhunderte überspringen: Abwechselnd feuchtkalte und feuchtwarme Sommer verursachten beispielsweise in den vierziger Jahren des 19. Jahrhunderts in Nord- und Mitteleuropa verheerende Ernteausfälle. Am schwersten wurde Irland heimgesucht: »The Great Potatoe Famines« zwischen 1846 und 1851 wurden durch witterungsbedingte Trockenfäule (Phythophtora infestans) bzw. Naßfäule (Bacterium phythophtorum) ausgelöst. Etwa 2 bis 3 Millionen Menschen verhungerten allein auf jener Insel; noch mehr emigrierten – vor allem nach Nordamerika.

Die Folgen dieser umweltbedingten Krise verschärften die ohnehin vorhandenen sozialen Spannungen, welche sich in vielen Ländern Europas in revolutionären Bewegungen und bürgerlich-proletarischen Erhebungen entluden.[6] Der Aufstieg des kommunistischen Gesellschaftsmodells mit all seinen Konsequenzen für den heutigen Zustand der Welt nimmt nicht zufällig seinen Anfang mit dem Manifest von 1848! Aus den entsprechenden Ereignissen der jüngsten Geschichte ragt die Mitte der siebziger Jahre einsetzende Sahelkrise hervor (siehe unten). Die Tragödie des Sahelgürtels ist zugleich die Tragödie einer anthropogenen Umweltzerstörung.[7]

---

5 So spekuliert z. B. Neville *Brown* über eine Klimaverschiebung während des 12. Jahrhunderts n. Chr. als Auslöser für den »Mongolensturm«. Vgl. ders., The Strategic Revolution, London 1992.

6 Weitere Beispiele für den historischen Zusammenhang zwischen Umwelt, Gesellschaft und Konflikten finden sich z. B. bei Dennis *Bray*/Guy *Germain*/Nico *Stehr*, The Interaction Between Climate and Society: Assessing Temporal and Spatial Dimensions from a Historical Perspective, Preprint 1994.

7 Vgl. *Schellnhuber* (Hrsg.), Earth System Analysis: Integrating Science for Sustainability, Heidelberg (in Vorbereitung).

Der Globale Wandel

Die Erfolgsgeschichte von der zivilisatorischen Unterwerfung der natürlichen Umwelt verliert zunehmend an Glanz: Heute begreift die Menschheit (wenn auch langsam), daß die Summation kurzfristig und lokal optimierter Managementstrategien in einer vernetzten Welt keineswegs langfristige globale Fehlentwicklungen ausschließt. Tatsächlich befindet sich das *System Erde*, bestehend aus den gekoppelten Systemen von Öko- und Anthroposphäre in der Krise – d. h. im Umbruch.[8]

Die entscheidende Triebkraft dieses *Globalen Wandels* ist die weltweite Ausbreitung und Intensivierung der technisch-industriellen Zivilisation, gewissermaßen »angeheizt« durch Nutzung fossiler Energieträger. Alle anderen Faktoren dieser Entwicklung sind gewissermaßen nachgeordnete Größen: Globalisierung von Märkten, Produktions- und Dienstleistungssystemen; Entstehung erdumspannender Kommunikationsnetze; schrankenlose Entfaltung individueller Konsum- und Erlebnisansprüche in den Wohlstandsländern; anhaltendes Bevölkerungswachstum in den Entwicklungsländern; Erosion von tradierten Sozialstrukturen und Wertesystemen u. a.

Der Gesamtprozeß hat inzwischen eine solche Wucht erlangt, daß die Menschheit als *Global Player* den Naturhaushalt des Planeten massiv beeinflußt. Beispiele für diese Eingriffe sind:

- Veränderung der Atmosphäre durch Emissionen aus Industrie, Landwirtschaft, Verkehr und Siedlungen. Insbesondere Erhöhung des CO_2-Gehalts um über 25 Prozent seit Beginn des 19. Jahrhunderts;
- signifikante Ausdünnung der stratosphärischen Ozonschicht über den Polarregionen durch physikochemische Prozesse, die in der zivilisatorischen Freisetzung von Fluorchlorkohlenwasserstoffen (FCKW) und Halonen ihren Ursprung haben. Selbst über den gemäßigten Breiten sind bereits ca. 3 Prozent des Ozons abgebaut;
- Nutzung von rund 3 200 Kubikkilometern Wasser, d. h. ca. 8 Prozent des jährlichen Durchflusses durch die Wassereinzugsgebiete der Erde;
- Materialbewegungen durch Bergbau, Landwirtschaft, Industrie etc., die den Transfer durch natürliche Prozesse (Verwitterung, Sedimentation usw.) um mindestens 100 Prozent übertreffen;
- Inanspruchnahme von ca. 11 Prozent der eisfreien Landflächen für den Ackerbau. Dies geht einher mit der Degradation von 12 Millionen Quadratkilometern fruchtbarer Böden (entspricht der Fläche von China plus Indien) seit 1945;
- Manipulation von über 50 Prozent der weltweiten Nettoprimärproduktion (Photosyntheseleistung durch grüne Pflanzen) durch Land- und Forstwirtschaft;
- Konversion von jährlich etwa 170 000 km^2 Tropenwald durch Kahlschlag, Brandrodung, Straßenbau usw.;

---

8 Vgl. ebd.

- Auslöschung von 20-75 Arten pro Tag aus dem schätzungsweise 10 Millionen Spezies umfassenden genetischen Pool.[9]

Es kann nicht verwundern, daß anthropogene Störungen von dieser Größenordnung und Intensität auf den Charakter der planetarischen Ökosphäre durchzuschlagen beginnen und die Lebensgrundlagen eines Großteils der Menschheit in direkter oder indirekter Weise beeinflussen.[10]

Globale Umweltveränderungen lassen sich wie folgt klassifizieren:

1. Numerische Veränderung von Leitparametern des Systems Erde (z. B. CO_2-Gehalt der Atmosphäre oder Salzgehalt der Ozeane);
2. Reduktion strategischer Umweltressourcen;
3. Verschiebung und Veränderung großräumiger Strukturen und Muster;
4. Veränderung großräumiger Prozesse; sowie
5. Modifikation der Zusammenhänge im System Erde.

Bedeutsame Elemente aus fast allen Teilklassen der Typologie sind durch den *Globalen Wandel* bereits realisiert: beispielsweise die Modifikation der Treibhausgaszusammensetzung der Atmosphäre und der stratosphärischen Chlorkonzentration (1), beschleunigte Degradation fruchtbarer Böden und die Reduktion der Artenvielfalt (2), großräumige Umwandlung naturnaher Wälder, Savannen und Feuchtgebiete in »Nutzflächen« (3), Fragmentierung und Zerschneidung von Ökosystemen durch Infrastrukturen (4).

All diese Trends sind ungebremst; neuartige werden hinzukommen, wenn die Ökosphäre schließlich beginnt, *in systemarer Weise* auf die unzähligen Eingriffe zu antworten: Dies wird hauptsächlich durch Veränderungen großräumiger Prozesse (4) geschehen, insbesondere durch eine substantielle Veränderung der atmosphärisch-ozeanischen Zirkulation.[11] Die unmittelbaren geophysikalischen Folgen wären spürbare Klimaänderungen in nahezu allen Erdregionen und das Umschwenken primärer und sekundärer Meeresströmungen. Es besteht aber kein Zweifel daran, daß sich ein solcher Phasenübergang in enger Rückkopplung mit anderen Trends der obigen Klassifikation vollziehen würde – mit allen Risiken der Selbstverstärkung!

Die tatsächliche Entwicklung der globalen Umwelt in den vor uns liegenden kritischen Dekaden hängt von vielen Faktoren ab, nicht zuletzt von der Bereitschaft und Kraft der fast 200 Staaten der Erde zur ökologischen Partnerschaft. Schon jetzt beeinflußt der Mensch die wesentlichen Umwelteigenschaften – nämlich Quantität,

---

9 Eine Übersicht zu Fakten und Literaturquellen findet man beispielsweise in William C. *Clark*/R.E. *Munn*, Sustainable Development of the Biosphere, Cambridge 1986, Billy L. *Turner* et al., The Earth as Transformed by Human Action, New York 1990. Vgl. auch World Resources Institute (WRI) (Hrsg.), World Resources 1992/93, New York 1992, sowie Worldwatch Institute (WI) (Hrsg.), Zur Lage der Welt 1993: Daten für das Überleben unseres Planeten, Frankfurt a.M. 1993, Wissenschaftlicher Beirat der Bundesregierung »Globale Umweltveränderungen« (WBGU) (Hrsg.), Welt im Wandel: Grundstruktur globaler Mensch-Umwelt-Beziehungen, Bonn 1993. Auch in Paul *Harrison*, Die Dritte Revolution: Antworten auf Bevölkerungsexplosion und Umweltzerstörung, Heidelberg 1994.

10 Vgl. WBGU, Welt im Wandel: Grundstruktur, a.a.O. (Anm. 9).

11 Vgl. IPCC, Climate Change: The IPCC Scientific Assessment, Cambridge 1990; IPCC, Climate Change 1992: The Supplementary Report to the IPCC Scientific Assessment, Cambridge 1992, sowie IPCC, Climate Change, a.a.O. (Anm. 4).

Qualität und Regularität – vielfach stärker als dies durch natürliche Fluktuationen geschieht. Dieses Gewicht wird sich in Zukunft noch mehr in Richtung Zivilisation verschieben und damit den historischen Wandel im Spannungsdreieck Mensch-Umwelt-Natur endgültig vollziehen.

Die Auswirkungen auf die Existenzbedingungen künftiger Generationen und Kulturen sind unübersehbar und zugleich noch nicht absehbar. Im Hinblick auf die Konsequenzen für die internationale Sicherheit bleibt zunächst einmal alles gültig, was im Zusammenhang mit natürlichen Umweltkrisen aufgezeigt wurde. Das Problemgeflecht erhält aber eine völlig neuartige Qualität durch die Tatsache, daß nun für die Not und Desaster gebärenden Umweltdegradationen Verursacher, Verantwortliche und Schuldige in Gestalt von Personen, Konzernen oder Staatswesen identifiziert werden können! Damit ist eine gewaltige Quelle von Spannungen und Konflikten aufgebohrt.

Anthropogene Umweltkrisen und internationale Sicherheit

Berücksichtigt man, daß die erdumspannende Vernetzung der modernen Staatengemeinschaft durch Verkehr, Transport und Kommunikation Erschütterungen sehr viel wirksamer als früher von ihren Epizentren weiterleitet, dann ist die durch die globale Umweltkrise implizierte Herausforderung an eine internationale Sicherheitspolitik unübersehbar.

Richtiges politisches Handeln setzt allerdings – zumeist – eine zutreffende Analyse der Problemsituation voraus. Als Grundelement dieser Analyse wird im folgenden die Gesamtheit der *potentiellen* grenzüberschreitenden Sicherheitsrisiken im Gefolge des *Globalen Wandels* klassifiziert und durch einige Fallbeispiele illustriert. Anhand der räumlichen Wirkungsmechanismen lassen sich drei Grundtypen von Umwelt-Gefahr-Syndromen unterscheiden, nämlich

- hausgemachte (autochthone),
- nachbarschaftsbedingte (geitochthone) und
- fernverursachte (allochthone) Krisen.

Bedrohungen infolge hausgemachter Umweltzerstörung

Hier wird auf die transnationale Sicherheitsgefährdung Bezug genommen, deren Ursachen ganz oder überwiegend *innerhalb der Grenzen des betroffenen Landes* zu finden sind. Die wichtigsten Risikoszenarien dieses Syndroms sind in Abbildung 1 schematisch zusammengefaßt.

Zum *Akquisitionskrieg* kann es kommen, wenn durch Bevölkerungswachstum, Mißmanagement und gesellschaftliche Konflikte die Pro-Kopf-Ressourcen eines Landes an relevanten Umweltgütern (insbesondere Ackerböden, Weideland, Süßwasser und Artenpool) dramatisch schwinden. Unter Umständen wird ein solcher Krieg

Abbildung 1

Transnationale Sicherheitsrisiken durch hausgemachte Umweltkrisen

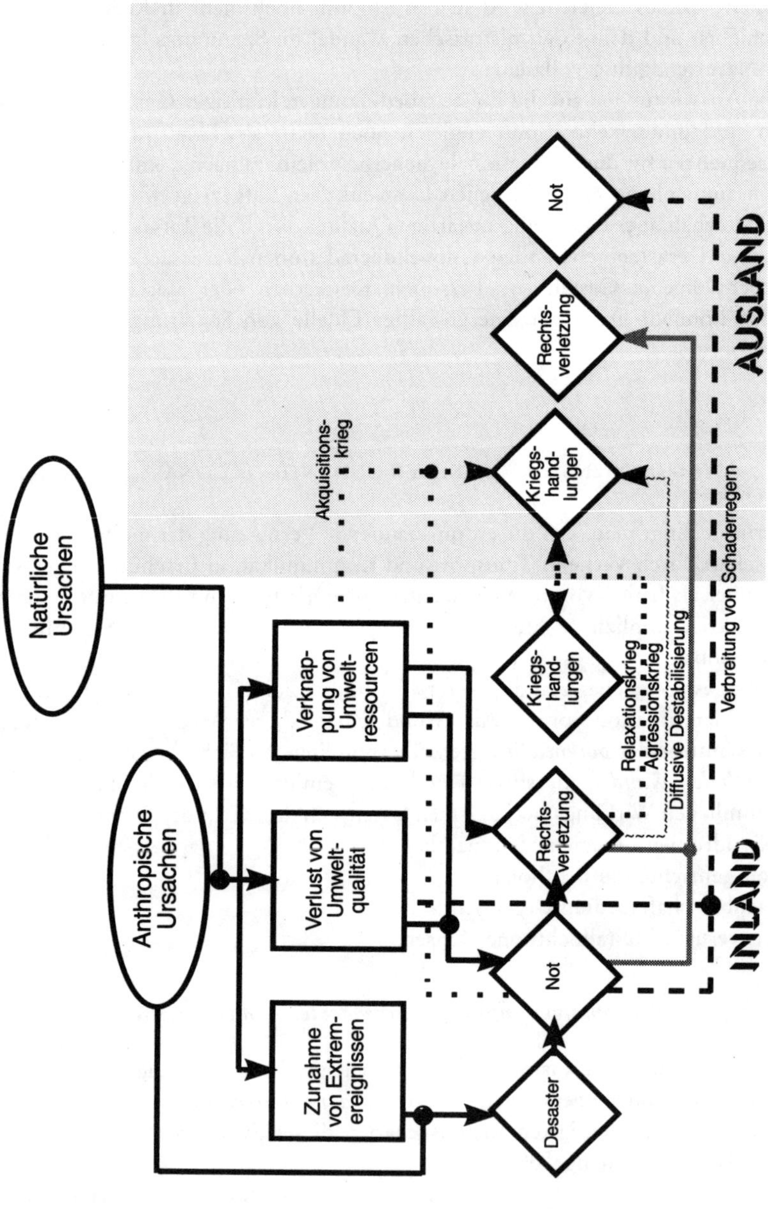

gegen einen Nachbarstaat im Besitze der begehrten Schutzgüter geführt. In der Regel dürften sich jedoch Reaktionen auf die im Lande herrschende akute Not – letztere oft verstärkt durch verheerende Schwankungen der natürlichen Umweltqualität (siehe z. B. die von 1972 bis in die Mitte der achtziger Jahre andauernde Dürre im afrikanischen Sahel) – mit strategischen Erwägungen der Führungseliten zu einem Angriffsmotiv verbinden.

Der Ogaden-Krieg zwischen Äthiopien und Somalia gilt als markantes Beispiel für dieses Konfliktszenario:[12] Ein Konglomerat von Ursachen, bei dem die nichtstandortgerechte Landnutzung eine Hauptrolle spielte, führte in den Jahren vor 1977 im äthiopischen Hochland dazu, daß jährlich ca. 1 Milliarde Tonnen an Humus durch Erosion verlorenging. Der dadurch bewirkte Ertragsverlust baute in Verbindung mit dem rapiden Bevölkerungswachstum einen starken Migrationsdruck auf das unscharf definierte Grenzgebiet zum somalischen Nachbarstaat auf. Letzterer interpretierte diese Entwicklung, nicht ganz zu Unrecht, als Bedrohung seiner territorialen Integrität. Die Spannungen entluden sich in einem erbitterten Krieg, der aus geostrategischen Motiven von den USA und der Sowjetunion genährt wurde und Kosten bzw. Schäden in Höhe von über 2 Milliarden US-Dollar verursachte – ganz zu schweigen von den Toten und Verletzten.

Der umweltbedingte *Aggressionskrieg* kann eine ähnliche Entwicklung nehmen wie der Akquisitionskrieg, doch liegen ihm subtilere Mechanismen zugrunde: Massive (hausgemachte) Umweltzerstörung dürfte in der Regel – und insbesondere in Krisenzeiten der Weltökonomie – spürbare negative Folgen für Leistungskraft und Ertrag einer Volkswirtschaft haben. Das klassische Beispiel hierfür stellt das »Dust Bowl-Syndrom« (Staubstürme durch Erosion übernutzter Böden) dar,[13] das seit den dreißiger Jahren eine traumatische Erfahrung für die nordamerikanische Mittelschicht geblieben ist. Die durch den Niedergang der industriellen Landwirtschaft im mittleren und südlichen Westen ausgelösten sozialen und politischen Spannungen waren wesentliche Triebkräfte für den Aufstieg von Franklin Delano *Roosevelts* »New Deal« mit all seinen Konsequenzen für die Gesellschaftsstruktur und -kultur der USA.

Als Kontrapunkt zeigt die europäische Entwicklung in den Jahrzehnten vor dem Zweiten Weltkrieg, wie die Wirkungskette »Wirtschaftsdepression → Not → Soziale Konflikte → Politischer Umbruch« autoritäre, totalitäre oder faschistische Regime in den Sattel zu heben vermag. Die aggressive Außenpolitik der Achsenmächte Deutschland, Italien und Japan, die in den Überfällen auf die Sowjetunion, die Levante und Südostasien kulminierte, liefert das Grundmuster für die dramatischen Implikationen solcher Binnenströmungen für die internationale Sicherheit.

Bemerkenswert ist dabei, daß etwa Adolf *Hitlers* Expansion nach Osten kaum durch einen realen Mangel an »Lebensraum für das deutsche Volk« begründet war,

12 Vgl. *Myers*, a.a.O. (Anm. 2).
13 Vgl. WBGU (Hrsg.), Welt im Wandel: Die Gefährdung der Böden, Bonn 1994, und die entsprechenden Literaturhinweise.

daß vielmehr die Akquisition von Umweltressourcen im Rahmen einer Weltmachtpolitik aktiv angestrebt wurde.

Das Szenario für einen Neuordnungskrieg geht dagegen von einer deutlichen Schwächung bis hin zum Zusammenbruch der staatlichen Autorität infolge autochthoner Umweltkatastrophen aus. Möglicherweise erzeugen letztere einerseits über sozioökonomische Prozesse eine Ungleichgewichtigkeit im politisch-militärischen Kräfteverhältnis zwischen dem geschädigten Land und seinen Nachbarn bzw. Konkurrenten, welche unter gewissen Umständen zur »Korrektur« durch Kriegshandlungen provozieren könnte. Andererseits ist sogar die vollständige Vernichtung eines nationalen Gemeinwesens durch ein Zusammenwirken von Verschlechterungen der Umweltverhältnisse und anderen ungünstigen Faktoren vorstellbar. Die dadurch entstehenden Vakuen und Turbulenzen können sehr wohl eine ganze Region in einen gewalttätigen Relaxationsprozeß hineinziehen, der schließlich mit der Herstellung eines aktualisierten Machtgleichgewichts endet. Auch wenn dieses Szenario (noch) nicht durch zeitgenössische Fallstudien untersetzt werden kann – perspektivisch erscheinen solche Entwicklungen im Rahmen des *Globalen Wandels* als nicht unrealistisch.

Noch wahrscheinlicher ist die *diffusive Destabilisierung* von anderen Staaten, d. h. die nicht bewußt auf ein Zielland ausgerichteten, nichtmilitärischen Schockwellen, welche ein Land mit tiefgreifenden Umweltproblemen auszusenden vermag. Solche Wellen können sich etwa als Migrationsströme in weniger betroffene Anrainerstaaten oder weit entfernte Gemeinwesen mit besonders gefestigten und attraktiven Sozialstrukturen manifestieren. Die Sahelkrise stellt ein drastisches Fallbeispiel für eine solche Entwicklung dar. Auch wenn die umfangreiche Literatur zu dieser Thematik[14] nicht zu einheitlichen Schlußfolgerungen kommt, so ist doch unübersehbar, wie die dürregetriebenen Wanderungsbewegungen zu ethnischen und religiösen Spannungen, sozialen Konflikten und politischen Umstürzen im ganzen subsaharischen Gürtel geführt haben.

Im Rahmen globaler Umweltveränderungen (wie z. B. der prognostizierten Erwärmung der Erdatmosphäre) sind jedoch allein schon wegen der sich zuspitzenden Ernährungskrise in weiten Teilen der Erde Fluchtbewegungen zu erwarten, die all dies in den Schatten stellen dürften[15] – falls nicht massiv gegengesteuert wird.

Zu erwägen ist schließlich noch die sehr reale *Bedrohung durch Schaderreger*, welche sich von umweltdegradierten Entwicklungszentren grenzüberschreitend ausbreiten können. Von Bedeutung sind in diesem Zusammenhang eine Reihe von übertragbaren Human-, Tier- und Pflanzenkrankheiten ebenso wie ein ganzes Spektrum von Parasiten und Schädlingen.

Hausgemachte Umweltzerstörung steht dabei am Anfang verschiedener Wirkungspfade, die sich am Ende häufig wieder vereinigen: Durch die Minderung von Umweltqualität, beispielsweise mittels Reduktion der Artenvielfalt, Biotopzerschneidung

14 Vgl. ebd.
15 Vgl. IPCC, Scientific Assessment, a.a.O. (Anm. 11); sowie *Myers*, a.a.O. (Anm. 2).

(z. B. Trassenlegung für Großtransportsysteme) oder Veränderung der Wasserverfügbarkeit (z. B. durch Absinken des Grundwasserspiegels infolge ingenieurtechnischer Eingriffe), werden hochentwickelte ökologische Gleichgewichte destabilisiert, welche auch das Auftreten von krankheitserregenden Mikroorganismen bzw. tierischen Zwischenwirten wie Stechmücken, Ratten usw. einschließen. Eine solche Entwicklung leistet vor allem Krankheiten wie Hepatitis, Hirnhautentzündungen, Gelbfieber und Malaria Vorschub, an denen laut Informationen des Weltkinderhilfswerks (United Nations Children's Fund, UNICEF) gegenwärtig jährlich über 1 Million Kinder unter fünf Jahren weltweit sterben.[16]

Prozesse der Umweltdegradation wie Bodenerosion bzw. Wasserverschmutzung führen einerseits oft zum Niedergang traditioneller Landwirtschaft mit den Implikationen Unterernährung und Schwächung der menschlichen Abwehrkräfte, andererseits zur erhöhten Exposition durch Keime (gerade in den durch Landflucht gespeisten Räumen ungeregelter Urbanisierung). Die 1994 in weiten Teilen Südamerikas grassierende Choleraepidemie belegt die Gefahren, welche einer solchen Konstellation innewohnen. Die größte Bedrohung für die menschliche Gesundheit entsteht allerdings dann, wenn in einer Region ökologische und soziale Problemlagen zusammenfallen, wie dies in immer mehr Entwicklungsländern zu beobachten ist. Durch eine Vielzahl von Prozessen, wobei neben den langsamen *traditionellen* Übertragungsmechanismen den schnellen *modernen* Ausbreitungspfaden durch Geschäftsverkehr, Ferntourismus, Migration und Welthandel eine wachsende Bedeutung zukommt, werden die *Schaderreger* schließlich in alle Himmelsrichtungen *exportiert.*

Die hier ausgeführten fünf Risikoszenarien lassen sich kombinieren und liefern so ein Abbild der notorisch komplexen Wirklichkeit.

Bedrohungen infolge nachbarschaftsbedingter Umweltprobleme

Dem im folgenden zu behandelnden Krisentypus liegt die Inanspruchnahme von Umweltgütern, die sich als zusammenhängende *Strukturen über die Grenzen von mindestens zwei Anrainerstaaten erstrecken*, zugrunde. Es kann sich dabei um umweltrelevante Quellen (z. B. Flüsse und ihre Einzugsgebiete), Transformationsmedien (z. B. tropische oder nördliche Wälder als ökologische Regler) oder Senken (z. B. Fallout-Areale im Umfeld industrieller Emittenten) handeln.

Konflikte sind vorprogrammiert, wenn der Zugriff eines bestimmten Landes auf ein solches Flächengut klar erkennbare Auswirkungen auf die Nutzungsinteressen oder Anpassungsstrategien der benachbarten *Gesellschafter* hat. Die Hauptszenarien für die korrespondierenden Sicherheitsrisiken sind wiederum in einem Diagramm (Abbildung 2) modellartig zusammengefaßt.[17]

16 Vgl. Fred *Pearce*, A Plague on Global Warming, in: *New Scientist*, Nr. 1852/1853, 1992b, S. 12; sowie W.J.M. *Martens*/Jan *Rotmans*/Louis W. *Niessen*, Climate Change and Malaria Risk, Bilthoven 1994.

17 Im Gegensatz zur Behandlung von Fällen der Klasse 1 beschränken sich die Autoren hier auf eine knappe Kommentierung, da die ausführliche Diskussion Rahmen und Umfang dieses Artikels sprengen würde.

Zwei Konfliktsituationen werden unterschieden:

1. Dem ersten Fall liegt die planvolle oder unbeabsichtigte *Interzeption* zugrunde, also das Unterbrechen bzw. Verändern eines natürlichen grenzüberschreitenden Ressourcenstroms. Das wichtigste Beispiel hierfür ist die Manipulation von Flüssen durch Eindämmung (hohe Verdunstungsverluste!), Umlenkung, Begradigung und vor allem Wasserentnahme für die verschiedensten Zwecke. Die Kontrollasymmetrie zwischen Ober- und Unterlaufstaaten wird mit steigendem Bedarf durch Bevölkerungswachstum oder Industrialisierung immer weniger verhandlungs- und kompensationsfähig.

Ein bemerkenswertes Fallbeispiel stellt in diesem Zusammenhang das Nilsystem dar. Zwischen Ägypten und Sudan existiert zwar ein 1959 abgeschlossenes Nutzungsabkommen, doch alle übrigen Anrainer sind nicht vertraglich eingebunden: Burundi, Ruanda, Kenia, Tansania, Zaire, Uganda und vor allem Äthiopien, das mit den Quellen des Blauen Nils zugleich den Schlüssel zu den Hauptressourcen besitzt. Während Ägyptens jährliches »Wasserdefizit« bis 2025 auf schätzungsweise 14 Kubikkilometer anwachsen wird, erwägen die äthiopischen Behörden gegenwärtig großangelegte Staudamm- und Bewässerungsprojekte.[18] Da überdies – wegen des Bürgerkriegs in Sudan – auch der Jonglei-Kanal zur Drainage des riesigen, vom Weißen Nil gespeisten Sudd-Feuchtgebiets nicht vorangetrieben werden kann, zeichnet sich eine erbitterte Konkurrenzsituation ab, die zu einem *Partizipationskrieg* eskalieren könnte. Nach Ansicht verschiedener Forschungsinstitute und Experten steuert tatsächlich eine ganze Reihe von Regionen dieses Planeten auf Wassernotstand und dadurch ausgelöste militärische Konflikte zu.[19]

Aber auch andere Ressourcenströme als Süßwasserflüsse können von Nachbarstaaten beeinflußt werden: fruchtbare bzw. marschenbildende Flußschlämme, Schwärme von Fischen und Vögeln, mineralische Stäube usw. Wenig bekannt ist die Tatsache, daß im Kreise der Nordseeanrainer ein Nullsummenspiel um die für die Küstenstabilisierung wichtigen Meeressedimente im Gange ist.[20] Beispielsweise verringern vorgeschobene Rückbauten (z. B. Uferbefestigungen) die Abgabe von Schwemmstoffen durch natürliche *Exportländer*; im Gegenzug werden natürliche *Importländer* mittels technischer Maßnahmen versuchen, ihren Zugriff auf flottierendes Material zu optimieren.

2. Was unter gewissen Randbedingungen als Segnung erscheint, kann unter anderen Umständen zum Verhängnis werden: Gemeint sind Sand, Silt und Schlick, welche durch Flüsse und Ströme aus Gebieten mit hoher Erosion talwärts transportiert werden. Das berühmteste Beispiel ist – neben dem Nilschlamm – die Sedimentflut, die durch Ganges und Brahmaputra unablässig in den Golf von Bengalen gewälzt

18 Vgl. Fred *Pearce*, High and Dry in Aswan, in: *New Scientist*, Nr. 1924, 1994, S. 28.

19 Die hier gemachten Aussagen gehen nicht von einer marktwirtschaftlichen Allokation des Gutes Wasser aus. Wären Wasserentnahmen mit substantiellen Geldzahlungen verbunden, könnte das knappe Gut Wasser effizienter verteilt werden. Bei zwischenstaatlich akzeptierten Preisen führt dies zu einer Minderung der Kriegsgefahren. Vgl. Fred *Pearce*, The Dammed: Rivers, Dams and the Coming World Water Crisis, London 1992.

20 Vgl. Fred *Pearce*, When the Tide Comes In, in: *New Scientist*, Nr. 1854, 1993, S. 22.

Abbildung 2

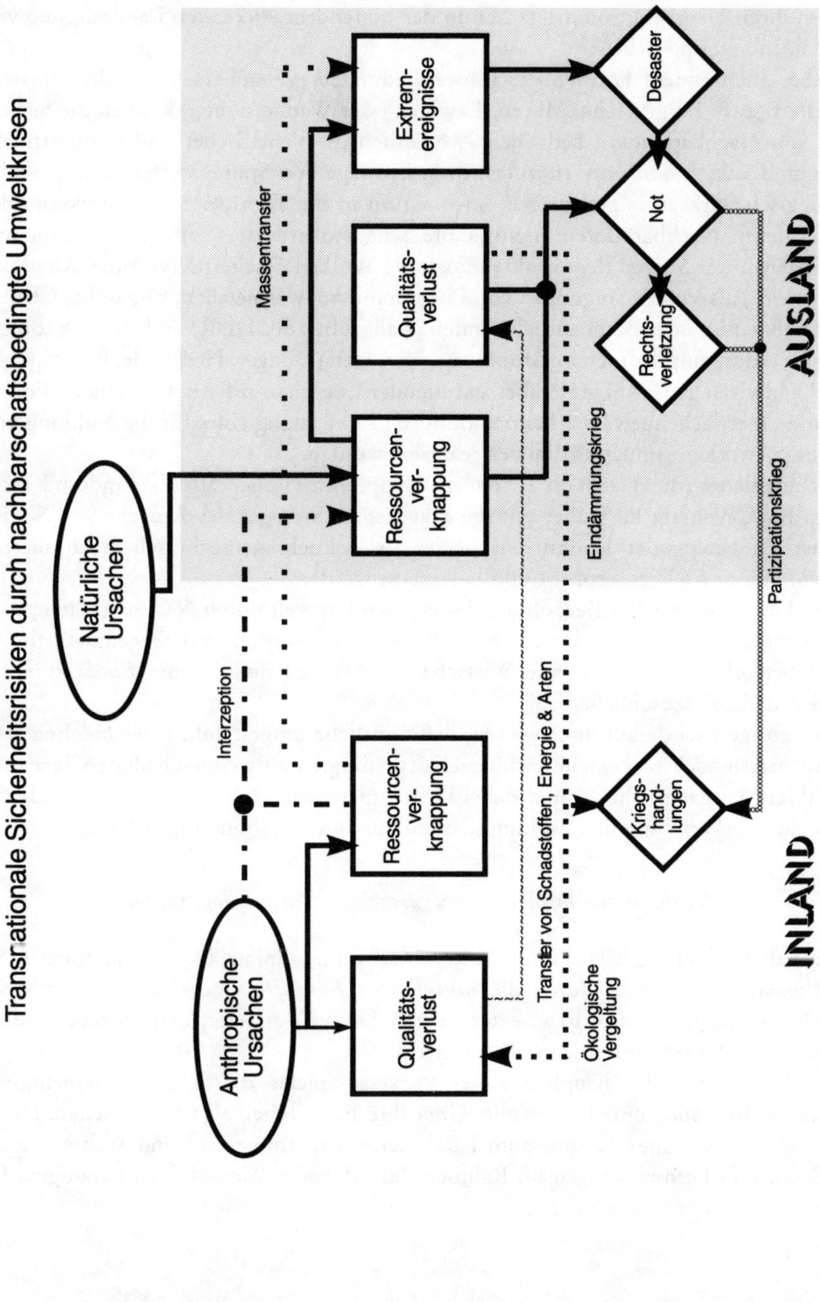
Transrationale Sicherheitsrisiken durch nachbarschaftsbedingte Umweltkrisen
Natürliche Ursachen
Anthropische Ursachen
Interzeption
Massentransfer
Transfer von Schadstoffen, Energie & Arten
Ökologische Vergeltung
Eindämmungskrieg
Partizipationskrieg
Qualitäts-verlust
Ressourcen-ver-knappung
Extrem-ereignisse
Desaster
Not
Rechts-verletzung
Kriegs-hand-lungen
AUSLAND
INLAND

wird. Die dadurch in Bangladesch immer wieder ausgelösten Überflutungsdesaster haben ihren Ursprung somit letztlich in der bodendegradierenden Landnutzung von Nepal, Indien und Tibet.[21]

Aber auch andere Formen des umweltbedingten grenzüberschreitenden *Massentransfers* (z. B. Bergrutsche, Muren, Lawinen oder Wanderdünen) können die Sicherheit von Nachbarländern bedrohen. Wesentlich problematischer und konfliktträchtiger sind jedoch *non-bulk transfers*, d. h. Einträge von Spurenstoffen, Energie oder ökologisch wirksamer genetischer Information in die Territorien von direkten oder entfernteren Nachbarstaaten: Signifikante Schadstofftransfers erfolgen insbesondere als sogenannter *Saurer Regen*, als radioaktive Wolken (Tschernobyl) oder Abwässer (Sellafield), als Verunreinigungen von Flüssen mit Schwermetallen, Organika, Chemikalien (Sandoz) oder Bergbaurückständen (Kaligruben der DDR) und als Vergiftungs- und Überdüngungsfronten in Grundwasserströmen (Dünger, Herbizide, Pestizide aus der Landwirtschaft). Ein grenzüberschreitender Energietransfer mit spürbaren Folgen für die Oberflächengewässer kann z. B. durch Erwärmung eines für die Kühlung von Kernkraftwerken genutzten Flusses realisiert werden.

Schließlich verdient auch die Artenverschleppung zwischen Nachbarländern Beachtung. Im Gegensatz zu früher gilt die Hauptsorge weniger der Abwehr von Schädlingen, Parasiten oder Konkurrenzspezies als vielmehr gentechnisch manipulierten Arten, die im Freiland erprobt und eingesetzt werden.

Im Falle existentieller Bedrohung der eigenen Umwelt durch Nachbarstaaten, z. B. durch unsachgemäß betriebene grenznahe Kernkraftwerke, sind Gegenmaßnahmen eines betroffenen Landes – von Wirtschaftssanktionen bis hin zum *Eindämmungskrieg* - nicht auszuschließen.

Im übrigen sei darauf hingewiesen, daß sämtliche unter Punkt 1 behandelten Krisenszenarien auch von einem nachbarschaftsbedingten umweltgeschädigten Territorium ihren Ausgang nehmen und dabei Drittländer erfassen können. Formal bedeutet dies eine Verkopplung der Wirkungsdiagramme in den Abbildungen 1 und 2.

Bedrohungen infolge fernverursachter Umweltdegradation

Der dritte und zugleich komplexeste Krisentypus umfaßt die transnationalen Sicherheitsrisiken, welche durch die *mittelbaren Eingriffe* eines Landes oder vieler Länder in die territoriale bzw. exterritoriale Umwelt anderer, den Urheberländern nicht benachbarter Staaten ausgelöst werden.

Als Medium und Schauplatz dieser Prozesse spielen die globalen Gemeingüter (*Globale Allmende*) eine Hauptrolle: Über ihre Funktionen als Quelle, Senke, Drehscheibe und Kommunikationsraum katalysieren Erdatmosphäre und Weltmeere ein Geflecht von Fernwirkungen im Rahmen des *Globalen Wandels*. Als Paradigma für

21 Vgl. Josef *Herkendell*/Eckehard *Koch*, Bodenzerstörung in den Tropen, München 1991.

diesen Mechanismus mag die drohende Klimaverschiebung aufgrund der fortschreitenden anthropogenen Erhöhung der treibhauswirksamen Luftanteile gelten: Die Atmosphäre wirkt als Sammelbecken für unzählige, weltweit verstreute Emissionsquellen jeglichen Typs; sie setzt diesen Input in eine Transformation des troposphärischen Klimasystems um, welche sich vor allem in einem neuartigen weltweiten Mosaik regionaler Witterungsmuster niederschlagen wird.

Der gesamte ferngetriebene Umwelt-Sicherheits-Komplex ist in Abbildung 3 im Sinne eines »Box Modell« formalisiert.

Im folgenden werden lediglich die drei wichtigsten Krisenmechanismen aufgezeigt:

1. Die *internationalen Gewässer* mitsamt ihren Betten können im Rahmen gewisser supranationaler Vereinbarungen sowohl als *Nahrungs- und Rohstoffquellen* (tierisches und pflanzliches Protein, Meeresbodenschätze, Sedimentmineralien etc.) als auch als *Schad-, Nähr- und Trübstoffsenken* (Müll, Verklappungssubstanzen, Abwässer aus Industrie, Landwirtschaft und Haushalten, radioaktiv kontaminiertes Kühlwasser, Schlick etc.) genutzt werden. Dies geschieht entweder vor Ort (z. B. Hochseefischerei) oder mittelbar über Küstenzonen und Mündungsgebiete von Flüssen; innerhalb des Spielraums der Abkommen bzw. Gesetze oder (häufig) illegal; beabsichtigt oder zufällig (z. B. bei Havarien von Öltankern).

Der gleichzeitige Zugriff verschiedener Nationen auf marine Ressourcen kann über einen *Verdrängungswettbewerb* die ökonomische Sicherheit der involvierten Gemeinwesen bedrohen; im schlimmsten Falle besteht sogar die Möglichkeit der Eskalation zum *Ressourcenkrieg*. Daß dieses Krisenszenario selbst für eine vergleichsweise *geordnete* Welt Gültigkeit besitzt, beweisen die als *Kabeljau-Kriege* in die Geschichte eingegangenen Konflikte zwischen Großbritannien und Island in den sechziger und siebziger Jahren.[22]

Umgekehrt besteht infolge der Minderung von Wasserqualität eine (eher marginale) Gefahr der *Vergiftung* von Küstenbewohnern, Touristen oder Konsumenten durch direkten Kontakt, Algenblüten oder Schadstoffanreicherung in den Nahrungsnetzen – ohne Ansehen der Staatsangehörigkeit.

2. Das andere gemeinsame Umweltgut der Menschheit, die Erdatmosphäre, wird von praktisch allen Ländern des Planeten zunehmend als Senke für Emissionen aus Industrie, Landwirtschaft, Verkehr und Siedlungen beansprucht. Die relevanten physikalischen und chemischen Prozesse sorgen für eine großräumige Wirkung dieser *Ausdünstungen der Zivilisation*. Deshalb tragen letztere nahezu standortunabhängig zu globalen Bedrohungen – *Reduktion des stratosphärischen Ozons* und *Änderung der troposphärisch-ozeanischen Zirkulation* – bei. Dadurch sind massive – ungewollte – Fernwirkungen auf die Umweltbedingungen anderer Emittentenländer definiert: Über die Konsequenzen einer durch Ozonschwund erhöhten UV-B-Exposition von

22 Vgl. Bruce *Mitchell*, Politics, Fish, and International Resource Management: The British-Icelandic Cod War, in: *The Geographical Review*, Nr. 2, 1976, S. 127-138.

Abbildung 3

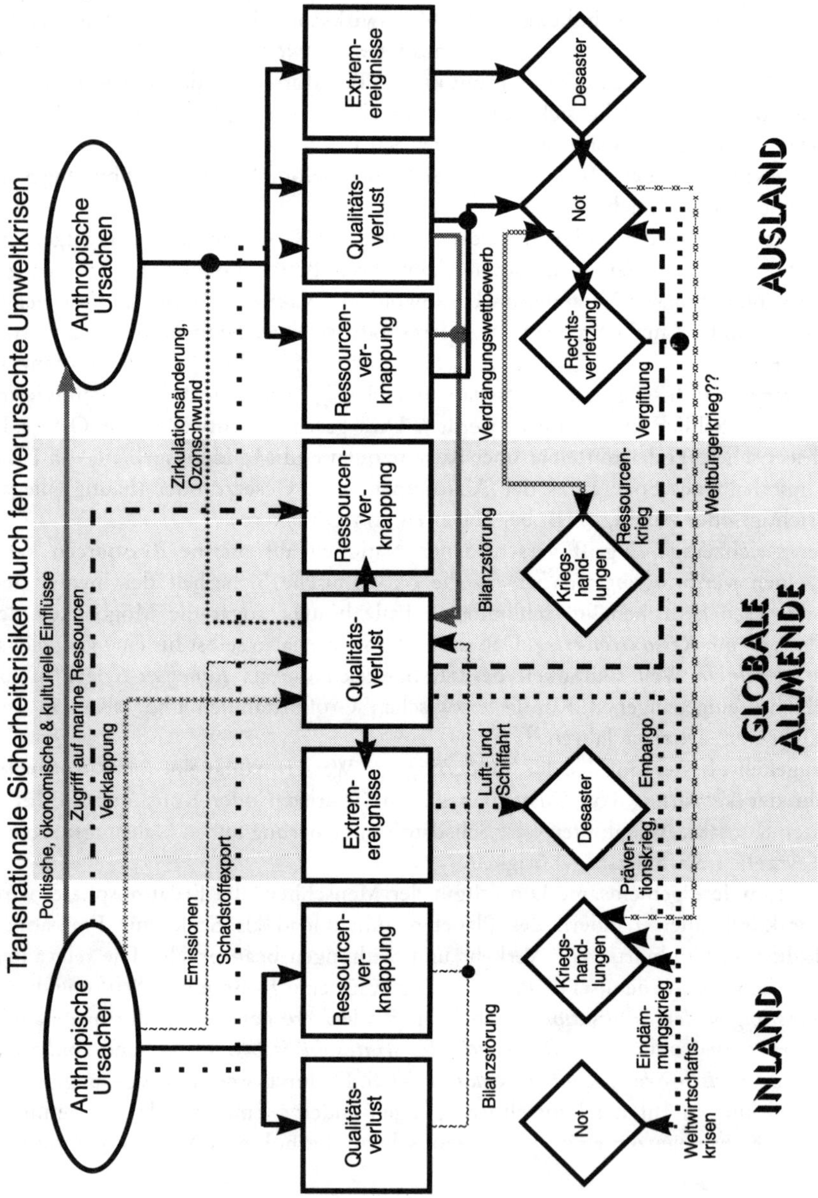
Transnationale Sicherheitsrisiken durch fernverursachte Umweltkrisen
Politische, ökonomische & kulturelle Einflüsse
Anthropische Ursachen
Anthropische Ursachen
Zugriff auf marine Ressourcen
Verklappung
Emissionen
Schadstoffexport
Zirkulationsänderung, Ozonschwund
Qualitäts-verlust
Ressourcen-ver-knappung
Extrem-ereignisse
Ressourcen-ver-knappung
Qualitäts-verlust
Ressourcen-ver-knappung
Qualitäts-verlust
Extrem-ereignisse
Bilanzstörung
Luft- und Schiffahrt
Bilanzstörung
Verdrängungswettbewerb
Not
Kriegs-hand-lungen
Desaster
Kriegs-hand-lungen
Rechts-verletzung
Not
Desaster
Weltwirtschafts-krisen
Eindäm-mungskrieg
Präven-tionskrieg, Embargo
Ressourcen-krieg
Vergiftung
Weltbürgerkrieg??
INLAND
GLOBALE ALLMENDE
AUSLAND

Menschen, Tieren, Pflanzen und Mikroorganismen liegen bisher nur wenige wissenschaftliche Befunde vor. Die Auswirkungen einer Störung des Zirkulationssystems würden jedoch drastisch ausfallen.[23] Veränderungen von Klima und Meeresströmungen (Golfstrom!) stellen somit eine überaus ernsthafte nichtmilitärische Sicherheitsgefährdung für die meisten Staaten der Erde dar.[24]

Die Summe aus Not, Rechtsverletzungen und Desastern im Gefolge globaler Umweltveränderungen kann aber auch geopolitisch-militärische Bedrohungen induzieren: Konfliktszenarien, die vom *Präventionskrieg* (z. B. zur Verhinderung einer exzessiven Ausweitung der Kohleverfeuerung in China) über den *Eindämmungskrieg* (z. B. zur Unterbindung der Brandrodung in Schwarzafrika) bis hin zum *Weltbürgerkrieg* (aufgrund der unvorhersehbaren Erschütterungen einer globalen »Klimakatastrophe«) reichen, lassen sich schlüssig konstruieren. Gleichwohl ist die Wahrscheinlichkeit ihrer künftigen Realisierung äußerst gering.

Schließlich sei noch auf eine recht subtile rückgekoppelte Fernwirkung auf die Sicherheitsbedürfnisse eines gegebenen Emittentenlandes hingewiesen: Der für den eigenen ökonomischen Wohlstand billigend in Kauf genommene Eintrag von atmosphärisch wirksamen Gasen durch die verschiedenen Industriestaaten kann über die anteilige Verursachung der *umweltbedingten Destabilisierung entfernter Märkte* (Weltwirtschaftskrisen) auf eben diesen wirtschaftlichen Wohlstand zurückfallen.

3. Eine dritte und zugleich besondere Art fernverursachter Umweltdegradation entsteht vor allem aus den direkten und indirekten Wechselwirkungen zwischen den menschlichen Akteuren verschiedener Länder über große Distanzen hinweg: Gemeint sind *politische, ökonomische und kulturelle Einflüsse*, die sich über internationale Vereinbarungen, Finanz- und Warenmärkte, elektronische Medien usw. entfalten. So fallen inzwischen wesentliche Entscheidungen über das Schicksal der Primärwälder von Sarawak oder Sibirien in Tokio und über Cash Crop-Anbau oder Weidewirtschaft im Sahel in Brüssel.

Die Konsequenzen – Kahlschlag, Desertifikation, Bodenerosion, Veränderung des lokalen Klimas, Verschlickung der Flüsse etc. – stellen Eingriffe in die hydrologischen und biogeochemischen Naturbilanzen dar, die sich zu global relevanten Synergismen verbinden können. Die potentiell dadurch erzeugten internationalen Sicherheitsrisiken sind unter Punkt 2 bereits analysiert worden.

Abschließend ist anzumerken, daß sich das Gesamtbild der umweltbedingten Gefährdung der internationalen Sicherheit formal erst aus der Verkopplung der in den Abbildungen 1 bis 3 dargestellten »Modelle« erschließt. Dieser Kopplung

---

23 Vgl. IPCC, Scientific Assessment, a.a.O. (Anm. 11), sowie IPCC, Climate Change, a.a.O. (Anm. 4).

24 Für einen kompakten Überblick vgl. John *Houghton*, Global Warming. The Complete Briefing, Oxford 1994. Das Folgenspektrum reicht von den beträchtlichen Anpassungskosten für OECD-Länder – rund 60 Mrd. US-Dollar pro Jahr allein für die USA – bis hin zu Hunderten von Millionen Hungertoten in der sogenannten »Dritten Welt« im Falle des Zusammentreffens besonders ungünstiger Umstände. Vgl. William R. *Cline*, Economics of Global Warming, Washington, D.C. 1992. Für eine ausführliche Darstellung der genannten Bedingungen vgl. Cynthia *Rosenzweig*/Martin L. *Parry*, Potential Impact of Climate Change on World Food Supply, in: *Nature*, Nr. 367, 1994, S. 133.

entspricht geographisch die Verschränkung von lokalen, regionalen und globalen Handlungsebenen.

Der Umwelt-Sicherheits-Komplex: Eine Herausforderung für die deutsche Aussenpolitik?

Aufgrund der außerordentlich günstigen naturräumlichen Voraussetzungen, der wirtschaftlich-technologischen Leistungskraft, der Robustheit von Infra- und Sozialstrukturen sowie der wachsenden Sensibilisierung von Öffentlichkeit und Behörden ist ein drastischer Niedergang des *Umweltstandorts Deutschland* nicht zu erwarten. Insbesondere dürften Eigenverschulden oder Nachbarschaftsaktivitäten keine Rolle als auslösende Faktoren einer solchen Entwicklung spielen. Doch selbst die Verwerfungen einer globalen Klimaverschiebung sollten von den hochentwickelten OECD-Staaten in ökologischer und sozioökonomischer Hinsicht abzufedern sein. Deshalb ist zumindest mittelfristig nicht damit zu rechnen, daß von deutschem Territorium umweltinduzierte Bedrohungen für die internationale Sicherheit (siehe Abbildung 1) ausgehen werden.

Eine ähnliche Aussage, wenn auch in abgeschwächter Form, läßt sich über die Umweltzukunft der Deutschland umgebenden Flächenstaaten treffen: Im Rahmen des großen europäischen Strukturwandels der Post-Gorbatschow-Ära, möglicherweise begünstigt durch eine rasche Osterweiterung der Europäischen Union, werden sogar frühere notorische *Umweltfrevler* wie Polen oder Tschechien mittelfristig eine deutliche Anhebung ihres ökologischen Standards vollziehen können. Die Gefahr hausgemachter Umweltkrisen bei unseren Nachbarn nimmt also tendenziell ab ebenso wie deren Vulnerabilität gegenüber großräumigen Veränderungen der Ökosphäre. Somit ist Deutschland umgekehrt auch nicht als künftiger Leidtragender von Typ 1-Konflikten (siehe Abbildung 1), welche in unserem direkten geographischen Umfeld entstehen, zu sehen.

Die Wahrscheinlichkeit von Typ 2-Konflikten aufgrund nachbarschaftsbedingter Umweltkrisen (siehe Abbildung 2) kann gleichfalls als gering veranschlagt werden. Fragen der gemeinsamen Nutzung von Umweltressourcen oder der Kontrolle des grenzüberschreitenden Massentransfers dürften mit unseren direkten Nachbarn weitestgehend einvernehmlich zu regeln sein. Diese Hoffnung gründet sich sowohl auf die vergleichsweise mäßige Brisanz der Problematik, etwa im Bereich der Oberflächengewässer, als auch auf die stetig sich verbessernden zwischenstaatlichen Beziehungen – beispielsweise zu den mittel- und osteuropäischen Staaten. Letzteres gilt – trotz des gelegentlich anschwellenden Theaterdonners – zumindest für die Arbeitsebenen.

Eben dieser starke Trend zur nüchtern-pragmatischen Zusammenarbeit läßt erwarten, daß auch der sehr viel schwierigere Problemkreis des grenzüberschreitenden Schadstofftransfers im Rahmen einer intensivierten europäischen Umweltpartnerschaft behandelt werden wird: Die durchaus erfolgreichen Genfer Verhandlungen zur Reduktion der den *Sauren Regen* verursachenden Schwefelemissionen sind ein gutes Beispiel dafür, daß schließlich sogar Großbritannien die teilweise Einbindung in einen *kontinentalen Konsens* zu akzeptieren bereit ist. In ähnlicher Weise kann davon ausgegangen werden, daß die Rheinanlieger unter der Führung der meistbetroffenen Niederlande eine gemeinsame Strategie zur Minderung der Gift- und Nährstoffbelastung dieses wichtigsten europäischen Stroms entwickeln werden.

Am wenigsten verhandlungsfähig erscheinen noch die Gefährdungspotentiale, welche durch unsachgemäße bzw. hochintensive Nutzung der Kernenergie für nahe und entferntere Nachbarländer aufgebaut werden. Tschernobyl ist zum Synonym für großräumige Umweltbelastung aufgrund des gleichermaßen dilettantischen wie verantwortungslosen Einsatzes komplexer Großtechnologie geworden. Das französische Superphénix-Programm weckt Sorgen auch bei nicht ideologisch voreingestellten Betrachtern, und die Frage der Wiederaufbereitung bzw. Endlagerung der radioaktiven Rückstände bleibt ungelöst.

Angesichts der von irrationalen Ängsten und subjektiven Argumenten geprägten Debatte über die Sicherheit der Kernenergie sind nationale Überreaktionen nicht unter allen Umständen auszuschließen. Und die unbestreitbar katastrophalen Auswirkungen eines tatsächlich realisierten GAUs für ein weitläufiges Umfeld könnten sehr wohl zum Auslöser von massiven Folgekonflikten in Form von Auseinandersetzungen über Folge- und Schadenskosten zwischen dem verursachenden Land und seinen geschädigten Nachbarn werden. Gerade mit Blick auf Osteuropa ist die deutsche Außenpolitik hier aufgerufen, bi- und multilaterale Maßnahmen zur vorsorgenden Minderung der kerntechnologischen Risiken zu initiieren bzw. zu unterstützen.

Neben den weiter oben aufgezeigten Problemen sollte aus deutscher Sicht die *globale Dimension* des gesamten Umwelt-Sicherheits-Komplexes als der vermutlich wichtigste Aspekt angesehen werden: Unser Gemeinwesen wird immer tiefer in den weltweiten Prozeß einer ökologisch problematischen Entwicklung, Hauptgegenstand des Erdgipfels von Rio, eingebunden. Dabei agiert die Bundesrepublik in unterschiedlichen Rollen – als Täter, Opfer, Vermittler, Geldgeber usw. – vor einem Bühnenbild von zunehmender Vielschichtigkeit.

Vom deutschen Standpunkt aus ist somit das Hauptaugenmerk auf bereits vollzogene oder künftig mögliche Verwicklungen in Konfliktszenarien vom Typ 3 zu richten (siehe Abb. 3). Als prominenter Mitverursacher des *Globalen Wandels* trägt unser Land, zusammen mit anderen Industrienationen sowie einigen Schwellen- und Entwicklungsländern, eine Hauptverantwortung für die sich verschärfende Krise der planetarischen Ökosphäre und die dadurch implizierten Einschränkungen der Sicherheitsansprüche räumlich weit entfernter Nationen.[25]

Die Bundesrepublik zählt zu den Staaten mit den höchsten Pro-Kopf-Emissionen von treibhauswirksamen Gasen und anderen atmosphäreschädigenden Stoffen; sie

25 Interessierte Leser finden entsprechendes Datenmaterial in WI (Hrsg.), Zur Lage der Welt 1992: Daten für das Überleben unseres Planeten, Frankfurt a.M. 1992; und WI (Hrsg.), Zur Lage der Welt 1994: Daten für das Überleben unseres Planeten, Frankfurt a.M. 1994.

trägt signifikant zur Belastung des Wasserhaushalts mit Schwermetallen und Organika bei; die Verbringung deutschen Haus- und Sondermülls in entlegene Regionen der Welt hat zeitweilig erschreckende Ausmaße angenommen; das produktive und konsumtive Verhalten unserer Wirtschaft beeinflußt über die Weltmärkte spürbar den Umgang von Entwicklungs- und Schwellenländern mit deren Umwelt. Diese Aufzählung ließe sich mühelos fortsetzen.

Aus diesem Tatbestand ergeben sich für die Bundesrepublik drei Dilemmata – ein ethisches, ein sozioökonomisches und ein politisches. Die ethische Zwangslage besteht darin, daß eine ohnehin mit historischer Schuld beladene Kulturnation nicht, im vollen Bewußtsein der Mechanismen und Konsequenzen, Komplize bei der von den Industrieländern vorangetriebenen Zerrüttung der globalen Umwelt bleiben darf. Auch das beispielsweise durch Klimaverschiebungen fernverursachte Elend kann schwerwiegendes menschliches Leid mit sich bringen, auch wenn die Urheberschaft wesentlich indirekter als bei unmittelbaren militärischen Aktionen ist.

Zur sozioökonomischen Zwangslage: Das deutsche Gemeinwesen wird zum einen, gerade wegen seiner intrinsischen Robustheit, im Soge globaler Umweltveränderungen zu einem bevorzugten Fluchtpunkt physischer und kultureller Ausgleichsbewegungen werden. Starker Immigrationsdruck, Einsickern von neuartigen bzw. erneut aufgewärmten Ideologien sowie organisierter Kriminalität, Bedrohungen durch vormals exotische Krankheiten usw. sind dann kaum vermeidbare Folgen mit einer Kaskade von Sekundärwirkungen. Zum anderen dürfte sich ein umweltbedingter Niedergang von ganzen Erdregionen nicht ohne negative Konsequenzen für die deutsche Volkswirtschaft vollziehen, auch wenn dieser Niedergang vornehmlich die Länder der sogenannten Dritten Welt erfassen wird. Aufgrund des nominal geringen Beitrags der Entwicklungsländer zur globalen Wertschöpfung wird deren enorme faktische Bedeutung für die realen Leistungen der Weltwirtschaft (z. B. Energie- und Rohstoffversorgung!) leicht übersehen.

Die politische Zwangslage schließlich ergibt sich aus der ökonomisch und ökologisch exponierten Stellung Deutschlands im Rahmen der sich durch den *Globalen Wandel* verschärfenden Nord-Süd-Konfrontation, die auch in der Umweltfrage von deutlich unterschiedlichen Interessenlagen geprägt ist. Es ist nicht auszuschließen, daß die Bundesrepublik deshalb, gemeinsam mit anderen OECD-Ländern, mittelfristig unter massiven Druck innerhalb der internationalen Staatengemeinschaft gerät. Dieser Druck würde sich aufgrund der gegebenen und relativ invarianten Kräfteverhältnisse keinesfalls in eine militärische Bedrohung transformieren; ein breites Spektrum von ökonomischen Pressionen, das von eingeforderten Kompensationszahlungen bis hin zum Handels- und Rohstoffembargo reichen könnte, wäre jedoch vorstellbar.

Umgekehrt sind Konfliktszenarien, welche die Einbindung Deutschlands in konzertierte geostrategische Umweltaktionen bis hin zum Präventionskrieg zur Ausschaltung kritischer Emissionsquellen berücksichtigen, keine reine Fiktion. Solche Aktionen könnten sich z. B. als völkerrechtlich legitimierte UN-Maßnahmen gegen Staaten richten, die sich einer notwendigen internationalen Umweltpartnerschaft zu entziehen suchen.

Wesentlich brisanter wäre dagegen die Verwicklung der Bundesrepublik in eine aggressive Interventionspolitik des Nordens zur Vermeidung massiver zusätzlicher Belastungen der Ökosphäre im Zuge der nachholenden Entwicklung des Südens (welcher u. a. China, Indien und Pakistan umfaßt). Ein solcher Konflikt könnte auf vielfältige Weise eskalieren, beispielsweise durch *ökologische Vergeltungsschläge*, wie sie Saddam *Hussein* im zweiten Golfkrieg 1991 vorexerziert hat.

In diesem Zusammenhang muß darauf hingewiesen werden, daß die Zukunft auch einen neuen Typus von Umweltkriminalität hervorbringen könnte, nämlich die globale ökologische Erpressung: Warum sollten die schlecht legitimierten oder korrumpierten Führungsschichten bestimmter Länder nicht die Androhung von weltweit wirksamer Umweltzerstörung (Umlenkung großer Flußsysteme, Vernichtung von Waldgebieten, Kontamination von Ressourcen usw.) als Einbruchswerkzeug in die Geldtresore der reichen Industrieländer benutzen?

Die Bundesrepublik muß mit höchster Priorität nach Strategien suchen, welche möglichst rasch Auswege aus den dargelegten globalen Dilemmata aufzeigen. Dies erfordert aber insbesondere eine kraftvolle Außenpolitik von großzügigerem Zuschnitt, welche die Aktivitäten der nationalen Ressorts für Umwelt, Entwicklung, Wirtschaft, Landwirtschaft und Forsten, Verkehr, Forschung, Bildung usw. orchestriert und in einen zukunftsweisenden planetarischen Rahmen einfügt!

Ausblick: Internationale Sicherheit durch Umweltgefährdung

In dieser Analyse wurde versucht zu zeigen, daß

- Umweltkrisen auf vielfältige Weise zu grenzüberschreitenden Bedrohungen von Leben, Gesundheit und Wohlstand der Menschen führen können,
- der Globale Wandel diese Problematik künftig potenzieren wird und
- die Bundesrepublik vor diesem Hintergrund eine entschlossene Vorreiterrolle bei der internationalen Umwelt- und Entwicklungspolitik zum Abbau bzw. zur Vermeidung von Spannungspotentialen übernehmen sollte.

Die nächsten 50 Jahre werden gekennzeichnet sein durch einen Wettlauf mit der Zeit. Während der Problemdruck durch die unbestreitbare Krise zwischen Natur und Zivilisation weiter zunimmt, wächst durch die Globalisierung zugleich auch das Potential zum Entwurf und zur Umsetzung kombinierter Umwelt- und Entwicklungsstrategien. Die entscheidende Frage wird sein, ob die Implementation dieser Strategien rasch genug erfolgen kann, um der Transformation umweltbedingter Spannungen in offene Konflikte zuvorzukommen. Es ist nicht zu erwarten, daß dies durchgängig gelingen wird.

Die Staatengemeinschaft steht somit vor einer beispiellosen Aufgabe, die umgekehrt jedoch als außergewöhnliche Chance zu begreifen ist: Um das System Erde auf den *Weg zum Gleichgewicht* zu bringen,[26] bedarf es viel mehr als nur eines *ökologischen*

---

26 Vgl. Al *Gore*, Wege zum Gleichgewicht, Frankfurt a.M. 1992.

Marshallplans. Ganz oben auf der *wahren Agenda 21* muß der durchgreifende Umbau des geopolitischen Gefüges stehen. Ob dieser Prozeß zu einer deutlichen Stärkung der UN-Institutionen als legitimierte Organe und einer globalen Willensbildung führen wird, ist noch nicht abzusehen. Gleichwohl besteht kein Zweifel, daß nationale Interessen immer mehr in den Hintergrund zu treten haben. Damit verlieren aber auch die *klassischen* Sicherheitsaspekte wie territoriale Souveränität, kulturelle Identität und ökonomische Autarkie ihre Bedeutung – manche mögen dies beklagen. Am Ende des nächsten Jahrhunderts könnte die Welt sich als Mosaik unscharf geränderter und überlappender Regionen, deren Beziehungen durch Prinzipien globaler Gültigkeit geregelt werden, darstellen.

Damit würde die reale oder sogar nur die antizipierte Gefährdung der planetarischen Umwelt schließlich zu einer neuen Qualität der internationalen Sicherheit führen – die List der Vernunft ist bekanntlich zu manchem Umweg bereit.

PERSONENREGISTER

SACHREGISTER

DIE AUTOREN

Angenendt, Dr. Steffen, Wissenschaftlicher Mitarbeiter im Forschungsinstitut der DGAP.

Becher, Klaus, M.A., Wissenschaftlicher Mitarbeiter und Redakteur der Jahrbücher »Die Internationale Politik« im Forschungsinstitut der DGAP.

Brenke, Dr. Gabriele, Wissenschaftliche Mitarbeiterin im Forschungsinstitut der DGAP und Lehrbeauftragte für Politische Wissenschaft an der Rheinischen Friedrich-Wilhelms-Universität Bonn.

Freudenstein, Roland, M.A., Mitarbeiter des Planungsstabs für Außen- und Sicherheitspolitik (Generaldirektion I.A) in der Europäischen Kommission, Brüssel; ab 1.7.1995 Außenstellenleiter der Konrad-Adenauer-Stiftung in Warschau.

Kaiser, Prof. Dr. Dr. h.c. Karl, Otto-Wolff-Direktor des Forschungsinstituts der DGAP, Professor für Politische Wissenschaft an der Rheinischen Friedrich-Wilhelms-Universität Bonn.

Krämer, Prof. Dr. Gudrun, Professorin für Islamwissenschaft am Orientalischen Seminar der Rheinischen Friedrich-Wilhelms-Universität Bonn.

Machetzki, Dr. Rüdiger, Wissenschaftlicher Referent am Institut für Asienkunde, Hamburg

Maull, Prof. Dr. Hanns W., Lehrstuhl für Außenpolitik und Internationale Beziehungen, Universität Trier.

Müller, Dr. habil. Harald, Projektleiter, Hessische Stiftung Friedens- und Konfliktforschung, Frankfurt a.M.

Rahr, Alexander, M.A., Leiter der Arbeitsstelle Rußland/GUS im Forschungsinstitut der DGAP.

Rode, Prof. Dr. Reinhard, Professor für internationale Beziehungen und deutsche Außenpolitik, Institut für Politikwissenschaft, Martin-Luther-Universität Halle-Wittenberg.

Schellnhuber, Prof. Dr. Hans Joachim, Direktor des Potsdam-Instituts für Klimafolgenforschung, Professor für Physik an der Universität Potsdam.

Sprinz, Detlef F., Ph.D., Wissenschaftlicher Assistent am Potsdam-Institut für Klimafolgenforschung, Abteilung: Globaler Wandel & Soziale Systeme, Potsdam

Tibi, Prof. Dr. Bassam, Professor für Internationale Politik an der Universität Göttingen. Zahlreiche Gastprofessuren in den USA, Afrika und dem Nahen Osten.

Wieck, Dr. Hans-Georg, u.a. Präsident des Bundesnachrichtendienstes 1985-1990, Botschafter in Neu Delhi 1990-1993, Gastprofessor am Woodrow Wilson International Center, Washington D.C. 1994/5,